上海“三农”决策咨询研究

——2018年度上海市科技兴农软课题研究成果汇编

张国坤　主编

上海财经大学出版社

图书在版编目(CIP)数据

上海"三农"决策咨询研究.2018年度上海市科技兴农软课题研究成果汇编/张国坤主编.—上海:上海财经大学出版社,2019.6

ISBN 978-7-5642-3290-0/F·3290

Ⅰ.①上… Ⅱ.①张… Ⅲ.①三农问题-研究-上海-2018 Ⅳ.①F327.51

中国版本图书馆CIP数据核字(2019)第122867号

□ 责任编辑 施春杰
□ 封面设计 张克瑶

上海"三农"决策咨询研究
——2018年度上海市科技兴农软课题研究成果汇编
张国坤 主编

上海财经大学出版社出版发行
(上海市中山北一路369号 邮编200083)
网 址:http://www.sufep.com
电子邮箱:webmaster @ sufep.com
全国新华书店经销
江苏凤凰数码印务有限公司印刷装订
2019年6月第1版 2019年6月第1次印刷

890mm×1240mm 1/16 18印张(插页:2) 394千字
定价:60.00元

目　录

1. 上海新型农业经营主体培育研究 …………………………… 1
2. 上海市乡村振兴示范村建设标准和工作规范研究 ………… 12
3. 上海市涉农资金统筹整合长效机制研究 …………………… 21
4. 关于加强上海市村干部队伍建设的调研报告 ……………… 27
5. 农村综合帮扶工作的研究与思考 …………………………… 35
6. 关于上海市粮食生产功能区、蔬菜生产保护区、特色农产品优势区管理办法研究的调研报告 …………………………… 40
7. 上海实施乡村振兴战略跟踪研究 …………………………… 52
8. 上海乡村振兴评价指标体系研究 …………………………… 65
9. 上海健全乡村治理体系问题研究 …………………………… 87
10. 上海农民宅基地若干政策研究 …………………………… 103
11. 上海现代农业发展用地保障机制研究 …………………… 142
12. 上海建设生态宜居农村研究 ……………………………… 169
13. 上海农业农村优先发展制度保障研究 …………………… 183
14. 市委农办系统年轻干部思想状况调查及相关培养建议分析 …………………………………………………………… 203
15. 上海探索盘活利用农民闲置房屋的调研与思考 ………… 223
16. 上海畜禽养殖污染防治情况的调研报告 ………………… 230
17. 上海市农民建房和集中居住路径探究 …………………… 238
18. 关于上海市农业统计工作的相关情况调研 ……………… 244
19. 基层农产品质量安全监管工作现状及对策 ……………… 249
20. 关于上海市化肥农药使用情况的调查报告 ……………… 257

21. 市委农办系统单位党员思想状况调研 …………………………… 263
22. 上海蔬菜生产信息追溯系统的调研报告 ………………………… 268
23. 关于探索农村宜居家园建设的新模式的思考 …………………… 273
24. 上海市对外农业投资合作分析研究 ……………………………… 279

1. 上海新型农业经营主体培育研究

近年来，上海大力发展家庭农场，提升农民合作社发展质量，支持农业龙头企业做大做强，将培育新型农业经营主体作为“三农”工作的重要抓手，出台多项政策加大力度扶持，如健全家庭农场认定考核制度和报备监测制度，梳理形成了上海第一批 30 个国家现代农业示范区创新型经营主体和范例，制定了《上海市创新型农业经营主体评定和管理办法》《上海市市级示范家庭农场评定办法》等，取得了不少成效。2017 年，上海家庭农场4 516户，比 2016 年增加 6.4%。其中：家庭农场水稻种植面积占全市郊区水稻种植面积的 50.78%；有7 806个农民合作社通过工商部门企业信用信息系统报送年度报告，据对2 813个规模以上农民合作社统计调查，2017 年社均拥有农民合作社成员、带动农业从业人员、年均经营收入分别为 16 人、80.5 人、299.3 万元；各类农业龙头企业 380 家，全年实现销售收入1 275亿元，利润总额 37.01 亿元，其中年销售收入 1 亿元以上的龙头企业 93 家，比 2016 年有所增长。①

然而，上海新型农业经营主体仍然存在不少困难，如新型农业经营主体的市场影响力较弱，有影响力的农产品产销对接信息平台还未形成，产业化带动能力还显不足，部分规划与政策还缺乏系统配套等。

新型农业经营主体是发展现代农业的主力军，是实施乡村振兴战略的重要力量。党的十九大报告提出，构建现代农业产业体系、生产体系、经营体系，完善农业支持保护制度，发展多种形式适度规模经营，培育新型农业经营主体，健全农业社会化服务体系，实现小农户和现代农业发展有机衔接。如何培育上海新型农业经营主体，推进农业供给侧结构性改革，促进上海都市现代绿色农业的内生发展，是今后政策着力的方向。2018 年中央 1 号文件指出“实施新型农业经营主体培育工程，培育发展家庭农场、合作社、龙头企业、社会化服务组织和农业产业化联合体，发展多种形式适度规模经营”，为进一步培育上海新型农业经营主体提供了思路。本研究在系统梳理新型农业经营主体

---

① 数据来源：上海市农业委员会办公室.上海培育新型农业经营主体发展报告[EB/OL]. http://www.shac.gov.cn/snzt/fzbaogao/2017bg/201806/t20180628_1643063.html，2018－06－28.

现状、发展困境与诉求的基础上，通过解析典型案例，立足乡村振兴战略，结合上海发展都市现代绿色农业的目标，提出上海进一步培育新型农业经营主体的可操作性较强的对策建议。

一、上海新型农业经营主体的现状与特点

家庭农场、农民合作社、农业龙头企业等新型农业经营主体，顺应市场需求不断发展，呈现出旺盛的生命力和蓬勃的发展势头，对于保障上海农产品供应、促进农业增效和农民增收等发挥着重要作用。

(一)上海新型农业经营主体现状

1. 家庭农场

上海发展家庭农场的历史较早。2007年，上海松江区开始探索家庭农场发展模式，有效调动了农民的生产积极性。松江区发展家庭农场的经验和做法得到了中央领导和农业部、市委市政府的肯定，并在全市复制推广，家庭农场发展迅速。截至2017年，上海市经区县农委登记的家庭农场数为4 516户，比2016年增加了697户。上海家庭农场经营多样，按经营类别划分，粮食种植家庭农场3 186户，种植水稻面积58.62万亩，超过全郊区水稻种植面积的50%；机农一体家庭农场589户；种养结合家庭农场39户；经济作物家庭农场135户；粮经结合家庭农场474户；水产养殖家庭农场56户；其他家庭农场37户。其中，数量最多的依次是粮食种植型、机农一体型和粮经结合型，分别占家庭农场总数的66%、15%和11%，其余8%分别由经济作物型、种养结合型和水产养殖型等经营形式组成。家庭农场吸纳务农成员方面，共有家庭务农人数10 604人，户均劳动力为2.5人。

2. 农民合作社

截至2017年，上海已有农民合作社2 813家。按行业划分，排名前三的分别为种植业合作社、渔业合作社和服务业合作社，分别占农民专业合作社总数的70%、12%和6%，剩余的12%由畜牧业合作社、林业合作社等构成，近5年具体构成情况见图1。按服务内容划分，排名前三的分别是产加销一体化服务合作社、购买服务为主的合作社和运输服务为主的合作社，分别占农民专业合作社总数的81%、3%和2%，其余14%由技术与信息服务为主的合作社、仓储服务为主的合作社等构成，近5年具体构成情况见图2。

2017年，上海市农民合作社成员总数为62 966人，其中登记在册成员25 666人、登记在册中的农民成员为24 019人、团体成员为322人，带动农业从业人员20余万人。近5年合作社成员状况见图3。

资产收益方面，2017年上海农民合作社资产总额达到99.28亿元，创历史新高，其中负债总额41.6亿元，所有者权益57.68亿元，近5年资产负债状况见图4。收益分配方面，2017年上海农民专业合作社总收入达到84.19亿元，其中总支出77.78亿元，盈余6.21亿元，近5年收益分配状况见图5。销售额1 000万元以上的合作社213家，全市认定区级以上示范社506家，其中市级示范社124家、国家级示范社78家。

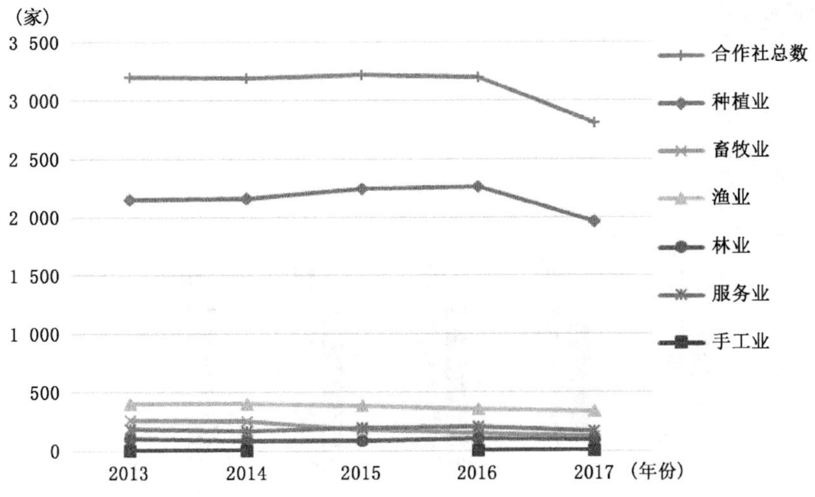

图 1　按行业划分的农民专业合作社构成

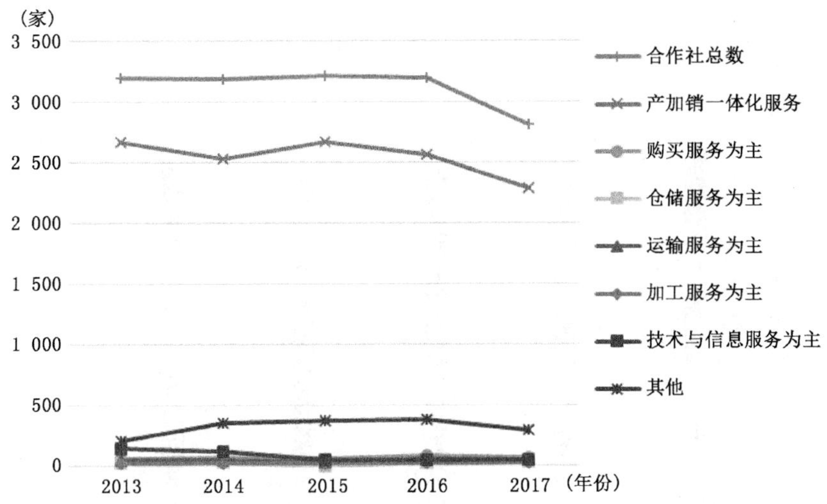

图 2　按服务内容划分的农民专业合作社构成

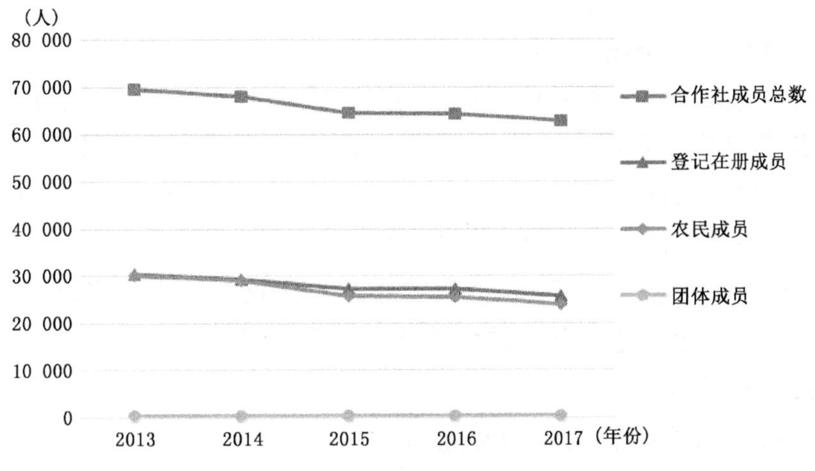

图 3　农民合作社成员构成

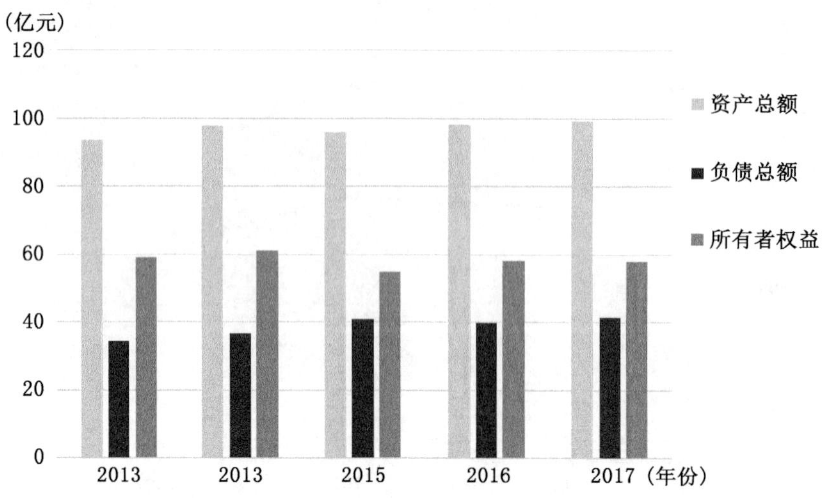

图4 农民专业合作社资产负债情况

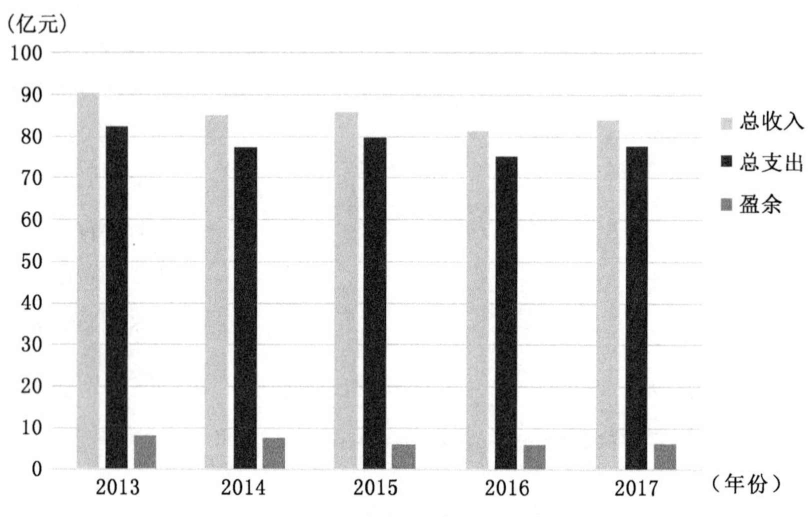

图5 农民专业合作社收益分配情况

3. 农业产业化龙头企业

农业产业化龙头企业是集成利用资本、技术、人才等生产要素，通过各种利益机制与农户相联结，带动农户发展专业化、标准化、规模化、集约化生产，以农产品加工或流通为主，使农产品生产、加工、销售有机结合、相互促进，在规模和经营指标上达到规定标准并经政府有关部门认定的企业。农业产业化龙头企业主要分为生产加工型龙头企业和专业市场型龙头企业。2017 年，上海农业产业化龙头企业销售收入为1 275亿元，其中市级以上农业产业化龙头企业销售收入为 846.1 亿元，近 5 年上海农业产业化龙头企业销售收入见图 6。

(二)上海新型农业经营主体的特点

总体来看，上海新型农业经营主体的特点主要表现为以下三个方面：一是以市场化为导向。与传统农户自给自足、商品率较低的特点不同，新型农业经营主体主要是根据

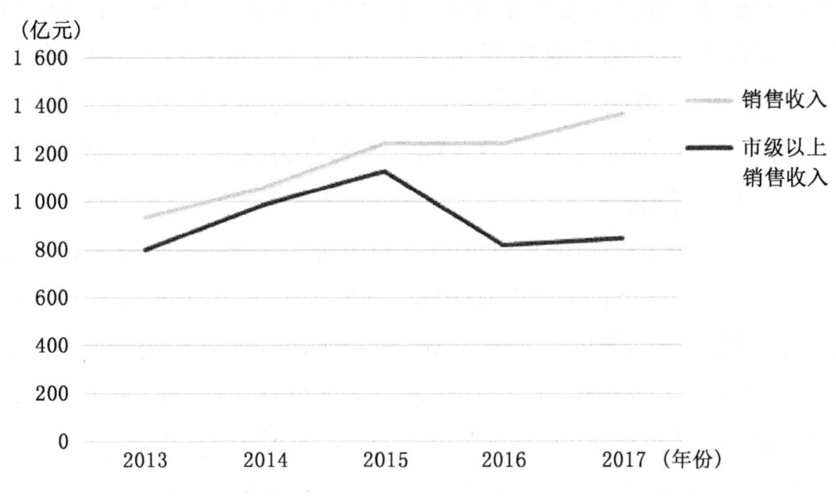

图 6 农业产业化龙头企业销售收入

市场需要发展商品化生产。二是以专业化为手段。上海的家庭农场、农民合作社、龙头企业等一般都集中于农业生产经营的某一领域、品种或环节,开展专业化的生产经营活动。三是以规模化为基础。在农业生产技术装备和基础设施条件的支撑下,新型农业经营主体多以适度规模经营获取规模效益。

具体来看,上海家庭农场、农民合作社、农业龙头企业等新型农业经营主体又表现出了各自的特点。

上海家庭农场的特点表现为以下四个方面:一是家庭经营。家庭农场主要依靠家庭成员从事农业生产活动,除季节性、临时性聘用短期用工外,一般不雇用外来劳动力。二是以农业为主。家庭农场成员的主要收入来源于农业。三是规模适度。现阶段,考虑到技术进步、劳动生产率等因素,家庭农场的适度经营规模主要在 100～300 亩。今后随着农业生产力水平的提高、农业劳动力的转移,可逐步扩大土地规模。四是集约化经营。家庭农场通过专业化生产、集约化经营,充分发挥适度规模效应和家庭经营优势,有效提高了劳动生产率、土地产出率和资源利用率。

从近些年的发展来看,上海农民合作社主要表现出以下五个特点:一是兴办主体多样化。从最初的仅以种养大户、农村经营能人为核心牵头,到现在的有知识、有能力的农二代和农技人员牵头。二是涉及领域不断扩大。从产业覆盖看,从最初的仅涉及水稻种植、果蔬种植、畜禽养殖等一产,到现在涉及农产品加工、农家乐、农机等一二三产业融合。从合作区域看,许多合作社的生产基地已扩展到周边区(县)乃至市外。三是合作层次不断提高。已从简单的生产合作逐步向生产、流通、加工等产业化方向发展,初步形成了专业化生产、区域化布局、社会化服务、一体化经营的产业格局。四是带动能力不断增强。五是规范管理不断提升。

上海农业产业化龙头企业的发展主要呈现出以下四个特征:一是国家重点龙头企业总量不多,国有数量比重大。根据农业部第七次监测合格农业产业化国家重点龙头企业的名单统计,上海拥有国家重点龙头企业 20 家,为北京的一半,不足重庆的 2/3。

从国家级农业龙头企业构成看，近一半是国企，且国企中多为光明集团旗下企业。二是订单农业成为龙头企业与农民利益联结的重要方式。三是通过技术创新、模式创新提高农业效率的发展态势日趋明显。四是对外拓展和服务全国成为龙头企业增强竞争能力的重要举措。利用企业自身的科研、品牌、技术和贴近上海市场的优势，实施“两头在外”发展战略，走出上海、服务全国。

家庭农场在农业上的优势主要体现于生产环节，而且主要集中在大田作物上。因此，应把家庭经农场作为重点扶持的新型农业经营主体，支持其从事大宗农产品生产、保障商品农产品供给，并发挥其对小规模农户的示范带动效应。应将农民专业合作社作为政策重点支持的对象，发挥其在服务小农、提升小农等方面的功能作用，使其成为为农民提供产前、产中、产后各环节服务的组织，成为引领农户对接大市场、提高农业组织化程度、克服小规模农户局限性的基本途径。对于农业产业化龙头企业，应重点限于适宜采取企业化经营模式的农产品加工和流通环节，以及受自然条件影响不突出的农业产业。

二、上海新型农业经营主体发展困境与诉求

(一)农户联结方式不够紧密

目前采取利润返还和股份分红这种较为紧密联结方式的农户数量多，但收益总量较小。以 2014 年数据为例，仅占农户在产业化组织不同联结方式中得到收入的 4.43%，绝大多数收入仍由合同关系和稳定购销关系这两种方式联结而产生。从农业产业化组织与农户的联结过程中的交易关系和风险关系来看，实行利润返还和股份分红的方式交易关系稳定、交易成本低、风险分摊较好，农户和农业产业化组织的利益都得到比较均衡的照顾，有利于农户进行专业生产。这种较优的方式在 2007～2012 年由 668 个快速上涨至3 200个之后趋于稳定。虽然数量上涨，但是农户在产业化经营中通过利润返还和股份分红的方式获取的收入在 2012 年达到 11.48 亿元的顶点后却出现明显下跌，这意味着通过利润返还和股份分红的方式获取收入的农民平均收入有所下降；通过合同关系和稳定购销关系联结的产业化组织与农户，交易关系稳定、交易成本低，但农业产业化组织和农户在风险成本上存在不均衡、不对称的隐患。通过农业保险可以降低农户的风险，但企业风险却要自担，这意味着农业产业化组织在这种关系中承担了更大的风险。从表 1 和表 2 可以看出，通过合同关系和稳定购销关系联结的农户数量在 2007～2016 年呈现波动式下降，整体数量下降了 15.5%，但农户从产业化经营中得到的总收入中通过出售农产品获得的收入却持续增长，2007～2014 年增长了 67.48%，农民平均收入上升了。

表 1　2007～2016 年产业化组织按与农户联结方式分类数量与比例　单位:个，%

产业化组织与农户联结方式 / 年份	合同关系		实行利润返还		股份分红		有稳定购销关系		其　他	
	数量	占比	数量	占比	数量	占比	数量	占比	数量	占比
2007	199	17.46	242	21.23	426	37.37	201	17.63	72	6.32

续表

年份 \ 产业化组织与农户联结方式	合同关系		实行利润返还		股份分红		有稳定购销关系		其他	
	数量	占比	数量	占比	数量	占比	数量	占比	数量	占比
2008	163	9.58	519	30.51	765	44.97	191	11.23	63	3.70
2009	162	7.14	959	42.27	891	39.27	197	8.68	60	2.64
2010	128	4.30	1106	37.13	1471	49.38	204	6.85	70	2.35
2011	136	4.05	1573	46.89	1377	41.04	189	5.63	80	2.38
2012	108	3.03	1199	33.63	1978	55.48	201	5.64	79	2.22
2013	74	2.07	1287	35.95	1913	53.44	245	6.84	61	1.70
2014	63	1.76	1543	43.17	1649	46.14	268	7.50	51	1.43
2015	102	2.82	952	26.35	2264	62.66	239	6.62	56	1.55
2016	79	2.20	577	16.09	2625	73.22	259	7.22	45	1.26

资料来源：2008～2012 年《上海郊区统计年鉴》和 2013～2017 年《上海农村统计年鉴》。

表 2　2007～2014 年农户在产业化组织不同联结方式中得到的收入　单位：亿元

年份	出售农产品	利润返还	股份分红	劳务性	合计
2007	59.62	0.90	0.76	6.23	67.51
2008	73.41	2.38	1.22	6.10	83.12
2009	76.44	2.69	1.43	6.46	87.02
2010	77.58	2.97	2.42	7.20	90.16
2011	82.89	5.20	4.83	8.04	101.00
2012	88.90	5.67	5.81	10.19	110.60
2013	98.46	3.18	1.61	12.34	115.60
2014	99.85	3.51	1.69	12.45	117.50

资料来源：2008～2012 年《上海郊区统计年鉴》和 2013～2015 年《上海农村统计年鉴》。

（二）农业品牌建设成效不足

1. 农产品品牌发展不平衡

从 75 家涉农名牌产品和著名商标企业的统计数据来看，上海农业品牌存在着区域之间和农产品种类之间发展的不平衡。就区域之间来看，浦东新区、松江区、光明食品集团的品牌企业数量较多，分别达到了 14 家、12 家和 11 家，而宝山区仅 1 家；从种类来看，种植业、养殖业和初级加工品的品牌分别为 41 家、21 家和 13 家，并且主要集中在蔬菜、水果和畜产品等方面，大米、水产品的品牌数量偏少。

2. 农业品牌多而分散，品牌效应不显著，品牌价值受限，市场影响力较弱

截至 2015 年，国家工商行政管理局共认定中国驰名商标1 489件，其中上海市 112 件，涉农商标 14 件；上海市工商局共认定上海市著名商标 408 件，其中涉农商标 109 件。农产品品牌数量多，但发展较为分散，品牌效应不显著。根据农业部 2013 年、2015 年和 2017 年发布的《全国名特优新农产品目录》，上海入围的品牌中，桃和葡萄各 3 个，

这种分散发展导致品牌在全国的知名度甚低，只能做到区域性的知名品牌，这也直接影响了品牌价值。2017年中国农产品区域公用品牌价值百强榜中，上海仅有南汇水蜜桃榜上有名，也是上海第一次有品牌进入这个榜单。

3. 农业品牌建设能力不强

农业行业品牌意识相对薄弱，农产品品牌营销渠道不畅，互联网营销手段运用不够，有影响力的农产品产销对接信息平台尚未形成。农业行业品牌意识相对淡薄具体表现在以下两个方面：一是对商标注册和保护重视程度不够，不少农业企业负责人缺乏对农产品进行知识产权保护的知识，大多农产品还是以传统的小贩收购或进入农贸批发市场交易为主，消费者难以区分农产品的产地、品质和等级。二是对品牌管理的认识较片面，以为注册了商标就是品牌的全部，缺乏对农业品牌进行准确定位、品牌内涵进行提炼、品牌形象加以维护的概念和措施。据不完全统计，本市农产品品牌化销售率即农业企业以自主品牌在市场上销售的农产品数量仅为36%。在产品营销方面，目前采用互联网营销手段的还不多。以金山区“二农普”数据为例，农业经营单位采取电子商务销售的数量为总数量的10.42%，电子商务销售额占农业经营总收入的3.03%，互联网销售运用不够，没有形成有影响力的农产品产销对接信息平台。

（三）社会化服务水平有待提高

1. 部分公共服务有待加强，用地政策难以满足产业发展

目前上海已经有一些公共服务中介机构或者政府主导的公共服务供给机构，但是公共服务中介机构（如农机租赁）不够了解农业，对服务对象的需求认识不足，难以提供高质量的服务；政府主导的公共服务机构（烘干、脱壳）效率低下，设备设施难以满足精细化农业发展趋势下农民对公共化服务的需求。各涉农区普遍存在仓储、冷库、农机具存放、配套道路设施等严重不足的问题，如青浦区全区农机仓库面积只有1.2万平方米，远不能满足农机具的安置与堆放需求；农田集中连片地区的道路设施比较差，硬化不够，只考虑人行，没考虑农机使用需要；诸多蔬菜、瓜果生产单位对农产品进行分级、包装过程中需要建设冷藏室，但目前有诸多农业经营主体由于农业设施用地审批困难等原因而难以延长产业链以满足农业生产和市场的需求。

2. 金融服务体系建设还不完善，难以满足新型经营主体发展的资金需求

从服务内涵看，当前针对新型经营主体的服务中常规性、专项性服务较多，个性化、综合型服务较少，服务多集中在传统领域，围绕产前、产中提供物资供应做得较多，对贷款等农村金融需求服务有待进一步完善，以满足新型经营主体发展对资金的需求。例如，新型经营主体为了投入或者扩大生产需要资金支持，但在商业贷款中竞争力不足，又由于缺少合适的抵押物而难以从银行获得贷款。自2015年2月27日《上海市农村土地经营权抵押贷款试点实施办法》颁布以来，从试点金山区的贷款情况来看，2017年金山区49个新型农业经营主体（其中包括48个合作社和1个家庭农场）通过农地经营权抵押获得贷款共计8 910万元，说明新型经营主体对资金需求量很大。通过与贷款人的访谈发现，目前农地经营权抵押贷款需要提交的材料多，而且出于风险考虑，目前贷款期限一般只有一年，且由于抵押物难以变现，导致可贷款的价格远低于评估价格，与

农业经营主体的实际需求难以匹配。

(四)农业补贴政策与需求有待进一步匹配

农业补贴问题一直缺乏体制机制的理顺和优化。在此次调研过程中,从新型农业经营主体发展的角度来看,主要发现以下几个问题:(1)农业补贴项目多,资金小而散。这会造成资金渠道分散和多头化管理,增加资金统筹整合难度,不利于聚焦重点,削弱了资金使用整体效果。(2)农机补贴方式有待完善。农机补贴一般要农业经营主体先行垫资,再申报补贴。购买一台大型农机,要一次性先垫资 15 万～20 万元,这对农业经营主体而言是沉重的负担,特别是大部分农业经营主体的融资渠道有限,融资成本较高;而且采购的农机往往滞后于农业生产的作业时间,导致农机购买难以满足生产需求,无法解决农业生产的燃眉之急。(3)农机的维护与需求尚不匹配。农机容易出现故障,而故障期则集中在生产期,维修费用没有补贴且收费高昂,维修服务站难以满足需求。据不完全统计,上海仅松江区有一家农机维修服务站,在农忙期间人手不够,难以满足农机维修的需求。(4)农机补贴目录与上海的农业生产环境有一定的不匹配。在调研过程中发现,有新型经营主体提到全国农机补贴目录中的很多机械不适用于上海,而适应上海农业生产需求的机械又不在补贴目录中。

三、进一步培育新型农业经营主体对策建议

上海作为国际化大都市,新型农业经营主体的培育,不仅在于农业产业的发展,还在于与上海国际大都市的发展相适应,特别是构建和谐的城乡关系。为此,应充分考量都市现代绿色农业在上海城市发展中的定位,适应城市发展需求,并有效利用上海城市发展的优势,促进上海新型农业经营主体的发展。

上海市都市现代绿色农业发展三年行动计划(2018－2020 年)提出通过三年(2018～2020 年)努力,要全面建立以绿色生态为导向的制度体系,加快形成与资源环境承载力相匹配、生产生活生态相协调的绿色农业发展新格局。其主要表现在:资源利用更加节约高效,其中主要农作物综合机械化率达到 94%以上,标准化蔬菜园艺场绿叶菜机械化率达到 50%以上;生产环境更加清洁有序,秸秆综合利用率达到 96%以上,养殖废弃物综合利用率达到 95%以上;绿色供给能力明显提升,农产品质量安全水平和品牌农产品占比明显提升,地产农产品的绿色食品认证率达到 20%以上;打造 20 个国内外具有一定影响力的农产品知名品牌。这些目标的实现都离不开新型农业经营主体这个抓手。

针对上海乡村振兴及都市现代绿色农业发展对新型农业经营主体培育的要求,结合目前上海市新型农业经营主体培育过程中遇到的各类“瓶颈”和问题,从改善外部环境和激发新型经营主体发展的自身活力上,提出以下对策建议:

(一)探索建立更为紧密的组织联结机制

1. 探索多种利益联结模式

目前上海对解决分散农户与市场化、规模化、专业化、技术化要求之间的矛盾的作用还未充分发挥,建立龙头企业与农户之间有效的联结机制对加强新型经营主体的带

动作用有重要意义。政府可以通过建立龙头企业和农户等不同利益联结方的诚信档案来促进契约精神的养成。诚信档案可与贷款、农业贴息等政策配合起来,用这些政策优惠换取企业对消化地产农产品的承诺,以及农户对提供价格产量稳定农产品的承诺。诚信档案的关键是监督双方对契约的执行,尤其是在农产品市场价格下跌的时候敦促企业践诺,在农产品市场价格上涨的时候敦促农户守约。加快龙头企业与农户之间"风险共担、利润均沾"利益共同体的形成。探索构建服务协作型利益联结模式,鼓励龙头企业以资金、技术等要素入股合作社,推行标准化生产,形成农户发展生产做基地、企业开拓市场做品牌的利益联结,企业注重向品牌要效益,农民注重向质量标准要效益。

2. 加大培育扶持新型农业经营主体

企业与农户通过契约联结在一起往往会使原本由农户零星承受的风险集中到企业身上,政府需要在加强企业抗风险能力上给予一定的政策倾斜,如结合上海农业保险的特色和经验、做法,考虑出台针对这类风险的保险类项目,以推进新型农业经营主体在探索建立更为紧密的组织联结机制时能有效控制风险。

(二)充分调动各类社会力量推动品牌建设

1. 高校和科研机构加强理论研究

上海市涉农高校和农科院等科研机构,可以开展有关农业品牌建设和品牌管理方面的理论研究,重点解决农产品品牌传播和品牌营销方面的难点和"瓶颈",如针对不同类型的农产品建立有公信力的食品追溯体系,拓展优质农产品的发展空间。

2. 行业协会加强平台和渠道建设

上海各农业行业协会应根据行业特点,给予农业企业有关品牌创建方面的有效指导和培训,为农业品牌的传播推广提供平台和渠道。进一步提升行业协会在政府与农业经营主体间的桥梁和纽带作用的能力,拓宽政策信息、农业经营主体诉求的上传下达通道,提高政府决策的有效性,降低落实政策的难度。在已有的农业信息服务平台基础上,扩展公共信息服务功能,构建大农业服务网络,让公共信息通过服务平台高效对接。

3. 借力成熟的农产品线上销售平台

充分利用现有的农产品销售平台进行农产品对外营销,在调研过程中发现、奉贤的扬升蔬菜合作社与崇明的日鑫农业专业合作社均是与盒马生鲜合作之后,借助盒马的销售平台与网络逐步提升了自身的品牌价值。面对当前较好的农产品销售平台,上海市农产品销售与品牌建设可以充分借势,由区政府或镇政府出面,针对本区域的优势农产品,与有广泛消费基础的农产品销售平台形成战略合作框架,形成"区域+个体"的双品牌策略,这样一方面可以整合资源,更有效地打造区域品牌;另一方面可以针对需求调整农业产业结构,优化生产。

(三)完善社会服务水平,优化新型农业经营主体用地保障政策

1. 建立上海现代农业产业发展正面清单制度

根据上海现代农业发展趋势,结合上海现代农业发展的目标和功能定位,设立现代农业产业发展的正面清单,并在此基础上明确可以通过设施农用地提供用地指标的项目和需要通过农村集体建设用地提供用地指标的项目。结合新型农业经营主体在自身

发展中对土地的需求，有限满足符合上海现代农业产业发展的正面清单的项目用地需求，并明确用地路径，提高新型农业经营主体发展过程中的项目用地申请审批效率。

2. 扩大农用地经营权抵押试点范围

金山区 2015 年作为上海农地经营权抵押贷款的试点，实践经验表明通过经营权抵押贷款的均为具有一定生产规模的新型农业经营主体，其在履行还款义务时表现出较高的信用水平，并在扩大生产规模、丰富生产品类等方面做出了积极的探索。农业经营主体有农地经营权抵押贷款的需求，农地经营权抵押贷款是担保贷款的重要补充形式，扩大农地经营权抵押贷款的试点范围能满足更多有农地经营权抵押需求的新型农业经营主体，但是在扩大试点范围时要重点解决贷款期限较短、缺乏明确价值评估标准、经营权处置变现难等问题。

（四）破除管理体制壁垒

1. 整合优化现有各项农业补贴

应建立健全农业补贴的管理规定，进一步整合各相关部门的补贴范围，对各部门的职责进行明确划分，实行集中管理。调整补贴环节，依照一定程序发放农业补贴，以进一步提高资金利用效率；同时，整合不同政策，避免出现政策冲突难以落地的问题，保证上海涉农财政补贴政策的持续有效和稳定执行，促进农业财政补贴政策落到实处。

2. 针对上海农业生产特征优化农机补贴的方式和内容

应针对上海市农业生产的特征，调整农机补贴的方式和内容，具体来说：一是将农机补贴直接扣减农机购买费用，避免农业经营主体先垫资后拿补贴的方式。二是加强农机维修技术的培训。一方面在新型经营主体的生产培训中重视农机维修专业技术的培训，让新型农业经营主体能处理常见的农机故障；另一方面根据需求增加农机维修专业技术服务人员数量，满足农忙时节对农机维修的需求。三是通过调研调整农机补贴目录，考虑将适用于上海农业生产条件，且在实际生产中使用广泛而又不在农机补贴目录中的农机纳入补贴目录，使补贴的供给与需求实现更好匹配。

牵头领导：黎而力　陆　鸣
牵头处室：市场信息处
课题组成员：张建庭　马　佳　舒学军　张孝宇
王丽媛　朱哲毅　钱　玮　马　莹
金　尧　平　瑛

2. 上海市乡村振兴示范村建设标准和工作规范研究

党的十九大提出乡村振兴战略，全面擘画了中国乡村发展的美好未来，将促进农业农村发展提上了前所未有的高度。中央农村工作会议制定了乡村振兴的时间表和路线图。2018 年年初以来，市委、市政府开展了一系列调研工作，着力查找本市乡村建设的短板和不足，深入谋划乡村建设的新思路。在广泛调研和深入谋划的基础上，围绕体制机制创新和乡村内涵发展，着力破解相关矛盾和瓶颈，本市开展了首批乡村振兴示范村建设。为进一步明确、细化乡村振兴示范村建设内容、标准和规范，为各地示范村建设提供指导和依据，我们组织开展了上海市乡村振兴示范村建设标准和工作规范研究，目前，《乡村振兴示范村建设指南》(DB31/T 1109—2018)已通过上海市质量技术监督局审批。

一、乡村振兴示范村建设历程

乡村振兴示范村建设是对近年来美丽乡村建设工作的又一次提升，是上海市落实乡村振兴战略，用新理念、新方式推进乡村建设的一次重要实践。

(一)前期探索

2007 年以来，本市以基本农田保护区规划保留农村地区为实施区域，以村内基础设施建设、村庄环境整治、村公共设施配套等村级公益事业建设为主要内容，以自然村落为建设单元，持续开展农村村庄改造。通过与农村路桥改造、河道整治、生活污水处理等工作的有机结合，村内各项基础设施水平显著提升，农村人居环境显著优化。改造后的农村呈现出路平、桥安、水清、岸洁、宅净、村美、人和的新面貌。

2014 年，为深入贯彻党的十八大、十八届三中全会对生态文明建设、推动城乡一体化做出了重要部署，按照全国首届农村人居环境改善工作会议的要求，本市推进了以村庄改造为载体，以改善农村环境为目标的美丽乡村建设工作。工作启动以来，各部门扎实推进了区域环境综合整治、村内道路建设、河道水系整治、生活污水处理、村庄改造等一系列乡村建设工作，极大改善和提升了农村地区基础设施和公共服务水平。截至

2017 年年底，全市累计完成涉及 54.5 万户农户村庄改造工作，占规划改造总数的 73%，累计评定出 62 个上海市美丽乡村示范村，引领全市美丽乡村建设工作。与前一阶段的新农村建设工作相比，美丽乡村建设更加注重农村人居环境改善的广覆盖工作，并在此基础上，探索推进乡村生态、产业、文化的协同发展，并逐步建立了美丽乡村项目整合机制。通过美丽乡村建设，郊区农村基础设施建设稳步提升、生态环境持续改善、公共服务配套日益完备、乡村传统文化得到保护和发展、农民获得感显著增强。

（二）乡村振兴示范村的诞生和发展

为贯彻落实党的十九大和实施乡村振兴战略重大部署，本市制定出台了实施乡村振兴战略实施意见，明确了推进乡村振兴示范村建设的重要任务，并在后续召开的实施乡村振兴战略工作推进会和现场会上进一步加以落实。按照市委、市政府的部署，“美丽家园”是实施乡村振兴战略的重大抓手之一，按照农村人居环境整治、美丽乡村示范村建设、乡村振兴示范村建设三个层次推进。

本市研究出台《上海市全面提升美丽乡村建设水平行动计划(2018－2020)》，进一步明确了对乡村振兴示范村建设的目标定位和工作要求。乡村振兴示范村是本市落实乡村振兴战略，用新理念、新方式推进乡村建设的一次重要实践，要通过乡村振兴示范村建设全面转变和提升乡村建设理念，使乡村呈现出更强的产业动力、更优的人居环境、更美的村落形态、更深的文化内涵和更可持续的运作机制。乡村振兴示范村创建工作从 2018 年年初开始启动，经过区申报、市美丽乡村建设工作领导小组各成员单位评议，闵行区浦江镇革新村、嘉定区安亭镇向阳村、宝山区罗泾镇塘湾村等 9 个村入选全市首批乡村振兴示范村创建单位。目前，各村示范创建工作均已启动，明确了乡村发展定位，形成了村庄规划成果，确定了创建内容和建设项目，嘉定、奉贤等区创建试点已开工建设。

二、本市乡村建设存在的问题和发展方向

（一）主要问题

上轮乡村建设以广覆盖、保基本为目标，农村地区基础设施和公共服务水平上了一个台阶，但村庄布局散乱、农宅形态不统一、村容风貌缺失、发展能级较低等根本性问题没有得到有效解决，主要体现在以下几个方面：

1. 乡村发展理念还需提升

对农村地区的发展缺少战略研究，尤其是对农村发展的作用意义和功能价值等未做深入思考，往往就乡村而谈乡村，在推进乡村建设的过程中没有站在城乡融合发展的大背景下，在实现城乡间资源的优化统筹、城乡功能的多元配置、城乡文化的交流和复兴、基层治理的精细化、农民素质的整体提升等方面还存在不小差距。

2. 规划编制和实施机制有待完善

乡村规划编制缓慢，涉及农村地区的各类规划，往往以空间管控为主要导向，未给乡村发展预留足够的空间。有的规划虽然坚持了乡村振兴理念，但土地指标和规划空间等缺少实施保障，产业设施、基础设施和公共服务等规划项目无法落地建设。规划对乡村振兴的引领功能尚未有效实现。

3. 乡村发展动力不足

乡村产业对低端低效产业的依赖度较大，随着“198”区域减量化工作持续推进，一些村集体经济组织收入显著减少，村内公共设施建设和公共服务供给对财政资金的依赖越来越大，缺乏造血机制。农村劳动力人口老龄化严重、受教育程度不高，农业生产经营人员中，年龄55岁以上的占60%多，初中及以下文化程度的近90%。农村地区聚集了城市的弱势群体，唤起村民自主意识的难度较大。

4. 乡村风貌缺少海派江南特色

自然村落数量大、分布散，全市现有约3.3万个自然村，住宅10幢及以下小型自然村占总数的45%，住宅11幢至30幢的中型自然村占总数的32%。受资金、土地等多种因素影响，农民向城镇集中居住工作推进缓慢。同时，受村庄建设空间等的约束，向保留村集中难以有效开展。部分地区长期停止受理农民建房申请，农宅更新受阻，乡村风貌较为陈旧。

5. 资源要素配置尚不充分

市级财政奖补的范围主要集中在保基本领域，与乡村振兴的要求存在差距，基层在乡村项目建设存在“看菜吃饭”的问题。市级资金虽然实现了聚焦同一区域的目标，但分条线管理，区级统筹难度较大。土地资源长期以来由农村单方向流向城市，村级公益事业建设、乡村产业发展往往面临供地不足的困境。

(二)发展方向

针对上述问题，未来的乡村振兴示范村建设要按照“产业兴旺、生态宜居、乡风文明、治理有效、生活富裕”的总要求，将重塑城乡关系，挖掘乡村发展动能作为核心内容，全面开展规划水平、布局形态、环境品质、村容风貌、发展动能、文化内涵、运作效能、治理能力八大提升工程。重点要在以下5个方面实现突破：

1. 全面转变建设理念

乡村是上海超大城市的稀缺资源，是城市核心功能的重要承载地，是提升城市能级和核心竞争力的战略空间。要深刻认识农村发展的作用意义和功能价值，着眼大局看乡村振兴，乡村振兴同时也是城市振兴，乡村要成为城市重要的发展空间，要面向未来、面向世界。要树立决策为先的理念，找准农村在城市建设发展中的定位、承担的功能，立足自然资源禀赋，注重整合各类资源，形成明晰的发展导向。

2. 全面提升规划水平

只有高起点的规划、高品质的建设，才能有高质量的生活。要将推进乡村发展作为规划编制的根本目的，要通过编制规划，实现存量建设用地布局调整优化，盘活乡村发展空间，保障产业的发展需求。要通过村庄规划，优化生态空间，保护、修复、提升乡村自然环境，开展村庄设计，保持富有传统意境的田园乡村景观格局，形成地域特色鲜明的乡村风貌。

3. 全面挖掘产业动能

要深入推进农业供给侧结构性改革，围绕现代农业提质增效，充分挖掘都市现代绿色农业的价值和功能，强化特色优势产业培育，强化品质、品牌建设。立足农业特色，延长产业链,完善利益链,走一二三产融合之路,大力发展生态农业、有机农业、定制农业、创意农业、休闲农业、乡村旅游、休闲养老、农村电商等新产业新业态,打造乡村振兴的产业引擎。

4. 全面优化乡村风貌

加强风貌保护和引导,立足上海大都市乡村地区的特色与优势,全面提升人居环境、文化内涵和景观品质,重塑自然生态格局和田园风貌,打造传承文脉的建筑和村落风貌。开展自然村归并,推进 30 户以下自然村农民集中居住,优化乡村居住形态。进一步推进乡村基础设施建设力度,实施道路交通、供电、通信、污水垃圾处理、公共服务等配套设施提档升级。保护和传承优秀传统文化,体现乡村韵味,彰显时代特征,展示地域特色。

5. 全面创新管理机制

与落实乡村振兴战略的工程化和项目化相比,制度供给滞后成为实施乡村振兴战略的最大制约。乡村振兴示范村创建是实施乡村振兴战略的一项新任务,以充分发挥各区主动性为前提,要在示范村建设中大胆探索宅基地三权分置、涉农资金整合、市场主体引入、城乡人口流动等工作,有效突破制度障碍,创新建设管理机制和政策体系,为全市面上工作推进打好基础。

三、乡村建设标准经验借鉴

高水平的乡村建设迫切需要标准的指引。“十一五”以来,随着全国农村建设力度的不断加大,农村建设标准研究受到了各级政府的高度重视,国家标准、地方标准、行业标准纷纷出台,为全市工作提供了宝贵经验。

(一)国家层面出台的相关标准

2005 年,住建部印发《关于村庄整治工作的指导意见》,部署村庄整治工作;2008 年,住建部发布《村庄整治技术规范》(GB50445—2008),对安全与防灾、给水设施、垃圾收集与处理、粪便处理、排水设施、道路桥梁及交通安全设施、公共环境、坑塘河道、历史文化遗产与乡土特色保护、生活用能 10 个方面的整治技术要求作出规定。2013 年,农业部办公厅印发《关于开展“美丽乡村”创建活动的意见》,美丽乡村创建活动在全国各地相继展开;同年,农业部发布《“美丽乡村”创建目标体系(试行)》,指导和规范美丽乡村创建工作。2015 年,国家质检总局、国家标准委发布《美丽乡村建设指南》(GB/T 32000—2015),从村庄规划、村庄建设、生态环境、经济发展、公共服务、乡风文明、基层组织、长效管理 8 个方面对美丽乡村建设提出规范化要求,涉及相关国家标准、行业标准几十个规范性引用文件。

(二)兄弟省市出台的相关标准

2014 年,浙江省安吉县人民政府、浙江标准化研究院共同起草,浙江省质量技术监督局发布《美丽乡村建设规范》(DB33/T 914—2014),成为全国首个有关美丽乡村建设的省级地方标准。2015 年以来,《江苏省美丽乡村建设示范指导标准》《山东省生态文明乡村(美丽乡村)建设规范》《福建省美丽乡村建设指南和标准(试行)》《海南省美丽乡村建设导则(试行)》《吉林省美丽乡村创建标准(试行)》《北京市美丽乡村建设导则(试行)》等相继出台。此外,近年来浙江省湖州市、台州市、安吉县等也出台了关于美丽乡村建设管理、考核和验收的管理办法。

(三)本市出台的相关标准

2008年,市农委会同原市建交委研究出台《村庄改造建设标准(试行)》,对道路桥梁设施、河道湖塘整治、给水与雨污水处理排放、村容环境、生活垃圾收集处理、村庄绿化、公共设施建设等村庄改造项目提出规范性要求。2014年,市政府办公厅转发市农委、市财政局《关于本市推进美丽乡村建设工作的意见》,就推进美丽乡村建设工作进行总体部署。同年,市美丽乡村建设工作领导小组办公室印发《上海市美丽乡村建设导则(试行)》,从村庄规划、基础设施、生态环境、产业发展、公共服务、乡村文化、长效管理、组织建设8个方面,指导和规范相关区县美丽乡村建设。

另外,本市部分郊区出台了有关建设标准和操作规范,具有一定的借鉴意义。2011年,浦东新区率先研究制定了《浦东新区村庄改造标准》;2014年,青浦区在全市各郊区率先出台了《美丽乡村建设技术指引》。在美丽乡村建设的相关行业领域,市有关职能部门相继出台了村庄道路建设、特色乡村旅游园区(村)服务质量等地方标准及数十项政策文件。

四、本市乡村振兴示范村建设标准研究

为了进一步明确、细化乡村振兴示范村建设的主要内容和具体标准要求,为各地区的建设工作提供指导和规范,我们于2018年2月初启动了乡村振兴示范村建设标准制定工作。标准起草过程中,充分吸收党的十九大精神,以及十九大后中共中央、国务院,国家相关部委,上海市委、市政府关于实施乡村振兴战略的重要政策要求;还参考、借鉴了国家美丽乡村建设指南、其他相关的国家标准和行业标准,浙江省美丽乡村建设规范等地方标准,上海市相关地方标准及其他规范性政策文件。

(一)指导思想

以党的十九大精神、《中共中央 国务院关于实施乡村振兴战略的意见》《农村人居环境整治三年行动方案》《中共上海市委、上海市人民政府关于贯彻〈中共中央国务院关于实施乡村振兴战略的意见〉的实施意见》和全市实施乡村振兴战略推进会议精神、《上海市农村人居环境整治实施方案(2018—2020年)》等为导向,以建设“经济、政治、文化、社会与生态协调发展,规划科学,产业兴旺、生态宜居、乡风文明、治理有效、生活富裕,宜居、宜业、宜游的可持续发展建制村”为主要目标,编制上海市乡村振兴示范村建设标准,充分发挥标准的引领作用,为更好地推动上海市乡村振兴示范村建设提供依据。

(二)基本原则

1. 坚持内容覆盖的系统性

紧紧围绕“产业兴旺、生态宜居、乡风文明、治理有效、生活富裕”的总要求,紧密结合上海实际,梳理确定上海市乡村振兴示范村建设内容,力求全面系统性。

2. 坚持指南内容的创新性

按照乡村振兴战略重大部署,以及本市建设卓越全球城市的发展目标和任务要求,

对现有村庄建设标准进行提标升级和补充完善。同时，强化配套制度政策供给要求，促进农业农村优先发展，促进各类要素向乡村集聚，保障乡村振兴示范村高标准建设、可持续发展。

3. 坚持指南内部结构的协调性

在乡村振兴示范村的村庄规划、基础设施、生态环境、经济发展、公共服务、村容村貌、乡风文明、乡村治理、长效管理等主要指标研究设计中，注重指标之间关系的科学性、整体性和协调性。

4. 坚持指南的可操作性

采取定量指标和定性要求相结合的方式，确定乡村振兴示范村的建设目标和标准要求，既有方向性引导，为各村因地制宜建设发展预留弹性空间，也有具体标准要求，形成明确的建设目标、统一的规范与依据。鉴于各村基础条件的差异，指南将有关量化指标作为乡村振兴示范村建设的最低要求，条件好的地区可以高于所设指标进行建设。

(三)主要架构和内容

实施乡村振兴战略是 2017 年 10 月党的十九大作出的重大部署，《乡村振兴示范村建设指南》是实施乡村振兴战略具有先行意义的地方标准。标准中的具体指标要求，尤其是刚性约束指标，符合国家、行业标准及上海相关地方标准和政策文件，并在此基础上有所提升。其中，对于现行规范性文件中已有简洁明确要求的，直接引用相关要求；对于虽有明确要求，但内容复杂、自成体系的，引用规范性引用文件名称。

指南的总体架构包括 13 个部分：范围、规范性引用文件、术语和定义、总则、村庄规划、基础设施、生态环境、经济发展、公共服务、村容村貌、乡风文明、乡村治理、长效管理。其中，乡村振兴示范村建设的主体内容为村庄规划、基础设施、生态环境、经济发展、公共服务、村容村貌、乡风文明、乡村治理、长效管理等 9 个部分。

1. 范围

根据上海大都市郊区乡村的实际特征，研究确定标准的适用范围为保留保护建制村，撤并村不在适用范围内，国家乡村建设标准和其他地方乡村建设标准未作此界定。

2. 规范性引用文件

标准的规范性引用文件包括两大类：一是标准类，包括国家标准、行业标准、其他地方标准和上海市地方标准；二是政策规划类，鉴于当前我国乡村建设标准尚处于起步阶段，较多内容以政策文件形式出现，虽未上升为标准，但却是乡村建设发展的重要依据，故标准制定过程中也将部分规范性引用文件纳入进来。

3. 术语和定义

标准是关于乡村振兴示范村的建设标准，因而明确了“乡村振兴示范村”“四好农村路”等新术语和相关定义，其中“乡村振兴示范村”是指经济、政治、文化、社会与生态协调发展，规划科学，产业兴旺、生态宜居、乡风文明、治理有效、生活富裕，宜居、宜业、宜游的可持续发展保护保留建制村。

4. 总则

贯彻落实党的十九大精神、乡村振兴战略总体部署和要求，围绕建立乡村振兴示范村建设领导责任制、优先满足要素配置、整建制推进、切实发挥农民主体作用、推动城乡要素自由流动、培育新型工农城乡关系等方面，提出六大总则。

5. 村庄规划

除对村庄规划提出基本要求外，还针对目前村庄规划水平较低、操作性较差等问题，增加了对于村庄规划编制深度和质量的要求。

6. 基础设施

在参照国家和其他地方乡村建设标准的基础上，结合上海乡村发展实际，确定乡村基础设施建设的内容和要求，主要包括道路、桥梁、饮用水、排水、供电及通信、天然气、公交和停车设施等方面。

7. 生态环境

重点聚焦乡村环境质量、污染防治、生态保护、河道治理等领域。其中，环境质量根据国家标准设定，其他方面结合国家要求，对标上海乡村振兴战略部署进行细化扩展，提升标准要求。

8. 经济发展

鉴于产业兴旺是实施乡村振兴战略的重点内容，指南对经济发展一章分“基本要求”“产业发展”和“村级集体经济”三部分描述。其中，“基本要求”中提出要编制乡村产业和运营规划或策划，强化特色优势产业培育，充分发挥经营主体作用，创新经营分配机制等内容。“产业发展”分“农业”和“其他产业”两部分。“其他产业”着重新产业、新业态领域的发展要求。

9. 公共服务

包括“健康乡村”“公共教育”“文体设施”“劳动就业”“社会保障”“便民服务”六节，既包括设施建设要求，也包括服务要求。设施配置从城乡融合的角度考虑，如乡村仅提出幼儿园建设要求，不包括中小学，明确各项便民服务场所设施建设要求。

10. 村容村貌

国家标准和其他地方标准未将村容村貌作为一级条目列出，本标准根据乡村振兴战略及上海乡村的实际情况，将村容村貌单独列出。在具体内容上，除了包括国家标准中提出村容维护的基础要求外，针对上海乡村的实际问题及发展需求，增加了风貌引导、住房更新、绿化景观等方面的要求。

11. 乡风文明

主要包括传统文化保护与传承、弘扬时代新风、公共文化活动等方面的建设要求。对标国家和本市乡村振兴战略设置，相较于已出台的国家标准和其他地方标准，内容更新、更完善。

12. 乡村治理

提出组织建设、治理体系(自治、法治、德治)、平安乡村等方面的建设要求。对标国家和本市乡村振兴战略设置，相较于已出台的国家标准和其他地方标准，内容更新、更完善。

13. 长效管理

立足建管并重的理念，对乡村长效管理内容、管理主体、管理经费、评估考核等方面提出有关要求。

五、乡村振兴示范村工作规范研究

乡村振兴示范村建设标准明确了建设目标、项目内容及工作要求，可以对高起点、高质量、规范有序开展乡村振兴示范村建设起到指导和促进作用。为保障标准有效实施，需要进一步建立工作机制，并形成一系列工作规范。

（一）完善工作推进机制

突出乡村振兴战略的责任机制。乡村振兴示范村是贯彻落实乡村振兴战略的一项重大探索和实践，是集中展示和体现本市乡村振兴战略实施成效的一个平台。乡村振兴示范村建设围绕“产业兴旺、生态宜居、乡风文明、治理有效、生活富裕”20字总要求，涉及各条线、各领域，需要用城乡融合的新理念、新方式，着力破解体制机制“瓶颈”问题，必须建立强有力的工作推进机制。市、区、镇、村在乡村振兴示范村建设中应上下联动、密切配合。市级层面主要加强制度供给，加快扶持政策制定。各区政府是乡村振兴示范村建设的责任主体，建立完善、高效、顺畅的区级推进机制是建设项目有序实施的关键，应建立由党委、政府主要负责人任组长，各相关部门为成员的乡村振兴示范村建设工作领导小组，形成职责清晰、保障有力的工作机制，落实规划、落实政策、落实责任、落实项目。各乡镇政府全面推进项目实施。各村提出项目需求，以主人翁的态度投入乡村振兴示范村建设，引导村民、发动村民、带动村民、团结村民。

（二）完善规划编制和管理机制

村庄规划是明确村庄发展定位、建设目标、建设内容，落实发展空间的重要保障，是项目建设的前提。一是突出“规划为先”理念。按照“无策划不规划、无规划不设计、无设计不施工”的要求，加快推进村庄规划编制。原则上，未完成村庄规划编制的村不能开展乡村振兴示范村建设工作。二是规范规划编制。按照《乡村规划导则》开展规划编制，以促进乡村发展为出发点，重点优化村庄空间布局，合理配置公共服务设施和基础设施，落实产业用地。三是加强村庄设计。吸引规划师、建筑师、艺术家、乡村贤达等各领域人才参与规划编制，要注重发挥村民的重要作用，充分尊重、保护和传承好乡村的历史文脉、自然肌理、空间格局和风貌特色，形成富有地域特征和时代特点的设计作品。四是优化管理方式。对乡村规划给予适度弹性，在守住“耕地面积不减少、建设用地不增加”的前提下，保障产业发展空间。建立乡镇内部平衡机制，在上位规划、相关专项规划中为乡村振兴示范村发展预留空间。

（三）优化农民住房保障更新机制

完善农民建房管理，推进农民集中居住，是提升乡村布局形态、优化乡村风貌的重要手段，是实施乡村振兴战略的优先议题和重要内容，将在乡村振兴示范村建设中率先进行探索。一是完善相关政策。按照乡村振兴战略要求，结合2035城市总规，修订农村村民建房管理办法，完善农民集中居住相关政策，多种模式推进农民集中居住。二是落实规划空间。落实村庄布点规划，明确保留和撤并区域，同时编制郊野单元（村庄）规划，明确农民建房和集中居住空间布局。三是推进农民建房和集中居住。因地制宜、分门别类推进农民建房和集中居住，鼓励农民优先向城镇集中，支持有条件地区农民向保留村平移归并，引导保留村内符合条件村民依据相关规划和导则开展旧房更新改造，探索和实施宅基地有偿使用和退出机制。四是打造海派江南特色风貌。加强色彩引导，体现自然环境与建筑色彩有机结合。注重乡村整体建筑风貌的统一性、协调性和美观性，加强江南水乡传统建筑元素在示范村中的运用和实践。

（四）创新审批管理机制

结合实际创新项目立项审批方式，将乡村振兴示范村建设作为整体项目，通过部门联合审批和集体决策的方式，由区具体职能部门进行打包立项，提高审批效率。建立乡村振兴示范村用地审批绿色通道。各区规划国土部门加强工作指导，确保新建基础设施、公益事业占地规模要符合配置标准。参照重大工程操作办法，建立乡村振兴示范村用地手续办理绿色通道，加快土地供应。进一步细化市级乡村振兴土地支持政策，在各区层面明确基本农田调整补划、规划红线调整办法，保障乡村振兴示范村空间调整工作落地、落实。加大土地支持，各区减量化形成的建设用地指标，需确保一定比例用于乡村振兴示范村建设。深入推进涉农领域“放管服”改革，下放市级各专项审批权限，通过“大专线＋任务清单”管理模式，建立以绩效为导向的资金投入方式，允许和支持各区统筹各类资金、资源，提高资金使用效益。

（五）严格项目推进和考核机制

坚持乡村振兴示范村建设的项目化管理和目标管理。围绕村庄规划，生成建设项目清单，实现“每村一清单”。细化各项目建设内容、责任主体、进度计划，落实资金来源。对明确列入相关专项的项目，由职能牵头部门包干负责推进。自筹资金开展的项目由乡镇负责实施。社会资本参与的项目，做好对接，避免落空。加强督查机制，对乡村振兴示范村实行工作清单管理。建立严格的进度报送和通报制度，在重要工作阶段对项目推进情况实施评估，预判目标的可完成情况，提前消除和解决可能造成项目进展滞后的问题，确保创建工作按既定方向有序推进。建立乡村振兴示范村考核评价体系。乡村振兴示范村建设作为乡村振兴战略的重要内容，要进一步加大考核权重，依据工作目标量化考核分值，建立奖惩机制。以《乡村振兴示范村建设指南》为引导，研究制定乡村振兴示范村评价指标，突出约束性指标的落实和创新性工作的推进，考核评价结果与市级奖励资金的拨付挂钩。创新评价方式，加强乡村振兴示范村的公众评价，将公众参与度、满意度作为重要评价内容。

牵头领导：黎而力
牵头处室：城镇规划处
课题组成员：应建敏　朱建江　金　峰　曹　俊
薛艳杰　汪　琦　王霄慨　戴伟娟
刘玉博　龚重苏　康俊生　李　健
杨传开

3. 上海市涉农资金统筹整合长效机制研究

2017年年底，国务院《关于探索建立涉农资金统筹整合长效机制的意见》(国发[2017]54号)，提出要分类推进涉农资金统筹整合，重点建立行业内资金整合与行业间资金统筹相互衔接配合的长效机制。2018年中央1号文件进一步明确，优化财政供给结构，重点推进建立涉农资金统筹整合长效机制。本课题根据中共上海市委、上海市人民政府《关于贯彻〈中共中央、国务院关于实施乡村振兴战略的意见〉的实施意见》(沪委发[2018]7号)要求，将本市涉农资金统筹整合长效机制作为优化财政支农投入供给的重要抓手，充分发挥财政政策对实施乡村振兴战略的基础保障作用，开展财政支农政策的顶层设计研究，提出理顺涉农资金管理体系、创新涉农资金使用管理机制的路径和方法，为提升本市支农政策效果和支农资金使用效率提供决策参考。

一、本市财政支农的基本情况

2003年《农业法》修订后，上海严格执行法定增长要求，2004～2014年的10年间，市级法定增长口径安排的农业支出年均增长率为12%，高于经常性财政收入增长率近3个百分点。2014年取消法定增长后投入更大。2015～2017年的3年间，全市各级财政农林水支出总规模实现翻番，从202亿元增加至457亿元，年均增幅超过30%。该项统计主要包括农业、林业、水利、扶贫、农村综合改革、农村普惠金融等支出内容。本市各级财政对农业农村的投入不仅包括农林水支出，还包括农村地区道路交通、卫生医疗、社会保障、教育文化、基层治理等与“三农”相关的投入。

二、本市财政涉农资金整合的过程

本市财政涉农资金整合工作在10年前就已经启动了，主要分为两个阶段。

第一阶段：试点整合(2006～2014年)

2002年10月，中央提出“要对现有农业项目、资金进行整合，相对集中，确定支持重点，提高资金使用效益"。2005年4月，财政部要求各省因地制宜开展财政支农资金整合试点工作。2006年财政部印发了《关于进一步推进支农资金整合工作的指导意见》(财农[2006]36号)，在已开展的支农资金整合试点工作基础上，就支农资金整合的原则、方法、步骤和措施等进一步提出了明确要求。本市出台了《〈关于开展支农资金整合试点工作的意见〉的通知》(沪财农〔2006〕33号)，明确支农资金整合试点工作步骤和重点，并要求各区县积极开展支农资金整合试点工作，以形成"项目科学、安排规范、使用高效、运行安全"的支农资金使用管理机制。

第二阶段：专项整合(2014～2017年)

2014年中央1号文件中明确提出"整合和统筹使用涉农资金。稳步推进从财政预算编制环节清理和归并整合涉农资金。改革项目审批制度，创造条件逐步下放中央和省级涉农资金项目审批权限"。据此，财政部、农业部着手开展支农专项政策整合的探索研究，对性质相同、用途相近的涉农资金进行清理、归并、整合，下放涉农项目审批权限，赋予地方更大的灵活度和自主权。本市再次探索开展了财政涉农专项整合工作。截至2014年，市级财政支农专项政策约61项，市农委部门预算列支48个(约占79%)。

三、本市财政支农政策的体系架构

(一)政策构成

本市财政支农政策有61项，分别涉及市农委、市水务局、市发改委、市财政局、市住建委、市林业局6个部门。其中，市农委有48项财政支农政策。分为农民、农业、农村三大类。涉及农民：水稻种植补贴、水稻农资综合补贴、良种补贴、水稻农药补贴、绿叶菜种植补贴、蔬菜农资综合补贴、高效低毒低残留农药补贴、农机购置补贴、农业保险保费补贴等19项；涉及农业：设施粮田、设施菜田、标准化水产养殖场、畜牧标准化生态养殖基地、攻关项目、推广项目、引进消化吸收再创新项目、成果转化项目等26项；涉及农村：农村村庄改造、土地承包经营权确权登记补贴2项 。

(二)市农委六大专项

从2014年起，市农委部门预算内48个专项政策整合为"6+1"，分别为：都市现代农业发展、农村村庄改造、农业综合补贴、科技兴农、农业生态与安全、农村改革与发展。一是都市现代农业发展专项。主要由原来下列专项整合而成：粮田设施建设、设施菜田管护、水产标准化养殖基地建设、合作社贷款贴息、龙头企业贷款贴息、国家现代农业示范区建设、农业旅游、菜田设施建设、畜牧标准化养殖基地建设、区域特色农产品基地建设、合作社项目扶持、地方现代农业发展项目、中央现代农业项目配套资金。二是农村村庄改造专项。主要分为村内基础设施建设类、公共服务设施类、村内环境综合整治类三大类。三是农业综合补贴专项。主要有水稻农资综合补贴、水稻病虫害防治药剂补贴、水稻育插秧生产补贴、蔬菜生产农资综合直补、农业组织化经营奖补、农业保险大灾风险专项、水稻种植补贴、良种补贴、夏淡绿叶菜种植补贴、蔬菜农药补贴、农业保险补贴、农机购置补贴。其中，农作物生产直补可分为粮棉油生产补贴，蔬菜生产补贴。四是科技兴农专项。主要有农业科技攻关项目、引进消化吸收再创新项目、农业产业技术体系建设、稻麦高产创建奖补、畜禽保种项目、推广项目、成果转化项目、现代种业产业发展项目、蔬菜标准园创建奖补、水产保种项目。五是农业生态与农产品安全专项。主要有重大动物疫病防治、绿肥种植补贴、深耕补贴、“三品一标”奖补、渔民转产转业补贴、生猪无害化处理补贴、商品有机肥补贴、农业档案追溯体系建设、海洋捕捞渔船更新补贴。此专项主要是保护农业生产资源和改善农业生态环境、农业面源污染防治和资源循环利用、提升农业生态安全水平和农产品质量安全水平,并且由各区自主选择工作重点内容和开展方式。六是农村改革与发展专项。主要有土地确权登记经费补贴,扩大政策内涵、考核奖励。

四、本市财政支农工作存在的主要问题

本市各级财政持续增长的支农投入,为本市“三农”事业发展提供了强有力的支撑和保障,但也存在一些不足,有待进一步改进。一是财政支农效果不够理想。农业经营主体和各级管理部门对于农业农村发展的实际效果还有进一步的期盼和需求。基层反映涉农资金尚存在管理条线多、政策分散、投入效果不够理想等问题。二是财政支农的供给侧结构有待优化。财政支农不仅要解决好投入规模的问题,更要解决好投入结构、投入方式、绩效管理等财政支农的供给侧结构性问题。三是整合深度和统筹广度不够。整合的专项还停留在形式整合为主,未能实现所有子项目均可统筹使用的实质整合。纳入整合内容仅限于市农委管理的范围,跨部门统筹没有实质性启动。

五、本市加强涉农资金统筹整合的总体思路

(一)基本原则

一是突出问题导向。坚持资金统筹整合与政策优化完善相结合。在有效解决当前涉农资金多头管理、交叉重复、使用分散问题的同时,进一步优化顶层设计,通过动态调整完善政策措施、明确扶持导向、创新体制机制、聚焦资金投入,强化财政资金引导作用,带动更多社会资源投入,不断提高涉农资金使用效益。二是坚持分类施策。在市、区两级分类有序推进涉农资金统筹整合,对部门内涉农资金在预算编制环节进行源头整合,部门间涉农资金主要围绕重大项目、重点区域打造资金整合平台,强化部门协调、资金聚焦,由点及面、以面带片,整体提升地区涉农资金统筹整合效益。三是加强市区联动。建立涉农资金统筹整合沟通协商机制,加强市区两级联动,促进市级宏观指导和区级自主统筹的有机结合,自上而下强化任务落实、自下而上强化需求导向,在全市范围内形成支持涉农资金统筹整合工作的长效机制和良性互动。四是推进简政放权。深入推进涉农领域“放管服”改革,有序推动审批权下放,赋予区级必要的统筹涉农资金的自主权,激励地方积极主动作为。加强事中事后监管,依法依规、有序有效推进涉农资金统筹整合。

(二)主要目标

到 2020 年,实现农业农村发展领域部门内和部门间涉农资金的统筹整合。构建形成农业农村发展领域权责匹配、相互协调、上下联动、步调一致的涉农资金统筹整合长

效机制，并根据新一轮政府机构改革，以及农业领域政府间财政事权和支出责任划分改革以及预算管理相关制度改革，适时调整完善。

（三）整合范围

国务院文件明确的整合范围为农业发展领域，不包括农村建设和农村综合改革等领域。从本市的实际情况来看，上一轮财政支农专项整合覆盖范围包括三农各领域，综合考虑实施乡村振兴战略总体要求、国家新的机构改革方案、本市已开展的财政支农专项整合实际范围，以及基层的呼声和建议，本轮涉农资金统筹整合范围由国务院文件的“农业发展领域”拓展至“农业和农村发展领域”。

六、本市涉农资金统筹整合的主要路径

在充分考虑国务院机构改革要求的前提下，本轮涉农资金统筹整合仍然按照部门内和部门间两条路径推进。部门内涉农资金在预算编制环节进行源头整合，部门间涉农资金主要围绕预算执行环节的重大项目、重点区域打造资金统筹使用平台，由点及面强化部门协调、资金聚焦。

（一）部门内深化实质性整合并形成大专项

2014 年开展的财政支农政策整合，市级部门内专项政策已得到较为有效的归并和梳理，基本解决了同一部门内政策分散、交叉重复等问题，且形成的专项基本符合国务院文件要求。因此，本轮专项整合的工作量不大，重点将做好以下三方面工作。

一是明确市级最终形成 11 大专项。本轮 2015～2020 年农村村庄改造建设完成后，将该专项与农村改革与发展专项合并，实现支持农村硬环境和软环境建设资金的全面整合。最终形成“11＋2”的市级涉农政策体系：农业综合补贴、都市现代农业发展、农业生态与农产品安全、科技兴农、农村改革与发展、农业综合开发、农田水利、河道整治、农村生活污水处理、林业建设、土地整理 11 大专项，加上“三农”转移支付、生态补偿转移支付 2 个一般性转移支付。至 2020 年，11 大专项的主管部门需完成相关专项管理办法的制定或修订。

二是全面深化各大专项的内部实质整合。对已经完成归并设置的涉农大专项，要深入推进实质整合，重点是子项目的进一步归并整合。同时，在政策体系相对稳定的基础上，建立专项内容和管理方式的动态调整机制。根据乡村振兴战略要求，围绕都市绿色现代农业发展和新农村建设需求，支持打造若干市级重点项目，全面优化并加大对农业资源和生态环境保护的投入，探索美丽乡村建设以奖代补机制，研究实施市级示范村建设等财政补贴政策。

三是探索实行“大专项＋任务清单”管理模式。所谓“大专项”，就是市级要归并形成的 11 个涉农专项政策；所谓“任务清单”，就是指这 11 个涉农专项中的非项目制专项，各自要明确对应的工作任务和绩效考核要求。任务清单分为约束性任务和指导性任务。约束性任务主要包括国家和本市明确要求的涉及重大民生的事项、市级规划任务、新设试点任务等，其他任务为指导性任务。实行这一模式，旨在赋予区级更多自主权，各区可在完成约束性任务的前提下，根据当地产业发展需要，区分轻重缓急。在完

成指导性任务的前提下，在同一大专项内统筹使用资金。从“11＋2”的市级涉农政策体系来看，“三农”和生态补偿两个一般性转移支付以及“农村改革与发展”专项属于典型的纯指导性任务；“农业生态与农产品安全”专项属于“约束性任务＋指导性任务”，其中：动物疫病防控类资金需严格按照市里工作要求和对应的资金量进行落实；关于耕地地力保护方面的资金可以由区里自行决定补贴标准和实施内容；其他专项目前以项目制管理为主，暂时不能由区里统筹使用，今后将逐步调整为“大专项＋任务清单”管理模式，有利于提升基层自主统筹能力。

(二)部门间以项目为抓手并突出资金集中投入

针对本市上一轮财政支农专项整合遗留的跨部门统筹力度不够、顶层制度设计不够等问题，本次部门间涉农资金的统筹使用是整合的重点。主要分两种情况推进统筹：

一是功能互补、用途衔接的资金。各部门涉农政策体现了行业间的专业职能分工，许多用途本身并不重复而是形成互补关系，有关专业性较强的政策并不适宜由某一个行业部门统一管理。本次整合，重点推广区级层面为主体、以区域为平台、以项目为抓手的部门间资金统筹使用模式。市、区两级相关部门围绕改革任务、重点区域和项目等，搭建相应的涉农资金统筹整合平台。目前已经整合的是美丽乡村建设、农林水联动、农村一二三产业融合发展等平台建设。各区按照“渠道不乱、用途不变、集中投入、各负其责、形成合力”的原则，统筹安排各类功能互补、用途衔接的涉农资金，有效引导其他相关专项资金在整合平台上共同聚焦重点区域和重点项目，全面提升资金使用效益。根据平台整合情况，不断充实完善投入项目和内容，适时开展整合平台之间的进一步融合，由点及面、以面带片，形成涉农资金统筹整合的规模化效应。

以美丽乡村建设为例：从 2015 年起，将市级各部门管理的村庄改造、河道整治、中小河道轮疏、农村生活污水处理、经济相对薄弱村村内道路改造、农村危桥改造、农村低收入户危旧房改造 7 个方面资金在区级层面进行统筹。各区根据自身发展情况，确定开展美丽乡村建设的村庄和区域，以村为单位启动整体项目申报，申报内容涵盖以上 7 方面政策；由区组织相关条线部门开展联合评审，评审通过后，将 7 个条线项目按部门各自向市级申报；项目批复后，以村为单位整体开展项目实施，实施过程中按照“先地下、后地上”的原则安排项目实施顺序，通过一次规划实现同一地区农村环境面貌的整体提升和改善。

二是性质相同、用途相近的资金。表现出政策重复、标准多样、多头管理等问题，其完善的方向最终是实现同一事务由同一部门负责管理。目前这类项目主要是高标准农田建设相关专项，如农业综合开发、小型农田水利、土地整理等。本次国务院机构改革已经明确将以上工作管理职能整合到新组建的农业农村部统一管理，在源头上基本解决了政策重复的问题。

七、建立涉农资金统筹整合长效机制的对策措施

(一)加强组织领导

市级与区级层面均应成立涉农资金统筹整合领导小组，负责统筹组织、协调、指导、

督促推进涉农资金统筹整合工作。区级层面切实承担主体责任，充分发挥乡镇、村和农民在涉农资金统筹整合工作中的基础作用，调动基层工作的积极性、主动性和创造性。

（二）完善绩效评价

绩效评价是衡量和提升财政资金使用效果的有效手段，要健全完善科学全面的绩效评价指标体系，建立以绩效评价结果为导向的政策完善机制及资金分配机制，提升财政资金的使用效益。

（三）鼓励探索创新

要鼓励各区根据部门内资金整合与部门间资金统筹的工作思路，因地制宜开展多种形式的涉农资金统筹整合；突破现有管理制度规定的，应按管理权限和程序报批或申请授权。

（四）加强政策宣传

认真总结和推广各地区、各有关部门在涉农资金统筹整合中的好经验、好做法，加强信息报送和政策宣传，注重宣传的引导性和时效性，努力营造全社会关心、支持涉农资金统筹整合的新局面。

牵头领导：叶军平
牵头处室：综合发展处
课题组成员：金　英　刘映芳　竺佳敏　陈新佳

4. 关于加强上海市村干部队伍建设的调研报告

党的十九大报告提出了“建设高素质专业化干部队伍”“培养造就一支懂农业、爱农村、爱农民的‘三农’工作队伍”的要求。推进村干部队伍建设，既是巩固和加强党在农村执政基础的需要，也是推进我市实施乡村振兴战略、实现农业农村现代化的要求。2018 年我们结合大调研和市委专题调研工作，先后走访 9 个郊区，深入镇、村实地调研，对搜集到的信息和数据进行整理，在全面分析村干部队伍现状及面临问题的基础上，提出加强村干部队伍建设的对策和建议，为会同市委组织部等部门制定出台《关于加强本市村干部队伍建设若干问题的工作意见》提供支撑。现将有关情况报告如下：

一、基本情况

村干部是农村基层干部队伍的重要组成部分，是我们党在农村联系和服务群众的骨干力量，是创新社会治理体系、提升基层治理水平、实施乡村振兴战略的骨干力量。本次调研的村干部主要指在村党组织和村委会的任职人员（简称村“两委”干部），也包括村民小组长、妇联主任和大学生村官等其他在村级组织开展工作的人员。目前，全市共有建制乡镇 109 个（含城区 6 个），建制村1 577个。随着上海农村社会治理要求不断提升，村干部队伍承担越来越多工作，为促进本市农村社会、经济稳定发展发挥了积极作用；同时，村干部队伍在年龄结构、收入保障、能力素质和职业发展等方面也面临一些新情况、新问题。

（一）人员结构

2018 年本市农村党组织和村委会集中换届，截至 2018 年 9 月底，共有村级党组织1 547个、书记1 540人，村党组织书记兼任村委会主任（“一肩挑”）比例为 42.2%。换届后全市村党组织书记平均年龄为 46.2 岁，较上届下降 0.9 岁；大专以上学历达到 86.1%，较上届提升 12.1 个百分点，队伍结构不断优化。现任村党组织书记中，35 岁以下占 6.8%，36～45 岁占 37.6%，46～55 岁占 46.2%，56 岁以上占 9.4%；现任专职委员

(包括副书记)中 35 岁以下占 27.4%,36～45 岁占 38.5%,46～55 岁占 28.5%,56 岁以上占 5.6%。全市实际参选村委会1 561个,村委会成员5 780人(来沪人员 7 人),其中村委会主任1 534人、副主任1 044人、委员3 202人,男性占 59.8%、女性占 40.2%,平均年龄 41 岁。村委会成员中党员占 82.1%;学历结构中大专以上占 80.5%,其中硕士占 0.1%、本科占 33.8%、大专占 46.6%。

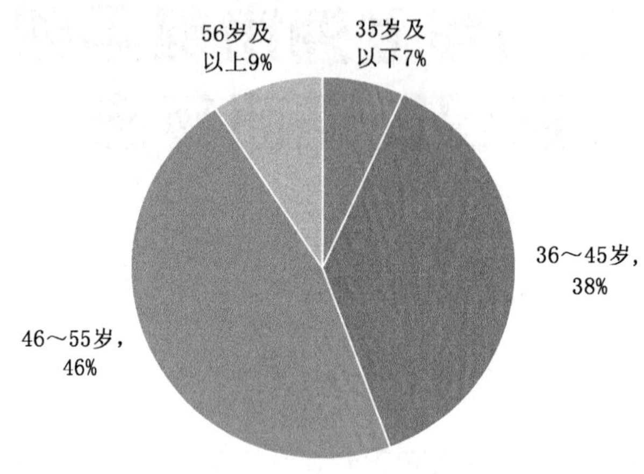

图 1　村书记年龄结构

(二)收入保障

村干部工作报酬总量逐年增加。村干部工作报酬体现区域经济特点,近郊高于远郊。据统计,全市村党组织书记平均年收入 19.9 万元,其中最高 73.3 万元,最低 8.1 万元,相差 9 倍。年收入平均值最高的为嘉定区 27.7 万元,最低的为崇明区 12.7 万元。20 世纪 90 年代末以来,本市农村按"全覆盖、保基本、分层次"社会保障基本要求,逐步将村干部社会保障从原有较低水平的"农保"过渡到了"镇保"和"城保",为村干部退休后提供了保障。但非公务员和事业编制的村干部,退休后收入明显降低,一般每月收入两三千元。

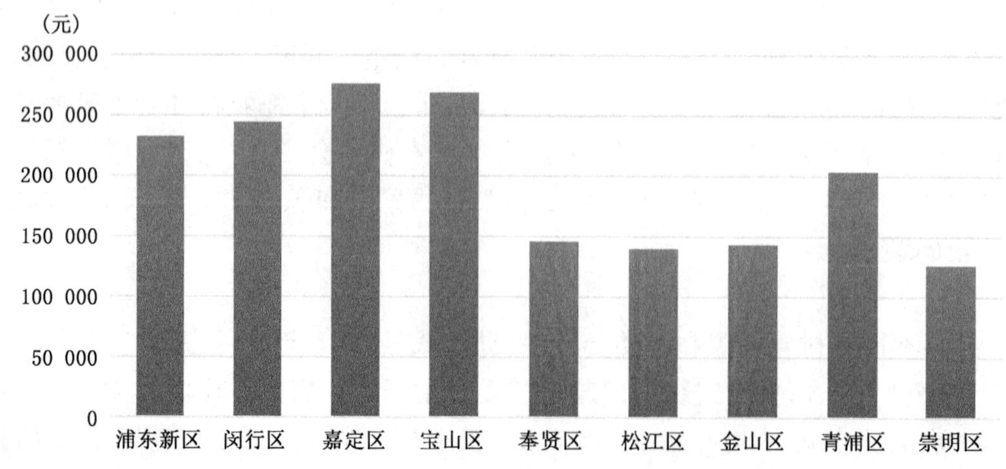

图 2　本市各区村党组织书记年均收入

（三）职业发展

近年来通过定向招录公务员，从优秀村书记、主任中选任乡镇（街道）领导班子成员，解决事业编制等途径，为优秀村书记、主任打通了一定的发展通道。但是总体来看，村书记、主任的发展空间有限。同时，近年来村干部工作强度有明显增加，尤其是随着“五违四必”、河道治理、美丽乡村建设和乡村振兴战略实施等工作的推进，村干部的工作任务与压力比以往更重。从职业发展来看，村干部岗位对青年的吸引力不足。过去5年中招录大学生村官总数为939名，其中流动人数727名，占77.4%。

二、主要问题

（一）农村带头人队伍后继乏人

由于社会各界仍存在传统的对农业农村的习惯意识偏见，各区农村地区经济发展水平、综合配套相对滞后，不同地区的村干部待遇保障差异较大，在部分地区尤其是经济薄弱村的村干部存在青黄不接问题。

1. 村党组织书记后备力量不足

虽然各区较为注重培养选拔年轻干部，但部分地区村干部整体年龄仍偏大、学历偏低。在2018年村级换届改选中，部分村没有合适的书记候选人，只能从“矮子里拔长子”或不得不下派干部到村任职。为解决村党组织书记来源问题，浦东、崇明、闵行、奉贤等区采取“班长工程”等下派方式，从区、镇两级机关、事业身份干部中选派担任村书记。据不完全统计，截至2018年村党组织换届后，全市涉农9区下派各类村书记308名（其中公务员85名，事业编制137名，其他类86名），占村党组织书记总数的20%。

表1　　2018年换届后9个区村书记来源情况

总人数	区镇下派	占比	下派公务员	下派事业编	下派社工	下派其他人员
1 540	308	20%	85	137	45	41

2. 村干部本土选人难

伴随快速的城市化，由于农村各项配套条件相比城市差，农村年轻人学习、居住、就业越来越向城市化地区集中，在村工作生活的工作年龄段人数少，尤其是优秀年轻人数量少，导致符合村干部岗位能力要求的本土化后备人才缺乏，一定程度上导致村干部尤其是村书记后继乏人，在纯农地区和经济条件差的地区尤其明显。据统计，全市农村党员16.3万人中，60岁以上的约占2/3。截至2017年年底，农村党员中，35岁以下党员14 505名，占党员总数的8.8%；60岁以上党员105 885名，占党员总数的64.9%。从党员发展趋势来看，2013～2017年5年间，虽然全市新发展35岁以下农村党员1 626人，占新发展农村党员总数的58.7%，但35岁以下青年党员总数仍减少约2 600人，占比下降1.7个百分点；60岁以上的党员人数增加了11 300人，占比提高7.1个百分点。目前，村居党组织的主要工作对象和依靠力量还是以老年党员、高龄党员为主，无疑将极大地影响村干部的来源及基层党组织政治功能和组织力的发挥。

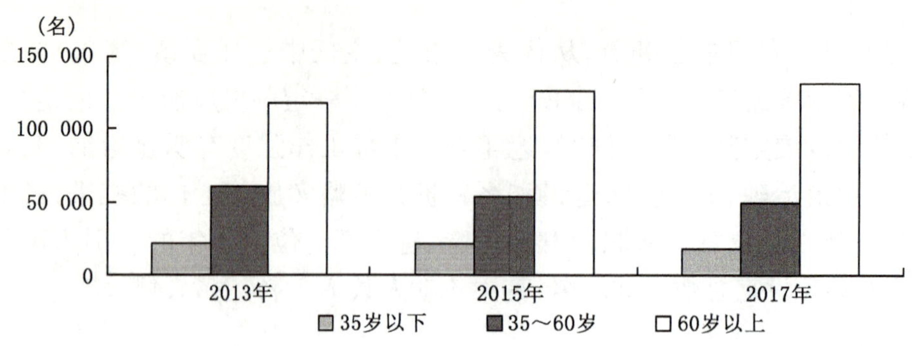

图3 全市农村党员年龄情况

3. 后备干部稳定性不够

由于从村里条线干部到村书记职业发展周期长、发展前景不明朗，村书记职业上升通道不畅，很多农村优秀青年认为从普通条线干部到村书记“遥遥无期”，加上村干部退休后待遇保障水平低，导致村干部对于退休后前景存在忧虑，优秀人才流失严重。由于发展空间、待遇水平有限，本市农村近5年招录的大学生村官也大量流失。部分担任村条线干部的青年因琐事消磨或能力不足，成长较慢，还不足以承担带头人角色，导致村委会主任、村书记队伍存在人才断层、青黄不接的情况。

(二)村干部保障不平衡

1. 薪酬收入差异显著

村干部工作报酬体现区域经济特点，近郊高于远郊，如闵行、宝山、嘉定、浦东和青浦5个区的村书记平均报酬超过20万元，奉贤、松江、金山、崇明区的村书记平均报酬在12万～15万元。纯农地区特别是崇明地区村书记收入相对较低，崇明村书记平均报酬仅12.7万元，仅占嘉定区平均27.7万元的46%左右。村委会主任和其他村干部薪酬，按照与村书记的系数比例相应减少。即使在同一区，镇、村之间也因经济发展水平差异、身份不同而有所不同。例如2017年度，崇明区村党组织书记(非下派身份)年平均收入127207元(应发收入)，最高的315 000元，最低的80 711元；浦东新区村书记收入最高的达到732 567元，最低的为113 675元。

2. 享编纳编需求迥异

在不同乡镇和村，村干部对于参照居委会干部纳享事业身份编制存在截然不同的需求。绝大多数村干部是村集体经济组织成员，少部分“班长工程”和区镇下派干部是公务员或事业编制身份。在市委创新社会治理、加强基层建设“1+6”文件出台后，居民区干部队伍特别是居民区书记队伍纳入事业编制管理，保障有了全面提升。村居干部在岗位职责上日渐趋同，村干部更多承担了社会治理和公共服务工作，并且农村的工作强度要远远大于居民区，尤其是随着“五违四必”、河道治理、美丽乡村建设等工作的推进，村干部的工作任务与压力比以往更重。远郊涉农地区在配备村居书记时一般都是村强居弱，但一般村干部收入低于纳入事业编制和社工管理的居委会干部。特别是村干部退休后的养老金保障水平总体较低，这部分地区村干部享编纳编的愿望强烈。但是村集体经济条件好的村，尤其是收入远远超过同一地区居委会干部的村干部，担心纳入事业编制管理后收入会下降，不想或反对进享编。

3. 退休待遇保障水平低

这是调研中村干部反映最突出、最集中的问题。非公务员、事业编制身份的村干部，退休后收入大幅降低，一般每月收入两三千元。奉贤近几年退休的村干部养老金最低的仅为 995.6 元/月。在职村干部对退休后的保障存在担忧，干事创业的热情受到影响，加剧了村干部队伍的人才流失，影响了村干部队伍的稳定。

（三）村干部工作能力有待增强

随着本市城市化进程的深入发展，村干部面临很多新情况、新工作、新困难，对村干部的工作能力提出了更高要求。一是有的村党组织党建主业意识不强，不会做党建业务，“三会一课”制度落实不严格，对党员的教育管理不到位。有的班子成员“一岗双责”落实不到位，从事农村基层党建工作的党务干部主要是大学生村官、条线干部，由于轮换频繁，对工作内容、工作现状缺乏深入研究和理解，抓党建处于“被动应付”状态，仅限于完成任务。二是在提升农业农村现代化水平，加强农村基础设施建设，提高农民收入，开展“五违四必”区域环境整治、河道整治、垃圾分类减量、美丽乡村建设和实施乡村振兴战略等各类工作中都离不开村“两委”。三是农村地区特别是城乡接合部地区人口多元，呈现“五多”现象，即低收入人群多、特殊人群多、外来人口多、独居老人多、人户分离多。各类群体利益诉求多样，使村级社会治理和服务成为新难题。此外，城市化在引发大量动拆迁农民“人户分离”的同时，也催生了农村新兴社区农村党员与党组织地理空间的“隔离”。农村新兴社区大量的居住地与党组织关系“分离”的农村党员，给村党组织管理服务工作带来很多不便。比如，金山区山阳镇杨家村共1 200多家农户，因征地动迁分散安置在 42 个小区，目前仍居住在村的只有 147 户。全村在册党员 111 名，党组织关系全部保留在村，但实际住在村里的“留守党员”只有 18 人。这些都使得村干部岗位职能不断增加，需要村干部具有更强的能力和创新意识，使得村干部面临本领困境。

（四）职业发展空间不足

1. 职业吸引力不足

由于村级属于最基层工作岗位，农村地区位置相对偏远、综合配套普遍落后于城镇，社会上对农业农村仍存在习惯意识偏见，村干部社会地位不高、收入待遇差，定期选举换届机制使村干部职业稳定性预期存在风险，以致村干部岗位尤其是经济薄弱村对农村优秀人才、青年吸引力低。村干部岗位责任重、任务压力大，不少基层干部长期处于紧张疲惫状态；同时，村干部升任村书记职业发展周期过长、晋升渠道较窄、发展前景不明朗，部分地区“班长工程”下派村书记使本村村干部上升空间受限，村书记进一步提升空间有限，造成部分优秀村干部流失，村后备干部招聘困难，大学生村官留村比例较低。

2. 岗位交流存在障碍

为防范村党组织书记长期在本村工作导致的廉政风险，加上村居书记在岗位职责上日渐趋同，部分地区正逐步推动村与村、村与居书记之间的横向交流。但部分地区由于不同村经济水平差异较大，导致村干部收入差距大，使上级部门对于村书记跨村交流存在困难。另外，随着居民区书记进享事业编制政策的实施，村书记与居民区书记岗位之间的常态流动存在困难。例如，浦东新区 2017 年居到村交流任职的 8 名书记，村到居交流任职的 3 名书记，主要集中在村居在职待遇差异不大的南片地区，而难以在待遇差异大的其他地区实现。

(五)违纪违法问题不容忽视

“别拿豆包不当干粮，别拿村长不当干部”，处于最基层的村干部“官”不大，却掌管着农村政务及村民生活的大事小情，直接影响党的路线方针政策在农村的贯彻落实，影响党和政府在人民群众中的威信和形象。近年来，个别地区村干部违纪违法现象仍然不断发生，成为村民反响强烈的“苍蝇”。比如，党的十八大以来，松江区村干部受到违法违纪处理人员就有 47 人。分析其违纪违法原因，一是不严格执行制度。个别村党组织书记和村干部政策法规观念淡薄，甚至在经济利益的诱惑和驱使下，规避制度、违规办事，动起了歪心思，打起了“如意算盘”，铤而走险，违纪违法。二是监督监管存在不足。乡镇党委在对村两委的监督管理上有待加强，部分地区还存在“重待遇轻监管”问题。在村级审计监督上，主要进行事后监督，事前监督和过程监督还存在薄弱环节，导致贪污、受贿等行为发生。三是村民自治民主监督力量有待强化。部分基层干部对村务监督委员会重视不够，认识上还存在着偏差，觉得村务监督委员会监督作用不明显，可有可无。村务监督委员会成员大多由村“两委”班子岗位上退下来的老同志担任，平均年龄 60 多岁，文化层次不高，难以达到村务监督工作要求。多数地区村务公开形式比较传统，主要利用村务公开栏张贴方式，公开内容也比较粗略笼统，导致无法实现广大村民的有效监督。

三、对策建议

(一)加强规范管理

一是采取村书记“上管一级”，将村党组织书记队伍纳入区干部人才队伍建设总体规划。由各区委组织部门、农村工作部门做好人员选拔和管理，乡镇(街道)党委加强对党组织村书记的管理。二是完善选拔任用机制，建立健全“优秀人才—村后备干部—村干部—村党组织书记”培养链，选拔各类优秀人才担任村党组织书记。鼓励符合条件的村“两委”班子成员通过法定程序交叉任职，推动村党组织书记、村委会主任“一肩挑”。三是注重落实关怀激励机制，努力增强干部队伍活力。四是加强村干部典型选树工作，发挥先进模范的正面激励和示范引领作用，使村干部学有榜样、做有规范、赶有目标。

(二)提高待遇保障

一是提高经济薄弱村村干部待遇保障和社会保障。建议给予村党组织书记不低于所在乡镇正科级干部的待遇，将村干部收入与村级集体运行经费分列，提高经济薄弱地区村干部收入待遇的托底基数。建议市、区财政资金对纯农地区、水源地保护地区及其他经济薄弱村予以倾斜和扶持。二是明确村干部社保基金缴金渠道，准予村干部在村足额缴纳社保基金，使村干部退休保障金不低于同类居民区社区工作者。对于缴纳社保满 15 年、近年退休的村书记，完善党内帮扶机制。三是研究村干部进享事业身份问题，对于工作一定年数以上的村干部，准许其选择是否进编。四是对于“班长工程”等下派的行政、事业编制的村干部，结合岗位特点和区域具体情况，出台乡村工作津贴补贴办法，切实回应基层关切。例如，闵行区、青浦区分别给予“班长工程”下派干部每月1 000元和1 500元的补贴。五是加大对乡村振兴及村干部的正面宣传力度，塑造村干部和乡村工作者的正面形象，提高村干部的社会地位，吸引优秀青年到村工作。

（三）拓展发展空间

一是健全村干部职业体系，明确村干部职业发展方向。探索建立村干部分类分级岗位等级标准。取消村招商引资要求后，村干部主要承担着社会治理、公共服务以及上级政府延伸交办的行政事务。因此，推进村干部的分类分级管理办法，可以鼓励村干部安心岗位工作，做出更好业绩。二是建立健全从优秀村党组织书记中考录乡镇公务员，以及提任事业单位、乡镇干部的通道。加大选拔力度，对“政治上靠得住、发展上有本事、人民群众信得过”的德才兼备、实绩突出、群众公认的优秀村干部，可以通过公开选拔、公推直选等方式进入街镇党政领导班子。三是对思想政治素质好、参政议政能力强的村党组织书记，可推荐为各级党代表、人大代表、政协委员，形成多元化村干部激励机制。

（四）丰富队伍来源

一是完善选用机制，推进村干部任用的“三个一批”，即基层选拔一批、社会选优一批、组织选派一批，注重从党政机关、本村经济发展能手和退伍军人等群体中，选出优秀人才进入村级领导班子。积极排摸，动员本镇、本村企业家和能人回村任职，发挥带头人作用。例如，浦东新区实施“183”计划，即村居党组织一届任期内（一般为 3 年）储备1 000名、培训 800 名、使用 300 名，进一步抓好区层面村居后备干部队伍建设。二是党员发展名额进一步向郊区、农村倾斜，把更多优秀农村干部和两新组织成员等发展成为中共党员，让年轻人在农村人留得住、根扎得牢，增加村干部选用储备。三是加大人才吸引力度。鼓励有条件的区、乡镇设立专项经费，吸引优秀青年人才回乡发展，增加区属、镇属“储备人才”。例如，嘉定区“青年人才回嘉行动”引领优秀大学生“回家”；奉贤区金汇镇 2017 年招录 20 名“211”大学本科毕业的镇属“储备人才”。

（五）促进能力提升

按照超大城市郊区社会治理对村干部提出的能力要求和履职素养，聚焦综合素质和工作能力提升，做优做强村干部队伍教育培养。一是建立健全条块协同的培训体系，推广“全岗通”模式，对村书记、工作骨干、新进社工等加强综合性培训，提高其对党建、民政等各条线应知应会内容的熟悉程度。切实提高村党组织书记对党建主业和科学决策引领村级规划、发展能力，当前尤其要加强乡村振兴战略和社会治理方面的能力培训。对于本村人口量大、外来人口众多的村，要细分条线干部职能，加强专业技能培训，提高社会治理工作水平。二是在选拔任用和培养提升环节，更加注重发展经济、社会治理、化解矛盾等方面的能力；让村干部在熟知方针政策和规章制度的基础上，不断更新知识储备，学习先进经验和方法。三是进一步完善培训机制，给予一定的政策口径和资金支持，让基层组织村干部到外省甚至国外学习考察调研，开阔眼界和思路，增强创新发展动力。四是打造培育农村工作实训基地，推行"名师带徒"和"书记工作室"等方式方法，定期开展现场教学、示范交流活动，建立常态化的农村党员教育培训机制。五是搭建市、区村干部联系交流平台，设立村干部大讲堂，征集农村党建、乡村治理、经济发展、人才培养等典型案例，推进全市和各区交流。

（六）完善监督机制

一是强化制度落实。切实贯彻落实《中国共产党农村基层组织工作条例》《关于深化完善本市村级民主监督的意见》等规范性文件，全面推进"四议两公开"工作法和村务监督委员会建设，完善村"两委"决策中的群众参与机制。二是加强村干部管理。乡镇（街道）党委要加强对村书记的管理，解决"重待遇轻管理"现象。设置"负面清单"作为"退岗条件"，借鉴《青浦区不合格村居党组织书记职务退出实施办法》等举措，解决村书记"可上不可下，可进不可出"问题。推行日常工作记实制度和评议制度，党员和村民代表对村干部的评议结果作为报酬奖励、评先评优和公务员、事业单位招考的主要依据。三是从严落实监督。提高村务决策、日常工作和个人事项"三个透明度"。发挥乡镇（街道）纪检、组织、农业等职能部门作用，加强对农村集体资金、资产、资源监管，强化事前监督和过程监督。四是推进"阳光村务工程"。推广宝山"社区通"和崇明、青浦、松江等区运用电视系统开展村务公开的试点经验，推进运用有线电视、手机APP等信息化手段进行村务公开；细化村级财务公开内容，实现村级重大事务、每一笔财务收支凭证全部向村民公开。五是加强廉政教育培训。把党性教育和廉政教育作为村干部培训的必修课。加强对违纪违法案例的通报宣传，教育引导村干部和群众提高监督举报意识，增加威慑力，使村干部不敢贪腐。

（七）减轻村干部工作量

着眼于精简岗位职能，落实村协助行政事项准入制度。一是严格落实协助行政事务准入管理机制。区级层面建立相应工作机制，对下沉到村的行政事务严格把关，未经审核批准的行政事务，一律不得下沉到村，否则村有权拒绝办理。二是制定协助行政事务清单。定期制定村协助行政事务责任清单、负面清单，以适当方式向社会公布，并根据法律、法规、规章和政府规范性文件立改废情况和基层工作需要，适时作出调整。不属于责任清单范围的行政事务，各部门和单位不得转嫁给村。三是落实协助行政事务保障。对列入村协助行政事务清单的行政事务，有关职能部门要明确具体的工作要求和办理流程，提供必要的经费和工作条件。四是加强对村级减负工作的督查，防止反弹。

牵头领导：叶军平

牵头处室：组织处

课题组成员：姚　冰　韦国余　翟　欣　张　颖

付兴慧　彭忠斌　郭　霞

5. 农村综合帮扶工作的研究与思考

农村综合帮扶是加快促进农民增收、缩小城乡差距的重要举措。2013年，市委、市政府出台的《关于上海市加强农村综合帮扶工作的若干意见》(沪委发〔2013〕8号)，启动农村综合帮扶，加快破解郊区经济相对薄弱地区的发展难题，进一步提升经济相对薄弱地区自主发展能力，提高农村居民特别是低收入农户的生活水平。

一、农村综合帮扶工作回顾

上一轮(2013～2017年)农村帮扶聚焦经济相对薄弱村和低收入农户。其中，将2012年村级年可支配收入低于人均400元的行政村确定为经济相对薄弱村(简称薄弱村)，全市共428个，涉及奉贤、金山、崇明、浦东、青浦和松江6个区；同时，将薄弱村数量超过行政村总数50%的地区确定为重点结对帮扶地区，涉及崇明、奉贤和金山3个区。按2012年本市农村低保标准的1.5倍确定本市低收入农户共有7万余户、15万人，大部分集中在经济相对薄弱地区。5年来，通过“输血”，市财政每年对395个薄弱村(不包括青浦)给予每村40万元村级组织运转经费补助，累计7.9亿元；通过“造血”，407个薄弱村(不包括松江)村均增加资产830万元。到2017年年底，全市薄弱村由原来的428个减少到了164个。

(一)主要做法

1. 强化顶层设计

一是强化组织领导。市级成立了以分管副市长为组长、各相关部门组成的帮扶工作领导小组；各受援区组建区级领导小组、建立帮扶双方联席会议制度，形成了双重工作机制。二是出台帮扶工作意见和相关配套文件。市委、市政府出台加强农村综合帮扶工作若干意见、重点地区对口帮扶实施办法等4个实施办法，以及6个配套政策，形成了“1+4+6”政策体系。三是设立农村综合帮扶市级专项资金。设立10亿元市级农村综合帮扶专项资金，这是本轮帮扶最大的亮点。2016年年底，崇明、奉贤、金山、青浦和浦东新区共申报21个项目，总投资33.78亿元。

2. 组织多方参与

通过建立重点地区对口帮扶机制，开展多对一的结对帮扶。一是确立了各个层次的结对关系。全市共有38家帮扶单位，开展重点地区对口帮扶。崇明与静安和黄浦、张江高科技园区、上汽集团等13家企业结对；奉贤与浦东、临港集团和虹桥开发区、上海纺织等7家企业结对；金山与徐汇和长宁、上海化工开发区和闵行经济开发区、上海华谊集团等8家企业结对。二是积极落实捐赠资金。5个中心城区的帮扶资金为每区每年2 000万元，33家企业、开发区的帮扶资金为每家每年500万～600万元。2013～2017年，帮扶捐赠资金100%到位。三是与第三轮城乡党组织结对衔接。将农村综合帮扶与城乡党组织结对帮扶有序衔接，既帮困又扶志。全市城乡党组织结对已超过1 500个村，援助帮扶资金1.03亿元，建设基础设施等各类项目1 752个。同时，市工商联、市经信委发动在沪央企、民营企业参与综合帮扶，形成了多方力量参与的帮扶格局。

3. 统筹推进建设

各受援区在市级搭建的平台上，紧抓机遇提升“造血”能力。一是壮大集体经济，建立村集体资产平台。打破行政区、行业界限，各受援区将薄弱村整合，统筹层次提高到区、片、镇层面，构建集体经济联合发展平台，实现抱团发展。二是遴选投资项目。基于收益保障、资产增值的原则，21个造血项目以购置物业为主，其中19个项目已投入运营，开始形成收益。三是托底保障与市场运行相结合。为了保障薄弱村利益最大化，项目委托专业化团队运营，以投资额的6%托底和市场运行相结合。薄弱村通过集体参股，参与分享发展红利。

（二）取得的成效

1. 提升了村集体经济自主发展能力

本轮帮扶通过“输血”和“造血”并举、资金支持和综合帮扶并重，通过激发薄弱村的内生动力，提升薄弱村的自主发展能力。经过5年帮扶，村集体资产增值显著，“造血”项目建设的407个薄弱村，获得近34亿元资产。

2. 推进了农村集体经济改革

428个薄弱村提前完成农村集体产权制度改革，全面实现村经分离。各受援区在创新农村集体经济形式上，开展了积极探索。奉贤区将全区100个薄弱村组建成百村公司，联动实施百村创业园一期、二期、三期项目。2014～2017年，分别实现村均分红30万～70万元。

3. 丰富了农村帮扶内涵

与中心城区结对，改善公共服务。黄浦、静安支持崇明着力建设一批民生项目，提升基本公共服务能力，共建、托管优质品牌幼儿园，组织中小学跨区结对合作。与开发区结对，提升产业能级。上海化学工业区旗下的公共管廊有限公司与金山漕泾镇共同投资开发化工新项目，积极吸纳当地村民就业。张江高科技园区与崇明四大产业园区开展合作。与企业集团和金融单位结对，强化项目支持。百联集团与金山签订《农产品营销战略合作框架协议》，推动农超对接，在自家门店开设优质农产品销售专柜。浦发银行积极推进金山工业区融资项目。与城乡党组织结对，广泛凝聚帮扶力量。在市经信委党委、市工商联等部门的积极协调下，在沪央企和民营企业积极参与帮扶工作。

4. 提高了薄弱村村民的获得感

截至 2017 年年底，19 个“造血”项目累计收益 5.1 亿元，共分配 3.89 亿元。其中，奉贤金汇镇新强村利用所得收益为 60 周岁以上老人购买商业医疗保险，给 70 岁以上老人发 100 元以上红包，对患大病的村民每人补贴 1000 元。帮扶工作有力促进了农村发展，一半以上薄弱村开展美丽乡村建设，村居环境显著改善，增强了村民的获得感、幸福感。

二、主要问题

对照党中央扶贫开发工作的部署和上海城乡一体化发展要求，上一轮综合帮扶工作还有待进一步深化和提升。

（一）帮扶对象需要调整完善

经过帮扶的薄弱村在 5 年内平均增加 800 多万元资产，有的村超过之前几十年的积累，有的村超过部分非薄弱村的积累。特别是，村级可支配收入人均水平刚刚过 400 元的村，与薄弱村拉开了差距，对帮扶的要求呼声高。与此同时，薄弱村与低收入农户划分标准没有关联，市级帮扶资源仅能落地到薄弱村的低收入农户上，非薄弱村的困难户依靠面上救助或者靠村自主安排，对于一些经济实力不强的非薄弱村来说，压力较大，一些边缘低收入农户无法纳入帮扶范围，基层统筹平衡难度较大。

（二）帮扶项目能级水平不高

“造血”项目类型比较单一。除崇明和金山有 5 个是新建物业项目外，其余都是购置物业类。项目总体市场化运营能力还比较弱，盈利能力不强，收益基本依赖物业租金，部分项目收益主要依靠运营单位或财政托底。同时，项目收益积累有限，项目收益有 80%用于分配到村或人，用于积累再“造血”的少，且由于资产不允许进行股权投资和抵押融资，限制了资产增值空间。

（三）责任主体发挥还不充分

区政府作为综合帮扶工作的责任主体，在统筹薄弱村与非薄弱村、低收入农户与非低收入农户等方面的力度还要进一步加大。镇村和老百姓是帮扶的最终受益者，参与帮扶工作的积极性还需增强，特别是在促进美丽乡村建设、环境整治等方面。

三、其他省市农村帮扶工作主要做法

（一）北京促进低收入农户增收的经验

与上海一样，北京没有国家规定的贫困人口和扶贫任务。2016 年，北京市委、市政府出台了《关于进一步推进低收入农户增收及低收入村发展的意见》（京发〔2016〕11 号），明确了精准帮扶的基本方略。

1. 帮扶对象

（1）低收入农户：以 2015 年家庭人均可支配收入低于11 160元为基本标准，综合考虑家庭财产和消费支出等情况。（2）低收入村：将村民人均收入明显低于全市农民平均水平，低收入农户数量超过本村农户总数的50%并达到一定规模，村庄基础设施建设和社会事业发展相对滞后，村集体经济较为薄弱的行政村。通过入村入户，全面建档立卡。

2. 帮扶方式

根据低收入成因、资源禀赋等因素对低收入村户进行分类，实施精准帮扶，即产业、就业、山区搬迁、生态建设、社会保障兜底和社会力量帮扶。市委组织部从各单位选派"第一书记"，全覆盖低收入村，其所在单位与低收入村镇结对帮扶。

（二）浙江开展低收入农户帮扶的经验

2016年，省农办（扶贫办）和省民政厅联合出台《浙江省低收入农户认定标准、认定机制及动态管理办法》，以及低收入农户认定的操作细则。

1. 帮扶对象

低收入农户：以具有当地户籍，共同生活的家庭成员人均年收入为认定的主要依据，按当地最低生活保障标准的1.5倍作为低收入农户的认定标准线划定，包括民政部门认定的最低生活保障对象、最低生活保障边缘对象和扶贫办认定的其他扶贫建档立卡对象。

2. 帮扶方式

落实"一户一策一干部"帮扶机制。通过产业、教育、健康、金融、光伏、异地搬迁等措施实施精准帮扶。最低生活保障家庭和最低生活保障边缘家庭，按照现有的各类救助政策予以救助。

四、面临的形势和要求

（一）新时代党中央提出的新要求

党的十八大以来，党中央把脱贫攻坚工作纳入"五位一体"和"四个全面"战略布局，对打赢脱贫攻坚战作出一系列重大部署，各地各部门认真贯彻落实，脱贫攻坚取得决定性进展。

（二）上海抬高农民收入底部的重要抓手

到2020年，上海将全面建成"四个中心"和现代化国际大都市的发展目标，其中最艰巨、最繁重的任务在农村尤其是经济相对薄弱地区。近年来，城乡居民收入比逐年缩小，但是收入的绝对值差距不断拉大，尤其是区域不平衡性明显，中、远郊地区远远落后于近郊农民。同时，留守农村的老年人、困难群体，增收有限，垫底农民收入。

（三）基层干部群众的强烈呼吁

对口帮扶建设"造血"项目得到了受援区的高度评价和欢迎。2018年"两会"期间和大调研中，基层干部群众强烈要求市委、市政府继续实施对口帮扶，支持经济薄弱地区发展。

五、新一轮农村综合帮扶工作的总体思路

新一轮（2018～2022年）农村综合帮扶将坚持以习近平新时代中国特色社会主义

思想为指导,围绕本市实施乡村振兴战略的总体部署,在上一轮基础上,继续以增强“造血”能力为重要抓手,聚焦农村经济相对薄弱地区低收入农户,进一步发挥党建引领作用,落实区级主体责任,不断加大帮扶工作力度,增加帮扶资金投入,全面提高低收入农户的收入水平和生活质量,实现农村居民共同富裕。新一轮综合帮扶要按照“帮扶力量不减弱,帮扶资金不减少”的基本原则,继续深化和提升。主要从以下几个方面考虑:

(一)帮扶对象要更加聚焦

本轮综合帮扶聚焦低收入农户这个“短板”,抬高农民收入底部,促进农民增收。低收入农户的确定,由各涉农区组织实施,每年复核确认、动态调整一次。

(二)认定标准要更加完善

对薄弱村的认定标准进行了调整,与上一轮相比,村集体组织可支配收入人均水平从400元提高到800元,且增加了经营性资产低于人均1万元的规定。全市薄弱村的数量从428个调整为559个。

(三)帮扶范围要更加全面

崇明、金山、奉贤、青浦和松江等区薄弱村比较集中,其薄弱村中的低收入农户由市区共同开展帮扶,非薄弱村中的低收入农户由本区自行开展帮扶。不在此范围内的浦东等区,薄弱村和低收入农户由本区自行开展帮扶,具体方式参照市级做法。

(四)帮扶力度要更加增强

市级财政帮扶资金从10亿元增加到20亿元,受援区财政按照1∶1配套,中心城区由4个区增加到7个区全部参加帮扶,市属国有企业的范围也有所调整,5年全市筹措资金总额不少于50亿元,将比上一轮翻一番。

(五)帮扶统筹层级要更加高

要求各涉农区在区级层面统筹开展帮扶工作,统筹使用资金、统筹建设项目、统筹分配收益。

(六)帮扶主体责任要更加凸显

改变之前区级申报、市级审批的项目管理模式,明确项目由区遴选审定,报市帮扶办备案。市级相关部门加强考核评估和监督检查。

牵头领导:王国忠

牵头处室:社会发展处

课题组成员:郭宝强　费　强　陈　云　黄　辉　曹　云　朱晓敏　江　伟　张妍琼　贾燕芳

6. 关于上海市粮食生产功能区、蔬菜生产保护区、特色农产品优势区管理办法研究的调研报告

为进一步摸清本市粮食生产功能区、蔬菜生产保护区、特色农产品优势区(简称农业“三区”)的发展状况,制定切实有效的农业“三区”管理办法,更好地发挥农业“三区”在确保国家粮食安全、保障重要农产品有效供给和带动农民增收方面的作用,推进本市都市现代绿色农业健康发展。近期,笔者对农业“三区”相关情况进行了调研,形成如下调研报告。

一、现状及基本情况

2017 年,根据国务院《关于建立粮食生产功能区和重要农产品生产保护区的指导意见》(国发〔2017〕24 号)要求,市农委会同市规土局,有序开展了农业“三区”划定工作,即将区位稳定、集中连片、水土资源环境条件较好的地块划定为粮食生产和蔬菜生产保护地块;将现状为特色经济作物生产地块及未来发展特色农业优势产业的区域,划定为特色农产品优势区生产地块。对划定完成的农业“三区”及时“上图入库”,实行动态管理。截至目前,本市农业“三区”划定工作已基本完成。现将有关情况报告如下。

(一)农业“三区”划定总体情况

根据《关于印发上海市农业“三区”划定工作方案的通知》(沪农委〔2017〕276 号)要求,确定全市划定任务为粮食生产功能区 80 万亩、蔬菜生产保护区 50 万亩和 12 个特色农产品优势区的目标。截至 2018 年 8 月,全市共划定农业“三区”137.34 万亩,其中粮食生产功能区 80.45 万亩(485 个保护片);蔬菜生产保护区 50.18 万亩(304 个保护片)、15 个蔬菜保护镇保护地块总面积为 17.6 万亩;14 个特色农产品优势区(6.71 万亩),如图 1 所示。

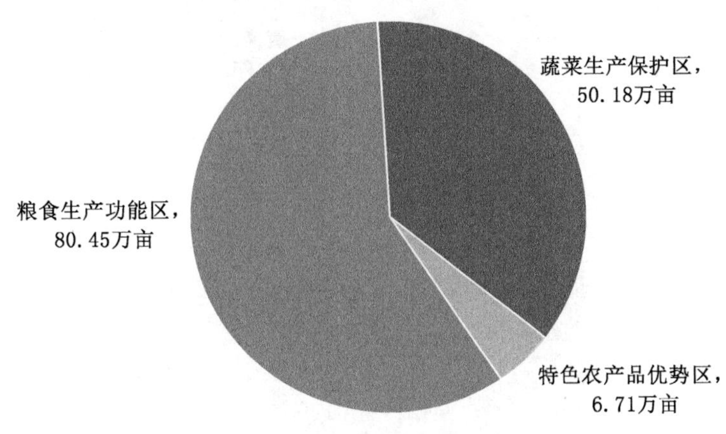

图1 农业“三区”划定情况

1. 农业“三区”内作物种植现状

农业“三区”划定后，我们针对性地开展了农业“三区”内作物种植现状的调研，具体情况如下。

(1)粮食生产功能区。全市初步划出80.45万亩粮食生产功能区，完成了预定目标任务。从种植现状看，在划定的粮食生产功能区中，有75.1万亩现状为粮田，占比约为93.32%；4.22万亩现状为蔬菜，占比为5.24%；1.16万亩为特色经济作物和其他作物，占比约为1.44%，如图2所示。

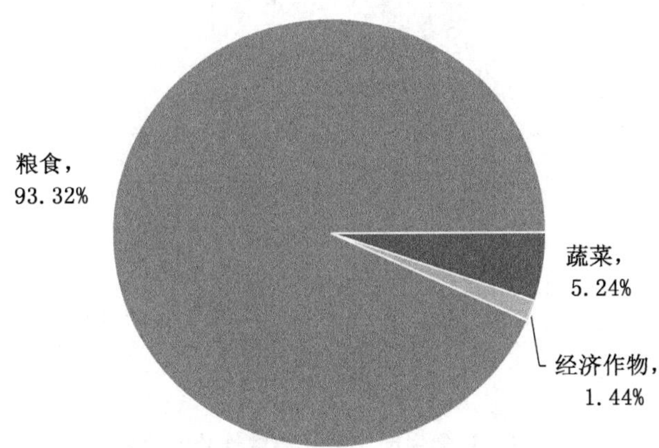

图2 粮食生产功能区种植现状

(2)蔬菜生产保护区。全市初步划出50.18万亩蔬菜生产保护区，完成了预定目标任务。从种植现状看，划定的蔬菜生产保护区中，有23.90万亩土地的现状为蔬菜种植，在划定的蔬菜生产保护区中占比约为47.65%；24.37万亩现状为粮食，占比约为48.58%；1.89万亩为特色经济作物和其他作物，占比约为3.77%，如图3所示。

(3)特色农产品优势区。全市划出14个特色农产品优势区，面积6.71万亩，其中5.36万亩位于基本农田内，1.35万亩位于基本农田外。种植现状多为特色经济作物。

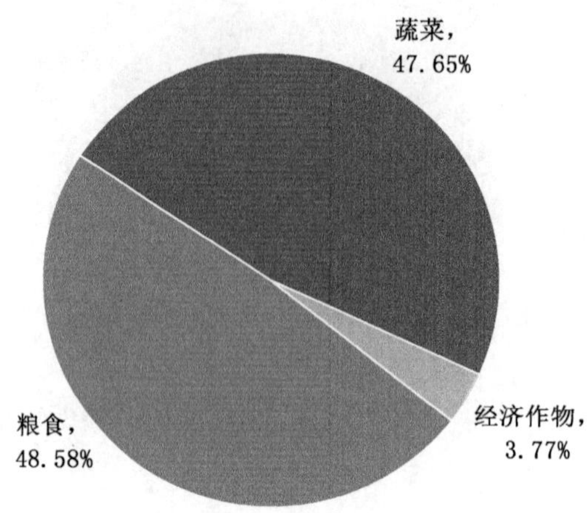

图 3 蔬菜生产保护区种植现状

2. 集中连片规模及设施情况

(1)集中连片情况

①粮食生产功能区。从划定规模看，全市共划定了 485 个粮食生产功能区片。其中，划定地块面积在 500 亩以上的保护片有 426 个，这些保护片划定的保护地块面积约为 78.57 万亩，约占全市粮食生产功能区总划定面积 80.45 万亩的 98%，如图 4 所示。

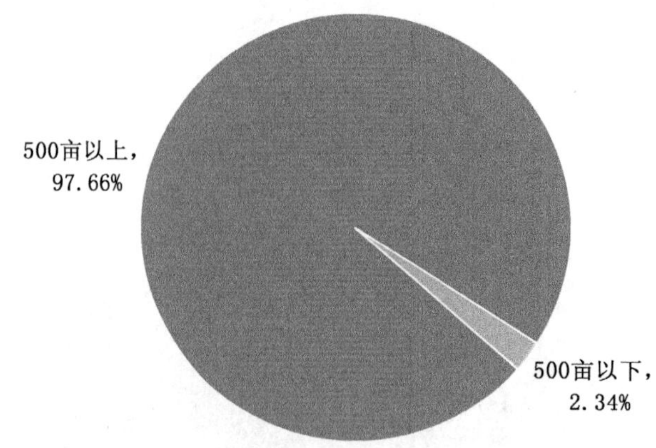

图 4 粮食生产功能区集中连片示意图

②蔬菜生产保护区。从划定规模看，全市共划定了 304 个蔬菜保护片，其中：划定地块面积在1 000亩以上的保护片有 198 个，划定保护地块总面积为 43.57 万亩，占全市蔬菜划定保护地块总面积 50.18 万亩的 87.49%；划定地块面积在 800～1 000亩的保护片有 37 个，划定总面积为 3.12 万亩，占比约为 6.26%；划定地块面积在 500～800 亩的保护片有 39 个，划定总面积为 2.36 万亩，占比约为 4.74%；划定地块面积小于 500 亩的保护片有 30 个，但扣除 11 个蔬菜保护镇的地块后，面积小于 500 亩的保护片有 19 个，划定总面积为7 509亩，占比约为 1.51%，如图 5 所示。

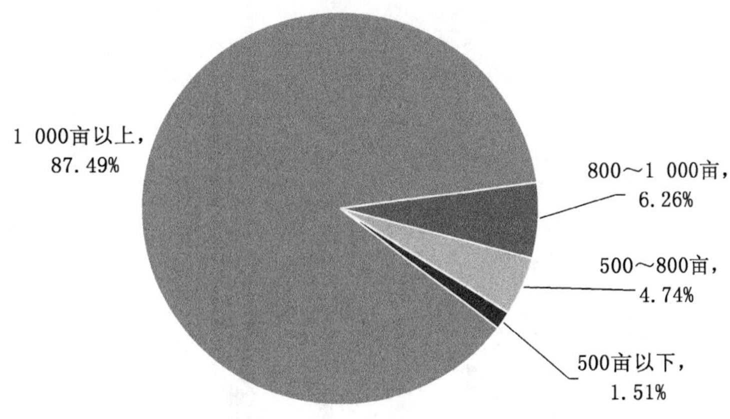

图 5　蔬菜生产保护区集中连片示意图

(2)生产设施情况

①粮食生产功能区。主要生产设施包括生产道路、沟渠等，占比约为 80.1%，其中：光明、上实、宝山区、松江区设施化水平较高，比例达到 100%；崇明区、嘉定区、闵行区设施占比达到 80%以上；青浦区、奉贤区设施占比达到 70%以上，浦东新区、金山区设施占比接近 50%。由于建设年代久远和使用时间较长，部分设施陈旧、老化，后续需要更新改造，如图 6 所示。

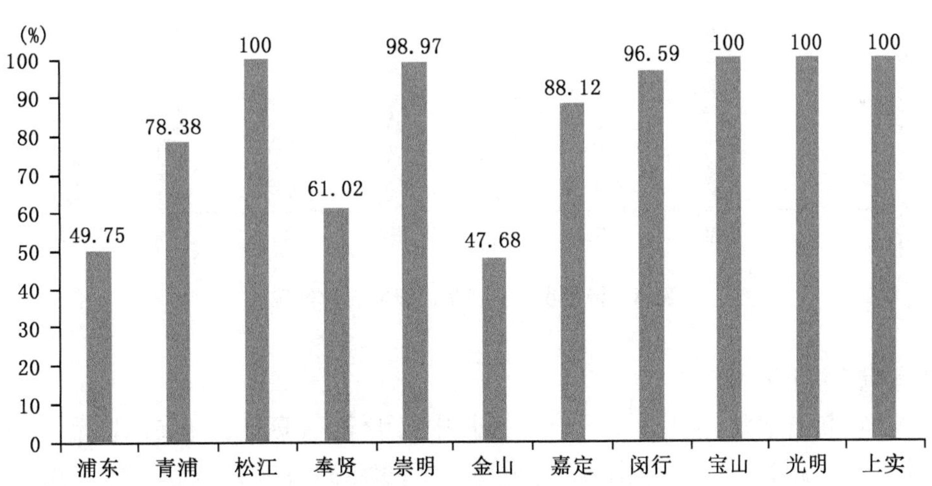

图 6　粮食生产功能区设施占比情况

②蔬菜生产保护区。主要生产设施为生产道路、沟渠等，占比约为 18.7%，其中：宝山、嘉定等区设施化水平略高，占比为 30%以上；松江、金山、崇明等区设施比例达到 20%以上；青浦区、上实东滩均在 10%以上，闵行区、奉贤区、浦东新区设施化水平较低，不足 10%，如图 7 所示。

③特色农产品优势区。主要生产设施为生产道路、沟渠等，占比约为 53%，其中：光明集团管辖地区（崇明、奉贤）占比达到 100%，青浦、崇明、松江区占比达到 60%以上，嘉定区、浦东新区达到 40%以上，金山、奉贤区占比达到 20%～30%，如图 8 所示。

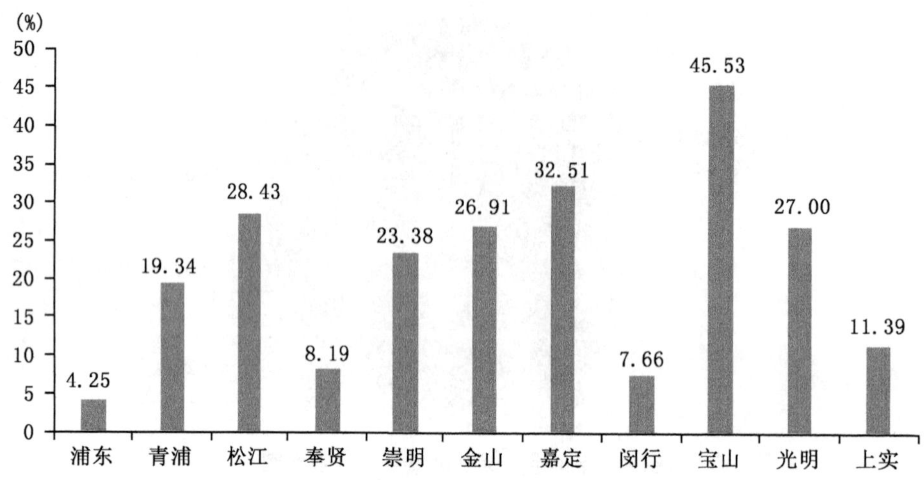

图7　蔬菜生产保护区设施占比情况

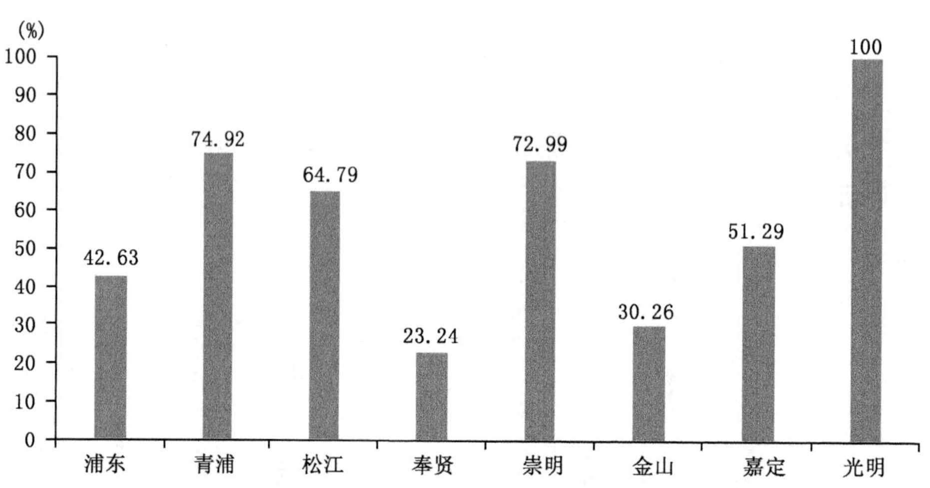

图8　特色农产品优势区设施占比情况

3. 土地流转情况

2017年全市土地流转比例为79.7%，其中：闵行区、嘉定区、宝山区和松江区土地流转比例较高，均超过99%；金山区、青浦区均超过80%；浦东新区、崇明区、奉贤区也均超过70%，如图9所示。

4. 生产经营情况

(1)粮食生产功能区。据调研，全市从事粮食生产的劳动力人数为53 746人，平均年龄为57.69岁，其中：平均年龄最高的是崇明，为60.88岁；松江最低，为48.8岁，如图10所示。

农业企业、合作社、家庭农场、种粮大户等生产经营主体规模化种植(30亩以上)面积达69.98万亩，散户种植面积为11.26万亩，规模化生产经营占比为86.14%，其中：松江、闵行、宝山、光明和上实均达到100%；最低的是崇明，为67.64%，如图11所示。

(2)蔬菜生产保护区。据统计分析，2017年市郊种植面积47.5万亩(播种面积142

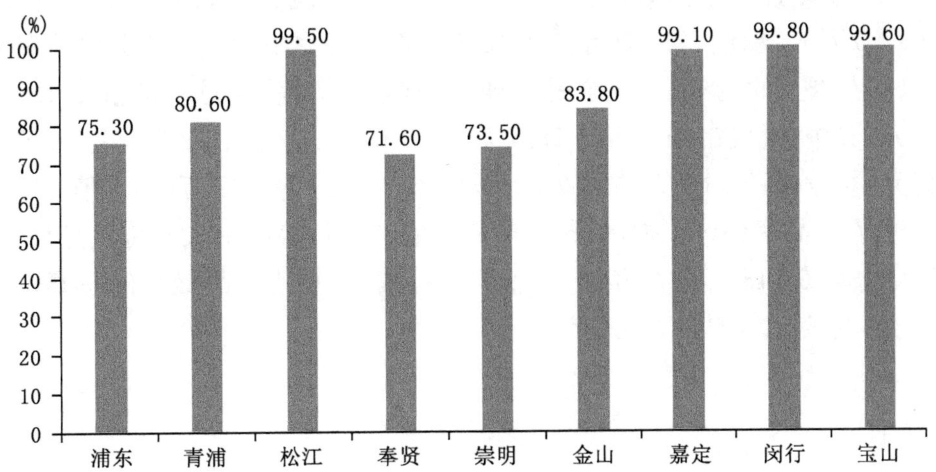

图 9　2017 年全市各区土地流转情况

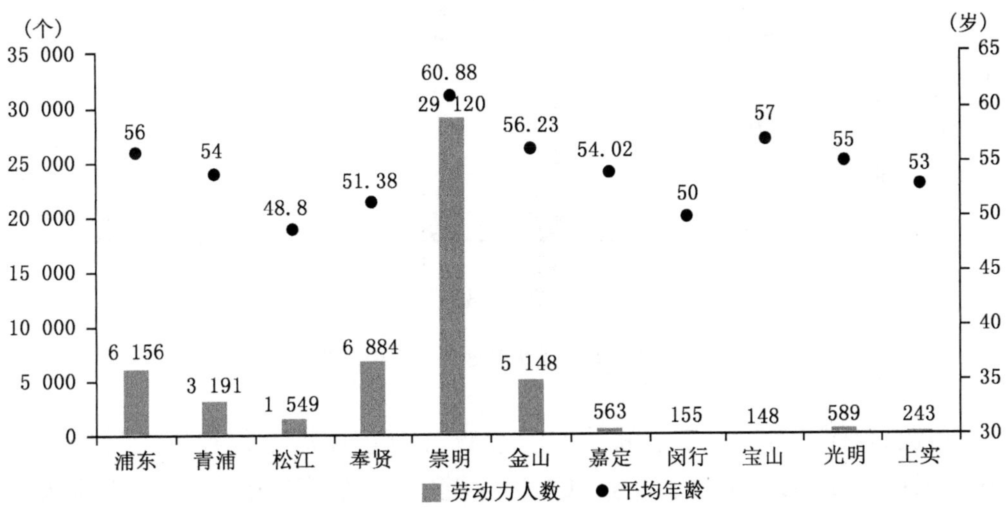

图 10　粮食生产功能区劳动力构成情况

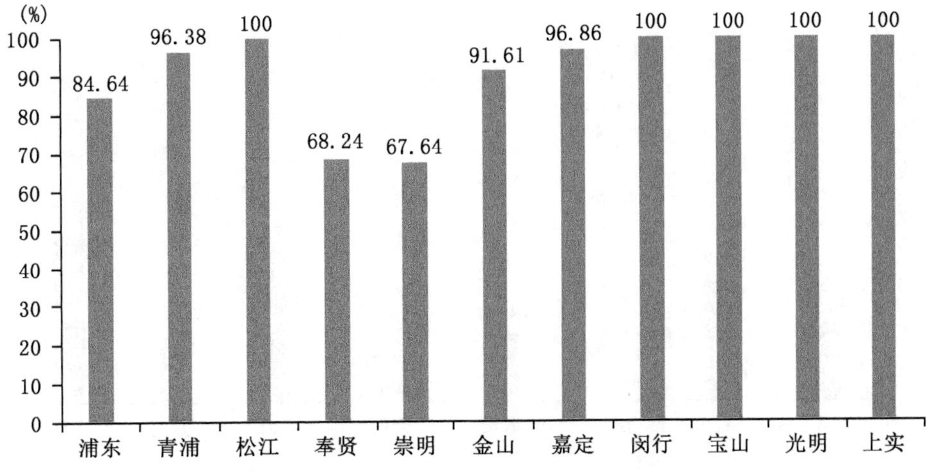

图 11　粮食生产功能区规模化经营情况

万亩次)，从事蔬菜生产的务农劳力 16.9 万人，其中：外地劳力 3.6 万人，承包 22 万亩；本地劳力 13.3 万人，承包 27.5 万亩。在 13.3 万本市劳力中，7.7 万人是纯农种植，菜农大多数是 60 岁以上的老年人，其余是非纯农种植。本市蔬菜总上市量 279.3 万吨，产值 56.2 亿元，其中：批发市场上市量 93.6 万吨，产值 20.3 亿元；田头交易 97.5 万吨，产值 15.6 亿元；企业配送 26.2 万吨，6.3 亿元；自产自销上市量 62 万吨，产值 14 亿元。

(3)特色农产品优势区。据调研，全市特色农产品优势区中从事特色经济作物生产的劳动力人数为16 648人，平均年龄为 56.77 岁，其中：平均年龄最高的是奉贤，为 60.5 岁；嘉定最低，为 51 岁，如图 12 所示。

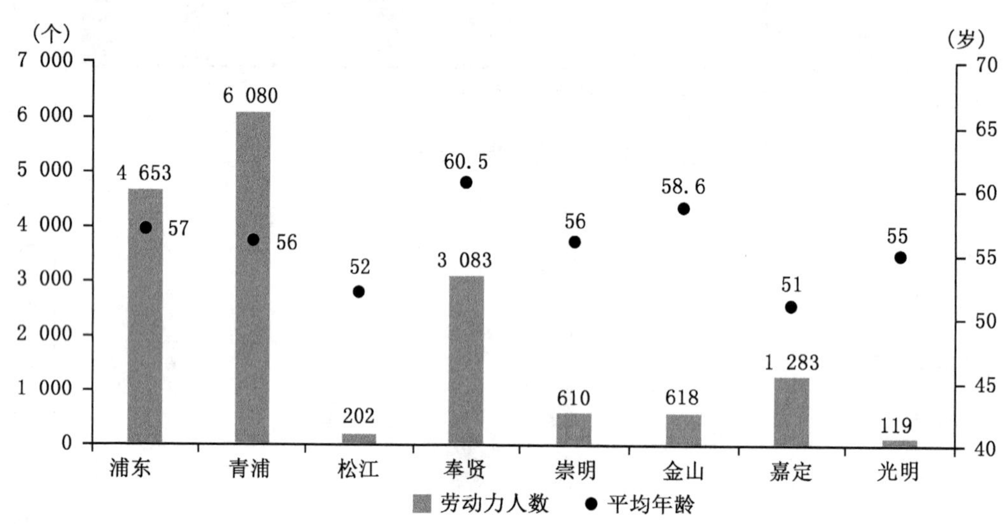

图 12　特色农产品优势区劳动力构成情况

农业企业、合作社、园艺场、种植大户等生产经营主体规模化种植(经济作物 10 亩以上，其中果树为 30 亩以上)面积为 2.67 万亩，散户种植面积为 3.93 万亩，规模化生产经营占比为 40.47%，其中光明最高，达 100%；崇明最低，为 6.15%，如图 13 所示。

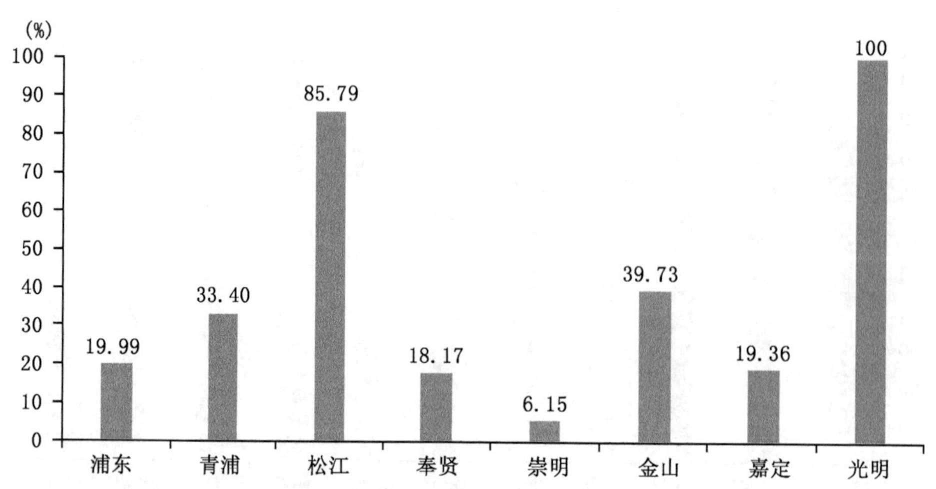

图 13　特色农产品优势区规模化经营情况

(二)主要问题

(1)由于粮食、蔬菜等作物比较效益较低，种植户种粮种菜的积极性普遍偏低，改种其他效益较高的经济作物的现象较为普遍，加上城市化进程导致农业产业布局转移到远郊等变化，导致蔬菜等产业布局分散、规模较小、碎片化严重，不利于蔬菜全程机械化工作推进，也不利于稻米、蔬菜等全产业链开发和持续发展，给产业管理带来较大难度。

(2)各区管理农业设施等资产的部门千差万别，有的在镇级农业部门，有的放任不管，普遍缺乏农业设施管理、维护的主体，而相应的管理办法和长效管理机制又长期缺失，导致农业设施破坏、老化严重，总体管理不力。

(3)本市的土地流转率相对较高，但对土地承包经营主体未设定准入门槛，缺乏相应的标准，导致经营主体“鱼龙混杂”，经营管理层次、管理水平参差不齐，不利于农业产业的健康有序发展。

(4)从近年来耕地质量调查结果来看，全市耕地地力稳中有升，土壤重金属污染风险较小。但总体而言，耕地质量状况堪忧现状仍未改变，土壤酸化趋势明显、设施土壤次生盐渍化较重、耕作层变浅和板结现象普遍，农业面源污染问题依然严峻。

二、国家相关政策及兄弟省市做法

(一)国家现行耕地保护政策文件

近两年，国家先后出台了《关于加强耕地保护和改进占补平衡的意见》(中发〔2017〕4号)、国土资源部《关于全面实行永久基本农田特殊保护的通知》(国土资规〔2018〕1号)等相关文件，笔者根据本调研报告的需要，摘录一些重要内容列举如下。

1. 坚持严保严管

防止耕地占补平衡中补充耕地数量不到位、质量不到位的问题，已确定的耕地红线绝不能突破，已经划定永久基本农田绝不能随意占用。不得多预留一定比例永久基本农田为建设占用留有空间，严禁通过擅自调整县乡土地利用总体规划以规避占用永久基本农田的审批。建立党委领导、政府负责、部门协调、公众参与、上下联动的共同责任机制，地方党委和政府切实承担起主体责任，确保辖区内耕地保护责任目标全面落实，组织相关部门按照职责分工履职尽责，充分调动农村集体经济组织、农民和新型农业经营主体保护耕地的积极性，形成保护耕地合力。对履职不力、监管不严、失职渎职的，依纪依规追究党政领导责任。

2. 开展永久基本农田整备区建设

各省市在划定永久基本农田控制线基础上，结合实际，组织开展零星分散耕地的整合归并、提质改造等工作，整治后形成的集中连片、质量提升的耕地，经验收评估合格后，划入永久基本农田整备区。其中属高标准农田的，优先纳入永久基本农田整备区，用于补充占用或减少的永久基本农田。

3. 加强永久基本农田质量建设

整合各类涉农资金，吸引社会资本投入，优先在永久基本农田保护区和整备区开展高标准农田建设。推动土地整治工程技术创新和应用，逐步将已划定的永久基本农田全部建成高标准农田。提升耕地质量，推行建设占用永久基本农田耕作层土壤剥离再利用，拓宽永久基本农田建设性保护途径。

4. 坚决防止永久基本农田“非农化”

永久基本农田必须坚持农地农用，禁止任何单位和个人在永久基本农田保护区范围内进行建房、建坟、挖沙、取土等各种破坏永久基本农田的活动；禁止任何单位和个人破坏永久基本农田耕作层；禁止任何单位和个人闲置、荒芜永久基本农田；禁止以设施农用地为名违规占用永久基本农田建设休闲旅游、仓储厂房等设施；对利用永久基本农田进行农业结构调整的要合理引导，不得对耕作层造成破坏。临时用地和设施农用地原则上不得占用永久基本农田。重大建设项目施工和地质勘查临时用地选址确实难以避让永久基本农田的，直接服务于规模化粮食生产的粮食晾晒、烘干、临时存放、大型农机器具临时存放等用地确实无法避让永久基本农田的，在不破坏永久基本农田耕作层、不修建永久性建筑物的前提下，经省级国土资源管理部门论证确需占用且土地复垦方案符合有关规定后，可在规定时间内临时占用永久基本农田，原则上不超过两年，到期后必须及时复垦并恢复原状。

5. 永久基本农田补划要“量质并重”

占用或减少永久基本农田的，地方国土资源管理部门组织做好永久基本农田补划工作，省级国土资源管理部门组织实地踏勘论证并出具论证意见。踏勘论证应对建设占用、生态建设或灾毁等占用或减少的永久基本农田和拟补划耕地的基本情况进行实地勘察，核实空间位置、数量、质量、地类等信息；建设占用的，要对选址选线方案比选和节约集约用地等情况提出意见。省级国土资源主管部门对占用和补划永久基本农田的真实性和准确性负责。强化耕地保护主体责任，健全利益调节机制，激励约束并举，完善永久基本农田管控体系，改进耕地占补平衡管理方式，实行占补平衡差别化管理政策，拓宽补充耕地途径和资金渠道。严控建设占用耕地，严格永久基本农田划定和保护。永久基本农田一经划定，任何单位和个人不得擅自占用或改变用途。

6. 强化永久基本农田保护考核和保护补偿机制

永久基本农田保护情况是省级政府耕地保护责任目标考核、粮食安全省长责任制考核、领导干部自然资源资产离任审计的重要内容。永久基本农田特殊保护落实情况与安排年度土地利用规划计划、土地整治工作专项资金相挂钩。高标准农田建设情况要统一纳入国土资源遥感监测“一张图”和综合监管平台，实行在线监管，统一评估考核。鼓励有条件的地区建立耕地保护基金，与整合有关涉农补贴政策、完善粮食生产区利益补偿机制相衔接，与生态补偿机制相联动，对承担保护任务的农村集体经济组织和农户给予奖补。构建永久基本农田动态监管机制。通过国土资源遥感监测“一张图”和综合监管平台，建立永久基本农田监测监管系统，完善永久基本农田数据库更新机制。

国家层面耕地保护和永久基本农田保护政策出台，对上海市农业“三区”管理办法的制定具有指导意义。农业“三区”成果稳定后，后续进一步探索农业“三区”整备区的划定，以及时补充占用的粮食生产功能区和蔬菜生产保护区，保证农业“三区”总规模的稳定。探索粮食生产功能区、蔬菜生产保护区的补划路径和标准，对占用的永久基本农田，属于农业“三区”范围内的，补划的永久基本农田同时要符合农业“三区”的划定标准，同时将补划地块纳入农业“三区”。同时，对三区保护主体和违法占用农业“三区”的行为制定详细的奖惩措施，明确市区镇村各级保护责任。

（二）其他省市经验借鉴

1. 杭州市萧山区先进经验

杭州市 2018 年 6 月出台了《关于杭州市萧山区加强粮食生产功能区管理与保护工作的实施意见》，提出加强对粮食生产功能区管护工作的领导，把粮食生产功能区管理与保护工作列入对各镇街的考核内容和镇街书记、镇长（主任）离任审计内容，镇街作为粮食生产功能区管理与保护的责任主体；完善粮食生产功能区布局，对确实不符合粮食生产功能区保护基本要求的地块，按照“功能区数量不减、大稳定小调整、优进劣出”的原则进行适度调整，优化调整后的粮食生产功能区优先划入永久基本农田保护示范区；严格保持种粮属性，任何单位和个人不得在粮食生产功能区内种植多年生经济作物、苗木和挖塘养殖水产，不得在粮食生产功能区内建房、取土、堆放固体废弃物或从事其他毁坏种植的活动，否则不得享受耕地地力保护补贴、耕地保护补偿资金；加大粮食生产功能区建设资金投入，粮油作物绿色高产高效创建、粮食生产直接补贴等各种粮食生产扶持政策均要向粮食生产功能区倾斜；落实种粮保护责任，属地镇街承担粮食生产功能区种粮保护义务，对功能区内出现大面积（占粮食生产功能区 20%以上）“非粮化”现象，经查实后将对所在镇街新农村建设、粮食安全责任制考核和粮食生产先进评选等实行“一票否优”。

2. 贵州省铜川市先进经验

贵州省铜川市 2018 年 3 月出台了《关于建立粮食生产功能区的实施意见》，提出创新金融支持，鼓励金融机构完善信贷管理机制，创新金融支农产品和服务，积极利用农地、农权“两权”抵押试点，拓宽抵质押物范围，积极推动农业信贷担保公司为粮食生产规模经营主体开展农业信贷担保服务。完善政府、银行、保险公司、担保机构联动机制，深化小额贷款保证保险试点，在粮食生产功能区范围内实现小麦、玉米等主要粮食作物政策性保险全覆盖。

3. 山西省临汾市先进经验

山西临汾市政府于 2018 年 6 月发布了《关于扎实做好粮食生产功能区划建管护工作的通知》，提出建立粮食生产功能区是实施精准管理、推进农业现代化的有效途径，以粮食生产功能区为平台，推广应用物联网、智慧农业、数字农业等现代技术，有利于农业科技和农技推广集成，促进专业化布局、标准化生产、高效化经营，实现强农惠农政策精准定位、精准施策、精准监测和精准评价，建立现代农业产业体系、生产体系和经营体系。实现粮食生产功能区“图地挂钩”，实现精细化管理。应用遥感等技术手段，构建“天空地”一体的现代化农业生产检测体系，建立信息报送制度，及时更新电子地图和数据库。

相关省市文件的出台对上海粮食生产功能区、蔬菜生产保护区、特色农产品优势区管理办法的出台提供了借鉴意义，粮食生产功能区是粮食稳产高产的示范区，也是上海粮食供应的核心区，农业“三区”管控是自上而下的过程，同时也是动态调整的过程，在保证种粮属性的前提下，探索调入调出政策。同时，通过引进社会资源及资金，加大种粮、种菜的财政政策支持力度，创新多元化的扶持政策，通过搭建农业信息化服务平台，提高镇村和农民的种粮、种菜积极性。

三、管理办法主要思考、主要目的和主要内容

(一)主要思考

粮食生产功能区、蔬菜生产保护区和特色农产品优势区管理工作是对农业“三区”内永久基本农田进行保护的基础性工作，是耕地资源和耕地质量保护的重要组成部分。农业“三区”管理对于实施藏粮于地、藏粮于技战略和深入推进农业供给侧结构性改革等具有重要意义。农业“三区”划定和管理是一项新任务、新工作，尚未出台相应的管理规范性文件，不利于农业“三区”划、建、管、护等相关工作顺利开展。为此，亟待研究制定适合本市农业“三区”管理的规范性文件。

(二)主要目的(必要性)

粮食生产功能区、蔬菜生产保护区和特色农产品优势区的划定和管理是推进本市都市现代绿色农业发展的一项基础性工作。加快推进农业“三区”管理办法的出台，有利于农业“三区”管护责任的落实，有利于推进本市农业“三区”的整体建设和合理使用，更有利于农业“三区”的全面保护和科学管理。加强农业“三区”管理对于确保粮食安全、保障蔬菜等重要农产品有效供给及推进区域性特色优势农业产业融合发展，带动农民增收等具有重要意义。

(三)主要内容

1. 明确适用范围和职责分工

本办法适用于本市行政区域内农业“三区”的使用、建设、保护和管理等。区级人民政府负责本辖区内农业“三区”管理和保护等工作。区级以上农业行政主管部门负责农业“三区”基础设施建设、耕地质量建设、地块补划、农业生产管理等工作。区级以上规划土地行政主管部门负责农业“三区”耕地保护，配合农业行政主管部门做好地块补划等工作。区级以上发展改革、财政、环保、水利、交通运输、建设、粮食、电力等部门按照各自职责分工，共同做好农业“三区”建设与保护的相关工作。

2. 明确农业“三区”的使用与建设要求

农业“三区”使用中，应以适度规模经营为主，社会化服务体系、资产管理制度等健全；鼓励农业生产者在农业“三区”内种植绿肥，实施秸秆还田，施用有机肥，合理施用化肥和农药；鼓励在粮食生产功能区实施轮作休耕、种养结合等生态种植模式；鼓励农业生产者在已建成的设施菜田种植绿叶菜，保障本市绿叶菜市场供应。农业“三区”建设应以区级人民政府为主，由其落实建设资金；高标准农田、都市现代农业等各级农业财政资金项目原则上应当在农业“三区”内选址，项目立项应符合农业“三区”的功能定位；农业“三区”农田建设应达到地块平整，灌溉设施配套齐全，土壤养分平衡，符合全程机械化作业和绿色发展要求；区级以上农业行政主管部门应加强农业“三区”耕地质量监

测评价，建立农业“三区”监测网络，定期开展耕地地力和环境质量监测与评价。

3. 明确农业“三区”的保护与管理要求

农业“三区”实行最严格的保护制度，确保农业“三区”内耕地数量不减少、质量不降低；按照“谁使用、谁收益、谁管护”的原则，镇级人民政府应当将划定后的农业“三区”农田管护责任落实到使用主体；将农业“三区”纳入上海市城市空间基础信息平台落图管理，按照国家统一要求竖立标志牌。加强农业“三区”农业生产设施管理，不得擅自改变设施用途；农业“三区”划定后不得随意占用，确需占用的，应经市级农业行政主管部门、规划土地行政主管部门审核同意，并按程序调整补划；严格实行“先补后占”，按照数量不减、质量不降的要求，由区级人民政府负责补充划定等量保护地块；土地受重金属污染物或其他有毒有害物质污染的、因生产建设等严重损毁且不能恢复耕种的、规模过小分布零星不易耕种的，不得补划为农业“三区”；农业“三区”范围内，因农业生产需要、产业布局优化等，确需调整内部功能和布局的，应报区级以上农业行政主管部门审核同意。

4. 明确农业“三区”的监督与考核要求

为切实加强农业“三区”管理与保护等工作，办法要求补划土地未达到农业“三区”土壤肥力及基础设施水平要求的，市级规划土地行政主管部门会同市级农业行政主管部门暂停办理所在区后续农业“三区”调整审批手续和相关农业财政资金项目支持。同时，鼓励单位和个人保护农业“三区”，对破坏、损害农业“三区”的违法行为进行举报。对违法行为核实的，移交执法部门依法处置。并要求建立农业“三区”保护考核制度，将农业“三区”保护纳入粮食安全省长责任制和“菜篮子”市长负责制考核范围。

牵头领导：冯志勇

牵头处室：种植业办

课题组成员：陆峥嵘　叶建平　汪湖北　王寒梅
王广鹏　孙延东　朱哲毅　侯明明
张　玮　汪燕衍　许　伟　郭淑红

7. 上海实施乡村振兴战略跟踪研究

实施乡村振兴战略，事关上海现代化建设全局，必须坚持面向全球、面向未来，对标最高标准、最好水平，统筹加以推进。上海乡村要成为提升城市能级和核心竞争力的重要战略空间，成为上海现代化国际大都市的亮点和美丽上海的底色，有必要加强对实施乡村振兴战略效果的跟踪，补短板、破瓶颈、抓突破。对此，我们结合市委大调研活动，根据市委、市政府的具体部署，对本市实施乡村振兴战略进行了系统跟踪研究。

一、基层农民对乡村振兴的期盼

通过对大调研所收集问题的系统梳理，我们发现，当前农村基层所反映的问题，既有上海破解城乡二元结构中存在的老大难问题，也有伴随着工业化、城镇化、信息化出现的新情况、新问题；既是广大农民群众的殷切期盼，也是上海推进乡村振兴的工作抓手。经梳理，收集到的问题可归纳为 84 项，基层农民的期盼主要集中在产业兴旺问题、生态宜居问题、生活富裕问题、急难愁问题四个方面，比例分别为 45％、15％、22.5％和 17.5％。

（一）产业兴旺问题

1. 提升地产绿色农产品有效供给水平

当前，上海地产农产品已全面达到无公害标准（99％以上），但绿色、有机的比例仅为 8％（果品、粮油、蔬菜的绿色认证率分别约为 16％、12％和 4％），且有影响力的品牌也不多，与满足人民美好生活的需求有较大差距。针对如何提升地产绿色农产品有效供给水平，调研发现主要问题有二：一是个别地区外来种植户购置农药渠道不统一，使用农药不规范，甚至出现违禁药物，使得全市农业面源污染不同程度存在；二是新修订的《种子法》明确取消统一供种，放开农作物种子市场供应，但由于缺乏优良品种及供种企业的推介宣传，农民选种面临一定困难，甚至少部分农民拿着本市发放的良种补贴资金购买外地入沪不良品种，影响了农产品质量安全。调研中，农民和农业企业也提出了不少建议：希望能进一步提高农作物秸秆综合利用的水平、增加土壤肥力、改善农村生态环境、加大对绿色产品的认证补贴、加强技术和管理培训等。

2. 加快地产农产品产销对接

据调研，基层农民普遍提出，当前制约农业产业兴旺的因素主要是产销对接不通畅。例如，一些蔬菜合作社的成员反映，他们在开展有机农产品种植过程中十分注重加大资金投入、创新种植模式、采用优良品种、申请绿色认证等措施，不断改良土壤肥力，提高农产品质量，尽管目前已有智慧菜场、电商配送等渠道，但毕竟是小众市场，大部分优质农产品由于销售渠道不畅，未能实现优质优价，蔬菜滞销时有发生，对合作社经营业绩影响较大。又如，长期以来全市本地稻米产销分散，产业链不完整，供给端与需求侧衔接不充分，一些优质大米的销售渠道依然较窄，很多家庭农场生产的稻谷主要是卖给粮库，在一定程度上影响了种粮的生产效益。对这些情况，基层普遍呼吁，需要强化地产绿色农产品经营体系，转变传统营销方式，进一步加强城乡联动、农商对接，从而实现农业增效、农民增收的目标。

3. 完善生态补偿制度和扶持政策

自2008年起，本市探索对纯农地区和生态保护地区实施生态补偿转移支付，市财政以一般转移支付的形式将这一资金下达给各区。在调研中发现，目前9个涉农区中只有闵行、浦东两区制定了相关政策，将生态补偿直接下发给农户。闵行区直接给予农户基本农田生态补偿转移支付，2017年标准为700元/亩；浦东新区直接给予农户基本农田保护补贴，2017年标准为300元/亩。没有开展这项工作的区表示，2017年市财政局出台的《市对区生态补偿转移支付办法》中明确基本农田生态补偿资金用于基本农田保护、空气质量及农业生产水利，缺少了农田土地流转费。文件出台前将补偿资金的50%作为农田土地流转费补贴给农民，剩余50%作为基本农田保护和基础设施建设费用；文件出台后给农民的补贴就被取消了。针对这一情况，这些区提出，纯农地区和生态保护地区的农户为生态环境保护工作作出了较大的牺牲，建议进一步细化深化生态补偿相关政策，让他们能直接享受到生态补偿资金。

4. 完善设施农用地规划使用政策

调研发现，基层农业部门和农业经营主体对农业设施用地相关政策未充分落实反映较为强烈，集中在两个方面：一是工厂化生产项目落地困难。例如，闵行区浦江镇反映，一些水产养殖场在基本农田的划定区域内，按照水产品无公害认证的相关要求，水产养殖所需要的管理用房、鱼药仓库是必备的设施，但目前这些设施无法符合相关备案要求。二是农业产业化项目缺少政策通道。按现有政策，经营性粮食仓储和加工场地、工厂农产品加工展示等，都必须按照建设用地管理，不能纳入设施农用地，由此导致相关产业化项目受限，难以落地。例如，一些农业企业计划从单一的农产品配送企业转型成为集净菜加工、蔬菜和副食品配送等功能于一体的新型配送企业，需要建设冷库、配菜车间、净菜场地等设施，这受到了用地政策的制约。对上述情况，农村基层建议能进一步完善优化设施农用地规划使用的政策，提高农业经营效益。

5. 完善农业补贴项目和资金管理

调研发现，现有的各项涉农补贴多属于行动计划类，以保基本为主，缺乏长效机制和政策延续性。例如，松江区反映，该区高标准农田建设的标准是6 000元/亩，但后续的维护费用很少。相关农业补贴分属不同专项资金，管理分散，且需严格按照专项资金管理办法实施资金使用和管理，在建设内容、建设标准、资金使用、操作流程、监督管理等方面缺乏灵活性，难以完全满足地区建设的需要。调研中也发现，不同行业农业补贴的情况也不尽相同。例如，粮农反映，各级政策补贴力度大，但品种和名目繁多，程序烦琐，缺乏统一规划、统一实施；果农反映，种植水稻和蔬菜有补贴，但种植果林没有补贴，蔬菜有价格保险，水果价格保险超过2 000元就不能投保了；菜农反映，蔬菜行业中的性能优良、满足生产需要的农业机械基本为进口产品，但这些产品目前不在农机购置补贴机具国家目录中，无法有效提升蔬菜行的机械化作业水平。对上述情况，农村基层普遍希望能完善农业补贴项目，优化资金管理方式。

6. 农业从业人员老龄化

调研发现，农村基层普遍反映农业从业人员老龄化，农村劳动力出现断层，农村青壮劳动力流失严重，从事种植生产的基本上都是 60 岁以上老人，年轻人不愿从事农业生产，农业缺技术、缺人才的现象越来越严重。例如，上海交大浦江实验基地是闵行区与交大合作共建的科学示范农业成果推广及应用基地，该基地目前主要从业人员以外来人员为主，用工队伍不稳定，基地想多用些本地年轻人，但本地年轻人不愿从事，面临本地人员的用工荒。对此，农村基层希望加强职业农民培训，完善各类社会保障措施，提升农业产业对年轻人的吸引力。

（二）生态宜居问题

1. 优化乡村规划体系

调研发现，本市乡村规划存在三方面的问题：一是镇村规划实现难度较大。本市明确至 2035 年，农村居民点用地要从 513 平方公里减少至 190 平方公里，实现这一目标需要撤并 70%的农户宅基地，规划实现难度很大。同时，保留村仍处于动态调整阶段，各涉农区对调整居住形态的规划还有待加快实施。二是乡村规划编制机制不畅。当前涉及农村地区的规划，包括新市镇总体规划暨土地利用总体规划、控制性详细规划、村庄规划、专项规划、土地整治规划等，各规划之间缺乏统筹和协同，多规难以合一。三是村庄规划编制脱离实际。村庄规划大多由城市规划所编制乡村规划，容易忽视村民需求，不能为乡村预留中长期发展空间，缺乏"一张蓝图干到底"的长远性，对农村地区的规划管控也缺乏一定弹性，审批程序复杂，不能很好地适合农村实际。针对上述情况，农村基层对优化乡村规划体系的呼声很高，希望尽快出台政策，指导各地科学编制规划。

2. 推进美丽乡村建设

2014 年本市开展美丽乡村建设以来，农村人居环境面貌发生了较大变化，但调研发现，推进过程中仍存在三个方面的问题：一是建设与管理资金投入量大，镇村面临较大财政压力。前期环境整治与改造、村内道路修缮与提升、各项公建配套项目等投入较大，市、区有专项扶持，但进一步提升美丽乡村建设水平，仍需加大真金白银投入。对此，村里普遍希望市、区两级能进一步加大扶持力度。二是美丽乡村建设中农村风貌保留较少，地域文化特色挖掘不足。一些村庄建设过于城市化，没有充分挖掘地域文化，乡村风貌特征并不明显，与乡村气息格格不入。对此，农村基层希望有关部门加快编制出台乡村风貌规划导则和建设导则，从而加大对农村风貌整体保护的政策指导。三是美丽乡村建设项目管理方式比较传统，各专项管理分散，项目整合不够，且标准和内容不能完全符合基层的需求。农村基层希望能给予更多自主权，实现项目打包，并采取奖补办法来提高基层的积极性和自主性。

3. 提升乡村旅游发展水平

调研发现，当前上海乡村旅游发展存在5个方面的问题：一是规划导向薄弱，一些景点经营粗放、效益低下，缺乏市场影响力和竞争力；二是产业能级较低，缺乏知名的“乡村旅游名片”，项目的品牌建设不足，整体影响力较弱；三是功能导入不足，景点同质化现象较为严重，项目主题开发较为薄弱，缺乏文化创意和时尚元素，无法满足市民更高层次需求；四是经营尚待规范，一些景点不同程度存在违规用地、违章搭建、证照不全、环境污染等问题；五是公共服务较少，调研发现，高达67.60%的消费者认为目前乡村旅游中普遍存在“厕所等辅助设施有缺损”的现象，54.17%的消费者认为景区“内部交通配套不到位”，选择“安全设施配备不齐全”的消费者占48.23%。针对这些问题，农村基层希望加快出台本市休闲农业和乡村旅游发展的相关规划和扶持政策，在配套设施建设用地上适当、有序放开，并加强对从业人员的技能培训。

（三）生活富裕问题

1. 农村集体经济发展增长乏力

调研发现，虽然本市农村集体经济不断发展，但普遍存在活力不足和增长乏力的现象。一是集体经济发展和农民增收不平衡性明显。从集体资产总量情况来看，2017年度本市村级集体总资产1 397.1亿元，其中近郊占77.7%、中远郊仅占22.3%。资产总量最多的闵行区(489.6亿元)是最少的崇明区(50.1亿元)的近10倍。从资产经营收益情况来看，近5年来村级集体经济组织年均经营收益为140.1万元，近郊293.0万元，中远郊82.5万元。最高的闵行区(364.4万元)是最低的青浦区(21.8万元)的16.7倍。二是转型发展对农村集体经济造成新冲击。在农村低效集体建设用地减量化和环境综合整治过程中，集体经营性固定资产和收益明显减少，发展受到影响。全市村级集体净资产增长率由2016年的14.6%下降到2017年的6.7%，增速明显放缓。据统计，减量化和整治前，本市郊区房屋建筑物等经营性固定资产原值共计342.23亿元，年均经营(含租金)收入共计72.35亿元；减量化和整治后，经营性固定资产减少62.93亿元，下降20%左右；年均经营收入减少25.62亿元，减少34.7%；企业减少25 456户，减少57.21%。对此，农村基层普遍呼吁要深化农村改革，增强集体经济发展内生动力。

2. 农村活动不丰富，活动内容单一

调研发现，郊区村民除了物质不够富足，精神生活也较为匮乏。不少村民反映，由于当前公共文化配送资源没有很好地下沉居村，农村没有其他丰富活动，导致村文化活动中心里都是打麻将的，娱乐文化活动单调、层次低；而村委会作为提供公共文化服务的“最后一公里”载体，也普遍存在文化建设发展水平不平衡、不充分的现象。调研发现，许多农村书屋的书籍数量并不少，但很多内容却不适应村庄留守人员需求，导致借阅率、流转率低。究其原因，在于农村公共文化资源的供需对接不精准，配送的文化资源与辖区内村民的文化需求没有充分匹配、对接。

3. 盘活利用农村闲置房屋发展民宿

调研发现，浦东、青浦、奉贤、金山、松江等区的纯农业村居中有不少闲置农民房和宅基地闲置、半闲置农宅。不少村民希望将这些闲置农房流转给集体、合作社，或租赁给企业开发民宿，可使农民增加租金收入、收益分红等更多的财产性收入，激活农民闲置房屋这份“沉睡的资本”。但是，当前农村闲置房屋盘活利用发展民宿存在三方面的瓶颈：一是项目开发审批难。目前农民闲置房屋使用权流转主要用于发展民宿，但因土地不能转性，用农宅开民宿办不了相关证照。工商登记没有登记类别，既不是旅馆也不是餐饮，难以获得许可证。同时，乡村民宅建筑多为自建房，九成以上的农村房屋是20世纪建设的，房屋的建筑安全难以核准，且农村房屋通常不具备商业接待设施所需的消防设施和消防条件，在消防审核中遇到很大困难。二是配套设施不到位。将农民闲置房屋改造成民宿或者众创空间，需要更多依托村庄的整体环境和周边的旅游资源，规模化发展后还需要旅游设施用地作为保障，包括建设停车场、娱乐活动设施、接待中心等。同时，乡村排污纳管、供水供电、电线电信、燃气等公共服务配套设施，也需要增加投入。三是发展定位同质化、低端化。盘活利用闲置农房缺乏顶层战略设计，更缺乏统一规划。目前盘活的房屋大多用于发展民宿，风格样式和发展定位雷同，存在同质化问题，市场定位及产品层次低端，特色不明显、缺乏故事性、遗失乡村性，难以实现可持续性。

4. 深化农村综合帮扶

调研发现，近年来，本市加大了生态环境保护，农业不断调整产业结构，生态效益提高，但经济效益明显降低。种植业围绕减肥减药、休养耕地，减少夏熟麦子面积，扩大绿肥和冬季深耕面积，生态效益明显，但经济效益较低，近5年来种植业产值下降了19.5%。养殖业围绕面源污染整治、淘汰落后产能，实施畜牧业退养整治，畜牧业产值下降了41.1%，渔业产值下降了13%。因此，对远郊经济基础薄弱的农村地区来说，开展综合帮扶是尤为迫切的一项工作。农村基层反映，帮助经济薄弱村搭建蓄水池功能的平台是让它们有后续发展的好途径，但是在搭建平台过程中也会碰到一些问题。比如，一些村对搭建平台兴趣不高，觉得投资项目周期长、投资回报率低、风险比较大。也有的村认为，上一轮农村综合帮扶政策的精准度还不够。对此，农村基层普遍希望能聚焦低收入农户，通过建档立卡确定帮扶对象，实施精准帮扶，并进一步拓宽帮扶渠道。

（四）急难愁问题

1. 农民建房

调研发现，郊区农民对住房翻建、新建的需求普遍比较强烈，主要有两种情况：一是本市郊区农民房屋大部分建于20世纪80年代，由于受当时经济条件和认知能力限制，住房建设质量标准不高，少有特色和文化传承，至今已有近40年房龄，有的已经成为危房，埋下严重的安全隐患。二是有的农户家庭有两个以上的子女，儿女长大达到结婚年龄，成家分户亟须改善住房条件。分析其原因，一方面，由于许多村的村庄规划尚未编制完成，规划不落地，宅基地自然也无法落地，村里就不接受农民的建房申请；另一方面，随着对建设用地指标管控越来越严格，镇村普遍缺少集体建设用地指标，违法违规占用土地建房的法律后果严重，基层干部理解农民的迫切需求但也不敢有所突破。调研中也有村民反映，有的房屋外立面距离不足一米即登记为基本农田，有的集体仓库也被划入基本农田保护范围，即使拆除建筑，也无法腾出建设用地指标用于农民建房。此外，也有不少镇村干部认为当前农村建房政策还不健全，他们提出，2007 年修订的《上海市农村村民住房建设管理办法》实施 10 多年以后，许多规定已不适应新形势需要，如：符合建房条件的农村人口计算标准、离婚户的宅基地资格权、农民宅基地资格权的有偿退出机制、农村困难居民住房保障机制、集中居住项目共用宅基地证制度、农民建房中的占地面积和房屋高度等控制标准、农村房屋的风貌控制和规划设计、农民建房中的质量标准和监管办法等一系列问题，亟须修改或进一步完善。

2. 推进农民集中居住

调研发现，当前本市推进农民集中居住工作，基层存在 4 个方面的困难：一是随着土地、建材、人工等各项成本的增加，农民集中居住的安置房建设成本大幅上涨，项目资金难以平衡。例如，松江区新浜镇农民集中居住项目，建设成本从前几年的每平方米 3 000多元上涨到目前的8 000多元，原来区里返还建设用地指标每亩 140 万元即可，现在返还额度要每亩 450 万元才可做到项目资金平衡。二是农民对农村住宅以及农村集体资产收益分配的预期越来越高，一部分农民期盼采取征地补偿安置方式实行集中居住，一部分农民则希望翻建质量更好的房屋形成不动产，对宅基地归并、推进集中居住的意愿不强烈。三是农村现有住户的性质已发生变化，集建区外农户中成员的非农比例已经很高，按照现行政策，农民建房申请主体资格必须为农民，如农户内有非农成员的，实施翻建时要剔除非农成员的份额，即缩小了原来的建房面积，这对既得利益产生了影响，给推进集中居住带来了困难。四是农村改善居住环境的需求多元，而总体的政策导向较为单一，主要是向城镇集中，不鼓励向保留村集中，对于如何进一步就地实施村庄集中，还没有相应的政策引导和支持。

3. 关于各类人员的问题

调研发现，郊区农村也涉及大量有关“人”的问题，主要集中在 4 个领域：一是村级干部年龄偏大，后备力量不足。村干部队伍呈现出一些结构性的缺陷。村级年轻干部偏少。村书记平均年龄 47.1 岁，村“两委”干部中 35 岁以下的占 10.2%，村党组织书记中 35 岁以下的占 4.14%，且后备干部人才储备不足。二是希望比照居委会实行村书记享受事业编制。2014 年市委“1＋6”关于社会治理的文件出台后，居委会书记已经全部解决事业编制。郊区农村社区村书记在推进乡村振兴过程中作用较大，但目前村书记无事业编制，退休后待遇无法保障，这对村书记有失公平。三是农村人才职称评定难。当前的职称评定制度规定，只有岗位空缺才能评定职称，这极大地挫伤了农业科技人才，特别是年轻人才的积极性。而且农业企业科技人员职称评审没有通道，落户打分没有优势，制约了企业的发展。四是乡村医生老龄化现象比较突出。因后继无人，多数乡村医生退休后又返聘继续为村民提供相关服务，而且乡村医生的配备跟服务人口规模不相匹配。例如,闵行区浦江镇光继村2 900多人口仅配备了 1 名乡村医生,平时大量的工作精力主要放在为村民开转院单上,其他的一些基本医疗服务难以得到保障。

4. 加大财政投入

调研发现,城乡公共服务均等化中仍还有很多内容未纳入市级财政奖补覆盖范围,比如各类架空线整理、燃气与供水管网改造、垃圾处理、村庄绿化等。据镇村干部反映,在一些农村基础设施建设和环境整治领域,市级层面虽然出台了建设、管理标准,却没有建立与之匹配的财政保障机制,建设项目存在“看菜吃饭”的问题,水平不高。同时,市级资金虽然聚焦同一区域,但分属不同专项资金,管理分散,且需严格按照专项资金管理办法实施资金使用和管理,在建设内容、建设标准、资金使用、操作流程、监督管理等方面缺少灵活性,难以完全满足地区建设的需求。对此,郊区农村呼吁能下放更多的资金使用权限,通过大专项的方式下达涉农资金,加强统筹整合的力度。

二、推进乡村振兴工作的顶层设计

针对上述在推进乡村振兴中需要破解的瓶颈和短板问题,在学习借鉴浙江、江苏等省经验做法的基础上,我们对照“产业兴旺、生态宜居、乡风文明、治理有效、生活富裕”的总要求,多次召开座谈会,听取涉农区党委、政府主要领导和“三农”工作领导小组成员单位的意见建议,起草制定了“本市乡村振兴战略实施意见”。2018 年 3 月 30 日,市委、市政府正式出台了《关于贯彻中共中央 国务院〈关于实施乡村振兴战略的意见〉的实施意见》,明确了一系列政策举措。

(一)关于总体要求

上海实施乡村振兴战略要全面贯彻落实党的十九大精神,以习近平新时代中国特色社会主义思想为指导,坚持党管农村工作,坚持农业农村优先发展,坚持农民主体地位,坚持乡村全面振兴,依托现代化国际大都市的优势,以推进都市现代绿色农业为重点,以转变农业农村发展方式为主线,以完善乡村规划体系为引领,以深化农村改革创新为动力,建立健全城乡融合发展的体制机制和政策体系,探索在土地等资源紧张的约束条件下走农业持续发展、农村面貌持续改善、农民收入持续增长的新路。到 2020 年,乡村振兴取得重要进展;到 2035 年,乡村全面振兴;到 2050 年,实现更高水平的农业农村现代化、城乡深度融合、人与自然和谐发展。

(二)关于产业兴旺

要完善和落实农业布局规划,提升农业“三区”生产能力;提高绿色农业生产水平,到 2020 年全市绿色农产品认证率达到 20%;提高基层农产品质量安全监管能力;培育各类新型经营主体和农业社会化服务组织;依托“互联网+”培育农业农村新产业、新业态,促进农村一二三产业融合发展,全面增强乡村经济活力。

(三)关于生态宜居

要发挥规划的目标引领和规范指导作用,明确乡村功能定位;因地制宜推动农民集中居住,多种途径实现乡村空间布局优化;建立乡村规划师、建筑师制度,实施村庄设计,体现江南水乡韵味;推进郊野公园建设,突出农村农业元素;开展美丽乡村精品村创建工作，进一步提升村落形态、人居环境和产业能级。

（四）关于乡风文明

要加强农村思想道德建设、传承发展农村优秀传统文化、加强农村公共文化建设，开展弘扬时代新风行动，培育文明乡风、良好家风、淳朴民风，不断提升农民精神风貌和乡村社会文明程度。

（五）关于治理有效

要加强农村基层党组织建设、深化村民自治实践、强化法律权威地位、提升乡村德治水平、建设平安乡村，形成党委领导、政府负责、社会协同、公众参与、法治保障的现代乡村社会治理体系。

（六）关于生活富裕

要促进农村劳动力转移就业、优先发展农村教育事业、推进健康乡村建设、加强农村社会保障体系建设、深化农村综合帮扶工作，大力推进公共服务向郊区延伸，更好地满足郊区农村群众对教育、医疗、养老、社会保障等方面美好生活的需要。

（七）关于制度保障

要加快各类要素向乡村集聚。土地要素上，要保障农村公共服务、基础设施、农民住房等用地需求；盘活的建设用地指标要向乡镇倾斜，并按照不低于5%的比例向保护村、保留村倾斜；鼓励有效利用闲置宅基地和农房，发展民宿民俗、休闲农业等产业。资金要素上，要实施乡村振兴战略财政投入保障制度，公共财政更大力度向“三农”倾斜；统筹整合涉农资金，试点探索“大专项＋任务清单”管理模式；发挥财政资金引导作用，撬动金融和社会资本投向乡村振兴。人才要素上，要全面建立职业农民制度，加快培育爱农业、懂技术、善经营的新型职业农民；加强“三农”工作干部、村干部队伍建设；强化农业科技人才支撑；等等。

（八）关于坚持和完善党对“三农”工作的领导

要健全和完善党委全面统一领导、政府负责、党委农村工作部门统筹协调的农村工作领导体制，建立本市实施乡村振兴战略领导小组；健全市、区各级党委农村工作机构，充实工作力量；党委农村工作部门要充分发挥好决策参谋、统筹协调、政策指导、推动落实、监督考核的职能；建立乡村振兴战略实施年度报告和督查考核制度；支持有条件的区在推进乡村振兴中先行先试，探索创新。

三、推进乡村振兴工作的实施方案

2018年9月21日，习近平总书记在中央政治局第八次集体学习时提出，在明确乡村振兴顶层设计后，“各地要解决好落地问题，制定出符合自身实际的实施方案”。对此，我们进行跟踪研究，希望加强政策措施的可操作性。为加快推进乡村振兴战略，7月以来，我们多次召开专家和区镇座谈会，同时结合大调研，问计于民、问需于民，并及时与市发改委加强对接，提出以推进“三园”工程、实施六大行动计划、落实三大保障机制为上海实施乡村振兴战略的重大抓手。

（一）目的要求

“三园”工程是指以全面提升农村环境面貌为核心的“美丽家园”工程，以全面实现农业提质增效为核心的“绿色田园”工程，以全面促进农民持续增收为核心的“幸福乐园”工程。通过推进“363”这一重大抓手，促进农村全面进步、农业全面升级、农民全面发展，到2022年，基本形成乡村空间布局合理、人居环境整洁、产品绿色优质、产业融合发展、社会治理有效、农民生活富裕的格局，使乡村成为提升城市能级和核心竞争力的重要战略空间，成为上海现代化国际大都市的亮点和美丽上海的底色，为建成与迈向卓越全球城市相适应的现代化乡村奠定扎实基础，努力在实施乡村振兴战略中走在前列、做出示范。

（二）基本原则

1. 坚持顶层设计和重点推进相结合

按照中央战略决策部署，结合自身实际，加强顶层设计，明确目标任务。在此基础上，遵循乡村建设规律，坚持目标引领、科学规划、注重质量、重点推进、从容建设。

2. 坚持塑造亮点与补齐短板相结合

推进“三园”工程建设，应遵循突出重点，精准施策。既要充分依托上海现有的各类综合优势，注重塑造亮点，体现上海特色；又要围绕破解乡村振兴中的短板与瓶颈问题，注重突破难点，力求取得实效。

3. 坚持前瞻性和操作性相结合

既要提高站位，对标最高标准、最好水平，在更高层次上审视谋划乡村振兴；又要做到“三园”工程项目化，确保目标任务可量化、工作举措可操作、业绩实效可考评，努力使中央各项决策部署落实落地。

（三）主要内容

1.“美丽家园”工程

(1)实施“十百千”行动计划。到2022年，全市建设90个以上乡村振兴示范村，建设200个美丽乡村示范村，实现1 577个行政村人居环境整治全覆盖，形成一批可推广、可示范的乡村建设和发展模式。

①加快郊野单元(村庄)规划编制。坚持先策划、后规划的要求，制订郊野单元(村庄)规划编制计划，确保规划编制2019年全面完成；提高郊野单元(村庄)规划编制质量，明确乡村发展定位、布局、规模、路径，并同步开展村庄设计工作；完善规划实施机制，确保规划顺利落地。

②加强风貌引导和项目建设。加强风貌保护和引导，注重乡村自然肌理，优化乡村空间布局，保护和传承优秀传统文化，推进农村建筑风貌与乡村色彩的协调统一，体现乡村韵味，彰显时代特征，展示地域特色。坚持以项目为载体，推进“四好农村路”建设、水环境整治、农村生活污水处理、生活垃圾分类、农业生产废弃物综合利用、生态廊道、农田林网和“四旁林”建设等工作，努力打造绿色生态村庄。

(2)实施农居相对集中行动计划。进一步完善支持政策，创新安置方式，继续加大推进农民向城镇集中居住的力度；在加快编制各类农村规划的同时，积极推进村落散户向保留村平移集中居住。到 2022 年，基本完成“三高”沿线、生态敏感区、环境整治地区自然村落归并。

①强化规划空间引领。按照“建设用地不增加、耕地不减少”和“人地挂钩”的原则，合理安排建设用地规模，满足集中居住和公共服务配套用地需求。农民进城镇集中居住所需的建设用地，运用增减挂钩政策，实行指标周转制度；对新市镇总体规划未覆盖且住宅用地紧缺的乡镇，探索在镇区周边利用存量集体用地实施农民集中居住，并纳入未来新市镇总体规划之中。

②推进农民集中居住。探索多种渠道、多种方式解决农民住房问题。坚持规划引导、因地制宜，积极推进“三高两区”、规划撤并村、纯农地区 30 户以下自然村的农民集中居住；完善村民建房管理制度，引导农民按照规划和设计，依法依规建房；加大财政投入，进一步提升农民居住配套服务水平，全面改善农民住房条件。围绕推进农民集中居住，进一步完善安置模式，探索宅基地所有权、资格权和使用权“三权分置”等政策研究，提高农民进城镇集中居住意愿度。

2.“绿色田园”工程

(1)实施都市现代绿色农业发展行动计划。建立以绿色生态为导向的制度体系，全面提升农业绿色生产技术和设施装备水平。到 2022 年，农田化肥、农药施用量分别下降 21%和 20%，地产农产品绿色食品认证率达到 30%，农业组织化率达到 90%，力争在都市现代绿色农业发展方面发挥领头羊的作用。

①推行农业绿色生产方式。退出麦子种植，实施休耕养地，推广有机肥替代化肥、病虫害绿色防控技术；强化绿色食品认证，农药、兽药、化肥等投入品经营和使用环节实现全程追溯管理；全面实现畜禽粪尿、农作物秸秆等农业废弃物资源化利用；探索生态循环水产养殖模式，实现规模化水产养殖尾水治理全覆盖；统筹落实粮食生产功能区、蔬菜生产保护区、特色农产品优势区和畜牧、水产布局规划。到 2022 年，创建 1～2 个整建制生态循环农业示范区，建设 10 个生态循环农业示范镇，打造 100 个生态循环农业示范基地。

②强化农业科技装备支撑。选育推广高效优质多抗的农作物和畜禽、水产新品种；研发推广绿色高效的肥料、饲料、生物农药等农业投入品；引进创制蔬菜瓜果绿色高效生产、畜禽水产生态循环养殖等节能低耗智能设施装备，重点打造 30 个蔬果“机器换人”绿色生产示范基地；实施“互联网＋”绿色农业，构建农业公共信息化平台，建设农业“一网”“一图”“一库”(上海农业门户网站、上海农业地理信息管理系统、上海农业农村大数据库)，提高农业精准化服务管理水平；建立高效、安全、低碳、循环、智能、集成的农业绿色发展技术体系。

(2)实施现代农业经营体系构建行动计划。完善新型农业经营主体发展的制度体系，构建地产绿色农产品产销平台，创新经营模式，推进一二三产业深度融合，提高农业社会化服务水平。到 2022 年，做强做大 20 个农产品知名品牌。

①培育现代农业经营主体。健全农民合作社运营机制，提升农民合作社发展质量，大力发展以经营区域公用品牌、地理标志和特色农产品为重点的合作社联社；完善家庭

农场支持发展政策，鼓励创建多种类型的家庭农场；建立农业龙头企业评价机制，通过资金、技术、品牌、信息等融合，探索组建农业产业化联合体；建立健全以公益性服务和经营性服务相结合、专项服务和综合服务相协调的农业社会化服务体系；开发农业新功能新模式，培育农村新产业新业态，建成30个国家级休闲农业与乡村旅游示范点。

②创建地产农产品品牌。制定品牌农产品评价标准，建立上海农产品知名品牌目录制度；围绕开展绿色食品认证和发展地方特色农产品，建立线上线下相结合的品牌农产品营销体系；完善农产品品牌培育、发展和保护机制，塑造上海农产品整体品牌形象，培育区域特色明显、市场知名度高、发展潜力大、带动能力强的农产品区域公用品牌和企业品牌。到2022年，前20名知名品牌年销售额达1 000亿元。

3.“幸福乐园”工程

(1)实施农民长效增收行动计划。有针对性地对农民开展培训，促进农民非农就业，加快培育职业农民；发展新型集体经济，增加财产性收入；加强农村综合帮扶，拓宽增收渠道，确保农民收入增幅高于城镇居民收入增幅和GDP增速。

①促进农民就业创业。对未就业且有就业创业意愿的农民，通过建档立卡“一人一策”提供就业创业培训和就业创业服务，重点促进非农就业；对已就业农民，根据不同需求分类施策，提供个性化技能提升培训服务，促进更高质量就业。加快新型职业农民培训，有序推进新型职业农民制度试点。到2022年，全市完成农民非农培训40万人次，培育2.5万名新型职业农民，实现对有就业创业意愿的农民就业创业服务全覆盖，未就业农民通过培训实现就业创业1万人。

②深入推进农村改革。继续深入开展农村综合帮扶，加大帮扶力度，提高统筹层级，建设一批收益稳定的长效的帮扶“造血”项目，显著提高低收入农户生活质量和水平。鼓励开展农村闲置农房、存量集体建设用地盘活利用试点，用于民宿民俗、休闲农业、乡村旅游、康健养老等产业发展。加快推进镇级农村集体产权制度改革，积极推动镇村集体经济组织实行年度收益分配，促进农民财产性收入持续增长。

(2)实施农民美好生活提升行动计划。完善农村公共服务设施布局，提升养老、医疗、教育、文化等公共服务能力，加强和创新乡村治理，打造充满活力、和谐有序的善治乡村，不断提高农民的获得感、幸福感和安全感。

①提升公共服务水平。围绕网络化、智能化、专业化，提升农村公共服务水平。大力发展互助式养老，推广“睦邻互助点”“幸福老人村”等照护模式，到2022年，全市农村建成示范睦邻点2 500家，标准化乡镇养老院和托老所全覆盖。提高医疗服务水平，优化乡村医生队伍结构，开展农村订单定向医学生培养，加快培养新乡医，到2022年，每所村卫生室配备不少于2名乡村医生，其中至少1名具有职业助理医师或以上职称。促进义务教育均衡化，“城乡学校携手共进计划”覆盖郊区120所学校，加大优质教师统筹力度，郊区义务教育学校高级职务教师配置100%达标。加大农民喜闻乐见的文化配送力度，推动“戏曲进乡村”，推进村级多功能活动中心建设，为农民举办参与文艺演出、体育健身、民俗集庆等活动提供场所和平台。深入挖掘乡村特色文化符号，打造一批特色鲜明的乡村传统文化产业精品。

②提升乡村治理能力。推行区域化党建、乡村治理、群众工作、群防群治相融合的网格化工作模式。实施"阳光村务工程"，利用有线电视、手机 APP 等平台拓宽服务村民和民主监督新途径，到 2022 年，实现村务公开和民主监督信息化全覆盖。推行村干部开放式办公，加强村干部与村民面对面沟通，提升服务效能。深入推进乡村依法治理，深化文明村镇创建。加强平安乡村创建，推进农村"雪亮工程"和"智能安防"建设。到 2022 年，全面完成村民自治章程和村规民约的健全完善工作，建设 50 个市级民主法治示范村，文明村镇占比达到 80%以上。

（四）保障机制

1. 责任机制

各涉农区是实施乡村振兴战略的责任主体，党政主要领导是第一责任人。各相关部门要加大政策研究，提供制度供给，发挥重要支撑和保障作用。要根据《上海乡村振兴战略规划（2018—2022 年）》和"三园"工程与六大行动计划，确定年度任务清单，落实责任单位和责任人，明确时间节点，有序推进乡村振兴工作。

2. 督查机制

根据年度工作清单和目标任务，市加大对各涉农区乡村振兴工作的督查力度。根据工作重点，开展专项督查，检查进度，发现问题，全面推进。督查情况向市委、市政府专题汇报，向各有关区通报，并适时向社会公布。

3. 考评机制

根据本市乡村振兴《实施意见》的要求，加强考核考评工作。每年度委托第三方对各涉农区推进乡村振兴工作的情况进行考评，对考评末档的区进行约谈。同时，我们也已制定了《2018 年度上海乡村振兴工作考核评价表》，共考核六大指标类别，分别是发展都市现代绿色农业、美丽乡村建设、社会事业与文化建设、农村基层治理、促进农民增收、制度供给保障。

附件：上海推进乡村振兴"三园"工程示意图（见后）

牵头领导：张国坤　邵启良
牵头处室：研究室　上海农科院信息所
课题组成员：方志权　张莉侠　章黎东　金　峰
张　晨　楼建丽　刘增金　李　娟
林厉军　蔡　蔚　朱哲毅　贾　磊

附件：

上海推进乡村振兴“三园”工程示意图

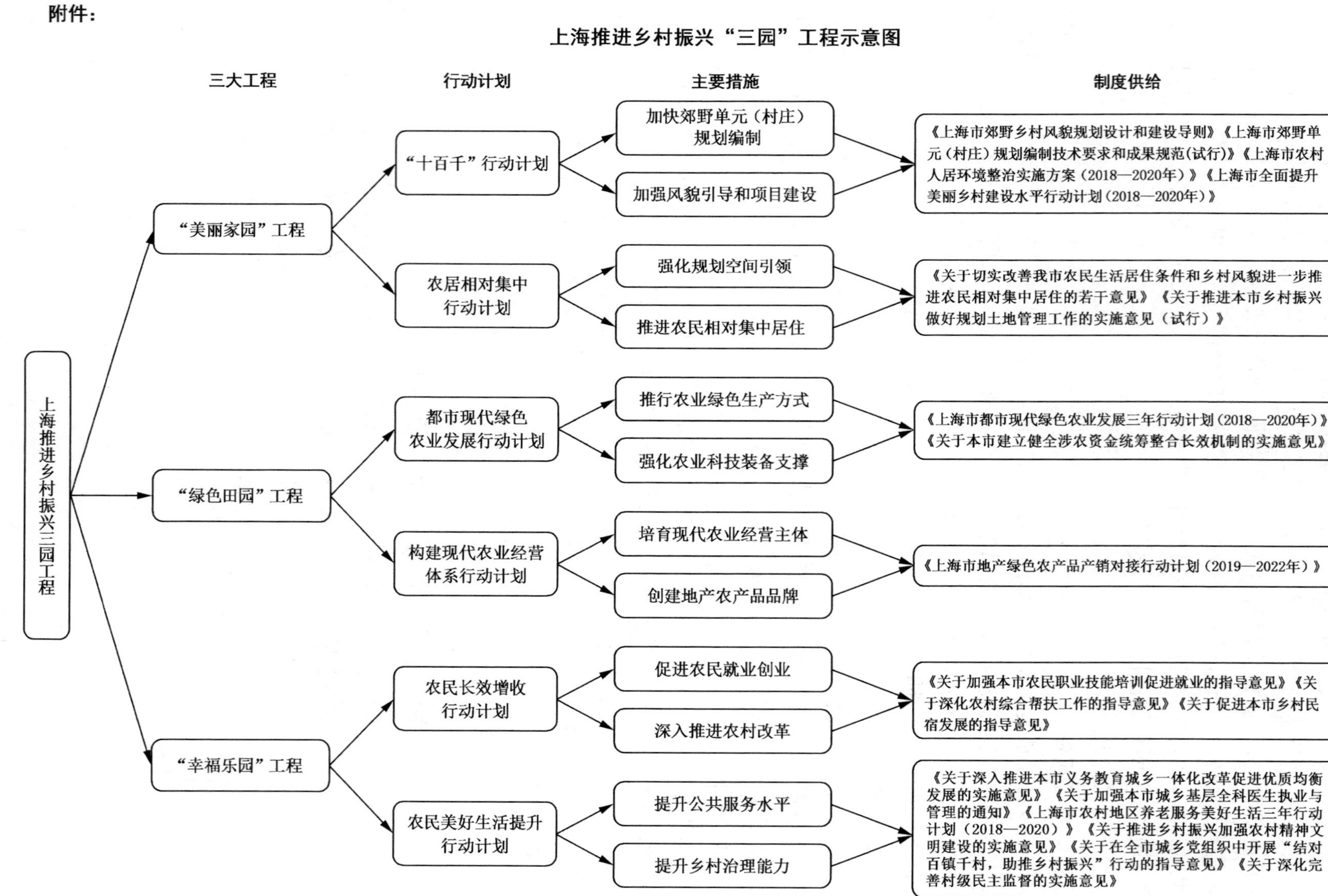

8. 上海乡村振兴评价指标体系研究

摘 要

为贯彻农村工作会议和2018年中央一号文件精神，落实《国家乡村振兴战略规划(2018—2022年)》《上海市城乡发展一体化“十三五”规划》等要求，全面推进上海市实施乡村振兴战略，建设产业兴旺、生态宜居、乡风文明、治理有效、生活富裕的上海农村，开展了上海市乡村振兴评价指标体系研究。本研究的目的旨在提供一套科学、有效、可操作性的评价指标体系，既方便对本地乡村发展实际进行评估摸底，厘清乡村发展的主要动力及阻碍因素，明确主要影响因素之间的相互关系，发现其中存在的问题及其对乡村振兴战略实施可能的影响，进而推动乡村振兴战略规划科学制定；又方便对其实施效果展开评价，为选择适宜上海地区乡村发展的路径提出可供参考的量化依据，从而推动乡村振兴战略政策调整及进一步实施，具有一定的现实价值。

对乡村振兴战略实施效果进行测度和评价，是一个复杂而系统的过程，涉及乡村发展的方方面面。在明确乡村振兴战略概念内涵和上海本地乡村发展实际的基础上，按照产业兴旺、生态宜居、乡风文明、治理有效、生活富裕的总要求，紧密结合上海实际，建立了一套可信的指标体系，评估乡村发展现状，评价乡村振兴战略发展相对进程。研究过程中，本指标体系的建立重点考虑了以下两点内容：第一，乡村发展是动态变化的，因此，本指标体系目标是建立一套纵向历时可比的体系框架，通过指数得分的时间变化，以观察乡村振兴战略实施发展的相对进程；第二，对分项指数、方面指数的形成和赋权，兼顾上海不同区乡村发展的横向可比性，根据各区之间的横向比较，进行综合评价，以明确各区在乡村振兴战略实施过程中所取得的成绩以及存在的不足。与此同时，根据各区之间的横向比较，总结得分较高地区成熟的发展经验，为得分较低地区提供参考或指导，弥补乡村发展上的不足，实现全市乡村总体向好发展。

项目研究在遵循指标体系构建原则，同时在深刻把握乡村振兴战略概念内涵的基础上，结合上海本地乡村发展实际，从产业兴旺、生态宜居、乡风文明、治理有效、生活富裕的总要求出发,构建了包括21个二级分项指标44个三级分项指标的乡村振兴、评价指标体系,并结合主成分分析和专家打分两种较为成熟的赋权方法,通过观察两种打分结果的收敛性,为相关指标进行赋权,进而形成乡村振兴指数。需要特别说明的是,对于部分存在缺失的指标数据,借助网络爬虫技术进行数据补齐。

关于这套指标体系,在产业兴旺方面列取了农业生产条件(0.17)、农业生产效率(0.28)、农业产业化水平(0.30)、农产品质量安全(0.25)4个二级指标及对应12个三级指标;生态宜居方面列取了生态禀赋(0.15)、农业生产污染物投放强度(0.24)、生活污染防治水平(0.22)、农业节能减排水(0.13)、饮用水安全指数(0.12)、"厕所革命"(0.14)6个二级指标及其对应11个对应三级指标;乡风文明方面列取了文化传承(0.14)、文明创建(0.38)、公共教育(0.27)、文娱支出(0.21)3个二级指标及其对应9个三级指标;治理有效方面列取了农村集体产权制度改革(0.30)、公众参与(0.26)、治理效果(0.44)3个二级指标及其对应5个三级指标;生活富裕方面列取了农民收入(0.31)、消费结构(0.25)、交通可达性(0.16)、社会保障(0.28)4个二级指标及其对应7个三级指标。囿于统计资料缺失,我们希望采用但未能采用的指标有:拥有大学生村官的村庄占比、村庄规划管理覆盖率、建有综合服务站的村占比、村党组织书记兼任村委会主任的村占比等。受此影响,指标体系有一定的缺失。不过据此指标体系评价的乡村振兴效果基本符合实际,并且本指标体系也基本涵盖了国家发改委对于乡村振兴发展所要考核的指标内容,同时对国家关于农业发展的"十三五"规划内容、上海市及下辖部分区县关于农业发展的"十三五"规划内容做了融合,相对而言,是一个全面、系统且具有一定针对性的评价体系,适用于评价上海市乡村振兴发展效果。

借助这套指标体系,并结合上海乡村发展指标向量,计算了产业兴旺、生态宜居、乡风文明、治理有效、生活富裕5个方面的得分,同样的办法,得到乡村振兴战略实施效果得分。研究发现,在指标目标值设定普遍高于全国目标值的情形下,上海市乡村振兴指数依然得到了较高的得分,特别是在产业兴旺、治理有效、生活富裕3个方面。以基期年2016年为例,上海市乡村振兴指数得分为87.84,较2014年上升了6.23%,而产业兴旺、生活富裕两个方面指数得分也均超过了90分,基本符合上海发展实际。相对而言,乡风文明和生态宜居依然存在较大的提升空间。

另外,通过本课题研究也发现一些乡村发展亟待改进的问题。首先,就整个上海乡村发展而言,虽然产业兴旺、治理有效、生活富裕3个方面指标指数处在较高水平,但上海下辖郊区的产业发展、乡村治理以及农村居民的生活保障依然存在一些问题,如上海市郊休闲农业近几年获得了不错的发展,但远没有发挥上海大都市的城郊优势,还需进一步加快都市休闲农业的发展进程。除此之外,也需进一步提升农村互联网普及率、推进农产品加工业的发展、加快土地流转以促进农地适度规模化经营的进程等。其次,在生态宜居和乡风文明方面,还存在较大的提升空间。2016年上海市农村居民教育文化娱乐支出占比为6.58%,低于全国平均水平(10.57%),远没达到规划内容所要求的12.6%。当然,这里可能受到上海市农村居民消费支出基数过大的影响,不过适当引导农村居民教育文化娱乐支出增加,促使农村居民文化消费水平的提升是需要的。随着城市化进程的快速推进，农业生产的土地、劳动要素越来越稀缺，农户农业生产越来越倾向于增加农药、化肥、机械等要素的投入水平，以提升土地和劳动生产率，从而不可避免地带来一定的面源污染。应当注意，在经济社会快速发展的同时，应注重与生态文明建设的协调发展。此外，也有数据表明，自 2013 年以来，上海市传统民居正以每年 7.06％的速度削减，作为地方传统文化的标签，传统民居的保护与传承同样值得关注。再次，就上海市下辖 9 郊区的横向比较而言，部分区乡村发展存在一定的倾斜，如松江的农业现代化水平处在各区前列，而崇明的生态宜居指数则处在一个较高的水平。这可能和上海市各区发展定位有关，这样的发展定位显然能够起到带头示范的作用，形成一定的溢出效应。但也应当指出，发展功能的定位，无疑需要政策的跟进扶持，因此在明确各区功能定位的基础上，促进各区乡村协调发展也值得关注。

综合来看，上海乡村发展振兴取得了不错的成绩，但也存在一些局部性的发展不足。在未来乡村振兴战略推进过程中，要立足乡村自然资源禀赋条件，注重协同联动，把典型经验总结推广好，从而促进上海郊区的全面发展。这里值得一提的是，项目研究形成了以 2016 年为基期的评价指标体系，在上海市后续乡村发展实践中，可以据此深入分析乡村振兴战略的动态变化进程。当然，在乡村振兴战略不断推进过程中，也将不断有新的情况出现，将这一研究工作持续进行下去，对上海地区乡村发展进程进行跟踪评价，有助于我们了解上海乡村发展实际，推动相关政策的制定和调整，以便实现上海乡村全面振兴。

一、选题背景

实施乡村振兴战略，是建设现代化经济体系的内容之一，是决胜全面建成小康社会主义现代化国家的重大历史任务，这一重大决策集中反映了新时代农业农村发展的必然要求。据此，中共上海市委常委会对乡村振兴战略做了重要部署，强调要按照产业兴旺、生态宜居、乡风文明、治理有效、生活富裕的总要求，紧密结合上海实际，把实施乡村振兴战略作为重大政治任务抓紧抓好。毋庸多言，乡村振兴战略实施的重大和紧要性。那么，在乡村振兴战略实施之初，如何对本地乡村建设情况进行一次全面评估？同时在乡村振兴战略不断推进过程中，如何客观评价其实施成效？这些都是值得关注的问题。本课题的目的旨在提供一套科学、有效、可操作性的评价指标体系，既方便对本地乡村发展实际进行评估摸底，推动乡村振兴战略规划科学制定；又方便对其实施效果展开评价，为政策的进一步调整提供参考。

对乡村振兴战略实施效果进行测度和评价，是一个复杂而系统的过程，涉及乡村发展的方方面面。在具体构建评价指标体系之前，需要明确两方面的问题：一是乡村振兴战略内涵；二是上海本地乡村发展的实际和特点。

首先，乡村振兴战略的提出，有别于以往任何一个农业农村发展政策，体现的是一个宏观的、系统的、综合性、全局性的发展方略。其内容不仅包括了农业经济建设，还包括政治建设、文化建设、社会建设、生态文明建设等多方面，20 字总要求的提出也明显区别于以往的农业政策规划。总体来看，20 字总要求的表述是对新农村建设、农业现代化建设的延续，同时也是超越与升华，而站在新时代历史背景下，乡村振兴战略更多要求乡村实现内涵式发展。就具体的表述来看，“产业兴旺”由“发展”到“兴旺”的转变，体现了农业发展层次和要求上的升级；“生态宜居”由静态到动态的升级，即由强调村庄面貌干净整洁拓展到整个生态环境，并注重人的获得感，实现“宜居”；“乡风文明”是精神文明建设范畴，是一个长期过程，必须坚持和完善发展；“治理有效”从“管理”到“治理”的转变，民主是要求，有效是结果，体现从重程序强调重结果，加强创新农村社会治理的要求升级；“生活富裕”进一步凸显了富民为本，积极发展农村集体经济，不断增加农民财产性收入、经营性收入的战略意图，最终实现共同富裕。

其次，上海本地推进乡村振兴战略也有其自身的发展特点。上海农业 GDP 占比小于 1%，纯农人口只有 20 多万，而且上海乡村建设无论是从农业、农村、农民的角度，还是从文化、治理的角度均处在全国前列，那么上海地区是否存在“乡村振兴”的必要？从建设卓越全球城市角度出发，优化城乡空间体系，提升乡村治理水平的角度看，答案是肯定的。截至 2017 年年底，上海 16 个区共有 105 个街道、107 个镇和 2 个乡，这其中最值得关注的是位置比较偏远的远郊大镇，这里存在治理资源不足、公共配套和基础设施欠账较多等问题。在人民群众对美好生活的需要越来越突出的背景下，远郊大镇本来就较为薄弱的基础设施与公共服务配套能力对远郊大镇的社会治理提出了新的更高要求。这些是值得关注和研究的问题，也是我们指标体系建立应当侧重考虑的一些因素。

因此，本课题遵循一般指标体系的构建原则，同时在深刻把握乡村振兴战略概念内涵的基础上，结合上海本地乡村发展实际，建立一套可信的指标体系，评估乡村发展现状，评价乡村振兴战略发展相对进程。另外，本指标体系的建立还将重点考虑以下两点内容：第一，乡村发展是动态变化的，因此，本指标体系目标建立一套纵向历时可比的体系框架，通过指数得分的时间变化，以观察乡村振兴战略实施发展的相对进程。第二，对分项指数、方面指数的形成和赋权，兼顾上海不同区乡村发展的横向可比性，根据各区之间的横向比较，进行综合评价，以明确各区在乡村振兴战略实施过程中所取得的成绩以及存在的不足。与此同时，根据各区之间的横向比较，总结得分较高地区成熟的发展经验，为得分较低地区提供参考或指导，弥补乡村发展上的不足，实现全市乡村总体向好发展。

通过课题研究，提供一套科学、有效、可操作的评价指标体系，其主要目标表现在以下两方面：一是利用本指标体系，进一步度量乡村振兴实施效果、发展进程，厘清乡村发展的主要动力及阻碍因素，明确主要影响因素之间的相互关系，发现其中存在的问题及其对乡村振兴战略实施可能的影响；二是为推动乡村振兴战略政策调整及进一步实施，有目的地选择适宜上海地区乡村发展的路径提出可供参考的量化依据，具有一定的现实价值。

二、关于乡村发展振兴的早期评价

关于乡村振兴战略这一历史任务的概念内涵、实施路径的讨论汗牛充栋，但如何构建一套科学、合理、有效的评价体系，系统评价乡村振兴实施效果，值得进一步探讨。考虑到乡村振兴战略的核心内涵包括产业兴旺、生态宜居、乡风文明、治理有效、生活富裕 5 个层面，就单个层面展开的评价指标体系研究还是能给予我们一些参考。不过，从国内外现有文献来看，学术界和相关决策部门关于农业产业发展和农村生态环境的探讨较为充分，而关于乡村文明建设、制度建设以及农村居民生活富裕的考察相对匮乏。

从现有文献来看，国内学者对乡村发展评价指标体系进行了大量研究和探索。在产业发展方面，柯炳生(2000)从农业外部条件、农业本身生产条件和农业生产效果三大方面着手提出了中国基本实现农业现代化的 10 项参考指标体系，并将农业现代化的阶段性标准分为起步标准、初步实现农业现代化标准和基本实现农业现代化标准。万宝瑞(1999)提出了包括 14 类 24 个具体指标的农业现代化评价指标体系，并制定了初级现代化和基本现代化的指标值。蒋和平和黄德林 (2006)采用多指标综合分析方法建立中国农业现代化指标体系评价模型，对中国农业现代化发展水平进行了定量评价。“农业现代化评价指标体系构建研究”课题组(2012)构建了一套由 6 大类 18 个指标组成的指标体系，该指标体系根据这 18 个指标的当前状况及未来发展趋势提出了目标值，并结合江苏建设农业现代化工程的实践进行实证分析。同时，一些地方政府及部门也研究制定了本地的农业现代化评价指标体系，如：广东省制定了 2010 年珠江三角洲基本实现农业现代化的包括 11 类 19 个具体指标的评价指标体系，并据以对发展情况进行考核；上海市统计局制定了实现农业现代化的包括 5 类 16 个具体指标的评价指标体系。在生态环境方面，张颖聪(2011)运用 PCA－DEA 模型分析了区域农村生态环境的现状及其影响因素，并以四川省为例展开了实证分析；秦天天等(2012)运用复合生态位方法，从生态条件、生产条件和生活条件 3 个方面选取相关指标对农村居民点适宜性进行了评价研究；陈然等(2012)在 GIS 数据挖掘技术支持下，以高分辨率航空影像为数据源，从地形条件、土壤资源、生物资源、水资源、人类干扰 5 个方面建立了评价指标体系，利用组合赋权法确定各评价因子的权重值，构建了生态功能适宜性评价模型，对农村生态功能适宜性展开了评价；王晓君等(2017)基于压力—状态—响应(PSR)模型框架，构建了我国农村生态环境质量评价指标体系。考虑到农村生态系统指标体系构建可能存在随意性、不完备以及重复性等问题，涂武斌等(2012)根据农村生态系统结构特性，构建了农村生态系统健康评价指标体系层次框架，提出了农村生态系统健康评价指标选择模型，并以国家级生态示范县罗山县域农村生态系统为例展开了实证分析。

综上所述，尽管这些研究的评价方法和指标选取不尽相同，但其研究成果对进一步开展乡村振兴评价指标体系研究具有一定的参考价值。同时，这些研究也存在一些不足之处，如：有的指标过于复杂，不易取得数据；更多的则仅仅从一个视角或方面出发，没有形成一套全面、系统、简明而又具有权威性的指标体系。本课题在准确把握乡村振兴战略总体要求的基础上，结合上海本地乡村发展实际，采用层次分析的方法，构建包括产业兴旺、生态宜居、乡风文明、治理有效、生活富裕 5 个方面指标的评价指标体系。

其亮点主要体现在以下两个方面：一是指标选取的全面性；二是各分项指标以及方面指标在指数中的权重，通过"主成分分析"和"专家打分"综合赋权得到。

三、指标体系的设置原则

（一）系统性原则

指标之间要有一定的逻辑关系，它们不但要从不同的侧面反映出生态、经济、社会子系统的主要特征和状态，而且还要反映生态—经济—社会系统之间的内在联系。每一个子系统由一组指标构成，各指标之间相互独立，又彼此联系，共同构成一个有机统一体。指标体系的构建具有层次性，自上而下，从宏观到微观层层深入，形成一个不可分割的评价体系。具体而言，指标间应当具有互补关系，而不应该出现高度相关和共线的情形。例如，农业生产机械装备水平和农业生产综合机械化率水平，这两个指标衡量了以资本来体现的技术进步对农业生产的影响，农业生产机械装备水平高的地区其农业生产综合机械化率往往也较高。实质上，这两个指标衡量了农业现代化水平的同一个方面，可以相互替代，不宜同时列取。同时，对于诸如农业机械化与劳动生产率这样的指标，虽然均衡量了农业生产效率的变动情况，但是其评价的是生产效率的不同方面，这种相互补充的关系则均列入。因为提高农业机械化水平若是长官意志，是以牺牲经济效益为代价的，此时的劳动生产率水平可能并不高；而劳动生产率水平高，可能仅仅是市场某些农产品一时供不应求所导致的结果。

（二）易操作性原则

指标选择上，特别注意在总体范围内的一致性。指标体系的构建是为区域政策制定和科学管理服务的，指标选取的计算量度和计算方法必须一致统一，各指标尽量简单明了、微观性强，各指标应该要具有很强的现实可操作性。选择指标时也要考虑能否进行定量处理，以便于进行数学计算和分析。所选指标应有一定信息基础，最好选用现有统计资料中相对成熟和公认的指标，保证指标含义清晰，涉及统计范围明确，这样，数据的收集和处理均方便。此外，指标要精练，以避免因陷于过多细节而不能把握农业现代化的本质，从而影响评价的准确性。

（三）科学性原则

各指标体系的设计及评价指标的选择必须以科学性为原则，能客观真实地反映上海市环境、经济、社会发展的特点和状况，能客观全面反映各指标之间的真实关系。各评价指标应该具有典型代表性，不能过多过细，使指标过于烦琐、相互重叠，指标又不能过少过简，避免指标信息遗漏，出现错误、不真实现象。以劳动生产率为例，它可用劳均农业增加值综合衡量，也可以用劳均产粮、劳均产肉（产蛋或产奶）等农产品的个体指标详细反映。但在市场经济中，农产品的个体指标有很大缺陷。农业现代化的基本目标是提高农民的收入和生活质量，假如某种农产品的生产成本高或销售成本高，那么这种产量指标高而效益却差的生产对提高农民生活水平又有多大意义呢？市场经济要的是产品生产的横向比较优势。由于各地的生产技术发展水平不同，交通运输条件也不一样，若某类农产品生产或销售的横向比较优势丧失，而另类产品的生产或销售优势显现出来，我们为什么不去发展另类产品的生产呢？综合性指标不仅满足指标少而精的要求，而且可比性也远比具体农产品的个体指标好，如在牧区与粮区之间，无法通过劳均产粮或劳均产肉比较两者的劳动生产率水平或生产效果。

（四）可比性原则

指标的可比性涉及纵向可比和横向可比。指标体系设置的目的既是为了纵向历时可比，通过指标得分的动态变化，及时发现问题；同样，指标体系设置的目的也是为了横向空间比较，发现地区发展差异，实现优势互补，促进共同进步。因此，纵向可比性好，但横向可比性差的指标不宜选用；当然，横向可比性好，但纵向不可比的指标同样不宜采用。如第一产业在国民经济中的比重或其劳动力占社会总劳动力的比重这一指标，虽然农业现代化程度越高，该指标值越小，但是该指标强烈地受到行政区域划分的影响，在地区间的可比性就不甚理想。事实上，农业现代化的实质并不在于比重的高低，而在于产出水平，在于社会资源和自然资源的高效利用。

（五）时效性原则

指标的选取应从现实的生产效果中考察，这在市场经济体系并不完善的国家显得十分重要。以机械化水平为例，单位耕地面积拥有的农业机械或动力数量，只反映了机械装备的水平，由于市场机制和政策方面的影响，实际运用效果可能并不理想。机械化水平需要以实际运用为考量，如以实际机耕、机播、机收面积的加权和来综合考察农业机械化水平则更能反映实际情况。另外，在考察农业经营水平时，也应当以农业发展实际出发，在指标设定过程中，对于当地不再生产的作物品种或农产品，相关指标不宜列取。对上海地区而言，禽畜养殖规模越来越小，这与当地发展定位有关，类如禽畜养殖规模化率这些指标不宜列取。

（六）全面性原则

乡村振兴评价涉及农业、农村、农民发展的方方面面，这就意味着指标选取要综合考虑乡村发展的方方面面，才能全面、真实地反映乡村发展的实际情况。因此，指标的选取应把握评价的内涵、整体结构和全过程的原则。乡村振兴是一个多因素、多变量、多层次的动态系统，关于乡村振兴的评价是多因素综合作用的结果，对于乡村发展的评价既要考虑到乡村发展的数量因素，同时要考虑到乡村发展的质量因素；既要注重经济社会发展的客观实际，也要考虑农村居民的主观感受等。因此，指标体系构建的全面性原则无疑为数据搜集带来了难度，这里应当发挥指标体系构建的灵活性优势。在指标构建过程中，对于指标数据难以获取的变量指标，宜采用列取替代变量的策略。当然，也可以在列取原指标的基础上，通过平滑推断、爬虫技术等手段来完善指标数据结构。

四、指标体系初步构建

乡村振兴是一个多系统、多因素协同演进的发展过程，这就意味着评价指标体系的构建要综合考虑乡村发展的多个方面，但对所有关联因素进行指标测度既不现实也不科学，同时，也容易掩盖主要影响因素对乡村系统发展演变的作用。为此，我们以层次分析为方法论指导，从乡村振兴战略的核心内涵“产业兴旺、生态宜居、乡风文明、治理有效、生活富裕”5 个层面出发，选择对乡村振兴具有重要意义的因素来进行分析。由于 5 个方面指标是错综关联的，每一方面指标所下属的分项指标可能也会对另一方面指标发挥作用（如土地适度规模经营是衡量农业产业竞争力水平的重要指标，但同时也是衡量乡村治理效果的重要指征），遵循指标选取的代表性和独立性原则，当一分项指标在一方面指标下已有论述，其他地方不再赘述。此外，原准备采用，但由于数据缺失而未能采用的指标，仅做简单说明。

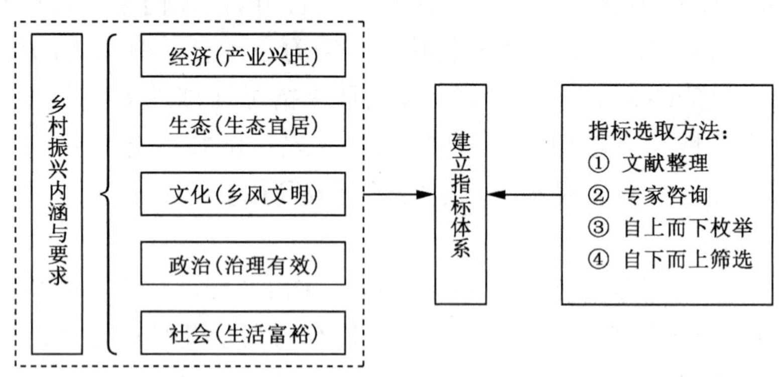

图 1　指标体系构建逻辑

（一）产业兴旺

借鉴农业现代化指数的指标体系构建方法，从农业生产条件、生产效率、产业化水平等角度来衡量产业兴旺程度，同时为了体现“产业兴旺”由“发展”到“兴旺”的内涵延伸，引入农产品质量安全等 4 个二级指标，共同表征产业兴旺程度。具体指标如下：

1a.农业生产条件。农业生产条件包括耕地禀赋、农业生产投入以及相关金融支持等方面，用耕地保有率、农作物耕种收综合机械化率、农村互联网普及率、农业保险深度 4 个三级指标合成。

1a1.耕地保有率。耕地保有率是反映耕地资源保障能力和农产品生产供应能力的重要指标，考虑到上海市 18.8 万公顷耕地保有量的农业发展要求，计算方法为：耕地保有率＝当年耕地面积÷18.8×100％。

数据来源：上海市及地方统计年鉴。为确保上海市 18.8 万公顷的耕地面积红线不变，设定目标值为 100％。

1a2.农作物耕种收综合机械化率。农作物耕种收综合机械化率主要指各种农作物机耕、机播（栽、插）、机收的综合作业水平，是反映农业装备条件的重要指标。计算方法为：农作物耕种收综合机械化率＝（0.4×机耕面积占耕地总面积比例＋0.3×机播面积占耕地总面积比例＋0.3×机收面积占耕地面积比例）×100％。

数据来源：地方上报。《全国农业现代化规划（2016－2020 年）》将农作物耕种收综合机械化率目标设定为 70％，考虑到上海发展实际，并结合《上海市现代农业“十三五”

规划》要求，设定目标值为≥90%。

1a3.农村互联网普及率。普及农村互联网对降低农业生产信息搜寻的机会成本、提升信息获取的时效性具有积极作用，同时对加快实施“互联网＋”现代农业行动，加强物联网、智能装备的推广应用也将发挥重要影响。用“每百户农户拥有计算机数量”表示。

数据来源：中国互联网络信息中心（CNNIC）发布的《中国互联网络发展状况统计报告》。根据《全国农业现代化规划（2016－2020年）》，设定目标值≥52%。

1a4.农业保险深度。近年来，我国农业保险的发展受到政府的高度关注，农业保险深度是反映金融“三农”服务为农业生产者提供风险保障的程度，是为现代农业发展护航的一个核心指标。计算方法为：农业保险深度＝农业保费收入÷农林牧渔业增加值×100%。

数据来源：《中国保险年鉴》《上海保险年鉴》。设定目标值为≥15%。

1b.农业生产效率。农业生产效率包括要素配置效率和技术效率两个方面，用劳动生产率、土地生产率、农业科技进步贡献率3个三级指标合成。

1b1.劳动生产率。劳动生产率反映了单位劳动要素投入的产出水平。计算方法为：劳动生产率＝一产增加值÷从业人员数量。

数据来源：上海市及地方统计年鉴（公报）。根据《国家乡村振兴战略规划（2018－2022年）》的标准，设定目标值为4.7万元/人。

1b2.土地生产率。土地生产率反映了单位土地要素投入的产出水平。计算方法为：土地生产率＝一产增加值÷耕地面积。

数据来源：上海市及地方统计年鉴（公报）。根据《“十三五”时期北京都市现代农业发展核心指标》中的标准，设定目标值为6.5万元/亩。

1b3.农业科技进步贡献率。农业科技进步贡献率是衡量技术进步对农业产出增长贡献的定量指标，刻画了资本、劳动、土地投入所不能解释的增长部分。计算方法借鉴张莉侠等（2012）、朱希刚（2002）的研究成果。

数据来源：《上海统计年鉴》《中国农村统计年鉴》。《全国农业现代化规划（2016－2020年）》将农业科技进步贡献率目标设定为60%，考虑到上海发展实际，并结合《上海市现代农业“十三五”规划》要求，设定目标值为≥80%。

1c.农业产业化水平。农业产业化水平包括一产组织化水平的提升、二次产业链的延伸以及向三次产业服务功能的转变三个方面，用多种形式土地适度规模经营占比、休闲农业营收占比、农产品加工值与农业总产值比3个三级指标合成。

1c1.多种形式土地适度规模经营占比。发展家庭农场、农民专业合作社等形式的规模经营主体，有利于农业生产组织化程度的提高，加快农业产业化进程，用规模经营耕地面积占总耕地面积的比重来表示。

数据来源：地方上报。根据《全国农业现代化规划（2016—2020年）》的发展要求，考虑到上海发展实际，结合《上海市现代农业“十三五”规划》发展目标，设定目标值为≥55%。

1c2.休闲农业营收占比。毗邻大都市的城郊条件，越来越多的农户生产经营活动由单纯从事农业生产转向农业生产与开展乡村旅游事业相结合，农业的服务功能不断提升。因此，用休闲农业营业收入占农业总产值的比重来衡量农业产业升级进程。

数据来源：地方上报。根据《全国第三次农业普查资料》中所公布的各省、自治区、直辖市休闲农业发展情况，取省级单位这一指标值的最大值作为目标值，设定目标值为≥5.1％。

1c3.农产品加工值与农业总产值比。农产品加工是提升农产品综合利用率、增加农产品附加价值、提高农民收入的有效手段，是延伸农业产业链条、促进农业产业转型升级的有效途径。

数据来源：地方上报。根据《全国农业现代化规划（2016－2020年）》要求，设定目标值≥2.4。

1d.农产品质量安全。农产品质量安全用农产品质量安全抽检合格率和“三品一标”认证率2个三级指标合成。

1d1.农产品质量安全抽检合格率。指农业行政主管部门对地区所生产的蔬菜、禽畜产品和水产品开展的例行监督中合格农产品所占比重，是反映食用农产品质量安全水平的重要指标。计算公式为：农产品质量安全抽检合格率＝（蔬菜抽检合格率＋禽畜产品抽检合格率＋水产品抽检合格率）÷3×100％。

数据来源：农业部农产品质量安全监管局、上海市及各地方第三次农业普查资料。根据《全国农业现代化规划（2016－2020年）》要求，设定目标值为100％。

1d2.“三品一标”认证率。指农业产出中无公害产品、绿色食品、有机食品占全市所有上市地产食用农产品产量的比重，是反映农产品安全水平和标准化生产水平的重要指标。计算方法为：三品认证率＝（无公害产品产量＋绿色食品产量＋有机食品产量）÷地区农产品总产量×100％。

数据来源：上海市及各地方第三次农业普查资料、地方上报。根据上海市农业发展规划要求，设定目标值≥80％。

（二）生态宜居

“生态宜居”是相对以往农村政策由局部到整体的升级，一是强调村庄面貌由干净整洁拓展到整个生态环境；二是注重人的获得感，达到“宜居”。因此，指标设计包括生态禀赋、农业生产污染物投放强度、生活污染防治水平、农业节能减排水平、饮用水安全指数、“厕所革命”6个二级指标来衡量生态宜居水平。具体指标如下：

2a.生态禀赋。用环境空气质量优良率和村庄绿化覆盖率2个三级指标合成。

2a1.环境空气质量优良率。计算方法为：环境空气质量优良率＝环境空气质量优良天数÷365×100％。

数据来源：《上海统计年鉴》。根据《崇明农村生态社区建设导则》，设定目标值为≥78％。

2a2.村庄绿化覆盖率。这一指标测度值的高低不仅能反映生态初始禀赋的差异，同时能反映地方政府对生态环境政策投入的动态变化状况。计算方法为：村庄绿化覆盖率＝（地区绿化面积－地区建成区绿化面积）÷（地区规划总面积－建成区面积）×100％。

数据来源:《上海统计年鉴》《城市统计年鉴》。根据《国家乡村振兴战略规划(2018—2022年)》要求,设定目标值≥30%。

2b.农业生产污染物投放强度。农业生产污染物投放强度用化肥施用强度、农药施用强度2个三级指标合成。

2b1.化肥施用强度。用每公顷化肥投入表示。

数据来源:上海市及各地方统计年鉴。根据《宝山区现代都市农业与新农村建设"十三五"规划》要求,设定目标值≤360千克/公顷。

2b2.农药施用强度。用每公顷农药投入表示。

数据来源:上海市及各地方统计年鉴。根据《宝山区现代都市农业与新农村建设"十三五"规划》要求,设定目标值≤13.5千克/公顷。

2c.生活污染防治水平。生活污染防治水平用生活垃圾集中处理乡村占比、生活污水集中处理乡村占比、禽畜粪便综合利用率3个三级指标合成。

2c1.生活垃圾集中处理乡村占比。

数据来源:上海市及各地方第三次农业普查资料、地方上报。根据《国家乡村振兴战略规划(2018—2022年)》考核要求,结合上海本地发展实际,设定目标值≥95%。

2c2.生活污水集中处理乡村占比。

数据来源:上海市及各地方第三次农业普查资料、地方上报。结合上海本地发展实际,设定目标值≥70%。

2c3.禽畜粪便综合利用率。

数据来源:地方上报。据《国家乡村振兴战略规划(2018—2022年)》要求,结合上海本地发展实际,设定目标值≥95%。

2d.农业节能减排水平。用单位能耗创造的农林牧渔增加值、农作物秸秆综合利用率2个三级指标合成。

2d1.单位能耗创造的农林牧渔增加值。指地区农林牧渔增加值与农业生产全过程的能量消耗总量的比值,体现了农业生产主要能源消耗情况,是实现农业可持续发展、转变农业发展方式、达到节能减排的重要指标。计算方法为:单位能耗创造的农林牧渔增加值=农林牧渔增加值÷农业生产全过程所消耗的能源总量。其中,农业生产全过程所消耗的能源总量计算方法参考《中国都市现代农业发展报告2017》。

数据来源:根据《国家现代农业示范区建设水平监测评价办法(试行)》的标准,设定目标值≥2.2万元/吨标准煤。

2d2.农作物秸秆综合利用率。

数据来源:相关部门提供。根据《"十三五"时期北京都市现代农业发展核心指标》中的标准,设定目标值≥97%。

2e.饮用水安全指数。用自来水净化处理率来表示(2e1)。

数据来源:上海市及各地方第三次农业普查资料、地方上报。根据《农村饮用水安全卫生评价指标体系》考核要求,设定目标值为100%。

2f."厕所革命"。改善厕所卫生状况关系到居民的健康和环境状况,用无害化卫生厕所普及率来衡量人居环境(2f1)。

数据来源:上海市及各地方第三次农业普查资料、地方上报。根据《崇明农村生态社区建设导则》,设定目标值为100%。

(三)乡风文明

乡风文明必须坚持物质文明和精神文明一起抓,提升农民精神风貌,培育文明乡风、良好家风、淳朴民风,不断提高乡村社会文明程度。据此,主要选取包括文化传承、文明创建、公共教育、文娱支出4个二级指标。具体指标如下:

3a.文化传承。用传统建筑(民居)保存率表示(3a1)。计算方法为:传统建筑保存率=(新式里弄+旧式里弄+简屋)÷基期传统民居数量×100%,其中基期年为2013年。

数据来源:《上海统计年鉴》。确保传统建筑保存完整、保留传统文化习俗,设定目标值为100%。

3b.文明创建。用拥有图书馆和文化站的乡村占比、发展业余文化组织的乡村占比以及市级以上文明村和乡镇占比3个三级指标合成。

3b1.有图书馆和文化站的乡村占比。图书馆和文化站的建设有利于丰富当地的文化资源,促进乡风文明。

数据来源:上海市及各地方第三次农业普查资料、地方上报。设定目标值为100%。

3b2.发展业余文化组织的乡村占比。业余文化组织的建设有利于丰富农村居民的业余文化生活,此举不仅促进了社区的精神文明建设,也使得邻里关系更加和谐。

数据来源:上海市及各地方第三次农业普查资料、地方上报。根据上海市及各地区第三次农业普查资料中所公布的业余文化组织的发展情况,以各区这一指标值的最大值作为依据,设定目标值为≥70%。

3b3.市级以上文明村和乡镇占比。该指标能够有效衡量乡风文明建设效果。

数据来源:上海文明网。根据《国家乡村振兴战略规划(2018—2022年)》考核要求,设定目标值≥50%。但囿于县级文明村统计资料缺失严重,数据质量较差,我们将“县级以上文明村和乡镇占比”这一指标调整为“市级以上文明村和乡镇占比”,并设定目标值≥25%。

3c.公共教育。公交教育包括教育师资水平、教育完成质量等方面,用平均每个教师负担小学生数、平均每个教师负担中学生数、义务教育学校专任教师本科以上学历比例以及义务教育巩固率4个三级指标合成。每个教师负担的学生数反映了当地义务教育的师资水平,而义务教育巩固率反映了当地义务教育的完成质量情况。

3c1.平均每个教师负担小学生数。

数据来源:上海市及各地区统计年鉴。根据《中小学教职工编制标准》,设定目标值≤21人。

3c2.平均每个教师负担中学生数。

数据来源:上海市及各地区统计年鉴。根据《中小学教职工编制标准》,设定目标值≤16人。

3c3.义务教育学校专任教师本科以上学历比例。

数据来源:《中国教育年鉴》《上海统计年鉴》。设定目标值为≥95%。

3c4.义务教育巩固率。义务教育巩固率指在校生巩固率,即一个学校入学人数与毕业人数的百分比,反映了义务教育实际完成情况。计算方法为:九年义务教育巩固率=毕业人数÷入学人数(含正常流动生)×100%。

数据来源:上海市及各地区统计年鉴。根据《美丽乡村建设指南》以及教育部关于九年义务教育巩固率的发展要求,设定目标值为≥95%。

3d.文娱支出。随着可支配收入的不断增加,居民增加闲暇时间的意愿不断增强,从而有更多精力投入到精神文明建设上,促进乡风文明。用农村居民教育文化娱乐支出占消费支出比重来衡量(3d1)。

数据来源:上海市及各地区统计年鉴(公报)。根据《国家乡村振兴战略规划(2018—2022年)》考核要求,设定目标值为≥12.6%。

(四)治理有效

乡村治理必须把夯实基层基础作为固本之策,建立健全党委领导、政府负责、社会协同、公众参与、法治保障的现代乡村社会治理体制,坚持自治、法治、德治相结合,确保乡村社会充满活力、和谐有序。据此,主要选取农村集体产权制度改革、公众参与水平和治理效果3个二级指标。

4a.农村集体产权制度改革。近年来,市郊区积极推进村集体经济组织产权制度改革,以明确产权归属。新型集体经济组织的设立可以有效减少产权纠纷问题,完善乡村治理结构,提升组织管理效率。因此,选择农村集体产权制度改革完成率来衡量农村集体产权制度改革的实施情况。

4a1.镇级改制完成率。

数据来源:上海市及各地方第三次农业普查资料、相关部门上报。结合上海市各区农村集体产权制度改革的实践情况,设定目标值为≥60%。

4a2.村级改制完成率。

数据来源:上海市及各地方第三次农业普查资料、相关部门上报。结合上海市各区农村集体产权制度改革的实践情况,设定目标值为100%。

4b.公众参与。公众参与度越高,越能体现乡村治理的民主性。用有村规民约的乡村占比、村民监督委员会覆盖率2个三级指标合成。村规民约的制定能在一定程度规范农村居民的日常生活,进而提升乡村治理的效率和有序性;而村民监督委员会的设立也可以促使基层治理结构的进一步完善。

4b1.有村规民约的乡村占比。

数据来源:上海市及各地方第三次农业普查资料、地方上报。根据《国家乡村振兴战略规划(2018—2022年)》考核要求,设定目标值为100%。

4b2.村民监督委员会覆盖率。

数据来源:《2016年上海农业农村发展综述》。根据上海市各区农村村民监督委员会建设情况,设定目标值为100%。

4c.治理效果。用集体经济强村占比来衡量(4c1)。计算方法为:集体经济强村=净收益 100 万元以上的村庄数量÷规划村庄总数量×100%。

数据来源:《上海市农村集体经济统计资料》。根据《国家乡村振兴战略规划(2018—2022 年)》考核要求,设定目标值为≥8%。

(五)生活富裕

生活富裕是乡村振兴战略实施的根本所在,要促进农民增收、推动农村基础设施提档升级、加强农村社会保障体系建设、推进健康乡村建设。据此,主要选取农民收入、消费结构、交通可达性、社会保障水平 4 个二级指标来衡量生活富裕水平,具体指标如下:

5a.农民收入。用农村居民人均可支配收入和城乡居民收入比 2 个三级指标合成。人均可支配收入水平高低反映了经济增长的效率,而城乡居民收入比反映了分配的均衡、公平程度。

5a1.农村居民人均可支配收入。

数据来源:上海市及各地方统计年鉴(公报)。根据《国家现代农业示范区建设水平监测评价办法(试行)》标准,同时为了实现农村居民收入较 2010 年翻一番的目标,设定目标值为≥2.8 万元。

5a2.城乡居民收入比。

数据来源:上海市及各地方统计年鉴(公报)。根据《中国统计年鉴》中所公布的各省、自治区、直辖市城乡收入比状况,取省级单位这一指标最小值作为目标值,设定目标值为≤2.06。

5b.消费结构。用农村居民恩格尔系数表示(5b1)。恩格尔系数(Engel's Coefficient)是食品支出总额占个人消费支出总额的比重,随着居民收入水平的提升,这个比例将呈下降趋势。

数据来源:上海市及各地方统计年鉴(公报)。根据《国家乡村振兴战略规划(2018—2022 年)》考核要求,设定目标值为≤30.2%。

5c.交通可达性。便利的交通可以降低交易成本,从而有利于乡村发展,促进农民增收,进而富裕。因此,选择村通公路占比和村通公共交通占比 2 个三级指标合成,来表示交通可达性程度。

5c1.村通公路占比。

数据来源:上海市及各地方第三次农业普查资料、地方上报。根据《美丽乡村建设指南》关于村庄路面硬化率的指导要求,设定目标值为 100%。

5c2.村通公共交通占比。

数据来源:上海市及各地方第三次农业普查资料、地方上报。根据《崇明农村生态社区建设导则》关于公交站点半径覆盖率的指导要求,设定目标值为≥98%。

5d.社会保障。用农村居民最低生活保障标准与农村居民人均衣食住行消费支出比、拥有自己住房的村民比例 2 个三级指标合成。农村居民最低生活保障标准反映了社会救济制度对农村居民的关怀水平,而住房拥有率反映了农村居民基本的生活条件。

5d1.农村居民最低生活保障标准与农村居民人均衣食住行消费支出比。

数据来源:上海市及各地方统计年鉴(公报)。根据民政部下发的《关于做好农村最低生活保障制度与扶贫开发政策有效衔接的指导意见》，同时为了满足农村居民最低生活保障需求，设定目标值为 100％。

5d2.拥有自己住房的村民比例。

数据来源：上海市及各地方第三次农业普查资料、地方上报。设定目标值为 100％。

除上述所列举的 5 方面 44 个分项指标，我们希望采用但未能采用的指标有：

拥有大学生村官的村庄占比。由于数据不全。

村庄规划管理覆盖率。由于数据不全。

建有综合服务站的村占比。由于数据不全。

村党组织书记兼任村委会主任的村占比。由于数据缺失。

表 1　　乡村振兴战略实施效果评价指标体系

一级指标	二级分项指标	三级分项指标	目标值
1.产业兴旺	1a.农业生产条件	1a1.耕地保有率(％)	100
		1a2.农作物耕种收综合机械化率(％)	≥90
		1a3.农村互联网普及率(％)	≥52
		1a4.农业保险深度(％)	≥15
	1b.农业生产效率	1b1.劳动生产率(万元/人)	≥4.7
		1b2.土地生产率(万元/公顷)	≥6.5
		1b3.农业科技进步贡献率(％)	≥80
	1c.农业产业化水平	1c1.多种形式土地适度规模经营占比(％)	≥55
		1c2.休闲农业营收占农业总产值比(％)	≥5.1
		1c3.农产品加工值与农业总产值比	≥2.4
	1d.农产品质量安全	1d1.农产品质量安全抽检合格率(％)	100
		1d2.三品一标认证率(％)	≥80
2.生态宜居	2a.生态禀赋	2a1.环境空气质量优良率(％)	≥78
		2a2.村庄绿化覆盖率(％)	≥30
	2b.农业生产污染物投放强度	2b1.每公顷化肥施用量(千克/公顷)	≤360
		2b2.每公顷农药施用量(千克/公顷)	≤13.5
	2c.生活污染防治水平	2c1.生活垃圾集中处理乡村占比(％)	≥95
		2c2.生活污水集中处理乡村占比(％)	≥70
		2c3.禽畜粪便综合利用率(％)	≥95
	2d.农业节能减排水平	2d1.单位能耗创造的农林牧渔增加值(万元/吨标准煤)	≥2.2
		2d2.农作物秸秆综合利用率(％)	≥97
	2e.饮用水安全指数	2e1.自来水净化处理率(％)	100
	2f.“厕所革命”	2f1.无害化卫生厕所普及率(％)	100
3.乡风文明	3a.文化传承	3a1.传统建筑保存率(％)	100
	3b.文明创建	3b1.有图书馆、文化站的乡村占比(％)	100
		3b2.发展业余文化组织的乡村占比(％)	≥70
		3b3.市级及以上文明村和乡镇占比(％)	≥25
	3c.公共教育	3c1.平均每个教师负担小学生数(人)	≤21
		3c2.平均每个教师负担中学生数(人)	≤16
		3c3.义务教育学校专任教师本科以上学历比例(％)	≥95
		3c4.义务教育巩固率(％)	≥95
	3d.文娱支出	3d1.农村居民教育文化娱乐支出占比(％)	≥12.6

续表

一级指标	二级分项指标	三级分项指标	目标值
4.治理有效	4a.农村集体产权制度改革	4a1.镇级改制完成率(%)	≥60
		4a2.村级改制完成率(%)	100
	4b.公众参与	4b1.有村规民约的乡村占比(%)	100
		4b2.村民监督委员会覆盖率(%)	100
	4c.治理效果	4c1.集体经济强村占比(%)	≥8
5.生活富裕	5a.农民收入	5a1.农村居民人均可支配收入(万元)	≥2.8
		5a2.城乡居民收入比	≤2.06
	5b.消费结构	5b1.农村居民恩格尔系数(%)	≤30.2
	5c.交通可达性	5c1.村通公路占比(%)	100
		5c2.村通公共交通占比(%)	≥98
	5d.社会保障	5d1.农村居民最低生活保障标准与农村居民人均衣食住行消费支出比(%)	100
		5d2.拥有自己住房的村民比例(%)	100

五、指数的形成方法、计算公式和权重的生成

这套指数由产业兴旺、生态宜居、乡风文明、治理有效、生活富裕 5 个一级指标，22 个二级分项指标以及相关 44 个三级分项指标构成。每个指标的评定得分表示乡村振兴在该领域实施效果的相对程度。如何生成指标评定得分，具体的方法是：对所选指标进行标准化处理，形成与所选指标对应的单项指数；进一步地，对同属一方面指标的分项指标按一定权重合成方面指数(每一方面指标下的所有分项指标权重之和为 1)；同样的方法，对所有方面指标进行赋权；最后，据此求出乡村振兴战略实施效果得分。实施策略如图 2 所示。

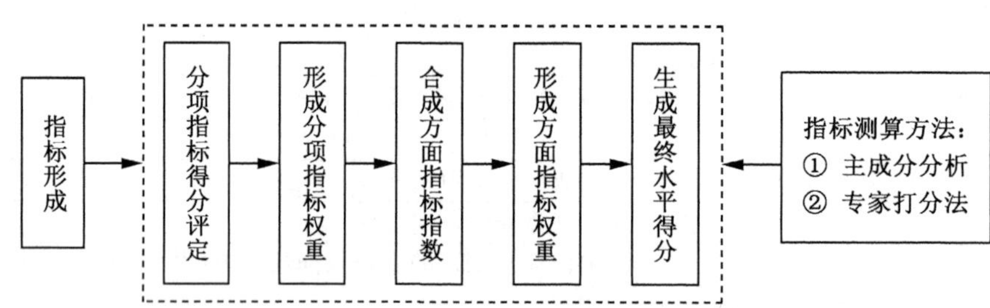

图 2　乡村振兴战略评价体系得分评定的实施策略

(一) 指标评定得分

根据所选指标与乡村发展的理论关系，采用下式对指标进行得分评定处理，指标评定得分越接近 100，说明该指标所表征的乡村振兴战略实施效果越好；反之则反是。

$$Y_j=\begin{cases}\dfrac{X_j}{\mathrm{Max}(X_j,\overline{X})}\times 100 & X_j\text{ 为正向指标}\\[2ex] \dfrac{\mathrm{Min}(X_j,\underline{X})}{X_j}\times 100 & X_j\text{ 为逆向指标}\end{cases}$$

式中，Y_j 为第 j 个指标的评定得分；X_j 为第 j 个指标的实际值；$\overline{X}$ 为正向指标的目标值；$\underline{X}$ 为逆向指标的目标值。经过上述处理，各项指标得分均与乡村振兴战略实施

效果正相关。

（二）指标权重确立

采用多指标综合指数法评价上海市乡村振兴战略实施效果，权重的设定是难点。现有方法中，定性的方法（如专家打分法）、定量的方法（如主成分分析法、熵权法等），都有广泛的应用。由于乡村振兴涉及乡村发展的多个方面，各组成部分的重要程度难以通过定性的方法给出准确的判断，而且乡村振兴是不断发展变化的，通过定性的方法也难以捕捉乡村发展中细微的改变，从而影响指标权重的精度，而采用定量赋权的方法又容易造成遗漏变量（如部分指标由于数据缺失而遗漏）带来的度量偏差。为避免主观随机因素干扰，同时为了克服可能存在的变量遗漏对度量结果的影响，拟采用专家打分和主成分分析相结合的方法来确定权重。其优势，一方面在于遵循指数形成的客观性，由数据自身特征挖掘指标权重分布特征；另一方面能够兼顾专家评价的全面性，以校正可能存在的计量偏差。据此，本研究将首先采用主成分分析法确定指标权重，随后选取上海财经大学财经研究所、三农研究院等单位10位关注三农发展的专家学者进行打分，观察通过两种不同方法得到的指标权重是否收敛，并进行几何平均生成最终权重。

(1)主成分分析法。主成分分析法是将多个指标的问题简化为少数指标问题的一种多元统计分析方法。这种方法可以在尽可能保留原有数据所含信息的前提下实现对统计数据的简化，并达到更为简洁明了地揭示变量间关系的目的。主成分分析法确定的权重，为各指数评分值序列的第一主成分的相应系数。这一权重的设定主要基于以下理论假设前提条件做出，即该指标体系所反映的第一信息是乡村发展的相对程度。通过主成分分析，可以确立指标体系的权重序列：$W'_i=(w_i)_{i\times n}$。

(2)专家打分法。专家评价打分法是各研究领域进行发展评级时普遍采用的一种基本评价方法。它是在定量和定性分析的基础上，以打分等方式做出定量评价，其结果具有数理统计特性。其最大的优点在于，能够在缺乏足够统计数据和原始资料的情况下做出定量估计。通过专家打分，可以确立指标体系的权重序列：$W''_i=(w''_i)_{1\times n}$。

据此，生成指标体系的最终权重序列 $W_i=\sqrt{W'_i\times W''_i}$。

表2　　乡村振兴战略实施效果评价指标体系权重分布

一级指标	二级分项指标	三级分项指标
1.产业兴旺(0.20)	1a.农业生产条件(0.17)	1a1.耕地保有率(0.17)
		1a2.农作物耕种收综合机械化率(0.40)
		1a3.农村互联网普及率(0.19)
		1a4.农业保险深度(0.24)
	1b.农业生产效率(0.28)	1b1.土地生产率(0.35)
		1b2.农业科技进步贡献率(0.33)
		1b3.劳动生产率(0.32)
	1c.农业产业化水平(0.30)	1c1.多种形式土地适度规模经营占比(0.35)
		1c2.休闲农业营收占农业总产值比(0.30)
		1c3.农产品加工值与农业总产值比(0.35)
	1d.农产品质量安全(0.25)	1d1.农产品质量安全抽检合格率(0.60)
		1d2.三品一标认证率(0.40)

续表

一级指标	二级分项指标	三级分项指标
2.生态宜居(0.26)	2a.生态禀赋(0.15)	2a1.环境空气质量优良率(0.5)
		2a2.村庄绿化覆盖率(0.5)
	2b.农业生产污染物投放强度(0.24)	2b1.每公顷化肥施用量(0.50)
		2b2.每公顷农药施用量(0.50)
	2c.生活污染防治水(0.22)	2c1.生活垃圾集中处理乡村占比(0.32)
		2c2.生活污水集中处理乡村占比(0.37)
		2c3.禽畜粪便综合利用率(0.31)
	2d.农业节能减排水(0.13)	2d1.单位能耗创造的农林牧渔增加值(0.42)
		2d2.农作物秸秆综合利用率(0.58)
	2e.饮用水安全指数(0.12)	2e1.自来水净化处理率
	2f.“厕所革命”(0.14)	2f1.无害化卫生厕所普及率
3.乡风文明(0.18)	3a.文化传承(0.14)	3a1.传统建筑保存率
	3b.文明创建(0.38)	3b1.有图书馆、文化站的乡村占比(0.20)
		3b2.发展业余文化组织的乡村占比(0.20)
		3b3.市级及以上文明村和乡镇占比(0.60)
	3c.公共教育(0.27)	3c1.平均每个教师负担小学生数(0.34)
		3c2.平均每个教师负担中学生数(0.29)
		3c3.义务教育学校专任教师本科以上学历比例(%)
		3c4.义务教育巩固率(0.37)
	3d.文娱支出(0.21)	3d1.农村居民教育文化娱乐支出占比
4.治理有效(0.12)	4a.农村集体产权制度改革(0.30)	4a1.镇级改制完成率(0.45)
		4a2.村级改制完成率(0.55)
	4b.公众参与(0.26)	4b1.有村规民约的乡村占比(0.50)
		4b2.村民监督委员会覆盖率(0.50)
	4c.治理效果(0.44)	4c1.集体经济强村占比
5.生活富裕(0.24)	5a.农民收入(0.31)	5a1.农村居民人均可支配收入(0.60)
		5a2.城乡居民收入比(0.40)
	5b.消费结构(0.25)	5b1.农村居民恩格尔系数
	5c.交通可达性(0.16)	5c1.村通公路占比(0.50)
		5c2.村通公共交通占比(0.50)
	5d.社会保障(0.28)	5d1.农村居民最低生活保障标准与农村居民人均衣食住行消费支出比(0.56)
		5d2.拥有自己住房的村民比例(0.44)

注:由于部分指标目标值设定高于全国规划预期,采用该指标体系衡量乡村振兴指数存在一定低估的可能。

六、乡村振兴战略实施效果得分

表3汇报了2014～2016年上海市乡村发展效果指数得分及其变动情况。得分越接近于100,说明发展效果越好。从总指数得分的变动情况可以发现,乡村振兴效果得分不断提高,2016年指标得分较2014年上升了5.15%。从各分项指数得分来看,产业兴旺和生活富裕处在一个较高的水平,2016年指数得分均突破90分。依托上海经济的高速发展以及市场化进程的快速推进,充裕的非农就业机会为农村剩余劳动力转移创造了有利条件,促进农村居民收入水平持续增加。与此同时,相应的农业政策支持也加快了上海郊区农业现代化进程,进而能够加快实现产业兴旺和生活富裕。

相对而言,乡风文明和生态宜居依然存在较大的提升空间。就乡风文明而言,一方面,农村居民教育文化娱乐支出占农村居民消费支出比例过低,对乡风文明指数形成产生了较大影响。2016年上海市农村居民教育文化娱乐支出占比为6.58%,低于全国平均水平(10.57%),远没达到规划内容所要求的12.6%。因此,适当引导农村居民参加教育文化娱乐活动,促进农村居民文化消费水平的提升是需要的。另一方面,2016年上海郊区乡镇义务教育本科以上专任教师占比为81.82%,与全市平均水平还存在明显差距,在乡村振兴政策调整过程中,促进教育资源的公平分配值得关注。此外,自2013年以来,上海市传统民居正以每年7.06%的速度削减,作为地方传统文化的标签,传统民居的保护与传承同样值得关注。就生态宜居而言,特别是随着城市化进程的加速推进,农业生产的土地、劳动要素越来越稀缺,农业生产越来越倾向于增加农药、化肥、机械等要素的投入水平,以提升土地和劳动生产率,从而不可避免地带来一定的面源污染。因此,在加快推进农业现代化进程的同时,应当注重与生态文明建设的协调发展。

另外,从各分项指数得分变动情况来看,治理有效提升幅度最大,2016年指数得分较2014年提升了14.43%,这主要得益于农村集体产权制度改革的快速推进。数据显示,截至2016年年底,上海市累计完成改制1 621个村,占全市的96.7%;全市农村土地确权登记的农户占比达99.2%,土地流转率也提升到75%以上,有效促进了农业适度规模经营。不仅如此,全市1 605个建制村全部建立村民监督委员会,推动村级治理组织体系的进一步完善。

表3　2014～2016年上海市乡村振兴指标评定及实施效果得分

分类	分项指标					乡村振兴实施效果
	产业兴旺	生态宜居	乡风文明	治理有效	生活富裕	
2014	89.92	79.86	79.29	74.51	86.39	82.69
2015	91.32	82.51	80.4	83.72	89.21	85.65
2016	91.89	83.97	82.74	88.94	91.95	87.84

注:部分缺失数据采用平滑法进行推断。

七、上海市乡村振兴展望与建议

通过课题研究形成了一套由产业兴旺、生态宜居、乡风文明、治理有效、生活富裕5

个一级指标、21个二级分项指标以及相关44个三级分项指标构成的乡村振兴水平的评价指标体系。囿于部分统计数据缺失，存在原本打算采用但未能采用且无法通过变量替代来实现的指标遗漏，如村党组织书记兼任村委会主任的村占比等，受此影响，指标体系有一定的缺失。不过据此指标体系评价的乡村振兴效果基本符合实际，并且本指标体系也基本涵盖了国家发改委关于乡村振兴发展所要考核的指标内容，同时对国家关于农业发展的“十三五”规划内容、上海市及下辖部分区县关于农业发展的“十三五”规划内容做了融合，相对而言，是一个全面、系统且具有一定针对性的评价体系，适合用来评价上海市乡村振兴发展效果，同时也可以为相关省市乡村振兴评价指标体系的构建提供一定参考。

本课题研究形成了以2016年为基期的评价指标体系，在上海市后续乡村发展实践中，可以据此深入分析乡村振兴战略的动态变化进程。当然，在乡村振兴战略不断推进过程中，也将不断有新的情况出现，将这一研究工作持续进行下去，对上海地区乡村发展进程进行跟踪评价，有助于我们了解上海乡村发展实际，推动相关政策的制定和调整，从而促进上海乡村全面发展振兴。

另外，通过本课题研究也发现一些乡村发展亟待改进的问题。首先，就整个上海乡村发展而言，在指标目标值设定高于全国目标值的情形下，产业兴旺、治理有效、生活富裕3个方面指标依然取得了较好的成绩。相对而言，生态宜居和乡风文明还存在较大的改进空间，如提升上海市村庄绿化覆盖率、降低农业生产过程中化肥和农药的施用强度、提升农业发展的节能减排水平、引导农村居民开展丰富多样的文化娱乐活动、加强对传统民居（古建筑）的保护等。同样地，对于产业兴旺、治理有效、生活富裕3个方面，也存在一些需要加强和改善的地方，如提升农村互联网普及率、进一步推进都市休闲农业和农产品加工业的发展、加快土地流转以促进农地适度规模化经营的进程等。其次，就上海市下辖9郊区的横向比较而言，部分区乡村发展存在一定的倾斜，如松江的农业现代化水平处在各区前列、崇明的生态宜居指数处在一个较高的水平。这可能与上海市各区发展定位有关，这样的发展定位显然能够起到带头示范的作用，形成一定的溢出效应。但也应当指出，发展功能的定位，无疑需要政策的跟进扶持，因此在明确各区功能定位的基础上，促进各区乡村协调发展也值得关注。要立足自然资源禀赋条件，注重协同联动，把典型经验总结推广好，实现上海郊区的全面振兴发展。

（注：本课题系学术研究。出版时部分内容作了删节）

主要参考文献

[1]宝山区人民政府：《宝山区现代都市农业与新农村建设“十三五”规划》(2016年)，参见http://www.docin.com/p－2065514445.html。

[2]陈然、姚小军等：《基于GIS和组合赋权法的农村生态功能适宜性评价及管制分区——以义乌市岩南村为例》，《长江流域资源与环境》2012年第6期。

[3]成金华、陈军等：《中国生态文明发展水平测度与分析》，《数量经济技术经济研究》2013年第7期。

[4]樊纲、王小鲁:《中国市场化指数——各地区市场化相对进程报告》,经济科学出版社2008年版。

[5]国家发改委:《国家乡村振兴战略规划(2018—2022年)》,参见 http://www.sohu.com/a/242345892_775364。

[6]国务院发展研究中心"中国民生指数研究"课题组等:《我国民生发展状况及民生主要诉求研究——"中国民生指数研究"综合报告》,《管理世界》2015年第2期。

[7]国家环境保护总局:《生态县、生态市、生态省建设指标》(2007年),参见 http://www.zhb.gov.cn/gkml/zj/wj/200910/t20091022_172492.htm。

[8]国家质检总局、国家标准委:《美丽乡村建设指南》,中国标准出版社2015年版。

[9]胡亚丹、徐建华等:《上海市休闲农业布局及影响因素分析》,《长江流域资源与环境》2017年第12期。

[10]李丽纯:《后现代农业视角下的中国农业现代化效益水平测评》,《农业经济问题》2013年第12期。

[11]林峰:《乡村振兴战略规划与实施》,中国农业出版社2018年版。

[12]马佳、刘增金等:《上海市农产品加工的瓶颈问题与发展思路研究》,《上海农业学报》2017年第2期。

[13]蒋和平、黄德林:《中国农业现代化发展水平的定量综合评价》,《农业现代化研究》2006年第2期。

[14]"农业现代化评价指标体系构建研究"课题组等:《农业现代化评价指标体系构建研究》,《调研世界》2012年第7期。

[15]秦天天、齐伟等:《基于生态位的山地农村居民点适宜度评价》,《生态学报》2012年第16期。

[16]秦伟山、张义丰等:《生态文明城市评价指标体系与水平测度》,《资源科学》2013年第8期。

[17]上海市人民政府:《上海市城乡发展一体化"十三五"规划》(2016年),参见 http://www.askci.com/news/chanye/20170409/20404095521.shtml。

[18]上海市人民政府:《上海市现代农业"十三五"规划》(2016年),参见 http://www.shanghai.gov.cn/nw2/nw2314/nw2319/nw41893/u21aw1211933.html。

[19]沈费伟、肖泽干:《浙江省美丽乡村的指标体系构建与实证分析》,《华中农业大学学报》2017年第2期。

[20]涂武斌、张领先等:《基于多目标规划的农村生态系统健康评价指标选择模型》,《系统工程理论与实践》2012年第10期。

[21]王晓君、吴敬学等:《中国农村生态环境质量动态评价及未来发展趋势预测》,《自然资源学报》2017年第5期。

[22]习近平:《在党的十九大报告》,人民出版社2017年版。

[23]谢鹏飞、周兰兰等:《生态城市指标体系构建与生态城市示范评价》,《城市发展研究》2017年第7期。

[24]辛岭、蒋和平:《我国农业现代化发展水平评价指标体系的构建和测算》,《农业现代化研究》2010年第6期。

[25]杨宏力:《我国农业现代化发展水平评测研究综述》,《华中农业大学学报(社会科学版)》2014 年第 4 期。

[26]张欢、成金华等:《特大型城市生态文明建设评价指标体系及应用——以武汉市为例》,《生态学报》2015 年第 2 期。

[27]张欢、成金华等:《中国省域生态文明建设差异分析》,《中国人口·资源与环境》2014 年第 6 期。

[28]张景奇、孙萍等:《我国城市生态文明建设研究述评》,《经济地理》2014 年第 8 期。

[29]张莉侠、马莹等:《都市农业发展水平评价研究综述》,《中国农业资源与区划》2015 年第 1 期。

[30]张莉侠、张睿等:《1990—2009 年三大都市农业科技进步贡献率的测算及比较》,《中国科技论坛》2012 年第 11 期。

[31]张颖聪:《基于 PCA—DEA 模型的农村生态环境评价研究》,《农业技术经济》2011 年第 6 期。

[32]中共中央国务院:《关于实施乡村振兴战略的意见》,人民出版社 2018 年版。

[33]中共中央国务院:《关于深入推进农业供给侧结构性改革加快培育农业农村发展新动能的若干意见》,人民出版社 2017 年版。

[34]中共中央国务院:《关于落实发展新理念加快农业现代化实现全面小康目标的若干意见》,人民出版社 2016 年版。

[35]中共中央国务院:《关于加大改革创新力度加快农业现代化建设的若干意见》,人民出版社 2015 年版。

[36]朱希刚:《我国“九五”时期农业科技进步贡献率的测算》,《农业经济问题》2002 年第 5 期。

课题主持人:吴方卫

课题组成员:张锦华　许　庆　王常伟　张　樱

闫周府　隋顺天　康姣姣

9. 上海健全乡村治理体系问题研究

摘　要

党的十九大报告提出加强农村基层基础工作，健全自治、法治、德治相结合的新时代乡村治理体系，即坚持自治为本、德法结合，将自治、法治、德治的理念、机制、制度和技术有机嵌入乡村治理的实践中，促进三者的良性互动，最终实现乡村善治。上海作为社会主义现代化国际大都市，乡村建设正处于社会大转型和新型城镇化的双重推动下，新时代的上海乡村治理体系面临新的形势和挑战。如何提升上海乡村基层党组织凝聚力、战斗力，如何推动乡村治理体系和能力的现代化，如何激发乡村治理的活力和动力，如何促进乡村治理的和谐有序，如何以乡村治理为抓手，提升村民的获得感、幸福感和安全感，是上海各级党委、政府亟须重视的课题。

上海健全乡村治理体系具有重要意义。健全乡村治理体系是推进上海乡村社会治理体系和治理能力现代化的核心内容，是提升上海城市能级与核心竞争力的关键举措，是实施上海乡村振兴战略的重要抓手。

近年来，中共上海市委、市政府高度重视三农工作，不断完善乡村治理体系，持续提升乡村治理能力，取得了良好效果。乡村治理组织体系不断完善，乡村干部队伍结构不断优化，乡村管理服务进一步规范，农村法治建设的环境持续优化。

随着新型工业化、城镇化、信息化和农业现代化的整体推进，上海乡村的政治、经济、文化、社会、生态以及党的建设等都面临新的形势和挑战，上海乡村治理体系建设也存在不平衡、不充分等突出问题。党组织领导下的村民自治机制的活力和动力有待于进一步提升。一是农村党员干部队伍老龄化特点明显。以沪郊金山区为例，全区现有共产党员46 373名，基层党组织2 691个。农村党员16 046名，其中，35 周岁以下1 067名，占农村党员的 6.6%；60～70 周岁5 306名，占农村党员的 33.1%；70 周岁以上5 367名，占农村党员的 33.4%。可见老年党员占绝对多数。二是上海农村社会组织发育不平衡、不充分，农村社会组织的制度化程度不高，突出表现为组织规模较小、结构分化不明显、制度建设不够完善，导致农村社会组织的公信力不高；官办色彩浓厚，草根类的社会组织占比低，且独立运行能力较差，社会影响力偏小，农村社会组织参与乡村治理“碎片化”。

农村法律服务的体制、机制、资源有待于进一步优化和整合。乡村法律服务部门之间的衔接性不够。调研发现，每年宪法宣传日，很多部门都在这个时间开展普法教育活动，出现“扎堆服务”的现象，而其他时间则很少有法宣活动；当同一部法律涉及多个部门时，出现重复宣传教育，让村民无所适从。律师参与乡村治理的机制还不健全，很多村民还是存在“信访不信法”“上访不如上网”，甚至采取极端化的手段来反映诉求等，而村两委干部层面，习惯于“人治”，凭经验。村规民约的修订尚不够精细，不少村规民约大多是挂在墙上、喊喊口号、做做样子，难以发挥其“小宪法”功能。

农村依德治村的内容、载体、方式有待于进一步创新和拓展。一是社会主义核心价值观宣教机制不够接地气；二是农村德治建设社会环境堪忧；三是农村德治资源的开发、挖掘不够。

鉴于上海乡村治理体系建设存在的问题，课题组选择浦东合庆镇的“村民自治”、金山区“依法治村”、浙江浦江县郑家宅镇“依德治村”作为典型案例，总结它们的基本做法和主要成效，为健全上海乡村治理体系提供经验借鉴。浦东合庆镇“村民自治”的主要做法：坚持民主程序，合理制定村民自治“草根宪法”；完善参与机制，确保村民“四民主”真正落实；健全配套机制，实现“草根宪法”的持续运行。主要成效：实现了村级事务的民主自治；提升了村干部的社会公信力；增强了村民的参与意识和能力。金山“依法治村”的主要做法：深化“党建+法治”联姻模式，推动基层法律服务更接地气；深化村居法律顾问制度，推动基层法治更上层楼；修订村规民约，推动乡村治理体系建设更为完善。主要成效：法律服务有效深入基层，打通法治化“最后一公里”；村村皆有顾问，事事依法而行；村规民约进村入户，法治意识深入人心。浙江浦江县郑宅镇“依德治村”的主要做法：坚持守旧出新，厚植家风文化；坚持细化量化，制定六大标准；坚持公正公开，设置四道程序；坚持奖惩分明，实行双向激励；坚持党群联动，开展网格走亲。主要成效：“村民表现看指数”，基层有了首个群众评价标准；“厚德育人树新风”，社会环境更加和谐稳定了；“主动干事争先进”，工作推进更加平稳高效了；“网格谈心成常态”，党群关系更加紧密贴心了。

基于对三个典型案例的分析，结合上海乡村治理体系建设面临的新形势和新挑战，课题组提出健全上海乡村治理体系的政策建议：一是建立以市委农办牵头，市委组织部、市委宣传部（文明办）、市民政局、市司法局等相关部门参加的“三治联动”推进机制；二是完善党组织领导下充满生机活力的村民自治机制；三是健全上海乡村治理的法治化保障机制；四是创新以“核心价值观”“乡贤”“家风”等为载体的依德治村机制。

一、上海健全乡村治理体系的重要意义

（一）健全乡村治理体系是推进上海乡村社会治理体系和治理能力现代化的核心内容

党的十九大报告要求加强农村基层基础工作，健全自治、法治、德治相结合的乡村

治理体系，这不仅为国家治理体系的整体框架打下了基础，也是紧扣我国社会主要矛盾变化，全面建成小康社会，贯彻新发展理念，实施乡村振兴战略的重要要求，也是推进基层社会治理体系和治理能力现代化的重要内容。村民自治制度是我国乡村治理体系的基础，按照“自我管理、自我教育、自我服务”的原则，以“民主选举、民主决策、民主管理、民主监督”为重点内容，以村民自治章程和村规民约为自治形式，促进乡村治理的体系和能力的现代化。推进依法治村，完善农业农村立法，依法保护农民的合法权益；强化公正司法，改善农村执法、司法状况，运用法治思维和法治方式解决改革发展中遇到的问题，增强农民法律意识，让农民信仰法律，在社会活动中感知和认同法律，实施乡村法治；把社会主义核心价值观转化为人们的情感认同和行为习惯，深入挖掘中华优秀传统文化蕴含的思想观念、人文精神、道德规范，加强乡村德治建设，通过立家训家规、传家风家教，倡文明树新风、革除陈规陋习等活动，推进以德治村。完善的村民自治、依法治村、依德治村机制，能够实现村民自治、法治、德治的“三治结合”和“良性互动”，建构“共建、共治、共享”的社会治理格局和乡村治理体系。

（二）健全乡村治理体系是提升上海城市能级与核心竞争力的关键举措

《上海市城市总体规划（2017－2035 年）》提出，努力推动城乡发展一体化，优化本市空间格局，构建由“主城区—新城—新市镇—乡村”组成的城乡体系和“一主、两轴、四翼；多廊、多核、多圈”的空间结构。规划制定了2 500万常住人口目标，而截至 2015 年年底，上海2 415.37万常住人口中，1/3 左右是常住在上海1 593个行政村中的；规划中的3 200平方公里建设用地，从目前实际情况看，有 700～800 平方公里是由1 593个行政村占用的，包括农村集体经营性建设用地、宅基地和其他建设用地；规划中明确，至 2035 年确保市域生态用地（含绿地广场用地）占市域陆域面积比例达 60％以上、森林覆盖达到 23％左右、河湖水面率达到 10.5％左右，只有乡村治理有效，才能保障这些指标的实现。上海2 400多万常住人口的绿叶蔬菜一半以上依靠市域内农村供应，上海现有的传统江南水乡文化、红色革命文化和海派文化，许多也植根于现有的乡村之中。因此，上海乡村治理关系到上海卓越的全球城市和具有世界影响力的社会主义现代化国际大都市的建设，关系到面向全球、面向未来，提升城市能级和核心竞争力的实现。

（三）健全乡村治理体系是实施上海乡村振兴战略的重要抓手

习近平总书记在主持中共中央政治局第八次集体学习时强调，乡村振兴战略是党的十九大提出的一项重大战略，是关系全面建设社会主义现代化国家的全局性、历史性任务，是新时代“三农”工作总抓手。近期，中共中央、国务院印发《乡村振兴战略规划（2018－2022 年）》，对实施乡村振兴战略第一个 5 年作出具体部署。上海作为全国改革开放的排头兵、创新发展的先行者，必须率先实现乡村振兴，率先探索新时代大都市背景下乡村振兴的理念、规律、体制、机制，率先总结乡村治理体系的经验和模式，为全国乡村振兴战略的实现提供可复制、可推广的制度体系。当前，推进上海乡村振兴的重要抓手就是健全乡村治理体系，以强有力的党建加强乡村基层自治组织建设，确保党在农村工作中始终总揽全局、协调各方，为乡村振兴提供坚强有力的政治保障；激发乡村治理资源的动力和活力，健全党委领导、政府负责、社会协同、公众参与、法治保障的现代乡村社会治理体制，确保乡村社会充满活力、和谐有序；以社会主义核心价值观为统领，加强乡村文化建设，提升乡村德育水平，发挥新乡贤作用，传承发展提升农村优秀传统文化，培育文明乡风、良好家风、淳朴民风，不断提高乡村社会文明程度。

二、上海健全乡村治理体系的实践探索

近年来，中共上海市委、市政府高度重视三农工作，不断完善乡村治理体系，持续提升乡村治理能力，取得了良好效果。

(一)乡村治理组织体系不断完善

全市147个村集体经济组织实施产权制度改革，建立以村党组织、村委会、村集体经济组织、村务监督委员会为主体的村级治理构架的村占全市行政村总数的93%。推动完善新型集体经济组织与村委会的功能定位，已完成村级产权制度改革的9个区全部完成"村经分离"工作，逐步理顺新型集体经济组织与村委会之间的关系，引导和推动村委会的工作重心向村民自治、村级公共服务和社会治理转变，形成以村级党组织为领导核心，村委会自治管理，村级集体经济组织自主经营，村务监督委员会民主监督，村级各类社会、经济组织共同参与的村级组织运行机制。

(二)乡村干部队伍结构不断优化

通过规范村干部工作报酬管理，明确村干部工作报酬与其履行公共服务和社会管理情况相挂钩，推动了村干部将更多的精力放在社会治理上。通过缩小同一区域内村干部收入差距，进一步顺畅了村干部岗位交流，激发队伍活力。通过构建收入增长机制，有效提高村干部队伍对于年轻人的吸引力，拓展了队伍来源。通过完善考核机制，推动考核结果与村干部工作报酬密切挂钩，进一步提升了村干部工作积极性。

(三)乡村管理服务进一步规范

做实基本管理单元，增强基本公共服务的便捷性。探索开展村委会电子台账建设，加强村委会协助乡镇政府行政事务规范管理，实行村委会工作台账和承接政府行政事务准入、退出机制，促进村级组织减负增能。

(四)拓展社会力量参与乡村治理的平台

以区域化党建为载体，吸引驻村单位、结对共建单位、综合帮扶单位、各类社会组织和企业参与村级治理。基本形成了以区域化党建为引领、多元主体参与乡村共治的体制机制，整合了社会资源。

(五)农村法治建设的环境持续优化

按照"谁主管、谁普法"的原则，强化农村法制宣传教育，聚焦农民权益保障，制定完善《上海市农村集体资产监督管理条例》，完善农业执法体制、机制，探索建立农村法律顾问制度，试点民警驻村、兼任村两委成员等制度，乡村治理的法治环境持续优化。

(六)推进农村精神文明和美丽乡村建设

注重村民参与，全面提升农村居民生活质量和文明素质，形成物质文明建设和精神文明建设叠加效应，巩固美丽乡村示范建设成果，促进美丽乡村示范建设长效管理。继续加强农村基层带头人队伍建设，开展村党组织书记、村委会主任、大学生村官培训及

“两委”干部培训，村干部履职能力得到新的提升。

三、上海健全乡村治理体系面临的突出问题

随着新型工业化、城镇化、信息化和农业现代化的整体推进，上海乡村的政治、经济、文化、社会、生态以及党的建设等都面临新的形势和挑战，上海乡村治理体系建设也存在不平衡、不充分等突出问题。

（一）党组织领导下的村民自治机制的活力和动力有待于进一步提升

一是农村党员干部队伍老龄化特点明显。调研发现，农村党员老龄化问题值得引起高度关注。以沪郊金山区为例，该区辖 9 个镇、1 个街道、1 个工业区社区，有行政村 124 个、居民区 104 个。全区现有共产党员46 373名，基层党组织2 691个。农村党员16 046名，其中，35 周岁以下1 067名，占农村党员的 6.6%；60 至 70 周岁5 306名，占农村党员的 33.1%；70 周岁以上5 367名，占农村党员的 33.4%，可见，老年党员占绝对多数。

课题组在浦东周浦界浜村调研时，向各村民小组组长了解党员队伍情况时，大家第一句话说的基本是“我们组党员年龄都很大了”。该村 30 岁以下的党员有 4 人，占 2.5%；31～60 岁有 41 人，占 26.1%；61 岁以上有 112 人，占 71.3%。老年党员占绝大多数。党员中，退休人员有 124 人，占 79%。

同时，受党员指标的限制，村里新党员发展缓慢。而随着党员发展名额的减少，这一数字会继续提高，农村年轻党员数量则越来越少，很大程度上制约了村“两委”班子成员的选配，不利于优化班子结构、梯队建设以及“乡村振兴”战略的推进。村书记经济保障还不平衡。作为同样担负基层建设重要任务的村党组织书记，与居民区党组织书记在待遇保障、上升通道等方面存在不平衡的问题，未能享受“事业编制、事业待遇”的政策，尤其是对退休后的保障差异存在担忧，一定程度上削减了村书记的工作积极性。

二是农村社会组织发育不充分。根据中共中央、国务院《关于实施乡村振兴战略的意见》，大力培育服务性、公益性、互助性农村社会组织，积极发展农村社会工作和志愿服务。而农村社会组织作为提升乡村治理的有效性、促进农村公共服务精细化、推进村民深度参与乡村治理的重要载体，其发展的数量、结构和质量如何，是衡量乡村自治的关键指标。

调研发现，当前上海农村社会组织发育不平衡、不充分，表现为数量严重不足：其一，农村社会组织的制度化程度不高。突出表现为组织规模较小、结构分化不明显、制度建设不够完善，导致农村社会组织的公信力不高；官办色彩浓厚，草根类的社会组织占比低，且独立运行能力较差，社会影响力偏小。农村社会组织参与乡村治理“碎片化”，缺乏明确工作统筹部门和协调平台，难以形成合力。其二，农村社会组织发展资源严重缺乏。人员和资金短缺问题突出，对政府依赖性过强；专业人才难招难留、群众领袖稀缺，资金来源渠道单一、社会资本稀缺，活动场地租借使用受限、公共空间稀缺，志愿者队伍建设难度大。其三，农村社会组织发展结构不平衡。除了发展数量上存在地域性差异外，分布也不均衡，整体覆盖面有待提升；四类社区社会组织结构失衡，大多集

中在社区服务、文体活动、公益慈善领域，而社会管理类的农村社会组织不多，如专业调处类的社区社会组织严重缺乏，参与乡村治理的资源和能力不足，农村社会组织参与乡村治理的信息不对称，参与渠道相对单一，参与空间受限。

（二）农村法律服务的体制、机制、资源有待于进一步优化和整合

一是乡村法律服务部门之间的衔接性不够。乡村治理涉及农业、组织、民政、宣传、司法、建设、教育、卫生等多个部门，按照“谁主管、谁普法”的原则，相关职能部门都具有在乡村开展法制宣传教育的职责，部门之间缺乏有效的沟通、协调和衔接，出现法律服务资源的冲突、重复和低效。调研发现，在每年宪法宣传日，很多部门都是在这个时间开展普法教育活动，出现“扎堆服务”的现象，而其他时间则很少有法宣活动；还有当同一部法律涉及多个部门时，出现重复宣传教育，让村民无所适从。随着智能手机的普及，很多年轻的村民更习惯接受网上的法治宣传教育，而不是传统的“拉个横幅、贴贴海报、举办讲座”等形式，运用信息化、网络化、智能化方式精准推送法宣教育和法律服务的方式还不多，村民获得感不高。

二是律师参与乡村治理的机制还不健全。随着上海新型城镇化的持续推进，涉及土地动拆迁的乡村会进一步增加，而外来人口的增加，又会加重新的二元结构的矛盾，包括村民对乡村治理的法治性、公平性、正义性的诉求会进一步突出，亟须提升乡村治理法治化的水平，发挥专业力量在乡村治理、依法治村中的重要作用。但是，受传统观念的影响，以律师为主体的专业力量参与乡村治理的渠道、方式还不健全，尤其是制度化的方式还不多，很多村民还是存在“信访不信法”“上访不如上网”，甚至采取极端化的手段来反映诉求等。而村两委干部层面，还存在法治思维和法治观念不强，处理问题习惯于“人治”、凭经验，还不能在民主选举、民主决策、民主管理、民主监督全过程贯彻法治思维和法治方式。

三是村规民约的修订尚不够精细等。村规民约就是一个村的“小宪法”，对村民行为具有很强的指引、规范和监督功能，需要将村规民约在法律、法规的框架下进行制定，不能出现违背法律、法规的村民民约；同时，村规民约要具有很强针对性和实践性，不能笼统地喊喊口号、做做样子，而是要围绕乡村治理中面临的突出难题，尤其是一些普遍性的难题，经过村民深入讨论后，制定到村民民约中。例如，针对当前农村垃圾分类、环境维护、乱搭乱建、邻里纠纷等，就应该纳入村规民约进行规范。但调研发现，不少村规民约大多是挂在墙上、喊喊口号、做做样子，很难发挥村规民约的“小宪法”功能，也不利于培育村民的法律意识、规则意识、责任意识、程序意识等。

（三）农村依德治村的内容、载体、方式有待于进一步创新和拓展

一是社会主义核心价值观宣教机制不够接地气。党的十八大报告提出倡导富强、民主、文明、和谐，自由、平等、公正、法治，爱国、敬业、诚信、友善，但在农村宣传过程中也暴露出了不少问题。有的就是挂挂横幅、贴贴标语而已。社会主义核心价值观的宣传对象是广大基层群众，核心价值观宣传的主阵地是在广大农村地区，如果在宣传方式上不能做到通俗易懂，便于广大群众接受，核心价值观宣传工作就会沦为形式主义，难以收到实效。

二是农村德治建设社会环境堪忧。少数基层干部认为精神文明建设是“软任务”，做起来难度大、见效慢，工作中号召多、落实少，投入精力不足，缺乏有效考核机制和办法。农村精神文明建设发展不均衡，受自然条件、经济条件、重视程度的影响，农村精神文明建设力度和水平存在差异，不少村文化设施和农民群众文化生活较少，加之青壮年进城务工、留守儿童和老龄化等问题日益突出。部分农民群众还存在随地吐痰、乱倒垃圾、不遵守交通规则等不文明行为习惯。部分经济较宽裕的农民群众出现婚丧事大操大办、天价彩礼、薄养厚葬等问题。农民群众主动参与积极性不高，部分村民认为现在是市场经济，要想方设法多挣钱，精神文明建设无足轻重。也有部分贫困村民思想消极，自我脱贫的技能和动力不足，“等靠要”思想严重。

三是农村德治资源的开发、挖掘不够。突出表现为对农村乡贤资源发掘不够，很多德高望重、处事公道、作风正派的“老干部、老党员、老军人、老教师”没有被动员起来，没有发挥新乡贤在乡村治理中的积极作用；缺乏对以“家训家风”为载体的家文化的吸纳、梳理和总结；缺乏对乡村德治资源的整体性的发掘和培育，尚未建构制度化的乡村德治的总结、引导、宣传、评价、激励等机制。

四、健全乡村治理体系的典型案例与主要成效

（一）浦东合庆镇“村民自治”的经验与成效

1. 基本做法

合庆镇地处上海浦东新区东北角，地域面积 41.97 平方公里，耕地面积 9.29 平方公里，总人口 14.3 万人，其中外来人口 8.55 万，占总人口比重近 60%。辖区有 29 个村委会和 6 个居委会，属于典型的城乡二元结构地区。伴随浦东开发开放，该镇经济社会的发展取得了不错的成绩，与此同时，村民之间、村民与干部之间、户籍人口与外地人口之间的矛盾逐渐加深，村民到镇政府上访、信访逐年增加。基于以上问题，合庆镇党委、政府决定探索“1＋1＋X”工作法，经过 4 年多的实践和完善，浦东政府决定在行政区域内 371 个村中选出 106 个村，试点推广合庆镇村民自治工作模式（“1＋1＋X”工作模式）。

（1）坚持民主程序，合理制定村民自治“草根宪法”。

①“草根宪法”的基本内容。合庆镇辖区 29 个村，每村都有一本俗称“草根宪法”的《村民自治章程及实施细则》。“村民自治章程”一般由十章构成，内容包括村民组织、村民权利和义务、经济管理、社会秩序、劳动就业、劳动保障和福利、奖惩、执行和监督等，是村民自治的大纲；“实施细则”是操作性文件，内容包括民主管理、经济发展、社会事业、社会稳定、文明创建、岗位职责等，涉及操作方法、具体标准、奖惩处置和结果公开等环节的具体规定。

②“草根宪法”的制定程序。其一，意见收集阶段，各村党组织把《意见征求表》发放到村民手中，召开“户代会”，广泛听取村民普遍关心的村务，整理出村民关注度高、反映最集中的事项，作为村民自治的具体事项。其二，初稿形成阶段，召开党支部会议、村委会议、村民代表会议、党员会议、老干部会议、企业家座谈会，就“草根宪法”制定过程中的问题进行意见征集。其三，征求意见阶段，把“草根宪法”初稿发到每家每户，利用黑

板报、宣传栏等载体广泛发动，号召家庭学习讨论，并召开村民代表会议收集群众意见。其四，最终表决阶段，召开村民会议和村民代表会议，对“草根宪法”逐条进行解读和表决。其五，完善调整阶段，“草根宪法”并不是固定的，而是根据经济社会发展变化进行调整。

(2)完善参与机制，确保村民“四民主”真正落实。

①建立村务公开制度，实现村情民知。在镇层面，由镇人大决议，聘请第三方独立审计机构对村级集体资产和村“两委”班子进行审计，并将审计结果予以公开。在村层面，实现村党组书记岗位互换，聘请独立的村级财务顾问，确保村级财务公开。同时，实现“五公开”制度：任期公开，内容有村党组织、村委会任期目标、职责分工等；年度公开，内容有村委会年度工作目标、村上年度财务收支决算和下年度预算、村集体资产运作情况、村干部报酬等；季度公开，内容有村委会办公经费、扶贫帮困、社会救助、基建项目、实事工程等；随时公开，内容有村民代表大会决议等；应邀公开，1/10 以上村民或 1/3 以上村民代表要求公开的内容需予以公开。

②建立议事决事规则，实现村事民决。建立了“遇小事照细则执行、遇重要事按章程办事、遇急事召村民代表商议解决、遇大事由村民代表大会决定”的议事决事规则和“四议两公开”工作程序。“四议”：村党支委会议提议，提出重大事项初步意见和方案；村“两委”会议商议实施方案；党员会议审议商议方案；村民会议和村民代表会议决议，就讨论内容进行最终决议。最后“两公开”：通过党务村务公开栏、新媒体等平台把最终决议以及实施结果公开。

③建立专门监督机构，实现村务民督。组建村务监督委员会和民主理财小组，成员 5～7 人，明确规定村干部及其配偶、直系亲属不得担任小组成员。村务监督委员会主要负责村务特别是重要事项的督促落实。事项完成后，村民监督委员会听取工作汇报，并召开村民代表会议进行公开评议。民主理财小组主要负责对所有村级财务活动进行跟踪监督。每月定期审核村财务收支情况，每张财务票据均需要民主理财小组盖章后才能入账，审核情况和结果要及时向村民公开。

④建立村级考评小组，实现村绩民评。组建村级考评小组，由村务工作监督委员会成员、老干部、党员和村民代表构成，主要负责对村“两委”及“两委”干部工作开展评议，评议结果与年终奖惩直接挂钩。评议分为三个阶段：年初评议，主要听取村工作人员的工作承诺和安排；年中汇报会，主要对半年工作情况进行评估；年终评议会，主要围绕村每位工作人员思想道德、敬业精神、业务能力、团结协调、完成任务和德、能、勤、绩、廉等方面进行评议。

(3)健全配套机制，实现“草根宪法”的持续运行。

①改革村级事务管理体系。建立镇—村党委、村委会—村干部—村民组长、党员、村民代表—家庭户的垂直联动体系，并规定每一层级的职责及绩效考核机制。要求每 5～15 户推举 1 人组成村民代表会议，制定明确的议事规则，主要负责对村经济和社会发展规划、年度工作计划、村庄规划与改造、公益事业的兴办方案、集体经济所得收益使用方案、土地承包经营方案等涉及村民切身利益的事项进行讨论表决，把村民自治中的

民主参与、民主管理等真正落到实处。

②建立村级综合考核制度。该镇村级考核重点从原来的具体工作转变为《村民自治章程和实施细则》执行情况，使得"草根宪法"所涉及条款真正落到实处。其中，"四议两公开"议事规则、述职述廉测评制度、村务监督工作规程、星级家庭创建实施细则、村务公开制度、合同管理及资金收缴制度等的执行情况占据考核比重 50%。考核结果直接与村党组书记、村委会成员年终绩效挂钩、与部门创新争优活动挂钩。

③补充完善其他工作机制。除了确立"四议两公开"议事规则外，一是健全星级家庭创建制度，把《村民自治章程及实施细则》中导向性、约束性内容作为评价指标；二是建立党员联系服务群众制度、村民代表联系服务群众制度，把联系服务群众作为常态性工作内容；三是通过广泛宣传动员、党员干部带头示范等措施，确保各项制度执行。

2. 主要成效

(1)实现了村级事务的民主自治。"1+1+X"建立的以村党组织为领导、村代会决策、村委会执行、村务监督委员会监督的村级治理架构，垂直到户的村民自治架构，形成了保障"四议两公开"运行的良性村务管理机制。村务管理严格按照章程办事，决策有机制、办事有依据，议事有平台，村务管理实现了制度化、规范化和民主化。根据调查评估，合庆镇村民对村干部的工作满意度平均为 99%。

(2)提升了村干部的社会公信力。在"1+1+X"工作模式下，村干部的工作责任心、积极性、主动性明显增强，工作作风得到了转变，工作能力得到了提升，在群众中的威信得到了提高，干群关系明显获得了改善。合庆镇公推直选过程中，35 个村(居)委 23 个党支部有 13 名支部书记全票当选，参选率遥遥领先于同区域其他村。村民上访率也明显下降。

(3)增强了村民的参与意识和能力。实施"1+1+X"模式之后，开始关心村民事务的人多了，参与事务的人也多了。以庆丰村村庄改造为例，一些村民还自发组织环境监督小队，每天义务巡视村内绿化、违章搭建等情况，对违规者加以劝阻和提醒，并对屡教不改者由村民骨干牵头进行批评教育。

(二)金山"依法治村"的经验与成效

1. 基本做法

金山区通过深化"党建+法治"联姻模式，将"法治"融入"党建"，精细化打造更具法治内涵的基层公共法律服务平台，积极借助基层党建服务平台，将学法用法点升级打造为服务更全面、内涵更丰富的基层公共法律服务点，解决了"最后一公里"和"8 小时之外"的问题。

(1)深化"党建+法治"联姻模式，推动基层法律服务更接地气。一是融入法治元素，形成法治氛围。金山区司法局统一为全区基层党建服务点配送《农民以案释法》《金山区案例普法集》等普法书籍；漕泾镇在 50 个"聚心堂"法律服务点定期派人驻点值班，在服务点开设流动法治课堂"法语漕堂"，把法治课堂开进宅基，直接送到村民家中。二是充实法治力量，形成工作机制。整合村居法律顾问、人民调解员、法官等专业法律服务力量，并建立驻点、巡访等工作制度，把优质法律服务直接送到农村居民身边，如指导枫泾镇新黎村整合律师和法官的专业力量，建立法律议事堂，每周三驻点，为群众法治需求和村居治理提供专业服务。三是深化服务内容，立足群众需求开展法治宣传，如张堰镇俞大姐讲调解故事、新黎村“法律议事堂”等，围绕群众日常生活需求开展物权、消费、养老、婚姻、劳动保障、土地流转、交通事故赔偿等法治讲座。

(2)深化村居法律顾问制度，推动基层法治更上层楼。村居法律顾问积极参与村居治理，扮演“指导员”“参谋员”“助力者”的角色。一是当好村居工作制度建设指导员。在村居各类工作管理制度建设过程中，村居法律顾问通过加强监督指导和开展相关法治培训，积极帮助村居干部树立法治思维，缓解村居干部依法治理本领荒。例如，漕泾镇护塘村法律顾问积极为“四张清单”(程序清单、责任清单、制度清单、考核清单)制定提供法律意见，增强村居干部的法治意识，有效发挥基层法律服务点的法治作用。二是当好村居重大事项决策参谋员。在重大项目审批、重大决策实施过程中，村居法律顾问协助开展风险评估、审核经济合同，为村居重大经济、民生和社会管理方面的决策提供法律意见和指导，将村居事务纳入法治化轨道。三是当好村居热点难点问题化解助力者。在“五违四必”整治、区域环境综合整治和剩余房票处置等村务管理难点问题中，村居法律顾问积极参加会议讨论和协调处置，运用专业法律知识确保各类问题在法律框架内得到快速妥善解决。

(3)修订村规民约，推动乡村治理体系建设更为完善。一是以村居换届选举为契机，结合基层民主法治示范创建，指导村居完善依法自治模式。加强对《村民委员会组织法》和《居民委员会组织法》的宣传力度，依托村居法律顾问提供专业法律服务，保障村规民约修改完善，在程序上依法公开进行、在内容上符合法治精神，引导村居相关决策、措施、程序等的依法公开和有序推进。二是通过有效指导村居梳理基层治理中的难点、痛点和堵点，通过集中民意、汇聚民智，将相关内容规范融入村规民约，将村规民约打造为村居依法自治的总章程。同时，摒弃传统村规民约口号式、提倡式的内容形式，形成条文式规范结构，并明确执行主体、明确激励约束措施，使村规民约真正实现可操作、可执行。三是以村民、居民自治为着力点，通过村规民约的修订，提升村民、居民自我管理、自我服务、自我教育、自我监督的法治意识和乡村治理水平，让村居民们真正行动起来，以自下而上的形式，把群众的智慧转变为自我管理、自我服务的制度规范，让村规民约真正反映老百姓的共同意愿，有效解决老百姓的身边难题。

2.主要成效

(1)法律服务有效深入基层，打通法治化最后一公里。金山区深化“党建+法治”联姻模式，借助全区“1+11+224+X”三级平台、四级联动的党建服务网络体系，把法治元素、法治队伍、法律服务渗透到了最基层，扎根到了每一个村居，下沉到了依法治理体系的神经末梢，将法治送进了街头巷尾、田边地头、楼组楼道、宅基地，实现了全覆盖，使群众享受到了家门口的法律服务。金山区现有近千个已建和在建的党建服务点，涌现出了“聚心堂”“巷邻坊”“文明埭”“喔里厢”“邻里+”“卫·驿站”等各具特色的“党建+法治”服务点。例如，漕泾司法所借助漕泾镇构建的法律服务“1站统领14室延伸54点覆盖”格局，为基层群众提供各类法律服务。半年来，人民调解员、律师、法官等在漕泾镇法律服务站、室、点开展法治讲座 20 多场，配送法律服务手册、折页等法律资料 25 000多份，提供法律咨询 700 多次，进村驻点调解纠纷 40 多次，将法律服务真正送到了群众的家门口。

(2)村村皆有顾问，事事依法而行。金山区“村村有顾问，事事依法行”工作自 2014 年试点以来，收到了良好的成效，《人民日报》《解放日报》等多家媒体予以报道。历经 4 年的实践与深化，村居法律顾问工作已在全区全覆盖，在基层依法治理中发挥了重要作用。村居法律顾问正日益成为“七五”普法宣讲员、矛盾纠纷的调解员、依法治理的指导员、调解干部的培训员、涉法涉诉的代理员。

过去，村居管理不注重法律程序、不注重征求老百姓意见，有时即使是好的政策，也不能得到老百姓的赞同。现在，有了法律顾问，村居干部的法治意识和法治思维明显提升，村居务管理法治化水平不断提升。例如，2016 年冬季低温造成金山石化等部分地区老旧小区水管爆裂，引发大量投诉。法律顾问及时介入，20 余起矛盾纠纷得以迅速化解。

(3)村规民约进村入户，法治意识深入人心。通过村规民约的进村入户，有效推动了基层治理的法治化。从原来“书记、主任说了算”变为如今“找谁办事都一样”，都是按规定办，避免了“书记主任不在就办不了事”的尴尬局面，提高了村民办事效率，提升了村民的法治意识。比如，吕巷镇夹漏村以村民小组为基本单元，成立“村民理事会”，实现村组有人管事、有章理事、有钱办事，村民自治“有章可循”。有了村规民约的确立，基层治理更有了法治的依据与保障。

通过村规民约进村入户，有效推动了基层治理的规范化。例如，过去由于缺乏明确标准，一些好吃懒做的村民为了申请村里的困难救助，经常到村委会“一哭二闹三上吊”，给村委会出难题。村规民约修订后，明确困难救助的范围和标准并严格执行，使得那些好吃懒做的村民没有借口再来闹了，而让真正困难的村民能够得到及时帮助，受到广大村民的赞许。通过村规民约进村入户，有效推动了基层治理的制度化。例如，金山区金门村村规民约中制定了对丧事简办给予相关优惠的政策，鼓励村民破除丧葬陋俗，倡导文明风尚，现在村民基本都能做到丧事简办。

(三)浙江浦江县郑宅镇“以德治村”的经验与成效

近年来，浦江县郑宅镇不断传承和深化传统家风，推广实行“好家风指数”，出台考核评分办法，通过发挥“党建＋”的核心引领作用，以家风传承为纽带，激发党员＋联系农户的网格新潜能，串联起基层治理中的自治、德治、法治三个环节，营造人人参与、人人尽责的乡村治理新格局。

1.“好家风指数”的基本做法

“好家风指数”通过发挥党员在基层治理中的先锋骨干作用和乡风文明中的示范引领作用，对农户日常行为开展量化考核，形成村级事务党群“共议、共商、共治”的微治理模式。

(1)坚持守旧出新，厚植家风文化。深挖江南第一家家风文化底蕴，持续开展家风“四进”、家风“四送”、家风“四节”等孝义好家风系列活动，组织开展“立家训、守规矩”全民专题大讨论，实现全镇9 700余户家庭立家训全覆盖。引导乡镇和家庭利用升学、参军、成人礼、结婚等人生重大时刻，在文化礼堂、宗祠、学校、红色教育基地等组织形式多样的家训传承仪式，每年隆重评选表彰“最美家庭户”，营造“家家有家训、户户好家风”的良好风尚，为实施好家风考评体系沉淀文化基础和群众基础。

(2)坚持细化量化，制定六大标准。制定“家风指数”考评“5＋1”标准，以项目化、分数化直观评价群众现实表现。“5”，即遵规守纪、邻里和睦、环境整洁、家庭和谐、诚信致富等五项内容，各 20 分，总计 100 分。每项内容又细分多种具体表现形式，对支持配合镇村工作、邻里互帮互助、和睦婆媳关系、红白喜事从简、按时还款还贷等道理明白简单、人人可能涉及的情况进行规范和约束。“1”，即奖惩情况，农户受“红榜”表扬、各级荣誉嘉奖、正面宣传报道的，或被“黄榜”曝光、通报批评的，分别视情况予以加减分数。

(3)坚持公正公开，设置四道程序。自下而上，实行联系党员、家风评议团、村务联席会、镇党委政府四级评审。联系党员结合农户日常表现，每月打分 2 次。每半年，由“两富两美”指导员、主职干部、群团组织负责人等组成的家风评议团进行审核。根据审核结果，村支部书记主持召开村务联席会议，重点把关农户加减分情况，审定农户“家风指数”，经公示，上报镇党委政府。镇党委政府召开班子会议，予以研究批复，并确定县文明家庭户名单。同时，每村专门设立“家风指数”公开栏，对考评进行全过程公开公示，既接受监督，又形成比学赶超氛围。

(4)坚持奖惩分明，实行双向激励。强化“家风指数”结果运用，综合使用正向和反向激励，使好家风考评体系保持长久活力。其他条件同等情况下，对家风指数较高的农户，在各类困难补助、评优评先中予以适当倾斜。在村党群服务中心或其他醒目位置，开设好家风墙、好家风路，弘扬宣传先进典型。设立“好家风信用贷”专项贷款，县文明家庭户可免担保办理最高额度 25 万元的信用贷款。对家风指数评价极低或连续 2 个考评周期排名垫底的农户，进行通报批评，联系党员先锋指数实行捆绑考评。

(5)坚持党群联动，开展网格走亲。组织开展党群连心大走亲活动，郑宅镇1 296个党员联系农户网格均由党员网格长召集召开网格会议。党员网格长把孝义好家风建设的目的、意义以及活动载体，家风指数的评分标准、评定程序、结果运用向农户认真解读，为每户农户建立家风档案。同时，结合开展大调研活动，建立问题、需求、整改三张清单，梳理解决群众迫切需要解决的问题 450 余个，目前已解决 320 余个。

2.“好家风指数”的主要成效

(1)“村民表现看指数”，基层有了首个群众评价标准。一直以来，党组织考评有“堡垒指数”，党员考评有“先锋指数”，但缺少对普通群众的量化评价和有效激励。“好家风指数”考评体系，对村民日常行为进行量化考核，强化结果运用，增强硬约束，破解了“党员干部水中干，村民群众岸上看”的难题，形成了党员示范引领群众一起干的良好局面。

(2)“厚德育人树新风”，社会环境更加和谐稳定了。“5＋1”既是评价标准，更是行为准则。谁家儿子玩麻将赌博、谁家媳妇不孝敬公婆、谁家垃圾分类不正确都成为考评的内容。每年组织开展“十佳好家风户”评选，每村设立家风墙、家风路，使村民“学有榜样、赶有目标”，同时利用“家风指数公开栏”形成了惩恶扬善的浓郁氛围，潜移默化中让人民群众感受到道德的力量，也逐步增强村民的自律意识。

(3)“主动干事争先进”，工作推进更加平稳高效了。“好家风指数”考评使“共治共享”深入人心，百姓群众人人参与、人人有责。特别是“加减分”的设置，更是激起群众的干事热情，群众纷纷主动参与配合镇、村中心工作，人人争当好家风先进典型，全镇各项工作顺利推进。2 天完成 23 户小城镇降层签约，一周完成 20 家 56 亩的锁具企业缓拆地块腾空拆除，垃圾分类正确率长期保持在 95%以上。

(4)“网格谈心成常态”，党群关系更加紧密贴心了。好家风考评体系实行每月一记录、半年一考评、党员农户捆绑考核等机制，更加强化了党员网格长的领导核心地位和治理网格的团队整体意识，促使党员与农户经常谈心交心、沟通了解。在首次“网格连心大走亲”活动中，许多农户感慨是第一次参加这样的会议，整个网格从来没有像现在这样团结过。

五、上海健全乡村治理体系的政策建议

(一)建立以市委农办牵头，市委组织部、市委宣传部(文明办)、市民政局、市司法局等相关部门参加的“三治联动”推进机制

1. 成立机构，明确职责

建议成立以市委农办为牵头单位，市委组织部、市委宣传部、市民政局、市司法局等相关成员单位参加的乡村治理体系建设领导小组，建议由分管三农的副市长任组长，下设推进办(可设在市农委)，区县参照市级标准进行相应的机构设置，明确一个部门为总牵头，统筹推进上海乡村治理体系建设，建构融合“自治、德治、法治”为核心的“三治联动”机制，为健全上海乡村治理体系提供组织保障。

2. 突出重点，有序推进

按照《中共中央、国务院关于实施乡村振兴战略的意见》以及《国家乡村振兴战略规划(2018—2022 年)》的部署，结合《中共上海市委、上海市人民政府关于贯彻〈中共中央、国务院关于实施乡村振兴战略的意见〉的实施意见》，围绕上海乡村治理体系建设中的自治、德治、法治等核心内容和关键环节，结合“1+6”文件的实施情况，制定针对性的工作方案和实施细则，重点加强农村基层党组织建设，强化村干部教育培训、完善村干部待遇、强化“班长工程”、加强农村基层党风廉政建设；深化村民自治实践，完善村务监督委员会，利用“制度+科技”等现代化手段，探索建立村民议事会、理事会等协商议事平台，完善农村社区基本公共服务体制机制，鼓励社会组织参与农村社区治理；依法厘清基层政府与村民委员会的权责边界，增强基层干部法治理念，发挥人民调解优势，加强农村土地承包经营纠纷调解仲裁体系建设，加大农村普法力度；发掘乡村熟人社会道德教化作用，广泛开展新风户、文明户等评选表彰，建设新乡贤文化；推进农村社会治理防控体系建设，推进扫黑除恶，加大外来人口的服务管理，健全农村公共安全体系。

3. 强化考核，加强督察

加强上海乡村治理体系建设，实施考核监督和激励约束。将乡村治理体系成效纳入区、镇党委政府及有关部门的年度绩效考评内容，考核结果作为有关领导干部年度考

核、选拔任用的重要依据，确保完成各项目标任务。针对乡村治理体系建设的共性问题，制定约束性指标，明确责任主体和进度要求，确保质量和效果。加强乡村统计工作，因地制宜建立客观反映乡村治理体系建设的指标和统计体系，实施督促检查机制，适时开展规划中期评估和总结评估。

（二）完善党组织领导下充满生机活力的村民自治机制

1. 加快实施“班长工程”，选好乡村治理的领头羊

(1)注重分类指导，完善选用机制。坚持“四个一批”，选优、配强并储备一批村“带头人”队伍。一是立足村居“选任一批”。注重从本村在岗干部、优秀后备干部、大学生村官、“三支一扶”大学生中选拔一批村党组织“带头人”。二是面向社会“招录一批”。打破地域、身份、职业界限，通过公推直选、社会招录等途径，从社会贤能、退伍军人、创业骨干、非公企业中选拔一批优秀干部，充实到村干部队伍中。三是面向机关事业单位“选派一批”。持续深化“民警兼任村官”双融入工作。鼓励党政机关、企事业单位优秀年轻干部到村任职。四是着眼长远“储备一批”。按现任村干部 2∶1 的比例，建立后备干部人才库，每个村储备 1～2 名 35 周岁以下、大专以上学历的后备干部，建立档案，跟踪培养。

(2)加强教育培训，提高能力素质。注重专业系统培训，坚持每年举办村党组织书记培训班，采取“集中学习＋小班教学”的方式，重点围绕热点、难点问题和重点工作开展专题培训。探索培育并命名 11 个“优秀村书记工作室”。依托社区党建服务中心、社区党校等载体，搭建村书记经常性交流互动平台，定期开展“书记沙龙”“村书记论坛”等工作交流活动。

(3)严格规范管理，促进履职尽责。一方面，建立健全四项制度，规范日常管理。探索“任期制”，明确同一岗位连续任满三届的村党组织书记，需进行异地交流。试行“备案制”，建立区级层面村党组织书记备案制度，对届中任免情况实行备案管理。完善“双述双评制”，村书记根据岗位职责，围绕党建工作、队伍建设、基层治理、服务群众等重点，提出任期目标、年度目标，向党员群众公开作出承诺，年底分别向全体党员（群众代表）和上级党组织进行述职，并接受评议。严格“退出制”，实行村干部到龄退岗、退休制度，原则上男满 57 周岁、女满 52 周岁的不再进行组织推荐，特别优秀的可以继续留任。另一方面，加强关心关怀和选树培育。建立健全谈心谈话制度，加强思想沟通，听取意见建议。

(4)强化激励保障，增强队伍活力。一方面，着力抓好村干部待遇保障。强化对村干部履行公共管理服务工作报酬保障，规范村干部集体经济组织兼职报酬管理。按照国家和本市相关规定为全区村干部足额缴纳基本社会保险和住房公积金。同时，从选配、职责、待遇、培训等方面，持续加强村党小组长、村民小组长、妇女小组长“三支队伍”建设。另一方面，进一步拓展发展空间。加大从优秀村党组织书记（主任）、大学生村官中定向招录公务员力度，打通优秀村干部进入事业单位的通道，激发工作积极性。

2. 大力培育农村社会组织，激发乡村治理的活力和动力

(1)合理界定乡镇政府与农村社会组织的关系。一是重视农村社会组织参与乡村

治理的主体地位，建构以政府购买服务的方式推动农村社会组织参与乡村治理的体制机制。二是强调农村社会组织是政府职能转移的承接者和推动者，减少“官办化”“行政化”色彩，逐步完善农村社会组织法人治理和章程治理结构。三是强调农村社会组织与乡村其他主体的结构性互动，增强农村党组织、村委会、农村集体经济组织、村监会、业委会、村民在乡村治理中的合作，增强与驻区单位合作，拓宽筹集资金渠道。

(2)健全农村社会组织参与乡村治理的合作、监督和评价机制。针对农村公共服务，可采用竞标方式，通过同时引入两家或多家社区社会组织参与服务的方式，形成竞争机制，将资源向资质优秀、信誉好、能力强的农村社会组织转移；实行社区资格准入制度、注册管理审查制度等，积极扶持合法、守法的农村社会组织发展，将具体的监管职能下发到乡镇，探索采用由服务对象评价的方式来实施监督，尽快健全第三方评价机制。

(3)完善农村社会组织购买服务的信息平台。建立购买服务信息发布统一平台，探索完善统一的信息发布平台，让农村社会组织一站式地获取各类购买服务主体的项目需求，解决“政府找不到合适的社会组织，社会组织特别是草根组织得不到相关信息”的问题。推动市、区、乡镇形成政府转移职能和购买服务的目录清单，区级职能部门和街镇尽快形成政府转移职能、购买服务的目录清单，建立各乡镇、涉及政府财政资金或社会资金购买服务的程序性规范。

(三)健全上海乡村治理的法治化机制

1. 健全基层公共法律服务平台体系

要继续大力推进“一站式”基层法律服务建设，着力搭建与相关职能部门的合作平台，有效整合各类社会资源，打通工作衔接通道，形成流转顺畅、有效协作的工作合力。拓展完善覆盖各村的基层法律服务网络，以不断适应广大人民群众的公共法律服务需求，为群众提供更加优质便捷、更具针对性的法律服务。

2. 完善律师参与基层治理的相关配套机制

进一步规范法律顾问服务机制、完善选聘、考核和退出机制，探索律师“六参与”的工作机制，使律师参与民事纠纷调解、参与疑难复杂矛盾化解、参与村居事务管理、参与信访日常接待、参与领导下访接访、参与政府依法决策，形成队伍齐全、制度完备、运作流畅的村居法律顾问工作体系，把村居法律顾问、律师队伍打造成一支专业、高效、有力的基层治理法治保障队伍。

3. 发挥好村规民约在服务基层治理中的突出作用

村规民约修订要摒弃口号式内容，更注重精细治理。在村规民约修订中要针对具体问题形成条文式规范结构，并明确执行主体、明确激励约束措施，使村规民约真正实现可操作、可执行，以条文式的形式，明晰权利义务，将村居民的共识进行固化，将基层治理的难题予以制度化解决。可以试将村规民约的遵守情况同村级福利挂钩，让违反村规民约的行为不仅限于道德谴责，更多了一份实际约束。还可以积极探索规范代履行制度，以村规民约的形式授权村委会、业委会、物业公司等对一些违反村规民约的行为进行代执行，以解决如消防通道停车堆物、向河道乱抛物、毁绿种菜等能即时修复的违规行为，增强村规民约的可执行力，走出一条群众参与有效、精准解决有力、法治保障有序的制度化、精细化法治化基层治理新路子。

（四）创新以“核心价值观”“乡贤”“家风”等为载体的依德治村机制

1. 以文化建设为抓手，丰富农民群众精神文化生活

积极探索从“送文化”转向“种文化”的乡村文化建设理念，用农民喜闻乐见的形式宣传社会主义核心价值观和优秀传统文化；以乡村基层文化服务站、村文化活动室、农家书屋等阵地，有序推进乡村基本公共文化服务均等化水平；深入挖掘农村乡土、历史、人文资源，开展具有鲜明地方特色、群众积极参与的文体活动；大力培育扶持农村文化团体和文艺骨干，加强政策支持，打造农民群众身边的文明宣传队和道德宣讲队，寓教于乐、以文化人。

2. 以道德建设为重点，提升农民群众文明素质

深入挖掘农村传统道德教育资源，推进社会公德、职业道德、家庭美德、个人品德进乡村、进社区、进家庭。提升农村诚信水平，健全乡村征信系统，完善守信激励和失信惩戒机制，强化农民的社区共同体意识、规则意识、法治意识、主体意识；建立道德激励约束机制，用民间舆论、群众评价的力量褒扬社会新风、批评不良现象，引导农民群众自我管理、自我教育、自我提高；培育新乡贤文化，以乡情为纽带，将新乡贤培养成党员、村干部，健全新乡贤参与乡村治理的体制机制。

3. 以文明创建为载体，提高农村社会文明程度

持续开展上海文明村镇、文明家庭、星级文明户等创建活动；选树乡村德高望重、热心公益、关心乡村治理的先进典型，开展道德模范、好公婆、好媳妇等评选宣传活动，弘扬尊老爱幼、邻里和睦、勤劳致富、扶贫济困的文明风尚，引导村民孝老爱亲、重义守信、勤俭持家、向上向善；探索村民议事会、红白理事会、禁毒禁赌协会、孝善理事会、道德评议会等群众自治组织，规范农村党员和公职人员自办、参与红白事的标准和报告制度，引导党员干部带头移风易俗、抵制不良风气，以好党风带民风。

参考文献

[1]《中共中央 国务院关于实施乡村振兴战略的意见》，2018 年。

[2]《乡村振兴战略规划（2018—2022）》，2018 年。

[3]《中共上海市委 上海市人民政府关于贯彻〈中共中央 国务院关于实施乡村振兴战略的意见〉的实施意见》，2018 年。

课题负责人：张　锋

课题组成员：鞠立新　张　波　陈　勇　王志均　曾　辉

10. 上海农民宅基地若干政策研究

摘 要

党的十八届三中全会提出赋予农民更多财产权利，保障农户宅基地用益物权，改革完善农村宅基地制度。从2015年2月启动宅基地制度改革试点工作，到2017年10月对改革进行延期并将试点区范围进行扩大，再到2018年中央一号文件提出的“探索宅基地所有权、资格权、使用权‘三权分置’”，无不标志着中央对宅基地改革的力度和决心。从上海实际来看，一方面是卓越全球城市的建设目标，一方面是庞大的、低效使用且与农村人口减少速度不相匹配的农村宅基地空间。因此，无论是从国家宅基地改革方向还是上海市宅基地现状使用和管理来看，现行宅基地制度必须顺应时代，进行改革与创新，以适应我国特色社会主义制度与市场经济体制和城乡一体化新格局。

课题通过对国家及上海市农村宅基地制度的演变历程进行分析，得出现行宅基地政策已不能满足当前经济社会发展的需要，新的社会矛盾激发出新的宅基地制度改革的需求。总的来说，国家层面现行宅基地制度可归纳总结为：农村宅基地归集体所有，农户使用，不得自由交易、出租和转让；一户一宅，不得超出省区市的规定标准；农村居民不得向城镇居民转让农村宅基地和住房，城镇居民也不能到农村购买农民宅基地和住房。上海市层面除遵循宅基地集体所有、一户一宅等国家相关要求外，还进一步明确了村民个人建房和集体建房的申请条件、审批流程、建设要求和违反规划管理的处罚措施等内容。纵观宅基地制度，目前存在制度不完善、审批管理政策不健全、退出机制缺失、农民建房管理不到位以及农民财产权受限等问题。特别是上海市近10年来，仅在2007年出台过《上海市农村村民住房建设管理办法》，政策滞后性明显，已远远不能满足当前农民宅基地管理的现状需求，亟须出台市级层面农村宅基地管理的相关规定。

本课题利用2010年和2016年上海市二调数据统计分析发现，从全市总量上看，农村宅基地不降反增，与历年宅基地政策导向明显不符。究其原因，除全市推进宅基地归并和集中居住实施缓慢外，还存在统计底板的时效不强，以及宅基地面积统计口径上不精确的问题。从宅基地空间分布来看，宅基地零散分布情况较为突出，10户以下、30户以下占比分别达到44%、77%以上。为深入调查宅基地存在的问题，本课题选取闵行区华漕镇许浦村、奉贤区金汇镇新强村、金山区漕泾镇水库村、崇明区向化镇卫星村作为微观样本，深入调查、分析各村规划编制情况及宅基地现状、使用以及权属等情况。从样本村的调查来看，宅基地现状存在以下问题：(1)村庄规划覆盖度低；(2)二调底板宅基地面积与宅基地地籍数据存在较大出入；(3)宅基地质量参差不齐，房屋老旧问题突出；(4)宅基地空置率较高，建新与实际需求脱离；(5)空置宅基使用方式单一；(6)宅基地风貌杂糅，水乡文化特征模糊；(7)宅基地权证标准不一，老宅建筑面积核定困难；(8)农民集中意愿总体较强，不同安置方式倾向差别较大。

为更好地研究和制定上海宅基地改革目标和思路，本课题对全国进行宅基地改革的15个试点地区实践经验进行对比总结，在宅基地规范管理、改革模式、有偿使用和退出机制、村民自治等方面提出可为上海借鉴的经验，主要包括：因地制宜制订方案（旧址改造或整村退出等）；有偿退出、无偿退出和有偿使用三者相结合；完善农村宅基地档案，建立宅基地管理平台；多规合一、涉农平台大整合等。同时，课题还对上海市自1990年开始宅基地置换等工作进行了归纳总结，包括利用增减挂钩的嘉定外冈模式和奉贤庄行模式、依托市级土地整治项目的金山廊下模式等。可以看出，目前所开展的宅基地置换资金投入大部分依靠政府财力，没有社会资本的参与，限制了宅基地置换的进一步推广。腾退的宅基地复垦后短期内无法产生很大的效益，造成村镇对于复垦缺乏积极性，不少宅基地退出后成为闲置土地。

改革农村宅基地管理制度，合理有效配置农村土地资源，坚持农民离地不失地、离房不失房的原则，探索宅基地所有权、资格权、使用权“三权分置”，实现“满足农村地区多样化配置的居住用地需求、提升农村地区公服设施和乡村风貌水平、促进乡村振兴和城乡一体化”的宅基地改革总目标。课题关于本市宅基地管理制度改革与完善的思路主要是：坚持和维护农村宅基地“一户一宅”权益，探索不同区域农民宅基地保证的有效形式；建立宅基地首次无偿取得，一定条件下有偿使用、自愿有偿退出的基本制度；探索建立村庄内部宅基地市场，赋予宅基地转让、抵押、退出等职能，并通过转换为集体经营性建设用地的机制，实现宅基地财产性收益；规范宅基地置换，进一步推进农民集中居住和宅基地有序退出。

课题从调查登记层面、乡村规划层面、实施政策层面和机构保障层面4个层面提出本市宅基地改革的12条政策建议，包括：(1)统一宅基地调查方法，保持地类调查与权属范围线的一致性；(2)建立宅基地地籍管理数据库，实现房地的统一登记管理；(3)提高站位，充分认识乡村规划重要意义；(4)强化郊野单元（村庄）规划引领，积极引导农民按规划集中居住；(5)升级农民集中居住政策，以节地率为导向鼓励撤并和集中建房；(6)完善宅基地的退出政策和配套机制，做好农民的社会保障工作；(7)建立闲置、半闲置宅基地的开发利用机制，助力乡村产业兴旺；(8)扩大宅基地制度改革试点范围，深化宅基地资格权研究；(9)保护传统建筑肌理和乡村风貌，引导和管理农民建房；(10)坚持村级民主管理制度，发挥集体经济组织作用；(11)建立市区镇协同联动机制，推进乡村振兴决策部署落地;(12)提高基层治理水平,加强农民建房监管。

一、研究背景及研究目的

(一)研究背景

1. 宅基地制度改革深入推进

党的十八届三中全会提出赋予农民更多财产权利,保障农户宅基地用益物权,改革完善农村宅基地制度。2015 年 2 月,中共中央办公厅、国务院办公厅印发《关于农村土地征收、集体经营性建设用地入市、宅基地制度改革试点工作的意见》(中办发[2014]71 号,以下简称《意见》),决定在全国选定 33 个试点地区开展暂停《土地管理法》5 个条款、《城市房地产管理法》1 个条款,要求对实践证明可行的,要修改完善有关法律,对实践证明不宜调整的,恢复施行有关法律规定的试点工作,从 2015 年 2 月起到 2017 年年底结束。2017 年 10 月 31 日,国土资源部向全国人大常委会会议作说明:为了进一步深入推进改革试点,更好地总结试点经验,为法律修改打好基础,建议将三项改革试点期限延长 1 年至 2018 年 12 月 31 日,分两步把试点内容拓展到全部试点地区。十二届全国人大常委会第 30 次会议审议了相关决定。

根据原国土资源部数据显示,目前 33 个试点地区累计出台约 500 项具体制度措施。集体经营性建设用地入市地块共计 278 宗,总价款约 50 亿元;3 个原征地制度改革试点地区按新办法实施征地的共 59 宗,3.85 万亩;15 个宅基地制度改革试点地区退出宅基地 7 万余户,面积约 3.2 万亩。3 年多的试点中,"三块地"中宅基地的声音最小,相对来说改革效果也最不明显。试点地区拓展标志着已经进入三项试点全面覆盖、统筹推进、深度融合的新阶段。上海市作为首批集体经营性建设用地入市试点地区,目前也已启动宅基地改革试点工作。

2. 乡村振兴战略下的宅基地"三权分置"

党的十九大提出实施乡村振兴战略;随后,2018 年中央一号文件根据十九大精神,提出深化农村土地制度改革:"探索宅基地所有权、资格权、使用权'三权分置',落实宅基地集体所有权,保障宅基地农户资格权和农民房屋财产权,适度放活宅基地和农民房屋使用权,不得违规违法买卖宅基地,严格实行土地用途管制,严格禁止下乡利用农村宅基地建设别墅大院和私人会馆。"农村宅基地"三权分置"是继承包地"三权分置"之后,我国农村土地产权制度的又一次重大创新。在本质上而言,也与当年国有建设用地的"两权分离"以及 2016 年实行的农地"三权分置"政策理念一致、思路相通。与承包地"三权分置"面向实现农业现代化相比,宅基地"三权分置"则是面向实施乡村振兴战略,变革的意义也毫不逊色。农村宅基地"三权分置"是破解农村发展困境、释放农村集体土地潜能的重要条件和有效目标。

李强书记在上海市部署乡村振兴工作的会议上指出,"实施乡村振兴战略,关键要破解矛盾难题,'三农'发展面临的问题不少,有些还是长期积累下来的,根本要靠改革去解决、去推动……新形势下深化农村改革,主线仍然是处理好农民和土地的关系,除了按照国家要求,开展好农村集体经营性建设用地入市试点外,我们在两个方面要加大力度,一个是农业生产经营方式改革，一个是宅基地改革”。明确宅基地改革要解决两个问题：一个是已进城农民宅基地如何退出的问题，一个是闲置、半闲置农宅如何开发利用的问题。

3. 卓越全球城市目标导向下的农村宅基地减量发展

2017年12月，国务院对历时3年多编制完成的《上海市城市总体规划（2017—2035年）》（简称“总规2035”）进行批复。从上一轮规划实施评估可以发现，2015年，全市农村集体建设用地现状总量823平方公里，农村人均建设用地面积为564平方米，是城市居民用地标准的5倍多。农村宅基地占住宅用地总量的45%，而同期全市农业户籍人口仅占全市户籍人口的10%，农村宅基地规模与农业户籍人口规模不相匹配。从全市农村宅基地分布来看，全市约3.3万个自然村，其中10户以下的约占44%，农民宅基地分布比较散乱。根据农村地籍调查更新工作成果显示，目前农村宅基地发证和现状使用中存在权源材料不清、发证滞后、产证面积漏发、一户多宅、宅基地闲置、未批新建、农民建房私自增层等诸多问题。

从总量变化来看，2010年上海市宅基地总量为470平方公里。对比2015年宅基地的514平方公里，可以发现“十二五”期间，上海市宅基地总量不降反升，增加了44平方公里。

从规划要求来看，根据“总规2035”对规划农村居民点用地占比控制在6%以内，按照建设用地总量3200平方公里的天花板计算，2035年农村居民点的面积仅为192平方公里，则未来近20年中每年至少宅基地须减量16平方公里，未来减量任务艰巨。而在过去的十几年间，全市通过宅基地置换和归并才集中了2万多户农户，主要位于嘉定区外冈镇、奉贤区庄行镇、金山区廊下镇等区域。总体而言，农民集中居住进展缓慢，且基本位于远郊镇村。

从规划编制来看，虽然目前上海已基本形成两规融合的规划体系，就实际效果而言，总规、单元规划和控制详规都很好地发挥了规划引领的作用，但从指导乡村地区发展的村庄规划实际使用效果来看，全市各郊区镇编制的村庄规划普遍存在落地难的问题，缺乏规划实施路径，其主要矛盾集中于受动迁影响农民自身觉得集中居住补偿资金标准[①]较低，规划集中居住区土地权属[②]问题难以协调以及涉及基本农田调整难度大。同时，村庄规划预留的建立发展集体经济“造血”机制的产业建设用地难以落实，土地供应方式不明确。

综上，无论是从国家宅基地改革方向还是上海市宅基地现状使用和管理来看，现行宅基地制度必须顺应时代，进行改革与创新，以适应我国特色社会主义制度与市场经济体制和城乡一体化新格局，其演变将趋同城市住宅，建立农村住宅保障制度，同时继续在远郊农村和生态保育区注意保留农村的居住方式和文化特色。摸清全市农村宅基地现状，梳理国家和上海市宅基地制度演变脉络，总结全国试点经验并有的放矢借鉴，设计出一条符合上海实际和国家政策导向的宅基地改革政策通道，是本课题研究目的之

① 《关于促进本市农民向城镇集中居住的若干意见》（沪府［2016］39号）规定，市级财政根据农民集中居住项目实施方案确定的总户数，给予定额补贴。崇明县、金山区和奉贤区的标准为20万元/户，其他区为12万元/户。

② 中心村规划一般会涉及多个村、队，跨村或队存在调地问题以及被用地农户的利益保障问题。

所在。

（二）研究意义及目的

（1）利用上海市二调数据及农村地籍调查更新数据，分析全市农村宅基地的基本情况，包括规模及空间分布情况，对近 5 年变化情况进行分析，形成上海市宅基地现状调查报告。

（2）梳理国家出台的宅基地改革相关法律法规，总结党的十八届三中全会以来的 15 个地区宅基地试点经验及各地发布的相关政策。

（3）分析上海市宅基地管理制度演变脉络，提出符合上海实际并具有可操作性的宅基地改革政策措施。

二、研究技术思路、方法和数据来源

（一）研究技术思路

本课题研究技术思路如图 1 所示：

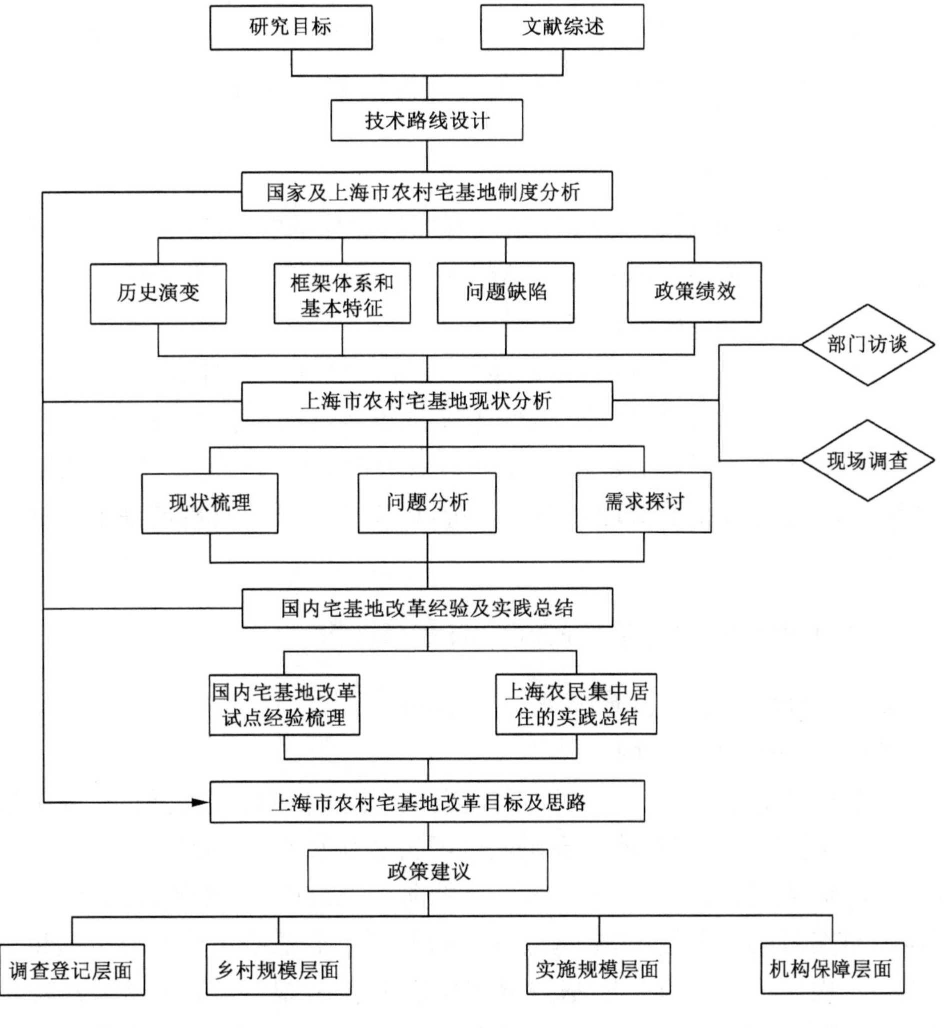

图 1　技术路线图

（二）基于大数据的量化分析

大数据支持具体包括：

(1)上海市历年农业人口数据，来源于第5次、第6次人口普查数据，第2次、第3次经济普查数据。

(2)2010年、2011年、2015年上海市宅基地二调图表数据。

(3)上海“总规2035”开发边界的矢量化数据。

(4)上海市闵行区、浦东新区等部分区的农村地籍调查更新数据。

(5)上海市自1981年以来的宅基地管理、行政审批等方面的政策法规文件。

(6)相关理论和案例资料，课题组前期研究已积累的国家农村宅基地的政策法规、报刊文献、国内外城市案例、网络资料等。

(7)相关调查和问卷资料，部分地区宅基地发证的行政管理部门的问卷。

（三）基于典型案例的调研走访

典型案例的调研主要分为两个方面：一是选择目前农村宅基地“一户多宅”“空心化”“农户与宅基地配比严重不协调”等问题突出的区域进行实地调研；二是上海市金山区廊下、嘉定外冈、奉贤庄行等已开展农民集中居住的地区进行深度调研。以此获取一手资料，并通过总结分析，找出现象背后的深层原因并提炼可复制、可推广的农民集中居住经验。

（四）国内试点地区信息的搜集与分析

对已开展宅基地改革试点的15个地区开展针对性的资料收集工作，包括各地已出台的政策法规、政策实施的实际效果等，梳理可为上海所用的经验做法。

（五）相关政策和标准的梳理与评价

课题组拥有长期跟踪全国和本市的重大政策、定期解读和梳理的团队。已完成上海浦东新区农村村民建房课题研究、闵行区农村地籍调查更新成果报告编制研究等相关课题，积累整理中华人民共和国成立以来、上海市自1981年以来发布的宅基地管理相关的政策规定，进行脉络的梳理和对比评价，以支撑上海市农村宅基地改革的问题分析及政策建议。

三、国家及上海市农村宅基地制度的演变与评价

（一）国家农村宅基地制度的历史演变特征总结

1. 国家农村宅基地政策历史沿革

中华人民共和国成立以来，土地管理制度经历了相当的变迁过程，作为土地管理制度的重要组成部分之一的宅基地管理制度也经历了从私有到公有的变迁。

1963年以前，我国一直处于宅基地私有的阶段。1962年出台的《农村人民公社工作条例(修正草案)》第一次使用“宅基地”一词，开创了宅基地与其上的房屋相分离的制度安排，确定了农民房屋私有与宅基地集体所有并存的制度。1963年，开始明确农村宅基地的集体所有性质，至今未变。1963年中央出台《关于各地对社员宅基地问题作一些补充规定的通知》，形成了宅基地制度的基本内容，即：宅基地所有权与使用权相分

离，农户拥有宅基地长期使用权，并受法律保护；宅基地的所有权归生产队集体所有，社员禁止出租和买卖；农户对房屋具有排他性所有权，可以买卖、租赁、抵押、典当。直到1981年，关于宅基地可随房屋买卖转移的规定才有所改变，规定农村宅基地使用权只能使用，不得出租转让。此后，我国出台了诸多有关宅基地调整和完善的制度，主要都是不断加强宅基地使用监管，如：限制宅基地面积标准、审批村镇建房用地；以村镇规划和用地标准为基本依据，建房或建设用地超出批准数量的，批准后占而不用的，限期将土地退回集体；等等。回顾宅基地政策变迁，我国农村宅基地的取得主体也曾放开过。1986年的《土地管理法》曾规定：城镇居民经依法批准，可以使用集体所有的土地建住宅。到1998年《土地管理法》修订才取消了这一条款，规定农民的住宅不得向城市居民出售，也不得批准城市居民占用农民集体土地建住宅。至今依然如此。

2004年以后，我国连续密集发文严格宅基地的使用和管理要求，同时开始探索宅基地制度的改革。2004年国务院《关于深化改革严格土地管理的决定》提出，"改革和完善宅基地审批制度，加强农村宅基地管理，禁止城镇居民在农村购置宅基地"。同年，国土资源部颁发《关于加强农村宅基地管理的意见》，要求严格实施规划和控制村镇建设用地规模，改革和完善宅基地审批制度，规范审批程序，要求"在规划撤并的村庄范围内，除危房改造外，停止审批新建、重建、改建住宅"，"农村宅基地占用农用地应纳入年度计划"，"一户只能拥有一处宅基地，面积不得超过省(区、市)规定的标准"，"加大盘活存量建设用地力度"等。2008年党的十七届三中全会《关于进一步加快宅基地使用权登记发证工作的通知》提出，完善农村宅基地制度，严格宅基地管理，依法保障农户宅基地用益物权。这为我国宅基地制度改革做了一定了准备。2013年党的十八届三中全会提出，"改革完善农村宅基地制度，选择若干试点，慎重稳妥推进农民住房财产权抵押、担保、转让，探索农民增加财产性收入渠道"。

2. 国家宅基地制度改革及导向

2015年三项土地制度改革工作全面启动，全国人大授权在33个县(市、区)开展土地制度改革试点工作，简称"三块地"改革；同年3月，国土资源部选取15个县(市、区)开展宅基地改革试点。2017年11月，经中央深改组批准，将三项试点全面打通，在33个试点地区同步推进。上海市松江区即为改革试点之一。历时3年，宅基地改革试点在完善宅基地权益保障和取得方式、探索宅基地有偿使用制度、探索宅基地自愿有偿退出机制、完善宅基地管理制度方面取得了一些经验。2017年12月，中央农村工作会议正式提出，要求"探索宅基地所有权、资格权、使用权'三权分置'，落实宅基地集体所有权，保障宅基地农户资格权和农民房屋财产权，适度放活宅基地和农民房屋使用权"。2018年中央一号文件指出，要"完善农民闲置宅基地和闲置农房政策"。从此，宅基地制度改革和"三权分置"在试点区域内全面铺开。

宅基地改革要适应乡村转型，首先应明确宅基地用益物权，完善农村宅基地权利体系。赋予宅基地财产权，是宅基地制度改革的突破口，保障农民的宅基地用益物权，就必须赋予农民对宅基地更充分的占有、使用、收益和转让权以及继承权，使其真正成为农民的财产。其次，改革现行宅基地制度，实现宅基地的资本化。改革宅基地的成员分配制度和无偿取得制度，以一个时点为界，集体合法成员一次性获取均等的宅基地，新成员或立新户者取得宅基地，以有偿方式取得。在此基础上，对不同区域宅基地对外开放，采取差别性办法。同时，改革村庄规划和用途管制，完善宅基地管理制度。以规划管制明确村庄和政府宅基地管理责任，明确宅基地使用主要是村庄存量用地，将存量管理权下放到村一级，在此基础上，政府从严实施用途管制。

宅基地“三权分置”作为宅基地制度改革的一个基本方向，是一项重大的理论和实践创新，既需要从理论上解析权能困境，厘清三权的权能边界、内涵及相互关系，也需要从试点实践中总结经验，探索可落实宅基地“三权分置”的实现机制。宅基地“三权分置”应遵循集体和农民的意志主张、权益实现的集体主导、市场机制的作用主导原则，以重塑城乡土地权利关系为基础，以超越农村土地静态管理局限为突破，探索构建宅基地权益保障及其权能实现的制度体系，允许宅基地使用权出租、转让、入股、抵押等市场行为，建立引导农民自愿有偿退出机制、探索宅基地资格权有偿取得与市场交易、允许宅基地使用权在一定条件下“入市”经营等做法，从而显化农村宅基地的市场价值，打通宅基地财产性收益路径，激发乡村振兴活力。

（二）上海市农村宅基地政策的历史演变

随着国家对农村宅基地管理要求日益严格，上海市紧跟国家政策导向。从 1981 年至 2007 年，上海市人民政府多次发文，严格宅基地管理。可以将上海市宅基地管理政策总结为审批管理政策、登记发证政策、宅基地置换相关政策等方面，分别梳理上海市宅基地政策的演变历程。

1. 审批管理政策演变

根据国务院 1982 年发布的《村镇建房用地管理条例》，为规范宅基地管理，1983 年上海市出台《上海市村镇建房用地管理实施细则（试行）》，首次明确了上海市郊县农村村庄，国营农场、林场、牧场和乡（或公社）以下的集镇建房用地管理政策，具体要求包括统一规划、明确用地限额、明确审批权限、明确管理机关和职责等。

1990 年，上海市出台《上海市农村宅基地有偿使用收费办法（供试点用）》（简称《办法》），试点宅基地有偿使用。《办法》界定了农村宅基地是指上海市范围内的农民和居民自有住宅所使用的集体所有的土地，提出农村宅基地实行有偿使用，缴纳使用费，明确每年每平方米收费标准，明确宅基地使用费收入，按“取之于土、用之于土；取之于村、用之于村”的原则，90％留给本村用于公共设施建设，10％交乡（镇）土地管理分所，用于宅基地管理和业务费用。《办法》提出，农村个体工商户使用的非宅基地范围的生产经营性用地，同时实行有偿使用。

1992 年，上海市出台《上海市农村个人住房建设管理办法》，明确了上海市农民自行新建、迁建、扩建、改建和翻建住房等农村个人住房建设管理政策，首次提出“农村个人建房用地实行有偿使用制度”，缴纳建房用地保证金；符合农村个人建房用地条件的农村居民户，可向乡（镇）人民政府申请购买本集体经济组织内的他人房屋，无本村民小组户口的农村房屋不得扩建。

2003 年，上海市出台《关于鼓励上海市村民宅基地让出给农村集体经济组织实施细则(试行)》,鼓励宅基地有偿退出。让出宅基地的村民住房,可以自行拆除,也可以由政府指定的单位负责拆除,或者收购后在 5 年内用于出租等经营。批准让出宅基地前后一年内,让出宅基地的村民购买城镇商品住房的,可以申请返还部分土地出让金。让出宅基地的村民自行复垦宅基地的,按照全部复垦面积支付耕地开垦费。让出宅基地的村民住房被收购的,按照宅基地面积的 80%,向让出宅基地的村民支付耕地开垦费;指定单位在 5 年使用期满将宅基地复垦为耕地的,按照复垦面积的 20%向指定单位支付耕地开垦费。

宅基地自行复垦为耕地的,按照新增耕地面积的 100%折抵建设占用耕地指标。指定单位从事非农建设经批准占用耕地的,可以使用该指标,也可以向其他建设单位有偿转让。对村民让出宅基地并自行复垦的,或者由指定单位将让出宅基地进行复垦的,按照"退一奖一"的办法,分别给予所在乡镇或指定单位非农建设用地指标的奖励。

2007 年,上海市人民政府颁布《上海市农村村民住房建设管理办法》,对宅基地的面积标准进行了规范,进一步明确了资格审查、行政审批程序,提出了集体建房管理办法。例如,农村村民建房的管理和技术服务,应当尊重农村村民的生活习惯,坚持安全、经济、适用和美观的原则,注重建筑质量,完善配套设施,落实节能节地要求,体现乡村特色,农村村民将原有住房出售、赠与他人,或者将原有住房改为经营场所,或者已参加集体建房,再申请建房的,一律不予批准,农村村民一户只能拥有一处宅基地,其宅基地的面积不得超过规定标准等。

2010 年、2014 年上海市出台了有关宅基地置换国有商品房的文件。2015 年出台了《关于加强上海市宅基地管理的若干意见》,提出建立满足农村村民居住需求的多种住宅保障形式,健全完善农村村民住房配置方式,提供多种形式,村民自愿选择,以及集体建房和普通商品房保障实施要求,还提出引导存量宅基地自愿退出、探索宅基地有偿使用和推进"三高"沿线宅基地置换的工作要求。

2. 登记发证政策演变

1987 年,上海制定了《关于印发〈上海市农村宅基地证〉发放办法(试行)的通知》,在全市范围内首次开展了《宅基地使用证》的发放工作。1990 年,上海就"解决上海市农村宅基地使用权登记确权若干历史问题"下发通知,明确农村居民原则上只能有一处宅基地,对依法批准迁建住宅后应拆除房屋的宅基地,不予确定使用权,由农村集体经济组织收回土地使用权,统一安排使用。不按规定拆除原有房屋退还宅基地,作非法占地处理。

1986 年,本市启动全市土地普查和总登记、农村宅基地总登记。从 1987 年开始,至 1992 年基本结束,超过 90% 的农村宅基地完成了确权登记发证。土地总登记完成后,宅基地登记与其他各类土地登记一样,进入日常登记阶段。据统计,全市已登记发证的宅基地约 76.9 万户,占全市宅基地户的 75.4%,其中:宅基地使用证 55.8 万户,占全市宅基地户的 73.9%;房地产权证 1.1 万户,占 1.9%。在未登记发证的 18.6 万户宅基地中,11.3 万户宅基地有土地或房屋审批文件,另有 7.3 万户宅基地无审批文件。

1996 年,《上海市房地产登记条例》实施,建立了房地合一的登记制度,将宅基地纳入房地产统一登记，不再核发宅基地使用证，这实际上造成大部分郊区县主动停止了相关的登记发证工作。由于宅基地的审批、流转与一般建设用地的审批、流转不一样，导致宅基地登记与新的房地产登记制度明显不相适应。各郊区县发现，为宅基地发放房地产权证所引起的矛盾日渐增多。先期，除浦东、闵行两区仍有少量宅基地登记发证外，大部分郊区县都主动停止了相关的登记发证工作，到了后期，浦东和闵行也停止了宅基地登记发证工作。

2003 年和 2008 年，《上海市房地产登记条例》两次修订，2008 年的修订中明确宅基地登记规定另行制定。

3. 宅基地置换政策演变

10 多年来上海市宅基地管理探索，主要集中在宅基地的归并和置换工作，经历了“率先在全国试点、运用增减挂钩政策进一步推进”的主要阶段。其中，规划土地政策的核心主要是结合土地综合整治，通过异地流转或指标流转推进宅基地归并和置换。总的来看，上海市宅基地置换工作经历了三轮发展。

第一轮宅基地置换探索实践自 2003 年开始，原市计委、市农委、市房地资源局制定了《关于鼓励上海市村民宅基地让出给农村集体经济组织实施细则(试行)》，通过返还新购商品房取得部分出让金、支付宅基地复垦的耕地开垦费等措施，鼓励村民让出宅基地。但由于补偿过低、户籍制度和社会保障不健全等，实施效果并不理想。2004 年，上海在郊区农村进行宅基地置换试点。一是按照“等量置换、等价交换”原则置换农民宅基地及其房屋。对原宅基地房屋按照动拆迁补偿标准进行公开评估、作价补偿，对新建国有土地商品房按照建设成本核定价格，基本上做到拆一还一、农民少出钱或不出钱，能与动迁安置政策有一定衔接。二是按照“有条件可与‘镇保’联动”的试点指导意见，试点区域内农业人员，经与集体经济组织协商一致，在自愿将承包的土地退还给集体经济组织后，可享受上海市被征地人员参加镇保的有关政策，或参照上海市征地养老政策，享受相应的社会保障。开展宅基地置换试点工作的，涉及松江区佘山镇、嘉定区外冈镇等 11 个乡镇，共签约搬迁农户 9 400 户。以嘉定区外冈镇为例，通过“宅基地换住房、承包地换保障”推进置换，在尊重农民意愿的前提下共置换农户 1 128 户。

第二轮宅基地置换(即“城乡建设用地增减挂钩”)实践始于 2009 年。上海市出台《关于上海市实行城乡建设用地增减挂钩政策推进宅基地置换试点工作的若干意见》，提出运用城乡建设用地增减挂钩这一政策工具，在符合规划和土地用途管制的前提下，坚持“两平衡一尊重”原则，盘活农村存量建设用地资源，允许腾挪出来的用地指标在区县域范围内异地使用，也允许在确保农民安置的前提下按规划用于经营性建设用地开发以平衡投入成本。

第三轮宅基地置换，主要是加大宅基地置换试点的支持力度。2014 年 2 月市政府办公厅印发《转发市农委关于进一步完善上海市农民宅基地置换政策意见的通知》(沪府办发(2014)12 号)，提高宅基地置换试点中市级土地出让金结算基数，由 150 万元提高到 400 万元。同时，奉贤区庄行镇、金山区廊下镇等地探索了宅基地归并试点，即农民集中居住，让农民基本不出钱住上新房，且居住条件、环境以及公共服务设施配套水平得到改善。

(三)现行宅基地制度存在的问题

1. 法律法规制度不完善

总体来看,我国农村宅基地法律法规政策保障了农民居者有其屋的权利,体现了农民的社会福利保障功能,促进了农村的稳定。《物权法》也将宅基地使用权明确为一种用益物权,实现了物权法定和农民权益的保护。但同时,目前宅基地法律法规仍然有很多空白点和模糊点,明显落后于经济和社会发展,包括所有权主体的虚置、用益物权权能不完整、宅基地有偿使用、抵押、流转等规定落后等。目前有关宅基地使用权抵押担保方面的法律法规与房地合一的土地管理原则和房屋所有权的财产权利实现等方面的法律法规存在矛盾,限制转让和流转的政策流于形式。

2. 宅基地审批管理政策不健全

现行宅基地审批管理政策不健全,存在与现实操作相脱节的情况,严重影响了宅基地管理的绩效。一方面,现行的宅基地审批制度审批环节多,且跨建设、规土等多个部门,程序繁杂、周期长,审批困难,农民易产生畏惧心理,造成未批先建等现象的发生。此外,由于用地指标紧张,政府在安排农转用指标使用计划时重城市轻农村,使得宅基地专用指标不足甚至为零,农民合法取得宅基地的权益得不到保障,也增加了农户违法占地的几率。另一方面,宅基地审批管理制度不健全。宅基地审批政策规定过于原则化,缺乏可操作性、规范性的审批办法,缺乏有效的宅基地供应管理引导和监管机制,违法处理手段单一,不利于农民权益保障,可操作性也不强。

3. 宅基地退出机制缺失

现行宅基地管理制度中对于宅基地退出,除了几条原则性规定外,具体操作内容缺失,更缺少引导农民主动退出宅基地的有效机制。当前的宅基地政策,限制了宅基地的合理流转,也没有鼓励农民主动退出宅基地的补偿机制和激励机制,使得即使已经在城市定居或移居他乡的农民,依然不能将自己合法拥有的宅基地使用权转让出去,没有补偿也不愿意主动放弃宅基地使用权。这不仅使得农民宅基地的财产权难以实现,也使得宅基地处于长期空置状态,造成宅基地的闲置浪费。新型城镇化和新农村建设要求集约节约利用土地,上海市也将农村建设用地减量化作为政府工作任务之一,但是上海市的空心村、空壳村现象依然突出。由此,对上海市农村废弃、闲置、出租和一户一宅以外的宅基地依法收回和自愿有偿退出,以及零星分散农村居民点的归并等应当作为农村宅基地管理制度改革研究的重点问题。

4. 建房管理不到位

一是主体资格认定模糊。由于农村村民是个动态变化的群体,目前政策对“农村集体经济组织成员”的身份认定没有明确规定,基层在操作中都是以农业户口为主要依据,在宅基地申请资格和建房人数计算上存在很多问题和争议。二是规划编制和用地保障政策不完善。区、镇人民政府没有对村民建房的布点、范围和用地规模问题进行专门研究,规划编制和实施管理等方面不到位。目前新增用地计划主要用于城镇,对于农村村民住房建设的用地指标偏少,没有固定比例分解,抑制了合法的建房需求。郊区镇村规划较为薄弱，村庄规划覆盖率低。三是建房审批通道不健全。由于当前政策对村民建房的主体资格和申请条件要求严格，很多不符合建房资格条件但实际合法拥有宅基地房屋的村民户，即使房屋十分破旧也没有正规的申请审批通道，造成私自翻建、以“维修”名义实施翻建等违法行为，建设过程也游离于监管之外，存在很大的质量、安全隐患和违法用地、违法建设风险。

5. 限制农民财产权的实现

农村宅基地为集体所有，农民享有永久的使用权。农民虽然没有宅基地名义上的所有权，但永久的使用权让宅基地实际成为农民的显示财产。但现行宅基地“一户一宅”的宅基地制度，禁止向城镇居民转让宅基地，这使得农民宅基地没有变现的可能。同时，村民之间购买宅基地，则意味着超出了一户一宅的规定。没有合法的买家，无法进行市场化的交易，影响了农民宅基地财产价值的实现。

（四）小结

总的来说，现行宅基地政策不能满足当前经济社会发展的需要，因而新的社会矛盾激发出新的宅基地制度改革的需求，当前如火如荼的宅基地制度改革即是如此。在乡村振兴的大背景下，上海市开展农民宅基地政策研究，探索宅基地制度改革路径意义重大。一方面，要结合乡村振兴工作，加强规划引领，发挥郊野单元规划、村庄规划在宅基地管理中的管控作用，补齐农村宅基地管理短板。探索有效的宅基地退出机制，对违法建设、超标建设和长期闲置的宅基地，赋予集体经济组织及时纠正和有条件调整、收回的权能。另一方面，要借鉴各宅基地制度改革试点区域的成功经验及教训，将其成功经验有选择地引入上海的宅基地制度改革中，积极探索在宅基地取得、宅基地有偿使用、宅基地资源有偿退出、闲置半闲置宅基地开发利用、宅基地监管等方面的制度改革和政策设计。

四、上海市农村宅基地现状分析

（一）上海市农村宅基地总量变化分析

1. 宅基地统计底版需强化现时性和准确性

目前宅基地总量统计一般以二调数据为底版。根据上海近年来农村地区宅基地动迁和减量归并情况，结合农民建房标准和审批政策综合判断，宅基地总量大量增加可能性较小。然而，根据全市二调数据，2010 年全市农村宅基地总量为 477 平方公里，2016 年底全市农村宅基地 514 平方公里。从全市总量上看，农村宅基地不降反增，与历年宅基地政策导向明显不符。

需说明的是，二调农村宅基地包括两类，一是非空闲农村宅基地，二是空闲宅基地，空闲与非空闲主要通过主观判断。课题组进一步统计了全市农村宅基地三级类，结果发现相对于 2010 年，全市 2016 年非空闲农村宅基地下降 57 平方公里，空闲农村宅基地增加 94 平方公里（见表 1）。

根据数据可得性，课题组对比分析了崇明区、金山区、闵行区、浦东新区 2011 年和 2016 年二调农村宅基地总量。从表 2 可以看出，各区非空闲农村宅基地面积都有减少，而空闲农村宅基地都有所增长，导致总量减少不明显，其中浦东新区空闲农村宅基地增量达44.5平方公里。

通过进一步对2011年和2016年浦东新区农村宅基地二调进行分析（见图2、图3），可以得出：

（1）相对于2011年农村宅基地来说，2016年增加的48.64平方公里农村宅基地中，约87%处于城市开发边界内，且2016年增加的农村宅基地中空闲农村宅基地约占86%。

（2）通过与遥感影像对比发现，增加部分图斑覆盖区域有空地、滩涂等。统计结果与实际土地利用情况有出入（具体见图4）。

（3）通过与浦东新区2016年农转用数据对比，2016年增加的48.64平方公里只有0.25%规划用于建设宅基地。

因此，宅基地总量现状统计底版应进一步明确并强调现时性和准确性。可加强近期完成的农村地籍调查等相关数据的应用，并结合“三调”，精确掌握现状情况和变化趋势，作为宅基地政策制定的基础判断依据。

表1　全市2011年和2016年农村宅基地总量分析　单位：平方公里

年份	非空闲农村宅基地	空闲农村宅基地	小计
2010	472	5	477
2016	415	99	514

表2　四区2011年和2016年二调农村宅基地对比　单位：平方公里

各区农村宅基地总量分析（空闲农村宅基地＋非空闲农村宅基地）			
区名	2011年	2016年	差值(2016～2011)
崇明	114.19	112.15	−2.04
金山	40.11	39.54	−0.56
闵行	27.13	24.58	−2.55
浦东	112.04	138.25	26.21
各区非空闲农村宅基地总量分析			
区名	2011年	2016年	差值(2016～2011)
崇明	114.04	110.52	−3.52
金山	39.08	36.39	−2.69
闵行	26.49	17.60	−8.90
浦东	110.29	91.99	−18.30
各区空闲农村宅基地总量分析			
区名	2011年	2016年	差值(2016～2011)
崇明	0.15	1.63	1.48

续表

各区空闲农村宅基地总量分析			
区名	2011 年	2016 年	差值(2016～2011)
金山	1.03	3.16	2.13
闵行	0.63	6.98	6.34
浦东	1.75	46.26	44.50

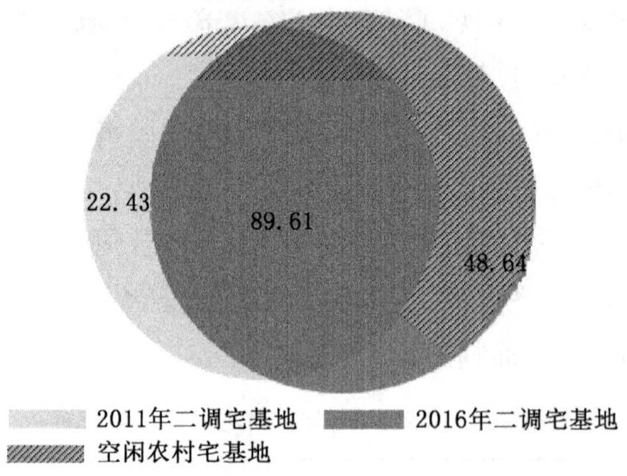

图 2　2011 年和 2016 年浦东新区二调宅基地数量分析

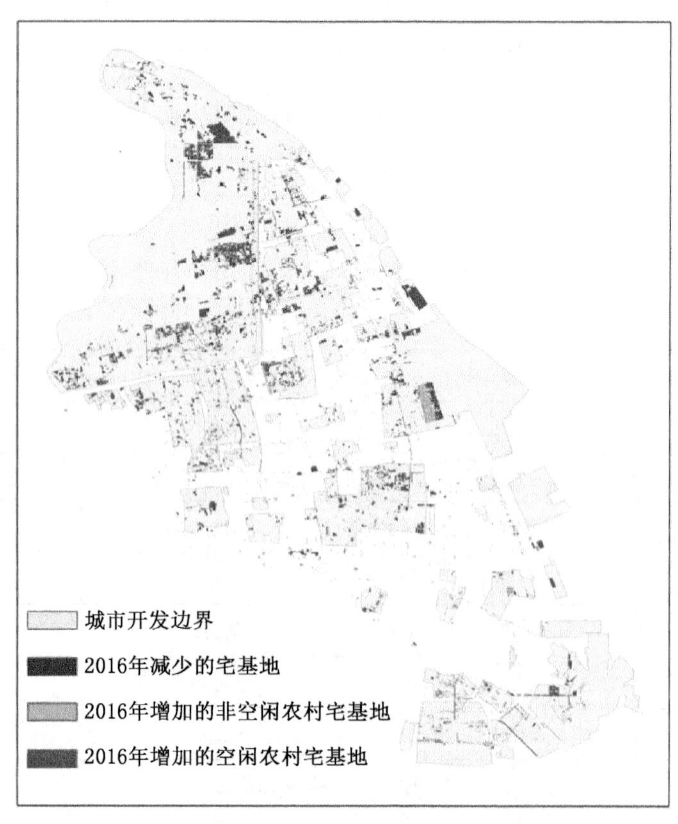

图 3　浦东新区 2016 年农村宅基地变化情况空间分布

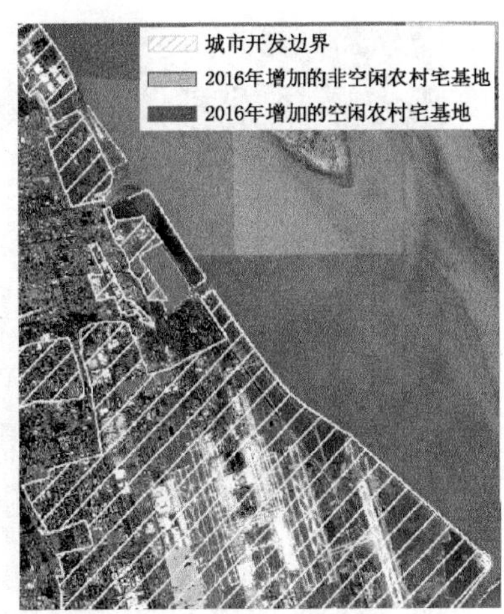

图 4　浦东新区 2011 年和 2016 年宅基地对比

2. 宅基地面积统计口径需进一步明确

目前宅基地面积统计一般统计的是二调数据中的农村宅基地，但严格来说，宅基地面积应为宅基地确权面积，二调农村宅基地统计结果与产权面积有所差异。

根据可得数据，对闵行区许浦村、金山区水库村二调底版与地籍调查成果进行对比分析（如表 3 所示），地籍调查成果中房屋占地面积＜宅基地面积＜二调宅基地面积。

从许浦村、水库村二调宅基地、地籍调查成果和遥感影像比对发现（见图 5、图 6），宅基地占地面积更符合宅基地统计的意义，因此建议上海市农村宅基地面积测算应以农村地籍调查成果为底版，统计房屋占地面积。

表 3　　二调宅基地图斑与地籍调查成果对比　　单位：公顷

	闵行区许浦村	金山区水库村
二调宅基地面积	17.35	20.77
地籍调查成果“宅基地面积”	15.61	10.12
地籍调查成果“房屋占地面积”	2.51	6.94

3. 宅基地归并和集中居住实施推进缓慢

已实施增减挂钩规划的宅基地归并量约占宅基地面积总量的 1.2%。2010 年至今，市规土局批准涉及农民集中居住和宅基地集中归并的城乡建设增减挂钩项目共 37 个，下达挂钩置换建设用地指标为 920 公顷（约 1.4 万亩），预计涉及搬迁 2.1 万户农民；截至 2018 年 6 月初，已归还的建设用地指标为 608 公顷（约 0.9 万亩），已完成搬迁农户为 1.6 万户，占计划搬迁总量的 74%，形成了城镇集中建新安置、城镇集中存量房安置＋货币补偿、跨村异地集中归并等模式。

宅基地减量化完成面积约占宅基地面积总量的 0.7%。与增减挂钩项目同时，各区镇利用减量化政策也积极推进农民集中居住。截至 2018 年 6 月，全市已立项的宅基地减量面积 735 公顷，已验收的宅基地面积 361 公顷（不含增减挂钩的项目）。

图 5　许浦村二调宅基地、地籍调查成果和遥感影像比对

图 6　水库村二调宅基地、地籍调查成果和遥感影像比对

农民向城镇集中居住项目归并宅基地约占宅基地总量的 0.4%。2016 年，本市发布《关于促进本市农民向城镇集中居住的若干意见》(沪府[2016]39 号文)。截至目前，全市已推进实施 7 个农民向城镇集中居住项目，涉及农户 3200 户。由于资金补贴标准、增减挂钩项目周期、安置房套型面积标准等原因，集中居住项目实施数量较少。

(二)上海市农村宅基地空间分布研究

1. 宅基地总体布局零散

根据市农委统计,2015 年年底全市自然村共约 3.3 万个,其中 10 户以下自然村约 1.5 万个,占总数的 44%以上;30 户以下自然村约 2.6 万个,占总数的 77%以上。全市宅基地共约 75.5 万个,涉及"三高沿线"、生态敏感地区、环境整治区约 3 万个。根据各郊区总体规划暨土地利用总体规划,规划保留(保护)村 0.88(保护 0.07)万个,撤并村 2.42万个,自然村约减量 70%。

2. 远郊区宅基地分布较集中

从整体空间分布来看,约有 80%位于城市开发边界外,占集体建设用地面积总量的 51%。上海市宅基地主要分布于崇明区、浦东新区、金山区、青浦区;从全市宅基地点密度分布来看,崇明区整个区几乎都是宅基地分布集中区,且高密度中心连线与崇明岛物理中线重合;浦东新区宅基地高密度中心位于东南部;金山区相对来说宅基地密度整体偏高,但高密度区域核心较小;青浦区相对于崇明区、浦东新区、金山区,宅基地密度整体偏低;其余区宅基地密度都较低。

图 7 上海市宅基地空间分布

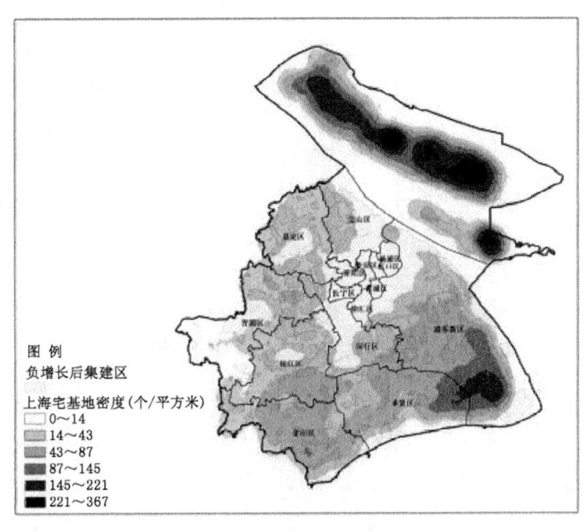

图 8 上海市宅基地密度分布

(三)上海市农村宅基地样本调查分析

为深入分析上海市农村宅基地现状特征,本课题按照区位以主城区、近郊、中远郊、远郊分别选择闵行区华漕镇许浦村、奉贤区金汇镇新强村、漕泾镇水库村、崇明区向化镇卫星村作为微观样本,深入调查、分析各村规划编制情况以及宅基地现状、使用和权属等情况。样本调查的数据来源主要包括现场调查、管理部门调研、土地利用现状数据以及农村地籍调查数据等。

表 4　　上海市样本村基本情况

区位	村名	面积(平方公里)	户数(户)	户籍人口(人)	农业户籍人口
主城区	闵行区华漕镇许浦村	1.38	187	1 455	530

续表

区位	村名	面积(平方公里)	户数(户)	户籍人口(人)	农业户籍人口
近郊区	奉贤区金汇镇新强村	4.3	578	3 089	1 766
远郊区	金山区漕泾镇水库村	3.7	440	1 725	1 195
	崇明区向化镇卫星村	3.0	1 072	2 289	920

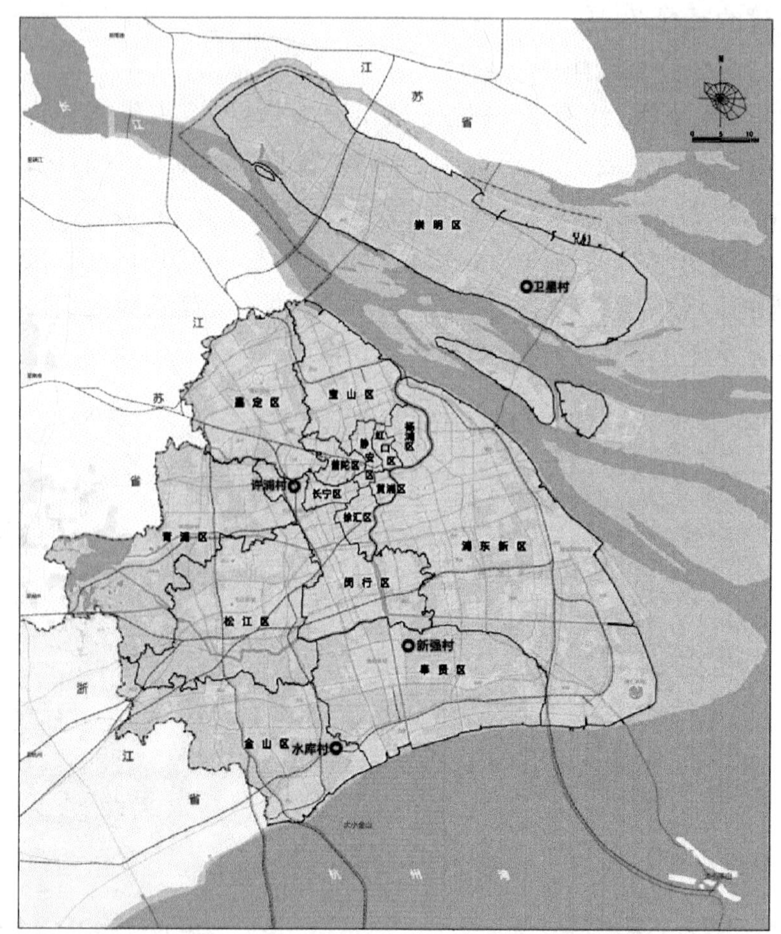

图 9 上海市农村宅基地调查样本村分布

1. 村规划编制情况

(1)村庄布点规划需进一步优化。2016 年开始,根据《关于进一步加强本市郊区镇村规划编制工作的指导意见》(沪规土资乡〔2015〕259 号文),各区积极开展区层面村庄布点规划、新市镇总体规划等编制工作。遵循“三个集中”导向,根据实际情况因地制宜地对全区自然村开展现状调研和布局规划,按“保护村”“保留村”和“撤并村”三种类型实施分类指导。其中,“保护村”指列入中国历史文化名村和传统村落名录的村庄,以及具有明显风貌特征或历史文化价值的自然村;“撤并村”指受环境影响较大的自然村,以及布局散、规模小、公共服务覆盖难度大、空心化严重的自然村;“保留村”应作为规划保留的建设用地,在农民实际居住需求较为充分、基本公共服务得到保障的前提下,由各区(县)结合实际情况因地制宜确定。样本村庄所属的奉贤区、金山区、崇明区、闵行区中,崇明区村庄布点规划草案都已编制完成(纳入区总规),新市镇总体规划正在编制中。既有规划中,金汇镇新强村、漕泾镇水库村、向化镇卫星村为保留村,华漕镇许浦村为撤并村。

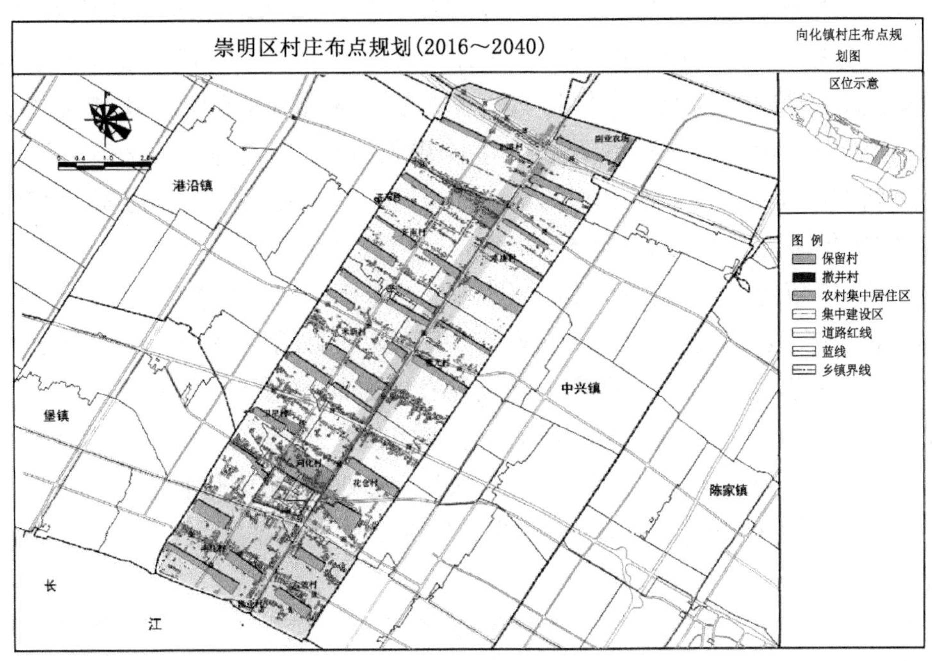

图 10　崇明区村庄布点规划向化镇布局

根据 2018 版《上海市乡村规划导则(试行)》,村庄布局规划通过区总体规划暨土地利用总体规划(简称“区总规”)和新市镇总体规划暨土地利用总体规划(简称“镇总规”)两个层面,逐级落实。“区总规”中的村庄布局规划内容包括:按照空间规划体系,明确村庄发展规模;明确村庄撤并、保留、保护的分类原则;明确保护村、保留村、撤并村的空间布点方案;明确村级层面配套设施的配置内容和标准,提出相关支撑系统的规划策略,并将农村居民点和现状低效工业用地减量规模分解至各街镇,为下位规划提供指引。“镇总规”中的村庄布局规划内容包括:根据区总规的村庄布局规划要求,在镇域范围内划定乡村单元,进一步明确乡村单元的四至边界、人口规模、建设用地面积、用地布局和配置要求。

基于已开展的村庄布点规划,坚持促进农民居住向城镇集中和缩减零星自然村的总体导向。2018 年版《上海市乡村规划导则(试行)》要求进一步优化完善村庄布局,重点强调因地制宜地确定保留村人口集聚方式,以及妥善解决布局分散、户数低于 30 户的自然村的归并问题。同时,根据《上海市郊野单元(村庄)规划编制技术要求和成果规范》,区、镇人民政府应根据实际情况研究出台安置细则,制订若干安置方案,如进新城集中安置、进城镇集中安置、开发边界外异地集中安置等。按照等价原则,扩大农民选择范围,在保障农民家庭 1 套自住房的基础上,给予农民实物安置、货币安置、股权安置等多种选择。

(2) 村庄规划覆盖不足。根据《关于进一步加强本市郊区镇村规划编制工作的指导意见》(沪规土资乡〔2015〕259号文)要求,各区(县)选择部分保护村和保留村,开展村庄规划编制,重点对农民住宅、农业生产、生活服务设施等各项建设用地布局和建设要求,以及对耕地等自然资源、历史文化遗产保护及乡村风貌塑造等作出具体安排。根据调研情况,总体来看,村庄规划覆盖不足。同时,村庄规划编制过程和成果显示,根据既有规范和技术标准编制的村庄规划可以引导村庄田、水、路、林等生态基底建设和建设用地减量化和存量利用,但在乡村振兴战略的更高要求下,缺少区域层面对乡村产业功能、居住和服务以及乡村风貌等方面的整体规划,难以对基本农田布局、建设用地指标等方面进行资源统筹,单个保留村的村庄编制,对有效引导村庄自然资源和建设用地优化布局、农民集中居住等存在一定局限性。

根据2018年版《上海市乡村规划导则(试行)》,下一步,为落实上海市乡村振兴战略,按照全市乡村规划编制工作的统一安排,将深入持续开展大调研,全面摸清乡村底数,以更高的视野谋划郊区乡村的功能定位和发展方向,梳理乡村功能定位、人口策略、空间格局、产业导向、生态治理、人文风貌等关键问题。各区已启动郊野单元(村庄)规划编制,2019年将实现全覆盖。郊野单元(村庄)规划编制过程中,针对有明确发展需求、有具体建设项目诉求的村庄,套编形成一个总体的郊野单元(村庄)规划和若干个保留村的规划方案。

在宅基地方面,郊野单元(村庄)规划编制将依据上位规划要求,结合农村人口流动以及生产生活方式转变实际,在现有宅基地的基础上确定村庄规划建设用地管控边界,分类明确保留(保护)、撤并、存量利用宅基地的空间布局、用地规模、户数和管控要求,因地制宜引导零星分散的宅基地向保留村归并或向城镇集中,在合理确定安置规模和标准的基础上落实农民安置用地。对于上位规划确定的撤并村,规划将明确集中安置的区域,优先进城、进镇安置,体现进城进镇集中安置的导向。对于上位规划确定的保留村,允许安排农民集中居住点,以尊重部分愿意继续留在农村居住的农民意愿。

4个样本村村庄规划皆未覆盖。按照上海市美丽乡村精品村申报和建设要求,水库村、新强村村庄规划已启动新版郊野单元(村庄)规划编制,水库村所在漕泾镇已完成《漕泾镇郊野单元(村庄)规划(2018—2035)》初步方案编制,预计2018年11月完成审批。规划编制过程中,对水库村宅基地完成“一户一档”集中居住意愿调查工作,正在对保留村内集中居住方案进行选址和规划设计。

表5　　水库村一户一档数据汇总

总户数		438
愿意集中居住	户数	355
	比例	81%
愿意外墙改造	户数	59
	比例	71%

续表

类别	项目	数值
在外有住房家庭	户数	254
	比例	58%
在外住房较小家庭	户数	127
	比例	50%
现出租家庭户		16
愿意出租做民宿户		179

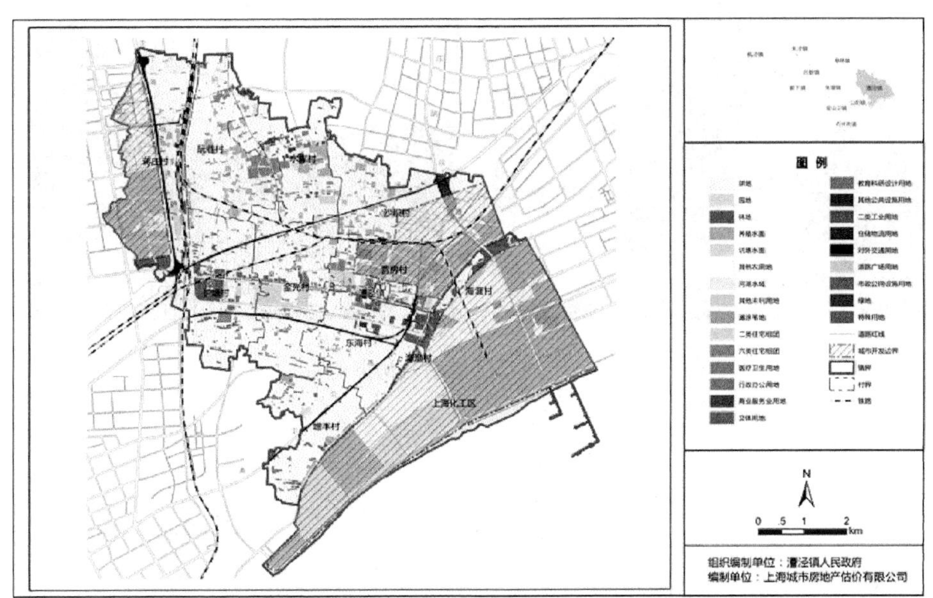

图 11 漕泾镇郊野单元(村庄)(2018～2035)初步方案(公示稿)

2. 村宅基地使用现状

(1)宅基地质量参差不齐，房屋老旧问题突出。根据样本村现场踏勘，虽然近年来有部分宅基翻建，但房屋质量较好的比例总体比较低，老旧现象普遍突出。房龄 30 年以上宅基地比例较高，主要为 20 世纪八九十年代建设，以砖木结构为主，其中：近郊地区 30 年房龄以上的连排村宅较多，整体翻建困难；房龄 10～30 年宅基地比例较高，以砖木结构和砖混结构为主；房龄 10 年以下宅基地(含翻建)占比较低，以砖混结构为主，多为独门独户的翻建或建新房屋。以奉贤区新强村和金山区水库村为例，新强村 20 世纪 90 年代以前建造房屋比例高于 90%；近年进行过翻修的不足总户数的 6.6%。水库村宅基地房屋建于 20 世纪 80 年代及以前的比例高于 80%，建于 90 年代的约为 15%，建于 2000 年以后的仅占 3%，近 3 年进行过翻修的不足 15%。

(2)宅基地空置率较高，建新与实际需求脱离。“一户多宅”现象突出。宅基地里居住的不再是农民，多数为外来租户。根据调研，奉贤区宅基地空置率为 35%～40%，居而不足现象十分普遍。特别是靠近产业园区的村庄，房屋出租比例极高。实际居住人口老龄化现象突出，以新强村为例，全村户籍人口3 089个，常住户籍人口1 000多个，其

20世纪80年代以前

图 12　不同年代宅基地房屋照片

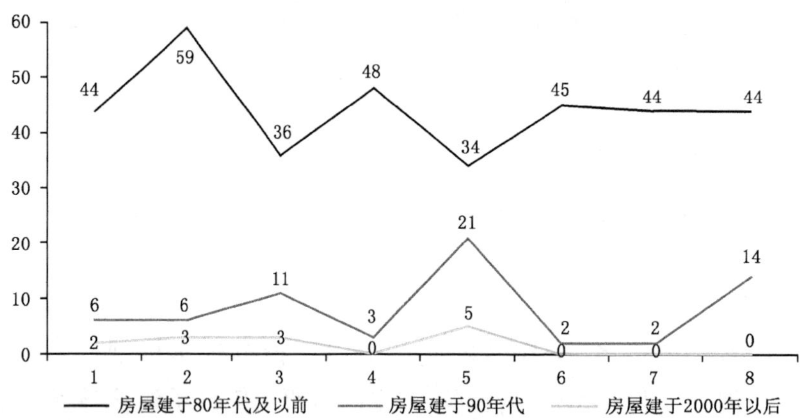

图 13　水库村各组房屋建造年代统计

中 800 多个为 60 岁以上老人，占常住户籍人口的 80%以上。完全自住的比例不足 10%，约 19%完全空置或出租，70%以上部分出租。

宅基地新建诉求为权益需求而非居住需求。通过样本村庄访谈统计得知，目前申请分户建房的农户，特别是年轻人，大部分已不在农村居住生活，甚至在城镇已有多套商品房。申请新建农宅，是为了行使“农业户口”权利，建房出租，用于增加收入。宅基地空置引发社会管理等一系列问题。如何甄别真正建房居住需求和物业增收需求，对农户放弃的原有宅基地按照本区制定的标准进行货币化置换，是亟须破解的政策瓶颈。

崇明区近年来在空闲宅基地退出机制上进行了积极探索。根据《上海市崇明区人民政府关于促进本区农民向城镇集中居住的指导意见》，在农民家庭拥有一套商品住房

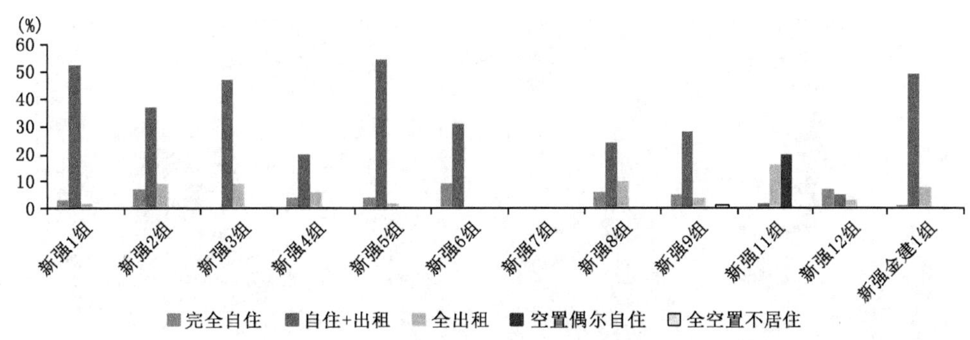

图 14　新强村各组宅基地使用情况统计

的基础上，鼓励需翻建、新建住房的农户放弃原有宅基地，购买城镇商品房或其他置业。对农户放弃的原有宅基地按照本区制定的标准进行货币化置换。对选择货币化置换的农户，由集体经济组织提供一次性货币补偿。根据《崇明区建设镇农民集中居住工作实施方案》(沪崇建府〔2018〕81 号)，对持有合法、有效的农村宅基地使用证或相关建房批准文件，但不符合在农民集中居住区建房条件的非农户、继承户及符合在农民集中居住区建房条件的农户退出宅基地选择货币化置换模式，按照批准的宅基地面积，分别予以一次性货币化补偿。非农户，对持有合法、有效的农村宅基地使用证或相关建房批准文件，且愿意退出现状占有宅基地的有证有人且持证人名下有一套商品住宅的，按照批准的宅基地面积，以每平方米7 000元的标准进行一次性货币补偿。继承户，对持有合法、有效的农村宅基地使用证或相关建房批准文件，且愿意退出现状占有宅基地的有证无人且继承人名下有一套商品住宅的，按照批准的宅基地面积，以每平方米4 500元的标准进行一次性货币补偿。

(3)空闲宅基使用方式单一，多样路径需进一步探索。现状空置宅基主要利用方式为房屋出租。宅基地租金近郊区一般为每月 200～300 元/间，远郊区低于近郊区。通过调研和访谈，了解到在乡村振兴的宏观背景下，部分村庄通过宅基地置换、流转等方式，探索空置宅基地的有效利用，取得了一定成效。例如金汇镇新强村，通过宅基地流转——由政府以合理租金将农户宅基地及地上建筑租下，再流转给项目运营企业，并向其中有安置需求的农户提供租赁住房安置，由项目运营企业进行农民宅基地房屋改造，作为“三园一总部”项目的着陆点。但总体来看，与周边江苏和浙江地区相比，上海农村闲置住房的利用方式单一，增收空间有限，缺乏亮点和高品质的使用案例。

通过与国内前沿乡村文旅投资运营机构，如乡伴旅游文化发展有限公司等社会主体进行深度访谈，了解到土地空间是上海乡村文旅等产业发展的最紧缺资源。上海由于建设用地空间已逼近天花板，开发边界外新增用地，特别是经营性用地受到严格管控，需要更加注重存量建设用地的有效和创新利用。结合“三权分置”改革，制定有效的宅基地退出和使用政策，使农村闲置住房成为发展乡村振兴的空间载体之一，是盘活存量支持乡村产业发展的方向之一。

(4)宅基地风貌杂糅，水乡文化特征模糊。通过广泛调研踏勘，从宅基地风貌来看，传统居住文化和乡土风貌亟须抢救性保护和引导。随着经济发展和农民生活水平的提

图 15　新强村宅基地流转及三园—总部实践案例

高，为了改善居住条件，许多拥有鲜明地方特色的历史风貌建筑被拆除，新建住宅样式繁多，往往根据业主喜好，大量引入西方建筑元素，中式、欧式、联排、洋房等不同建筑符号和式样相互拼贴，统一村庄的住宅建筑也各不相同、争奇斗艳，整体宅基地风貌体现出杂糅、拼贴的特点，传统建筑肌理和风貌被严重破坏，亟须统一引导和管理。同时，已实施集中居住点存在完全按照城市小区建设、规模过大、水乡风貌丧失等问题。

图 16　不同风格宅基地杂糅典型照片

(5)宅基地权证标准不一，老宅建筑面积核定困难。不同年代宅基地权证标准不统一。老宅发证时间不同，宅基地证上面积有的按照外墙圈围面积，有的按照宅基地占地面积，有的按照宅基地建筑面积，标准不一导致老宅面积确定困难。另外，即使提供老宅面积确定标准，实际与农户沟通其老宅面积也易激发矛盾，难以切实执行。以闵行区许浦村为例，宅基地共 188 宗，其中有产证 95 宗，有批文 89 宗，产证、批文皆有 1 宗，有情况说明 3 宗。整体上，许浦村宅基地的权源证明材料较为齐全，产权清晰，为宅基地确权登记发证提供了有力支撑，但是由于权源证明材料情况不一致，宅基地确权登记发证的依据也就有所不同，尚需出台相关政策进行分类处理。

(6)农民集中意愿总体较强，不同安置方式倾向差别较大。根据样本村调研问卷及水库村“一户一档”资料，得出农民动迁或集中居住意愿较强。水库村集中居住比例达到 81%。然而，对于不同安置方式的接受度差别很大。总体来说，由于安置补偿力度、房屋价值空间和社会保障不同，以及固有的村界观念，动迁进镇(或新城)安置的意愿最高；跨村异地建房安置的意愿比例最低。高容积率异地建房安置方案难以实施，相关权证政策待明确。以新强村为例，维持现状和原址改建翻新的意愿比例约为 30%，“镇区上楼”安置的意愿比例接近 50%，异地建低密度农民房(2～3 层)的意愿比例约为 17%，纯货币化安置意愿比例为 2.6%，跨村小高层安置点安置的意愿比例仅为 1.3%。

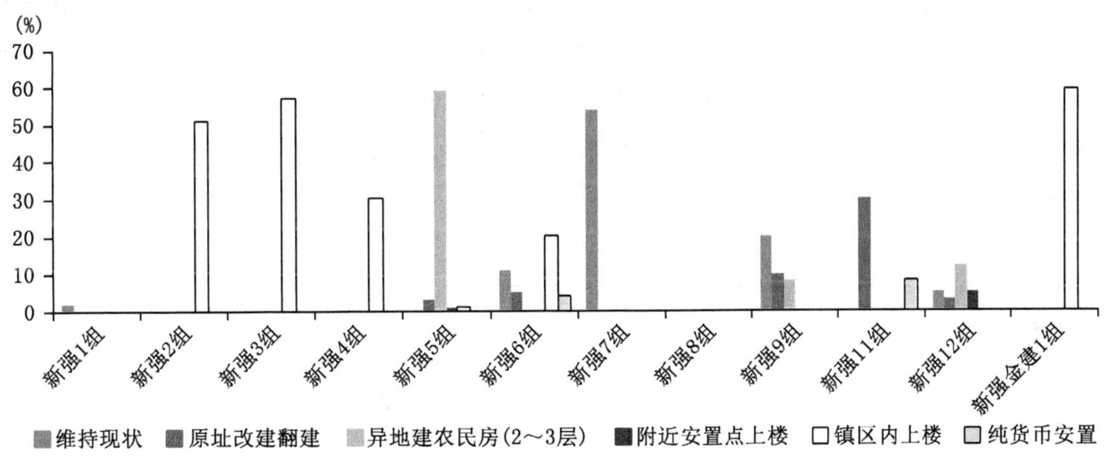

图 17　新强村不同安置意愿对比

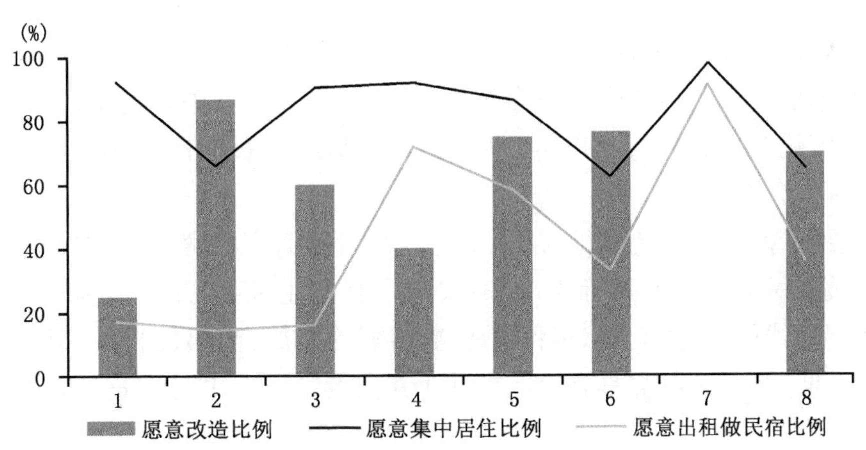

图 18　水库村“一户一档”结论分析

(四)小结

宅基地问题的根本原因，在于生产关系不适应生产方式的改变。1956 年，明确农村宅基地给农民居住保障和 1978 年联产承包责任制以及之后的乡办企业，奠定了农村发展的基本生产关系。如今，宅基地相关权利和使用政策未发生根本改变，但农村农民的生产方式发生了翻天覆地的变化。

总体来说，现状宅基地存在布局散、数量多、退出难，空闲宅基地使用方式单一等问题。通过样本问题剖析，宅基地政策优化调整亟须关注以下几个方面：宅基地实际居住需求的甄别机制、宅基地退出机制、空闲宅基地的使用政策、集中安置政策的优化，以及宅基地权证的梳理和相关政策制定等。

五、国内宅基地改革的经验与实践总结

（一）国内农村宅基地改革试点经验总结

农村宅基地改革是农村土地征收、集体经营性建设用地入市、宅基地制度改革中的重要一项，改革试点主要是完善宅基地权益保障和取得方式，探索有偿使用方式和农民自愿有偿退出或转让方式，进一步改革宅基地审批制度，发挥村民自治组织的民主管理作用等。通过对安徽金寨、江苏武进、陕西高陵、湖北宜城和浙江义乌等全国15个宅基地改革试点地区的实践经验进行对比总结，各地实践在宅基地规范管理、改革模式、有偿使用和退出机制、村民自治等方面可以为上海提供可资借鉴的经验。

1. 因地制宜、实事求是制定宅基地改革模式

（1）旧址改造。针对超占和散置宅基地的传统村落采用“旧村原址改造提升”模式，对因“建新未拆旧”而形成的一户多宅，按照试点制度和村集体决议坚决退出；对祖遗户等原因造成的一户多宅，通过住房为主、货币为辅的安置补偿方式，引导其自愿有偿退出。

（2）整村退出。对于因历史原因造成的宅基地超占、一户多宅等问题，有条件可以一次性解决的，采取“整村退出、社区安置”模式，按照土地利用总体规划及相关规划，原来多个自然村合并后重新规划新建农村新社区；对扩展边界范围内的村庄，通过增减挂钩、土地整治等形式，以住房加货币的方式进行集中安置。

（3）零散退出。针对村庄规模无序扩张，但不具备一次性整村退出的，则实施“零散退出，逐步社区化”模式，对新分户、自愿退出老宅基地等农户补助，引导他们在社区服务中心周边规划区内建房。

（4）宅基地置换。通过宅基地置换，宅基地房置换为产权房，并为农民办理产权证，农民享有城镇居民的社会保障待遇，失地农民享有就业机会，并且做到“拆一还一”，使置换户基本不贴钱就能拿到与旧房面积基本相等的新房，超出面积按其所占总面积的比例而价格不同，并且新房都具有房产证能上市交易。旧宅基地上房产拆除后，旧宅基地归村集体所有。

2. 推行农村宅基地有偿退出和有偿使用机制

（1）界定户宅。推行农村宅基地有偿退出和有偿使用机制，首先应对“户”和“宅”进行界定。云南省大理市结合本地实际对国家土地管理法律法规中没有明确的“户”与“宅”标准进行界定，确定“户”是指具有本村组常住户口，取得本集体经济组织成员资格，享受集体资产分配、履行集体成员义务的集体经济组织成员家庭自然户；“宅”是指能基本满足生产生活需求的宅基地，主要包括住房、厨房、圈房、天井等的宅院。在“户”与“宅”的界定上破题，有效防止不合理分户家庭挤占住房刚性需求农户的建房用地指标，使得宅基地有偿退出和有偿使用顺利推进。

(2)有偿退出。多个宅基地试点区积极推行有偿退出和无偿退出相结合的宅基地退出机制,对户外的闲置废弃的畜禽舍、影响村内道路及公共设施建设的院落等建筑物,实行无偿退出;对"一户多宅"的多宅部分和非集体经济组织成员在农村占有和使用的宅基地,实行无偿退出或有偿退出。可采用资产置换、货币补偿等方式鼓励宅基地退出。多地建立政府回购机制,通过产权转让、权益转化等方式来推进有偿退出。多地政府根据本地实际制定相关制度实现宅基地的有偿退出,如浙江省义乌市的"集地券"制度、江西省余江县台账管理制度。

(3)有偿使用。多个试点区出台规定农村宅基地有偿使用范围,因历史原因形成的超标准占用、一宅多户、非本集体经济组织成员继承等情况,均纳入宅基地有偿使用范围。由村集体经济组织每年收取一次有偿使用费,资金主要用于村内基础设施、公益事业建设、土地复垦及宅基地回购等。

3. 保障农民用益物权,积极探索市场化路径

农民房屋所有权和宅基地使用权实现"两证合一",农民可以用住房和宅基地使用权抵押贷款,也可在不改变集体所有权的前提下,采用"共享村落"、跨村流转等方式使宅基地从单一居住功能向复合利用等诸多功能转变,实现不同功能的活态利用,增加农民财产性收入。

(1)转换入市。农民能用"两权",即宅基地使用权和住房所有权,抵押贷款发展生产经营。常州市武进区制定了《农民住房财产权抵押贷款试点暂行办法》《农民住房财产权抵押贷款风险共担机制试行办法》等政策文件。该区在这项改革中抓住了两个关键环节:一是区政府设立"两权"抵押风险补偿基金。在还贷出险时,该基金承担出险金额的70%。这部分先由区政府动用基金向银行进行代偿,再由银行向贷款人进行追偿。最终,被用作代偿的基金将得以返还。二是银行积极参与。中国农业银行等8家银行大力发展这一业务,部分银行还大胆创新,推出了专属贷款产品。此举让农村宅基地和农民住房这块"死资产"变成"活资本",在一定程度上化解了"三农"融资难题。

(2)创新共享。创新共享模式是在不改变集体所有权的前提下,通过共享模式,切实为共享者提供最大的权益保障。由村集体经济组织将农民闲置宅基地和闲置农房使用权,通过出租方式与社会资本合作,盘活农村闲置资源。西安市高陵区为了改变以往出租方式和合作关系不稳定、不长久的情况,在共享出租方面做了两大创新,一是20年长期租约且一次性付清,新入共享者可得到一个长期的、稳定的保障。二是颁发《不动产权证书》,共享人享有新建权、改建权、转让权、经营自主权、经营收益权、融资抵押担保权等权益。共享村落是农村宅基地产权制度上大胆而积极的创新,这很大程度上解决了新农村建设中核心的产权制度问题,在权益和时间上给予新农村创业者很大的保障。

(3)建立交易平台。常州市武进区积极探索宅基地权能转变市场化,建立覆盖区镇的农村产权交易平台,将农村住房交易与农村宅基地使用权流转、农村集体建设用地指标交易等纳入平台,在全区范围内开展交易,推行宅基地有偿使用市场化。以不同方式确定收费指导标准,由村集体经济组织收取,推行宅基地有偿使用市场化。农房抵押市

场化的施行，需要政府积极出台农房抵押贷款试点暂行办法、风险共担机制；但是，不得违规违法买卖宅基地，严格禁止下乡利用农村宅基地建设别墅大院和私人会馆。

4. 坚持政府统筹引导，完善宅基地改革管理制度

(1)确立改革管理机制。多个试点区成立农村宅基地制度改革试点工作领导小组，建立和完善部门协调、督查督办等工作机制。制定关于宅基地管理、审批、有偿使用、有偿退出等方面配套制度，明确区、镇、村三级对农村宅基地的管理职责。严格区分农村宅基地和住房用地范畴，规定两种农村住宅用地的差异和管理规则，确立一套宅基地治理制度。严格落实“一户一宅、建新拆旧、法定面积”的农村宅基地管理规定，严格农民建房审批管理，严格资格审查，进一步规范审批程序。

(2)完善农村宅基地档案，建立宅基地管理平台。江西省宜春市以“房地一体”的农村宅基地和农民住房财产权确权登记发证为契机，对农村宅基地进行全面调查摸底，对一户多宅、超占面积、闲置房屋、村内空地、附属设施、户籍信息等进行准确登记，充分掌握农村宅基地利用现状，完善宅基地档案。全面准确掌握农村宅基地用地规模、权属来源、分布特点、住房困难户用地需求、历史遗留问题类型及数量等详细数据，为宅基地改革提供翔实可靠的依据。开发宅基地管理软件，整合“二调”、“三权”发证、不动产登记等成果，搭建宅基地管理信息平台，建立信息更新机制，保持宅基地管理信息的实时性。

(3)严格执法，严厉打击违法违规用地。严格执法，严厉打击违法违规用地是保障农民合法权益的必要手段。各地政府逐渐对部分农民建房违法用地行为实现“零容忍”，以始终保持严格执法的高压态势，坚持做到违法建房“露头就打”，努力把违法用地消除在萌芽状态，加大土地违法行为动态巡查，让广大村民深切地感受到公开、公平、公正，彻底扭转农村违法违规建房乱象，在广大农村形成“用地要依法、依法有地用”的良好氛围。

5. 发挥“村民自治”作用，强化基层治理

通过村民自治推动宅基地改革工作推进，以村民事务理事会为主体实施宅基地改革。一些地方政府已发文赋予村民事务理事会在宅基地管理方面的职权，并发挥理事会在有偿使用费收取、宅基地退出、宅基地管理等方面的自主管理作用。村民事务理事会在了解本集体经济组织情况的基础上，可以因地制宜地制定和实施适合本集体经济组织特色的改革方案。如江西省余江区在县、乡、村都出台了相关制度办法，已初步形成了县、乡、村宅基地管理制度体系。同时也要注重发挥党员干部、村民理事和乡贤能人的示范带动作用。

6. 多规合一，统筹多项工作协同推进

多个试点区通过整合资金推进宅基地改革，综合施策，统筹推进各项改革，探索发改、财政、国土、住建、交通等多个部门共同参与的工作机制，最大限度释放改革的综合效应。例如，江西省余江县在宅基地改革中坚持“一改促六化”，全面建设美丽乡村，同时整合资源，与当前该县实施的加快构建新型农业经营体系、农民住房财产权抵押担保转让等改革措施衔接配套；云南省大理市以农村土地制度改革三项试点和农村集体资产股份权能改革试点为抓手，统筹推进国家和省在大理市同步开展的“多规合一”、新型

城镇化等 8 项涉农改革试点。

（二）上海市农村宅基地改革试点经验总结

上海市自“三个集中”[①]政策提出之后，出现了各类农民集中居住模式，包括宅基地置换试点中嘉定外冈模式、奉贤庄行模式；依托市级土地整治项目的金山廊下模式、浦东新区新场镇王桥中心村建设模式等。

1. 宅基地归并

上海市宅基地归并模式采用较多的为奉贤区，包括南桥镇杨王村、金汇镇百曲村、庄行镇新叶村。其宅基地归并模式往往范围小，一般以一个村为实施单位。村落位于离城镇偏远些的农田保护区和粮食生产保护区，村落以自然分布、宅基地一户一宅为主。生活环境和基础设施条件相对差一些的地区更适合宅基地归并。宅基地归并后农民拥有宅基地使用权，农民的土地承包经营权不变，农民对集体经济组织成员享有的权利保持不变。

（1）集体经济主导，“双作价”置换。杨王村以农民宅基地集中归并的方式，对农民住宅进行分期分批集中“建新拆旧”。杨王村宅基地归并集中的做法是对原农民住宅作评估，旧房归村集体所有，由村负责统一拆除；旧房与新房的置换采用“双作价”形式，即对农民宅基地住房进行评估后确认货币补偿金额，同时以与货币补偿金额同等价值的产权房屋进行置换，多退少补。杨王村的全部建设资金来源由村财力投入一部分，农民自付一部分，其余则来自节余的建设用地建房，出售给在杨王经济园区企业主的收益。

（2）工商资本合作，自主与经营双赢。百曲村在镇政府牵头下，引进工商资本，与上海某工商企业合作，对农民住宅实施“拆旧建新”工程。由公司全额出资为每户农户建造一幢三层别墅，产权归农户所有，老房子拆除。新房建成后，农户住新房的底楼，楼上共有 3 套成套住房由农户以出租方式交给企业投资经营，30 年的经营权归企业。

（3）土地综合整治为契机，集体自主作用凸显。2011 年，奉贤区向上海市规土局申报了庄行镇新叶村市级土地综合整治项目。农民宅基地归并是实施此次土地综合整治的第一步。新叶村宅基地归并实施“一个自主、三个不变、四个统一”推进原则。“一个自主”是农民自愿、自主建房；“三个不变”是农民身份不变、农民承包地不变、农民宅基地证不变；“四个统一”是统一规划、统一设计、统一外立面、统一屋顶；最后，统一拆房补助标准。同时，新叶村提出“农民主动、政府推动、社会联动”的工作原则，充分发挥农民主体作用，实行村民“民主议事”，把土地综合整治中涉及农民切身利益的突出矛盾和问题交给群众讨论，“民事民议，民权民定”，调动了农民群众参与民主决策的积极性，坚持农民自愿原则，最大限度减轻农民负担，全程公开透明。

2. 宅基地置换

上海宅基地置换的范围多为 2～3 个村，地理位置在近镇为合适。农民享有城镇居民的社会保障待遇，失地农民享有就业机会（农民身份市民化）。

（1）尊重群众意愿，规范办理新旧房产手续。奉贤区宅基地置换试点中比较有代表

① “三个集中”是指：耕地向种田能手集中，工业向园区集中，居住向城镇集中。

性的是庄行镇、青村镇和四团镇。在坚持自愿置换的基础上，凡镇域范围内的村民愿意宅基地置换并将宅基地、自留地、承包地都退还给集体经济组织的，以自然村为单位提出申请，并经镇政府批准，均可享受置换政策。奉贤区区政府在摸清试点基础资料、确定集中建房基地选址的基础上，广泛征求村民意见，选定房型。为确保置换补偿公平、公正，邀请由置换户选出的30名户代表，全程参与置换工作，把群众意愿体现于置换工作的全过程。旧宅基地上房产拆除后，旧宅基地归村集体所有，置换后新房产需办理产权证。区职能部门提出方案，报上级部门审批，打破置换房不能办理产权证等原有规定，完备办理各项手续，依法行政，规范运作。

(2)开发公司承担，规范实施流程。松江区佘山镇宅基地置换运作主要由镇政府下属的佘山集镇建设开发有限公司承担，负责动拆迁、中心村建设、土地复垦、节余土地招标出让等全套工作。先确定宅基地置换的对象(以行政村为单位)，然后编制置换方案(包括土地整理复垦方案、集中建房基地土地利用方案、节余土地开发方案、宅基地置换资金平衡方案等)，方案报批后与农民签订置换协议，并大规模、一次到位地完成安置基地的建设。置换村民集中搬迁至安置基地，在新的安置基地上集中建设多层、联排及叠加住宅，由于安置房的容积率较高，因此节余的土地能占到被置换基地面积的一半以上。农民入住后拆除原宅基地上的房屋并复垦，最后通过节余土地的出让达到资金平衡。宅基地置换后农民获得了城镇户口和城镇社会保险，但同时失去了原有的承包经营用地，因而必须自谋职业。

置换产生的问题：一是佘山镇宅基地置换项目资金来自地方政府拨款、银行贷款和预售款，宅基地置换的收益主要包括节余宅基地出让金收益和住宅房销售收益。如果安置房未取得产权证，不能通过市场交易获取收益，则总收益仍然低于总投入成本，资金收支不平衡。二是已置换的村民的确改善了住房条件，但是由于迁入中心村后水电煤、物业费等费用的增加，提高了生活成本，未达到平衡城乡建设用地指标、改善村民居住条件的初衷。当前松江的宅基地置换资金投入大部分依靠政府拨款，没有社会资本的参与，限制了宅基地置换的进一步推广。由于宅基地的复垦需要投入不菲的成本，并且复垦后短期内无法产生很大的效益，造成村镇对于复垦缺乏积极性，不少宅基地退出后成为闲置土地。

(3)多级运作，加强农民权益保障。嘉定区外冈镇让完成置换的农民入住集中居住区，土地完成整理复垦，节余土地进行开发。外冈镇将资金平衡的工作交给企业，依靠市场化运作，成立国有和集体控股的项目公司，并与香港专业地产商合资，共同利用节余土地开发住宅项目。外冈镇以宅基地换房子、土地换社保、土地流转增加收入的置换方法，在房屋置换上做到“拆一还一”，使置换户基本不贴钱就能拿到与旧房面积基本相等的新房，超出面积按其所占总面积的比例而价格不同，并且新房都具有房产证能上市交易。凡是自愿将自己的土地承包权流转给村委会的退休农民，每月可以享受一定金额的养老保障；未到退休年龄农民的土地承包权，在自主自愿的基础上通过相互协商实行有偿转让；所有农民一到退休年龄即加入农保。在集中居住社区建设中，按建筑面积的10%为农村集体经济留下店铺等不动产，目前这部分收入主要用来补贴社区物业费。待集体经济组织改制后，农户将能按“股份”分红。这样，宅基地置换后，农民有工资收入，也有社保托底，还有土地流转和集体经济收益。

3. 上海市宅基地流转总结与建议

(1)宅基地归并模式的建议。一是宅基地归并后建的房子要改变单一居住功能，延伸其建筑物共有特性和相应功能，所建房屋形式可以是商住两用型、纯居住型和居住养老结合型等。二是全区的农村宅基地归并，必须实行区政府统一规划、调配。根据各类型建设规模，原宅基地的主人，可以构想建什么类型的房屋，可以跨区域选择合适的类型，建筑合适的房屋。三是采用多种集资方式来改变谁拆谁建的构想，宅基地归并后的建房形式、资金来源以及管理多样化。

(2)宅基地置换模式的对策建议。首先，拓宽融资渠道，强调农民参与。尝试引入社会资本参与置换，采取农民合作建房的运作模式，即在符合住宅规划的中心村成立村民建房合作社，由农民自行设计住宅建设方案并筹措资金，上报中心村审批；中心村审查同意后，与小组内的所有农产分别签订置换协议；然后根据有关规划与协议进入实质建房、交房、复垦阶段。其次，预留置换用地指标，安置村民过渡。在每一轮城市规划的编制时，应预留一定比例的用地指标作为宅基地置换的启动指标，用于安置农民的居住过渡。再次，引入第三方组织，监督宅基地复垦。当前宅基地置换工作的重点是监督用地指标平衡，可引入第三方组织，专项考评复垦工作绩效，并制定便于操作的奖惩机制。最后，健全社保机制，提高离土农民的就业能力。土地置换收益中应该有相当比例用于离土农民的社会保障支出，并且设立专项基金作为农民职业能力培训的费用，从而逐步建立较完整的城乡一体化的社会保障、就业培训体系。

六、农村宅基地制度改革目标及总体思路

(一)基本目标

乡村振兴的土地管理制度创新必须研究适应中国特色社会主义市场经济的土地管理制度、坚持社会主义公有制和市场化原则相结合的改革道路，充分利用市场优势实现农村集体土地资源的科学配置。

上海实施乡村振兴战略，要全面贯彻落实党的十九大精神，以习近平新时代中国特色社会主义思想为指导，按照产业兴旺、生态宜居、乡风文明、治理有效、生活富裕的总要求，坚持党管农村工作，以完善乡村规划体系与形态布局为引领，打造生态宜居美丽乡村。

农村宅基地制度改革与完善，应当贯彻落实党中央和国务院有关农村宅基地制度改革的部署，按照市委、市政府乡村振兴战略的总体要求，围绕本市经济社会发展特点和农村土地资源开发利用现状，因地制宜推动农民集中居住，多种途径实现城乡空间布局优化。完善撤并村农户向中心镇、一般镇、撤制镇和保护村、保留村集中居住的政策措施，研究跨村安置的政策导向。对高速公路、高速铁路、高压走廊沿线，生态和环境敏感区域以及纯农地区小型分散自然村落等区域，优先安排农民集中居住项目。建立统筹推进区域风貌建设的工作机制，编制乡村风貌规划设计和建设导则，出台乡村传统建

筑元素和住宅建筑方案图集，引导村民依据规划和设计实施旧房更新和改造，提升农房质量安全、建筑功能和风貌水平。

通过改革农村宅基地管理制度，合理有效配置农村土地资源，坚持农民离地不失地、离房不失房的原则，探索宅基地所有权、资格权、使用权“三权分置”，实现“满足农村地区多样化配置的居住用地需求，提升农村地区公服设施和乡村风貌水平，促进乡村振兴和城乡一体化”的宅基地改革总目标。

（二）总体思路

课题关于本市宅基地管理制度改革与完善的思路主要是：坚持和维护农村宅基地“一户一宅”权益，探索不同区域农民宅基地保证的有效形式；建立宅基地首次无偿取得，一定条件下有偿使用、自愿有偿退出的基本制度；探索建立村庄内部宅基地市场，赋予宅基地转让、抵押、退出等职能，并通过转换为集体经营性建设用地的机制，实现宅基地财产性收益；规范宅基地置换，进一步推进农民集中居住和宅基地有序退出。

满足农村地区多样化配置的居住用地需求，保障农民财产权的经济价值实现，形成农村住房建设用地管理新模式。主要政策方向可概括为“2323”，主要是“两个基础”，即完善的不动产（尤其是农村宅基地）统一登记制度基础和完善的集体经济组织民主管理制度基础；“三个明确”，即明确建立农村住房保障体系，多种方式配置和保障农民村民住房需求，明确规划引导、规模管控，明确集中建设、集体建房基本导向；“两个规范”，即规范宅基地审批和使用，规范宅基地归并、置换和自愿有偿退出；“三个探索”，即探索宅基地的差别化有偿使用，探索宅基地的有条件典卖和抵押担保，探索宅基地的有限制流转。

七、本市宅基地改革的对策建议

课题主要从调查登记层面、乡村规划层面、实施政策层面和机构保障层面这 4 个层面提出本市宅基地改革的政策建议。

（一）规范调查方法，全面推进宅基地登记发证

1. 统一宅基地调查方法，保持地类调查与权属范围线的一致性

从样本村的农村地籍成果与二调底板中宅基地图斑比对来看，农户宅前屋后的场地以及农民出行的道路均被调查为农村宅基地。以闵行许浦村为例，农户房屋实际占地仅为二调中宅基地面积的约 15%，其余用地竟达 85%。而农户宅前屋后的场地和农民出行的道路均符合《土地利用现状分类》（GB/T 21010－2017）中设施农用地（晾晒场）和农村道路的定义，设施农用地和农村道路均属于农用地类别。

目前土地管理中的建设用地指标管理以二调结果来统计，而土地利用现状调查中农村宅基地的调查并没有参考宅基地法定批准范围线，两者之间差异较大。建议在三调工作以及后续土地利用年度变更调查、宅基地现状及变更调查中，参考宅基地法定批准范围线。

2. 建立宅基地地籍管理数据库，实现房地的统一登记管理

完善“市一区县一乡镇”三级宅基地地籍管理工作模式，明确各级工作任务和职责

分工。市局地籍管理部门负责制定全市工作的规范化文件和技术标准，负责全市范围内的组织协调；区县局地籍管理部门负责本辖区内的工作组织和管理；乡镇规土所地籍管理部门负责宅基地地籍管理各项工作的具体落实。

2003年上海建立地籍数据库，统一全市管理平台。但现有数据库中，未建立宅基地使用权管理图层，在梳理已有宅基地历史审批资料和实际情况的基础上，以户为单位，建立宅基地使用权层。该图层主要记载三类权属界线，分别为户宅实际使用界线、宅基地界线和其他建设用地界线。其中，宅基地界线是指依据审批附图和合法房屋调查结果，解算出的宅基地界线。其他建设用地界线是根据宅基地界线和宅基地实际使用状况（包括宅基地界线外户主独立使用的封闭空间和未经审批的房屋状况）解算得出的。通过宅基地使用权层，可全面掌握宅基地的审批情况和实际情况，为宅基地地籍管理提供依据。

实现农民住房用地和房屋的统一登记管理。一方面，通过不动产统一登记，实现农村村民住房用地使用权和房屋的统一登记管理。其中新建新分配的住房，土地面积实行整宗地登记，不再分割登记到每个使用权人。另一方面，坚持尊重历史、实事求是、依法合规原则，按照规范程序，妥善处理历史遗留问题，完成存量宅基地使用权确权登记。

宅基地及其上房屋登记，作为不动产统一登记体系的组成部分。考虑到实际情况，按先易后难、兼顾历史、稳妥推进原则，以统一登记为总目标，尽快恢复宅基地确权登记。对存量宅基地登记发证，一是明确超占超建情况的处理办法。明确土地超占不予登记；房屋超建，先记载土地，消除超建后加载房屋；土地、房屋均未超占超建的，统一登记。二是明确宅基地权利主体资格认定口径由镇人民政府制定并监管，具体认定由村级组织负责。三是明确将宅基地使用权和房屋所有权登记到同一本权证。对新增的集中新建宅基地，实行按规定标准统一登记。土地面积统一在集体所有权初始登记中记载，宅基地使用权不分割记载。今后宅基地及其上房屋权证采用有别于目前房地产权证的新的证书样式。

（二）完善规划体系，加大力度推进乡村规划全覆盖

1. 提高站位，充分认识乡村规划重要意义

近年来，本市城乡发展一体化工作取得积极进展，乡村规划覆盖具有一定基础。但同时也应看到，本市乡村规划总体上比较滞后，城乡差距依然明显，还存在对乡村地区摸底不清、愿景不明、谋划不深等情况，制约着乡村规划的科学性和可实施性，也影响着镇村平衡协调发展。其中，关键性的因素是对乡村发展缺乏足够重视，存在重城市轻农村、重居民轻农民、重指标轻民生的现象，对乡村问题的破解存在不同程度上的畏难情绪和“等、靠、要”的思想。

当前，中央和地方将乡村振兴战略放在前所未有的高度，在2017年年底的中央农村工作会议上，习近平总书记明确要求把农村农业优先发展作为现代化建设的一项重大原则。2018年7月5日，再次批示“要把实施乡村振兴战略摆在优先位置”，同时又强调“遵循乡村发展规律，规划先行，加大投入，扎实苦干，推动乡村振兴不断取得新成效”。李强书记对本市实施乡村振兴战略亲自关心、亲自谋划、亲自布置、亲自推进，对

乡村规划编制工作多次提出指示，并就乡村规划的地位作用、规划能力、组织领导等内容作了深入阐述。各级党委和政府要坚持“谋定而后动”，担负并夯实全面领导的主体责任，花更多精力谋划，动员更多力量规划。要充分依托超大城市郊区农村的核心优势，坚持城乡融合发展，将政策和资源更多地向乡村倾斜，以乡村规划编制实施作为乡村振兴的重要抓手，站在更高的位置谋划乡村功能定位和发展方向。

2. 强化郊野单元(村庄)规划引领，积极引导农民按规划集中居住

规划是统筹推进乡村振兴的“纲”，纲举则目张。解决“三农”工作中的一些突出问题(比如乡村面貌、公共服务配置等)的基础是做好村庄空间布局规划。“不策划不规划、不规划不设计、不设计不建设”。在编制乡村规划前，首先要做区域的发展策划，这是区和镇的主要责任，涉农区、镇对村庄的发展方向、发展定位、发展布局这些关键性问题在郊野单元规划中一定要有深入思考和科学判断，真正把规划设计的一些前导性基础方向定好，如产业发展、人口布局、公共服务、生态保护、土地利用等。

落实郊野单元(村庄)规划，区政府可充分发挥统筹作用，以镇(街道)为单位，整体规划镇域范围内的宅基地。农民集中居住工作的责任主体是各涉农区政府，各区要乘势而为，抓住当前农民改善住房条件的“窗口期”(国家正在推进农村“三块地”改革，逐步放活宅基地使用权是改革的导向之一，城市居民的乡愁越来越浓，还有农民翻建住宅的需求越来越强烈)，越往后成本越高，推进难度越大。要算大账、算长远账，如果不改变农民分散居住的状况，实现高质量的乡村振兴的目标，不仅投入更大、难度更高，并且很难达到，乡村综合环境治理难以治标治本。因此，要先把农民集中居住点的关键问题抓住，区、镇要摸清底数，优化村庄布局规划，加强分类引导，因地制宜确定保留村人口集聚方式，下定决心解决布局分散、30 户以下自然村的集中归并问题，优先考虑城镇安置，提出撤并村的管控要求，落实集中归并的用地空间，制订具体实施方案，提出安置补偿方式、标准和实施计划。

撤并型村庄：通过“城中村”改造等方式推进城镇化，“三线”村庄则通过增减挂钩等政策工具进行宅基地置换和减量化。

保留型村庄：按照总量控制原则，整体规划建设，完善公共服务设施，改善环境，对于保留的农业人口，可选择根据实际需要，暂时保持“原宅居住”，新建农村村民住房可按规划布局集中建设，严控独立住宅。

保护型村庄：对于具有旅游和文化传承价值的保护村落，规划用途与宅基地用途不一致的，农民可以在保留原有建筑风格、风貌和宅基地性质前提下自用经营。也可对农民退出的宅基地重新用于农村公益设施、乡村旅游、高端养老和医疗以及经营性用途。

村庄规划不仅要提出规模要求和布局引导，更要对保留村内部具体自然村村庄布局进行深化布局。

(三)强化实施政策，多管齐下确保实施效果

1. 升级农民集中居住政策，以节地率为导向鼓励撤并和集中建房

2016 年市政府颁布 39 号文，规定：对于实际居住在“三高”沿线、生态敏感地区、环境整治地区以及纯农地区的农户，进城进镇安置的，可享受市级补贴(补贴标准：金山区

和崇明区 20 万/户,其他地区 12 万/户)以及市级土地出让金返还政策。

过去两年多中,从政策实行效果来看:实施项目数不多、各项目周期较长、集中居住农民的身份问题在现有政策通道下未能解决、部分属于保留保护村的农民集中建房未纳入该政策范围。课题认为,该政策可从以下方面进行优化升级:一是根据“总规”中规划的村庄类型出台政策,将保留保护村的农民集中建房也纳入该政策的享受范围,即划分撤并村、保留村、保护村;二是加强以节地率①为导向的政策设计,比如节地率达到 30%、50%、70%可分别享受不同的补贴标准,鼓励提高节地率;三是鼓励各区成立农转用统筹专项资金,用于农民社会保障,重点解决开发边界外农民社会保障、基本农田保护的事项支出。

本课题以浦江镇为案例,按照撤并村上楼、保留保护村农民集中建房的安置方式,对浦江镇农民集中居住的资金平衡进行了测算。按照现行政策标准,浦江农民集中居住的资金缺口约为 277 亿元。为推动农民集中居住,可考虑提高市级农民集中居住补贴,同时允许叠加增减挂钩政策工具,将区域内经营性出让地块出让收入弥补集中居住成本投入。对于市级集中居住补贴标准的确定,可在市级层面对农民集中居住后腾出的农村宅基地减量指标进行量化测算。

2. 完善宅基地的退出政策和配套机制,做好农民的社会保障工作

退出的对象可分为两种:一是强制无偿退出。农村宅基地的安排与使用应当遵循一户一宅、身份特定、标准空置、依法审批的原则。属于依法应当收回范围的宅基地,应当注销使用证或者撤销有关批准文件,由农村集体经济组织收回宅基地使用权,比如新批宅基地时向农村集体经济组织承诺建新拆旧并签订合同的,新建房屋竣工后 3 个月内不拆除旧房交回原宅基地;违建、超建的宅基地也应强制无偿退出。二是零散居住的自愿有偿退出。鼓励零散居住宅基地的自愿有偿退出。退出对象可以锁定为:合法取得的一户一宅宅基地、目前不符合宅基地分配条件的人员使用的宅基地、闲置废弃的宅基地等。

做好农民社会保障的配套:一是首次补偿机制,政府应当研究多渠道差别化补偿机制,可以采取以房换房、以房换租等多种形式的联动。二是社会保障配套。首先,进城放弃宅基地的农民,除不再享有申请、使用农村宅基地权利外,仍然可以享有原集体经济组织的成员权、土地成本经营权、股份分红等权利,其农村集体土地承包经营权利、农民身份享有的政策待遇保持不变。其次,放弃土地承包经营权等集体经济组织成员权的,可以纳入城镇社会保障体系,给予就业培训,指导并优先提供就业岗位,退休后可享受城镇保险退休待遇。三是保障长期受益。对于首次补偿时选择经营性物业,可以依法获取长期经营收益,对于保持集体经济组织成员身份的,还可以继续享有集体经济组织资产股权。四是扩大资金渠道。对于复垦后宅基地形成的双指标,可提高市、区指标收购价格标准,用于宅基地退出资金支持。

3. 建立闲置半闲置宅基地的开发利用机制,助力乡村产业兴旺

① 节地率是指(集中居住涉及农户原宅基地面积－新建住宅使用的建设用地面积)/集中居住涉及农户原宅基地面积。

从样本村的调研来看，目前上海市的农村宅基地除了部分是农民自住外，主要的利用形式包括空置（远郊存在部分）、出租给外来务工人员（近郊出租率高）、租给民宿运营公司开发民宿（这部分量较少），总体而言，利用率并不高。作为开发边界外建设用地量占比约50%以上的农村宅基地，其利用效率十分低。

目前个别地方在进行民宿建设，基本是社会运营方从农民手上长期租赁宅基地。农村宅基地租赁，在法律层面上并无太多依据，对于签订合同的双方，即运营方和农民来说，都缺乏合法有效的保护。而且，社会资本在进入乡村进行创意产业及民宿开发时，由于其持有的农民宅基地长期租赁权无法在资本市场融资，这从一定程度上也限制了其壮大发展，同时也让很多其他运营方望而却步。

郊野地区的宅基地除满足农民自主需求之外，还应作为乡村振兴产业发展的重要载体。首先，在规划层面应允许村内布局优化，比如闲置半闲置宅基地转为符合乡村振兴产业发展的用地，建立转性使用的负面清单。其次，对于该部分土地取得应明确土地供应方式。再次，对于利用闲置宅基地开发民宿或打造众创空间涉及的行政审批，如工商登记、消防、环评和卫生等应明确政策。

4. 扩大宅基地制度改革试点范围，深化宅基地资格权研究

2018年中央一号文件提出，探索宅基地所有权、资格权、使用权“三权分置”，落实宅基地集体所有权，保证宅基地农户资格权和农民房屋财产权，适度放活宅基地和农民房屋使用权。松江区自2018年开始开展宅基地制度改革试点，探索宅基地的“三权分置”。松江区永丰街道是上海市乃至全国范围内较早开展集体资产改革的地区，其对集体资产收益应分配的主体及份额进行了深入研究及实践操作、如建立“永丰街道农村集体资产联合社”，让本地农民成为联合社成员，以其拥有的土地与农龄相结合确认股份，实行集体资产量化和资产收益按份分配。应该说，集体资产收益的分配对象及其份额研究已经较为完善。

然而，对于宅基地来说，其享受的主体对象及其份额如何确定，涉及面更为广泛。上海各区，甚至区内各镇（街道）的情况差异较大，应结合当前各地的实际情况，分别选取具有代表性的街镇或村，开展宅基地“三权分置”的试点研究。从“三权”的内涵来看，宅基地集体所有权以及农民房屋财产权权属较为清晰，但宅基地农户资格权较为模糊，应根据情况进行明确以及选择合适的权利份额确定方式。尤其是对于存在的特殊情况，比如小农民（2001年以后出生的“小农民”）是否能享受宅基地以及享受的份额是多少、本村上大学具有农村户口的学生是否能够享受以及享受的份额、通过继承方式现状占有宅基地的有证无人能否享受宅基地等。本课题认为宅基地资格权的研究应分为两个层面：一是现有宅基地上房屋所有权的界定问题；二是各村内应享受宅基地的对象界定以及其份额划分。第二个层面问题的研究前提是将各村现有的农村宅基地视为其本村所有应享受宅基地成员共同所有，包括现状实际上无宅基地的成员。

课题建议根据各区实际情况，扩大宅基地改革试点范围，选择具有代表性的镇村，深化对宅基地资格权的研究及量化方式的确定，为全市宅基地“三权分置”积累经验。

5. 保护传统建筑肌理和乡村风貌，引导和管理农民建房

根据调研情况来看，当前宅基地上建筑物房龄 30 年以上的比重较大，农民翻建改建的需求较为迫切，审核其建房需求的合法合规性以及批准建房后的建设行为管控，显得尤为重要。尤其是对于新建宅基地以及符合规范的翻建改建宅基地，应加强对传统村庄的建筑机理和乡村风貌的保护。当前乡村地区整体宅基地风貌体现出杂糅、拼贴的特点，应在村庄规划中整合“山、水、林、田、湖”等自然要素，构筑乡村生态基地，还原上海郊野的原生态自然风貌和原乡土景观特色，强调生态保育、生态效应和生态安全，培育生态价值观念，实现人与自然的和谐共生。

村庄规划及设计中，还应着重江南水乡村庄机理的保护，做好元素融合的提炼和建筑表达，营造传统民居和江南园林的空间意境，创新与传承传统民居的材料建筑技艺，适应新时代发展要求和农民对生活品质的追求，营造“源江汇海、工笔江南”的水乡画境，体现上海江南文化的传承与发展，形成支撑上海卓越全球城市建设的文化价值认同。具体而言，行业主管部门可出台上海乡村风貌规划设计导则，指导区镇相关部门对农民建房进行审批。同时，各镇及各村应组织有资质的设计单位编制符合各地乡村风貌特色的农民建筑物设计图纸，免费供农民建房使用。对于农民个人建房的喜好与区域乡村风貌两者之间如何平衡与统一，可考虑使用政府补贴的方式以支持和鼓励农民自建宅基地向粉墙黛瓦的审美意趣靠拢。

（四）健全组织机构，加强和创新农村社会治理体系

1. 坚持村级民主管理制度，发挥集体经济组织作用

以土地集体所有为基础的农村集体所有制，是社会主义公有制的重要形式，是实现农民共同富裕的制度保障。在土地集体所有基础上建立的农村集体经济组织制度，与村民自治组织制度相交织，构成了中国农村治理的基本框架，为中国特色农业农村现代化提供了基本的制度支撑。宅基地制度改革应当进一步依托和发挥集体经济优越性，进一步调动集体经济组织成员积极性。

坚持村级组织民主管理制度基础和政府服务监管基础，完善体制机制，保障农村宅基地管理制度改革。村级组织应当是农村宅基地管理的责任主体，可以通过完善村级内部治理机制，充分发挥民主决策和信息公开，制定本村宅基地计划、分配、使用等程序和管理规定，以及具体事项审核。镇、区、市政府相关部门应该做好规划布局形态引导、规模总量控制、计划指标单列、确权登记发证、配套政策。集体自治管理应当在建房主体资格认定、建房规划用地审批环节，强化公示、村民会议审议等程序性规定，完善村民自治管理，发挥集体经济组织在农村村民建房管理、监督等方面的作用。落实群众知情权和决策权。研究明确村党组织、村民委员会、村务监督机构、农村集体经济组织的职能定位及相互关系。探索剥离“村两委对集体资产经营管理”的职能，开展实行“政经分开”试点，完善农村基层党组织领导的村民自治组织和集体经济组织运行机制。

2. 建立市区镇协同联动机制，推进乡村振兴决策部署落地

成立农民集中居住工作市区镇三级领导小组，由各级党委、政府主要领导牵头，相关党政人大班子成员、职能部门和单位作为成员，按照各自职能分工和区域实际，积极

宣传引导、加强主动服务，开展深入细致工作，共同推进农民集中居住工作。

同时要一步开放规划市场，充分调动各方专业力量，吸引规划、设计、文化等方面的专业人才助力乡村规划设计。市级各部门之间和区、镇之间要加强协同联动，市级部门要加强技术服务，加快配套政策，特别是农民归并集中居住的政策研究。确保中央和市委、市政府关于乡村振兴的决策部署落地生根，确保各项任务有力、有序、有效推进。

3. 提高基层治理水平，加强农民建房监管

农民建房行为规范方面长期以来实施粗放的管理方式。按照传统的农民建房流程，农民递交建房申请，由村委会受理，并上报至镇相关部门审批；审批通过后，即可开工建设。至于建设过程中面积及风貌管控等，并没有相应监管。

应加强农村基层执法力量，推行综合执法，确保建房依法依规进行，依法维护农村生活和生产秩序，提高农村基层法治水平。对于农民建房，从施工开始后，相应的监管和服务也应跟上。一方面，施工处按标准竖立公示牌，牌子上标明户主、占地面积、建筑面积、三套图纸、监督电话等要素，发动群众参与监督；另一方面，政府委托第三方监管单位实时跟进施工过程，通过现场敲桩定界、基础验线、一层验线等措施，确保工程全程依法依规。最重要的是把原来的“先发证后施工”变成“竣工验收与发证同步”，即房屋竣工后，规建办、建房办、规土所、环境综合整治办等相关单位还要对照第三方房屋设计单位提供的图纸，进行联合现场验收，只有全部符合标准，才能发放建房许可证。

参考文献

[1]夏正智:《农村现行宅基地制度的突出缺陷及改革取向》,《江汉学术》2015 年第 6 期。

[2]曹泮天:《宅基地使用权隐形流转的制度经济学分析》,《现代经济探讨》2013 年第 4 期。

[3]李川、李建强、林楠等:《农村宅基地使用制度改革研究进展及展望》,《中国农业资源与区划》2017 年第 1 期。

[4]林超、陈泓冰:《农村宅基地流转制度改革风险评估研究》,《经济体制改革》2014 年第 4 期。

[5]黄薇:《小小宅基地 改革大舞台——浅议农村宅基地使用制度改革》,《中国土地》2014 年第 2 期。

[6]生青杰:《宅基地使用权制度改革的思考》,《湖南师范大学社会科学学报》2012 年第 5 期。

[7]田光明:《城乡统筹视角下农村土地制度改革研究》,南京农业大学,2011 年。

[8]黄美均、诸培新:《完善重庆地票制度的思考——基于地票性质及功能的视角》,《中国土地科学》2013 年第 6 期。

[9]王克强、马克星、刘红梅:《上海市建设用地减量化运作机制研究》,《中国土地科学》2016 年第 5 期。

[10]张永强:《用好宅基地复垦券政策助力脱贫攻坚——河南省国土资源厅副厅长陈治胜答记者问》,《资源导刊》2017 年第 1 期。

[11]杨成林:《天津市“宅基地换房示范小城镇”建设模式的有效性和可行性》,《中国土地科学》2013 年第 2 期。

[12]上官彩霞、冯淑怡、吕沛璐等:《交易费用视角下宅基地置换模式的区域差异及其成因》,《中国人口·资源与环境》2014 年第 4 期。

[13]李勇、杨卫忠:《农户农地经营权和宅基地使用权流转意愿研究——以浙江省嘉兴市“两分两换”为例》,《农业技术经济》2013 年第 5 期。

[14]李浩媛、段文技:《中国农村宅基地制度改革的基底分析与路径选择——基于 15 个试点县(市、区)的分析》,《世界农业》2017 年第 9 期。

[15]张乃贵:《完善“一户一宅”的“余江样板”——江西省余江县宅基地制度改革的启示与建议》,《中国土地》2017 年第 11 期。

[16]吕萍、钟荣桂、杨柏文等:《江西余江农村宅基地制度改革成效》,《中国土地》2017 年第 8 期。

[17]程静景、林科、陈婧:《高陵推出首批“共享村落” 探索宅基地“三权分置”》,http://xian.gjnews.cn/area/2018/7197.html,2018—7—2。

[18]陶家祥:《大理:因地制宜推进宅基地改革》,《中国土地》2017 年第 5 期。

[19]袁志国、李劲峰:《农村宅基地制度改革试点观察》,《半月谈》2016 年第 22 期。

[20]陈彬:《农村宅基地制度改革的实践及问题分析——基于浙江省义乌市的实践》,《中国土地》2017 年第 8 期。

[21]郑良:《福建晋江:农村宅基地抵押贷款“破冰”》,《金融世界》2016 年第 2 期。

[22]齐培松、蔡天文、涂晓扬、施培林:《探索“晋江模式”——晋江市推进农村宅基地制度改革试点工作综述》,《海峡资源报》2018 年 8 月 22 日。

[23]倪益军、郭丹丹:《上海市郊区宅基地置换试点规划工作》,《上海城市规划》2005 年第 6 期。

[24]吴康军:《奉贤区农村宅基地归并和置换两种模式比较研究》,《上海农村经济》2014 年第 4 期。

[25]高超、施建刚:《上海农村宅基地置换模式探析——以松江区佘山镇为例》,《中国房地产》2010 年第 7 期。

课题负责人:詹运洲

课题组成员:申树云　吕　悦　陆　巍　宁秀红

曹　琳　多美丽　郭瑞明　唐瑜聪

11. 上海现代农业发展用地保障机制研究

摘　要

当前我国现代农业发展进入初步实现阶段。上海作为我国现代化建设的先行地区之一，在21世纪初上海市委、市政府将上海农业现代化实现形式定位为都市现代农业时，就意味着上海现代农业发展进入初步实现阶段。2018年，市政府在乡村振兴战略的框架下提出上海要发展都市现代绿色农业，意味着上海现代农业发展在向基本实现阶段过渡，现代农业发展在逐步追求农业生产与环境等其他要素之间的协同作用和均衡发展。

上海现代农业发展的多功能定位意味着上海现代农业一方面要承担区域基础粮农生产功能，即地产农产品满足上海市民的物质生活需求；另一方面是作为城市功能的重要补充，即满足市民文化传承、休闲旅游和科普教育的精神生活需求。要实现这些目标，上海现代农业需要解决保障农产品最低保有量、保障农产品质量安全、保障农业资源与生态安全、保障农业生产关系稳定四大问题，而农田质量、土地利用方式、经营方式、规划、整治模式等以土地为核心的诸多问题直接影响上海现代农业发展多功能性的实现。所以，在上海都市现代绿色农业的发展目标下，构建上海现代农业发展用地保障机制势在必行。

围绕上述问题，本课题通过文献搜集、专家座谈、实地调研等形式展开研究，发现当前上海现代农业发展用地存在农用地萎缩与建设用地扩张并存，耕地面积稳定而播种面积逐年下降，各区、各产业设施农用地情况各异和农用地土地投入、产出强度逐年增加等特征。上海现代农业发展面临一系列用地问题，包括：耕地质量面临严峻挑战；现代农业发展中的融合产业和新兴产业发展缺乏用地空间、设施农用地满足不了产业发展需求；生产成本上升，土地流转价格偏高、期限偏短，导致农业生产预期不稳定和总量控制下现代农业发展用地与其他用地间的空间矛盾日益凸显；等等。这些问题的形成主要源于5个层面的共同作用：一是在法律层面上，当前法律法规下农村土地制度制约了农业农村发展；二是在规划层面上，各项规划缺乏统筹协调，对产业发展的统筹作用不足；三是在体制层面上，多头管理下权责不够明晰，体制机制不畅；四是在政策实施层面上，管理水平落后于产业发展速度，部分操作实施细则不适用于产业发展现状；五是在政策激励层面上，农业经营体系中新型经营主体主观能动性受到农村金融环境的制约。

在此基础上，结合上海现代农业发展多功能定位下需要保障的重点内容，分析了乡村振兴发展战略下多规合一、消费结构升级、产业融合发展等上海现代农业发展面临的新形势，提出保障上海现代农业绿色发展要遵循外部环境优化和内部动力激活的总体思想，坚持“规划先行，资源整合，精准施策，动力激活”的基本思路，在多规合一的趋势下，打破数据壁垒，统筹各类规划，理顺规划、审批、利用、监管的体制机制，实现资源的有效整合，以实现精细化立体化的管理为导向，满足产业发展需求和农业经营主体内在动力激活。具体遵循以下4条路径：第一，从用地上保障上海现代农业发展，必须打破数据壁垒，统筹各类规划；第二，从用地上保障上海现代农业发展，要理顺规划、审批、利用、监管的体制机制，实现资源的有效整合；第三，从用地上保障上海现代农业发展，要实现精细化管理，匹配产业发展速度和需求；第四，从用地上保障上海现代农业发展，要推进农村金融环境建设，激发新型农业经营主体的内生动力。

本课题从5个方面提出了保障上海现代农业发展用地的具体举措：(1)加大现代农业发展各项规划的公开力度，提高规划质量，构建多规合一的基础信息平台。一是通过规划锚固现代农业发展的用地空间和生产布局；二是构建多规合一的基础信息平台；三是加大现代农业发展各项规划的公开力度，提高规划质量。(2)加强农田土壤质量调查、管理、监测与修复，完善农田土壤质量监测体系。一是确定农田质量管理的责任主体，明晰权责；二是定期开展上海土壤质量调查，及时掌握上海市农田质量基本情况；三是建立农田质量管理与修复体系。(3)修订设施农用地管理办法，优化审批路线，明晰权责，细化实施细则，实现精细化管理。一是明确设施农用地的用地内涵，减少监管与执法分歧；二是根据申请备案用途调整设施农用地备案年限，明确低效用地的退出路径；三是优化审批路线，提高管理效率；四是加强备案后管理，建立日常管理和年审相结合的监管制度，逐步解决历史遗留问题。(4)拓展新产业、新业态用地供给途径，保障用地需求。一是加快编制村级土地利用规划，在控制农村建设用地总量、不占用永久基本农田前提下，加大盘活农村存量建设用地力度；二是建立重点发展的新产业、新业态清单，在上海农村产权交易平台上推动农村存量建设用地资源向新产业、新业态流动。(5)在农地经营权延包背景下出台配套引导政策，稳定经营者预期，激发经营者从事农业生产的内生动力。一是完善农村土地产权交易平台的建设，推动农地产权交易合同的电子化、规范化，将网签作为农地产权交易的必要环节；二是扩大农地经营权抵押贷款的试点范围，鼓励农户延长委托土地流转的期限，稳定农业经营主体的生产预期。

党的十九大做出实施乡村振兴战略的决策部署，上海市也积极做出了响应，出台了《关于贯彻〈中共中央、国务院关于实施乡村振兴战略的意见〉的实施意见》(沪委发

〔2018〕7 号），做好相关部署工作。土地既是现代农业发展的基本载体，也是现代农业发展的重要因素。在上海基本建成“四个中心”和社会主义现代化国际大都市的关键时期，也是上海率先实现农业现代化和城乡发展一体化的决胜阶段，研究上海现代农业发展的用地保障机制，具有重要的现实意义。

当前我国现代农业发展刚进入初步实现阶段，而上海作为我国现代化建设的先行地区之一，在劳动生产率、土地生产率、适度规模经营、机械化等指标上均处于全国领先水平，当前现代农业正处于从初步实现阶段向基本实现阶段过渡时期。由于土地可以从多个层面影响现代农业的发展，如土地质量影响现代农业可持续发展、土地利用方式影响农业多功能性和产业发展活力、土地经营方式影响现代农业生产关系调整、土地规划整治影响现代农业生产布局和功能整合等，而当前上海现代农业发展的定位使上海现代农业发展面临的多方面问题都与土地密切相关。上海在发展现代农业过程中，虽然各区各类土地利用情况不尽相同，但整体来说注重土地质量的提升、推进土地复合利用、重视土地综合整治规划，在现代农业发展中充分发挥了农地多功能性，稳步推进全市适度规模经营，提高了现代农业发展用地集中利用程度。但对照 2017 年中央一号文件及上海市的相关政策文件精神，要协调推进农业现代化与新型城镇化，需以推进农业供给侧结构性改革为主线，加快结构调整步伐，提高农业综合效益和竞争力，其中多条涉及土地规划、利用管理、监管等内容。在上海现代农业发展过程中，耕地质量面临严峻挑战，现代农业发展中的融合产业和新兴产业发展缺乏用地空间，设施农用地指标紧张，违法违规现象多发，生产成本上升，土地流转价格偏高、期限偏短，导致农业生产预期不稳定，总量控制下现代农业发展用地与其他用地间的空间矛盾日益凸显，等等问题。面对这些问题，为保持现代农业的健康可持续发展，落实上海市乡村振兴的战略部署，研究上海现代农业发展用地保障机制正当其时。

本课题采用文献搜集、专家座谈、实地调研等方法，分别在金山区、奉贤区、崇明区等典型区内选取 3～5 个具有代表性的新型农业经营主体（对象覆盖合作社、家庭农场和龙头企业）进行充分的交流和讨论，广泛听取了新型农业经营主体在发展现代农业过程中面临的障碍和发展诉求。同时，与奉贤区、崇明区的区农委与区规土局直接职能处室的负责人进行访谈，重点就规划编制、农业发展空间保障、设施农用地管理等存在的问题和管理诉求进行问询。访谈所获得的信息真实可靠，为本研究提供了重要支撑。先后邀请了多单位的专家共同参与，听取了相关部门专家的意见，形成了本研究成果。

一、上海市现代农业发展情况

（一）现代农业发展阶段与趋势

1. 现代农业发展阶段

现代农业是相对于传统农业而言的。中国农业已经自 20 世纪 80 年代中期从整体上进入现代农业阶段，结合中国以实现农业现代化为目标的发展战略，可以将现代农业发展过程划分为 5 个阶段，即准备阶段、起步阶段、初步实现阶段、基本实现阶段和全面实现阶段，代表农业现代化实现程度由低到高的发展过程。当前我国刚进入现代农业的初步实现阶段。

2. 现代农业发展趋势与用地需求分析

现代农业产业发展的趋势是农业产业化；产业化则意味着专业化、一体化和服务社会化。现代农业发展的产业化趋势对土地利用特征和方式均提出了新的要求。要保障现代农业发展，则要把握产业发展趋势下的用地需求，具体来说：

一是专业化发展的需要。构建新型农业经营体系是促进农业转型升级、提质增效，推动农业供给侧结构性改革，加快实现农业现代化的必由之路，也是推进本市都市现代农业发展的根本途径。现代农业专业化发展的一方面就是规模经营，推进农业适度规模经营是发展都市现代农业、转变农业经济发展方式、促进农民持续增收的重要途径；另一方面是集约化的土地利用方式，也即要加强土地利用强度，以1 000公顷耕地拖拉机使用量为例，2008 年日本为 461 台，以色列为 73 台、韩国为 129 台，而上海市到 2016 年也才 61 台，上海在加强土地利用强度方面有潜力。

二是一体化发展的需要。2015 年的中央农村工作会议和一号文件都提出要把产业链、价值链等现代产业组织方式引入农业，促进一二三产业融合互动，形成生产、加工、销售、服务一体化的完整产业链，是新常态下现代农业发展的方向，农业产业链延伸会形成土地混合利用模式，而产业融合发展带来的新产业、新业态也会产生新的土地利用模式。产业一体化所产生的用地需求中一部分可以通过设施农用地或者集体建设用地满足，但还有一些与当前土地用途分类不完全匹配的，需要通过规划引导和制度创新来解决。

三是提高社会化服务水平的需要。主要表现在三个方面：一是部分公共服务有待加强，主要是农业设施的需求，各涉农区普遍存在仓储、冷库、农机具存放、配套道路设施等严重不足的问题，近 5 年(2012～2016 年)上海农业机械总动力不断增加，特别是大中型拖拉机数量持续增加，但新增备案的设施农用地数量十分有限，远不能满足农机具的安置与堆放需求；二是农田集中连片地区的道路设施比较差，硬化不够，只考虑人行，没考虑农机使用需要，农田集中区道路的连通性不够，路线和建设标准都需要优化；三是诸多蔬菜、瓜果生产单位对农产品进行分级、包装过程中需要建冷藏室，但目前有诸多农业生产单位由于农业设施用地审批困难而难以延长产业链以满足农业生产和市场的需求。

(二)上海现代农业发展现状

1. 上海现代农业发展历程与当前阶段

当前我国现代农业发展刚进入初步实现阶段，农业投入、产出和劳动生产率都实现了快速增长，但农业生产与环境等非经济因素之间的不平衡、不协调状态日益凸显，现代农业发展与其他产业发展以竞争为主，难以协同。

当前上海现代农业发展处于从初步实现阶段向基本实现阶段过渡时期。上海作为我国现代化建设的先行地区之一，在劳动生产率、土地生产率、适度规模经营、机械化等指标上均处于全国领先水平，更早地面临了现代农业发展与工业化、城镇化不平衡的情况，相较于我国其他地区而言，上海呈现出城市化进程快于地区农业发展的特殊性。进入21世纪后，上海市委、市政府结合上海现代农业发展情况把上海农业现代化实现形式定位为都市现代农业，意味着上海现代农业发展进入初步实现阶段，这个阶段工业开始反哺农业；2018年市政府在乡村振兴战略的框架下提出上海要发展都市现代绿色农业，意味着上海现代农业发展在向基本实现阶段过渡，现代农业发展在逐步追求农业生产与环境等其他要素之间的协同作用和均衡发展。

2. 上海现代农业发展定位

根据《上海市现代农业“十三五”规划》，到2020年都市现代农业生产、生态、生活功能协调发展，农业综合生产能力不断增强，农业结构更加优化，农业资源保护水平和利用效率显著提升，农业和农村环境得到有效改善，农民收入持续增长，城乡发展差距明显缩小，建成国家现代农业示范区，实现与上海国际化大都市相适应的农业现代化；结合《上海市都市现代绿色农业发展三年行动计划(2018－2020年)》中提到的，通过3年(2018～2020年)努力，全面建立以绿色生态为导向的制度体系，加快形成与资源环境承载力相匹配、生产生活生态相协调的绿色农业发展新格局。为此，上海现代农业要承载社会(农民就业、增收等)、生产(粮食保障、原料供给等)、生态(气候调节、景观增加、灾害防御等)、服务(休闲旅游、农业科普、文化传承等)等多项功能，要通过发展都市现代绿色农业来实现这些功能。

基于当前上海现代农业所承载的功能，其发展定位包含以下两个方面：

第一，承担区域基础粮农生产功能，即地产农产品满足上海市民的物质生活需求。当前生产功能仍是现代农业发展的基本功能，一方面满足上海市居民对农产品的需求，另一方面保证生产者和经营者的稳定就业与收入。需要认识到的是，随着经济的快速发展和城乡居民生活水平、生活质量的日益提高，市民的食品消费需求已由吃饱求生存向吃好求健康转变，因此农业生产功能需要发展绿色农业来支撑，既要求生产过程是绿色的，也要求生产的农产品是绿色的。

第二，是作为城市功能的重要补充，即满足市民文化传承、休闲旅游和科普教育的精神生活需求。在稳定城市副食品供应保障能力的基础上，挖掘农业的生态涵养、观光休闲和文化传承功能，既是农业多功能性的展现，也是满足人民精神生活的重要途径，发展农业的多功能性可以作为城市休闲、科教、文化旅游等功能的重要补充。

3. 上海现代农业发展面临的几大问题

一是要保障农产品最低保有量。确保本市主要农产品最低保有量，一方面受到国家关于粮食主销区的要求的影响，上海市必须确保20亿斤粮食生产能力，确保20%的粮食自给水平不下降；另一方面受到部分鲜活度高、不耐长途运输或长途运输不经济的农产品特性的影响，上海需要保障这部分农产品的生产。而保障农产品最低保有量具有重要意义，一方面是基于城市安全考虑，以应对突发疫情或其他重大自然灾害的发生；另一方面可以保障市场均衡供应，稳定农产品价格，保障淡季和重要节日供应，调节和平衡特定时段市场供求矛盾。要保障农产品最低保有量，必须严格保护基本农田，优化农业布局结构。

二是保障农产品质量安全。农产品特别是食用农产品是事关国计民生的重要物质基础。农产品质量安全不仅关系到公众的温饱和健康，而且关系到农产品生产者的生存和发展，更直接影响到政府公信力和社会稳定。上海市经历了农业生产大发展后，农产品数量充足、供求基本平衡，农产品质量安全成为公众关注的重点，并成为影响现代农业发展和农产品生产的重要因素。而保障农产品质量安全的核心在于加强源头控制，推进标准化生产，同时不断强化监管。

三是保障农业资源与生态安全。长期以来，农业生产对化肥、农药的高度依赖导致农业生态环境保护与恢复问题，农业面源污染的治理问题十分突出，农业已经演变为立体交叉污染最为严重的产业。农业资源与生态安全直接影响到农业可持续发展，还对粮食安全和农产品质量安全形成潜在威胁，同时制约了农业多功能性，如休闲农业、景观农业等的实现。而保障农业资源与生态安全需要控制农业生产污染，提高土地质量。

四是保障农业生产关系的稳定。稳定的农业生产关系有利于发展现代农业，提高土地、劳动力和资源利用效率，提升农业综合生产能力、竞争力和可持续发展能力；有利于最大限度提高商品农产品生产率，延伸农业产业链条，促进农业产业化；有利于培育和发展家庭农场、合作组织和农业企业等新型主体，促进农业经营主体职业化发展。而要保障农业生产关系的稳定、需要继续推进农地适度规模经营，稳定农业经营主体的外部环境预期，同时激发其内在动力。

（三）土地对上海市现代农业发展的影响

1. 土地质量影响土地可持续利用和现代农业可持续发展

2018 年中央一号文件提出，“增加农业生态产品和服务供给，将乡村生态优势转化为发展生态经济的优势，提供更多更好的绿色生态产品和服务，促进生态和经济良性循环”。上海市在《上海市现代农业“十三五”规划》的指引下，不断优化农业生产环境，提高耕地质量。“十三五”以来，通过在蔬菜、瓜果等经济作物上开展水肥一体化技术、推广高效低毒农药和生物农药等手段，有效实现了化肥农药的减量化使用。根据相关部门的统计数据（见表 1），近 3 年上海市亩均化肥农药施用量逐年降低，2017 年上海化肥使用量为 31.56 千克/亩，较 2015 年下降了 10.34％；2017 年农药使用量为 1.24 千克/亩，较 2015 年下降了 21.02％。同时，耕地质量也实现了稳步提升，一、二等地比例不断提高，从 2015 年的 53％提高到 2017 年的 59.57％。农业生产环境的不断改善和耕地质量的不断提升，必然影响土地可持续利用和现代农业可持续发展。

表 1　　2015～2017 年上海农用地质量与可持续利用情况

年　份	2015	2016	2017
亩均化肥使用量（千克/亩）	35.20	32.48	31.56
亩均农药使用量（公斤/亩）	1.57	1.39	1.24
耕地质量（一二等地占比）（％）	53.00	58.20	59.57

资料来源：调研资料。

2. 土地利用方式影响农业多功能性和产业发展活力

农业的多功能性衍生出农地的多功能性。农业不仅具备商品的生产价值，而是同时提供其他非商品价值的产出，使得农业在无意间成为公共产品与外部性的来源。欧盟最初出于国际贸易的压力与提供补贴的正当性提出多功能性农业，即使在进行其他商品生产可能更有效率的情况下，为了保持乡村地区的经济自立性，主张仍应继续支持农业部门进行生产活动，同时指出农业本身确实客观存在多功能性。农地在保持生产价值的同时，可以为人类提供景观、娱乐、休憩等服务，而兼顾这多种功能与土地利用方式有密切关系。为深入推进农业供给侧结构性改革，完善农村土地用途管制，提高土地利用效率，加快推进农业现代化，国土资源部、国家发展改革委联合下发《关于深入推进农业供给侧结构性改革做好农村产业融合发展用地保障工作的通知》(国土资规〔2017〕12 号)鼓励土地复合利用，因地制宜保护耕地。上海市也在《上海市土地资源利用和保护“十三五”规划》(沪府发〔2017〕24 号)中提到要“强化农地复合利用”。农地复合利用可以推进农业多功能性的发展，且能激发农业产业发展活力。

3. 土地经营方式影响现代农业生产关系调整

在从人民公社高度集中经营转变而来的以小农分散经营为基础、统分结合的双层经营体制下，人均耕地面积小且条块分割，耕地细碎化问题严重，机械化难以覆盖，这不利于农业科技规模效益的产生，严重阻碍了农业现代化发展。所以，土地规模化集中经营是实现农业现代化的必然选择。

由于农业适度规模经营能稳定农业生产，改造和重组农业经营主体，加速农村经济发展，所以上海为加快促进郊区农业现代化步伐，出台了诸多政策加快推进农业适度规模经营，有效地稳定农业生产的发展。根据相关部门的统计，从横向比较 2016 年各区的土地流转率看，由于近郊地区村集体发展水平相对较高，非农就业机会较多，所以近郊地区农村承包土地流转率普遍高于中远郊地区，闵行、嘉定、宝山三个区的农村承包土地流转率均已超过 99%。而从纵向时间轴看，全市郊区农村承包土地流转面积由 2010 年的 119.2 万亩增长到 2016 年的 131.2 万亩，流转率也从 2010 年 59.3%上升至 2016 年的 74.8%，土地流转面积和流转率都有较大提升，全市适度规模经营稳步推进，现代农业发展用地集中利用程度不断提高，如图 1 所示。

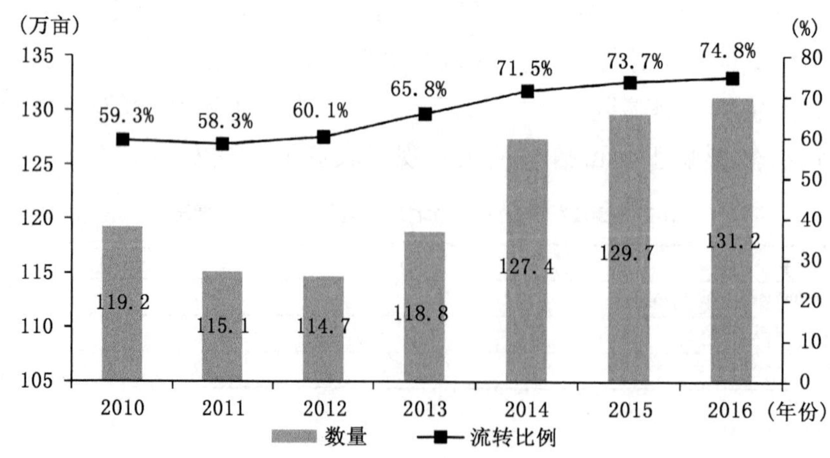

资料来源：根据调研情况整理、绘制。

图 1　上海市 2010～2011 年农村承包土地流转情况

4. 土地规划整治影响现代农业生产布局和功能整合

土地规划直接影响农业生产布局，而土地综合整治则优化了区域农业生产布局，同时整合了土地各类功能。例如，正在推进的“三区”划定，就是农业生产力布局调整的土地专项规划。截至 2018 年 6 月底，全市初步划定 138.40 万亩农业“三区”。其中，蔬菜生产保护区 50.06 万亩、粮食生产功能区 80.64 万亩和 14 个特色农产品优势区（面积为 7.7 万亩）。蔬菜生产保护区初步划定了 304 个保护区片，其中：198 个地块面积在1 000 亩以上的保护片总面积为 43.57 万亩，占全市蔬菜划定保护地块总面积的 87%；粮食生产功能区初步划定了 485 个保护区片，其中 426 个地块面积在 500 亩以上的保护片，总面积为 78.57 万亩，占全市粮食生产功能区总划定面积的 97.4%。三区划定对优化农业生产布局和要素配置、促进农业生产结构调整起到重要作用。

在土地整治方面，2010 年开始，上海作为全国首批土地整治规划试点城市，在全国率先开展市级土地整治规划。上海同步开展了多个土地综合整治项目试点，通过田、水、路、林、村的综合整治，一方面增加了耕地面积、优化了农业布局、改善了农村地区的生产条件，另一方面改善了生态环境，发挥了农地的多功能性。例如，崇明区新村乡土地整治项目，通过整治部分不具规模的菜地、林地、园地和养殖水面，适当调整农业用地的规模和布局后，在增加耕地面积同时也确保农产品总量，并且在充分利用现有道路的基础上，改造和新建了部分田间路，以满足内部农业生产和外部交通互联的需求，土地整治前后农用地变化如表 2 所示。

表 2　　崇明区新村乡土地整治项目土地整治农用地汇总表

二级地类	三级地类	建设规模(亩)			比例(%)		
		整理前	整理后	增减	整理前	整理后	增减
耕地	灌溉水田	212.5	677.55	465.05	19.76	63.01	43.25
	水浇地	62.03	0	−62.03	5.77	0	−5.77
	旱地	5.12	0	−5.12	0.48	0	−0.48
	菜地	54.29	184.47	130.18	5.05	17.16	12.11
	小计	333.94	862.02	528.08	31.06	80.17	49.11
园地	果园	11.82	0	−11.82	1.10	0	−1.10
	小计	11.82	0	−11.82	1.10	0	−1.10
林地	有林地	40.77	53.32	12.55	3.79	4.96	1.17
	小计	40.77	53.32	12.55	3.79	4.96	1.17
其他农用地	畜禽饲养地	3.96	3.31	−0.65	0.37	0.31	−0.06
	设施农业用地	0.9	5.16	4.26	0.08	0.48	0.40
	农村道路	12.07	29.73	17.66	1.12	2.76	1.64
	坑塘水面	0.58	0	−0.58	0.05	0	−0.05
	养殖水面	592.29	0	−592.29	55.08	0	−55.08
	农田水利用地	18.11	33.96	15.85	1.68	3.16	1.48
	晒谷场等用地	0.99	0	−0.99	0.09	0	−0.09
	小计	628.89	72.16	−556.73	58.49	6.71	−51.78

资料来源：《上海郊野单元规划探索和实践》。

二、上海现代农业发展的用地现状、问题与成因分析

(一)用地现状与特征

2016年上海市农用地规模471.1万亩。耕地占比60.51%,是农用地中面积最大的地类,其中:适合规模化经营的水田规模最大,占耕地总规模的80%;旱地的占比最小为耕地总规模的2.94%。上海的园地面积占农用地总量的5.25%,以果园为主。林地和草地的分别占农用地总规模的14.71%和0.39%。其他农用地规模为农用地总规模的19.15%,仅次于耕地二级地类,其他农用地中又以坑塘水面和农村道路为主,两者占其他农用地的比例分别为55.14%和23.86%,而规模不大、占农用地规模总量仅1.20%的设施农用地,是近年来上至国家下至地区在农用地利用、管理中的关注重点与热点。

表3　　上海市2016年农用地土地分类数据

二级地类	三级地类	面积(公顷)	占农用地比例(%)
耕地	小计	190 755	60.51
	水田	135 429	42.96
	水浇地	49 722	15.77
	旱地	5 604	1.78
园地	小计	16 551	5.25
	果园	16 079	5.10
	茶园	6	0.00
	其他园地	466	0.15
林地	小计	46 364	14.71
	有林地	22 718	7.21
	灌木林地	31	0.01
	其他林地	23 615	7.49
草地	小计	1 215	0.39
	天然牧草地	0	0.00
	人工牧草地	3	0.00
	其他草地	1 212	0.38
其他农用地	小计	60 356	19.15
	坑塘水面	33 303	10.56
	沟渠	8 863	2.81
	设施农用地	3 774	1.20
	农村道路	14 415	4.57
	田坎	1	0.00

资料来源:调研资料。

在了解农用地现状的基础上,对比农用地与其他用地的相对变化关系、农用地各地类的增减变化情况、农用地生产情况等,归纳出了农用地利用的主要特征:

1. 农用地萎缩与建设用地扩张并存

上海市历年土地变更调查数据显示,上海市建设用地2010年至今仍以每年平均

1.1%的速度在扩张，而农地用则以 0.67%的速度在减少。虽然上海实现了建设用地减量化增长，遏制了建设用地扩张的速度，但建设用地扩张仍是农用地规模减小的最大动因。

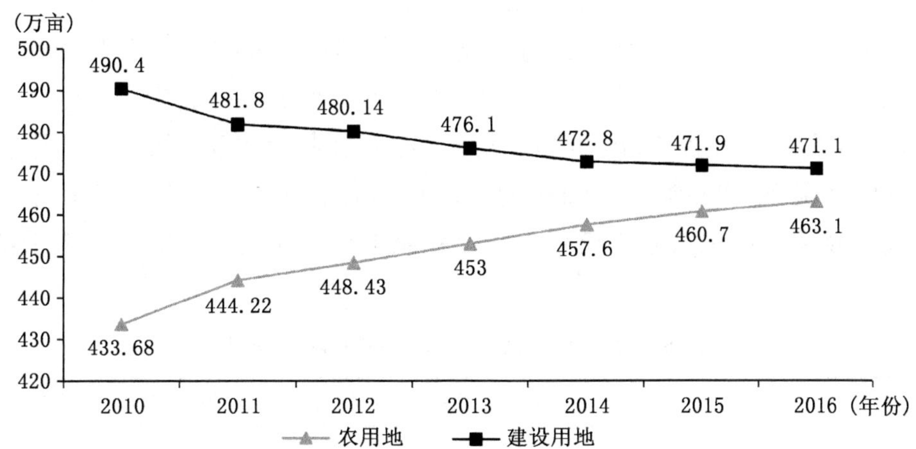

资料来源：市规土局网站搜集、整理、绘制。

图 2　2010～2016 年上海市建设用地与农用地规模变化情况

从 2014～2016 年上海耕地增减情况看，建设用地占用是耕地减少最主要的来源，平均 96.7%的减少量来源于建设占用，而补充的耕地 91.6%来源于土地整治，基本不通过复垦补充耕地。耕地变化的具体情况如表 4 所示：

表 4　　上海市 2014、2016 年耕地变化情况

			2014 年	2016 年
年内增加耕地面积（亩）	合计		27 704.85	34 751.40
	补充耕地	小计	27 668.85	34 747.95
		土地整治本年验收本年新增耕地	23 334.60	29 560.95
		土地整治往年验收本年变更新增耕地	3 799.20	65.70
		增减挂钩补充耕地	530.55	4 806.60
		工矿废弃地复垦补充耕地	/	/
		其他补充耕地	4.500	314.70
	农业结构调整		36.00	3.45
年内减少耕地面积（亩）	小计		24 800.85	20 643.90
	建设占用		23 552.40	20 229.45
	灾毁耕地		172.50	/
	生态退耕		172.95	/
	农业结构调整		903.00	414.45

资料来源：2015 年、2017 年《中国国土资源统计年鉴》。

2. 耕地面积稳定,播种面积逐年下降

上海在最严格的耕地保护制度下,为凸显耕地价值,实现了耕地实物占补,“十二五”期间耕地开垦费标准从 2.5 万元/亩提高到 8 万元/亩,耕地面积整体稳定,稳中略有增加,总面积自 2010 年后年均增长 0.2%,至 2016 年达到 190.7 千公顷,从规模上看坚守住了总量。但农作物播种面积却逐年下降,从 2010 年的 401.2 千公顷快速下降至 2016 年的 296.3 千公顷,降幅高达 26.15%,其中粮食作物播种面积占总量比例维持在 46%上下(具体见表 5)。虽然相关政策稳定了粮食作物播种面积的占比,但在耕地面积稳中略升的情况下,农作物播种面积的萎缩意味着农业种植业的生产积极性有所下降。这是农业经营主体在农业比较利益差及农业生产利润空间不断被压缩下的个人理性选择。

表 5　　2010～2016 年上海市耕地面积与播种面积变化

年份	耕地面积(千公顷)	农作物总播种面积(千公顷)	粮食作物播种面积占比(%)
2010	188.2	401.2	44.7
2011	187.6	400.6	46.5
2012	188.2	390.0	48.1
2013	188.0	378.1	44.6
2014	188.2	358.9	45.9
2015	189.8	341.6	47.4
2016	190.7	296.3	47.3

资料来源:2015 年、2017 年《中国统计年鉴》;2017 年《上海农村统计年鉴》。

3. 各区、各产业设施农用地利用情况各异

上海设施农用地自 2011 年 6 月开始实施备案制,至“十二五”末,大部分涉农区的设施农用地现状与规划规模已出现倒挂,所以 2016 年后的新增备案量较少,主要集中在崇明区。根据“十二五”期间已备案项目资料统计,备案项目总数为 900 个,规模总量达到2 896亩,涉及崇明、奉贤、嘉定、金山、闵行、浦东、青浦、松江 8 个区。从项目数量和规模看,均是崇明最多,闵行最少(见图 3)。从已备案项目的用地构成分析,生产设施用地占地2 223亩,占已备案项目用地总量的 77%;附属设施用地占地 672 亩,占已备案项目用地总量的 23%。

从备案项目的产业结构分析,粮食、蔬菜、畜禽三类设施农用地面积占比较高,占已备案设施农用地总面积的 64%;水产、农机二类设施农用地面积占地较低,占已备案设施农用地总面积的 7%;还有 828 亩设施农用地无法细分出具体的产业类型,占已备案设施农用地总面积的 29%。从分产业类型的项目个均占地面积来分析,种植、蔬菜、水产的项目个均占地面积较小,畜禽、农机的项目个均占地面积较大,具体如图 4 所示。

4. 农用地土地投入、产出强度逐年增加

现代农业发展的用地强度表现在土地投入强度和土地产出强度两个方面。土地投入一般涉及农药、化肥、农膜、种子、机械、用电等生产资料的用量,但上海市近年来越来

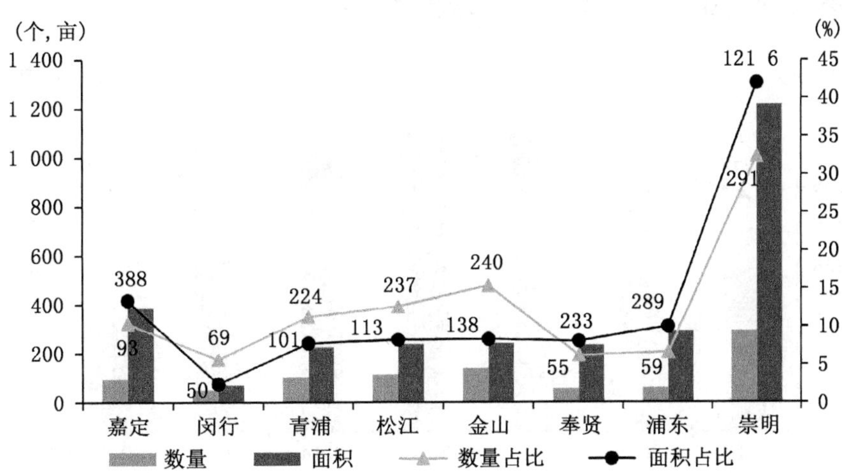

资料来源:根据调研情况整理、绘制。

图 3　2011～2015 年上海市各区设施农用地备案情况

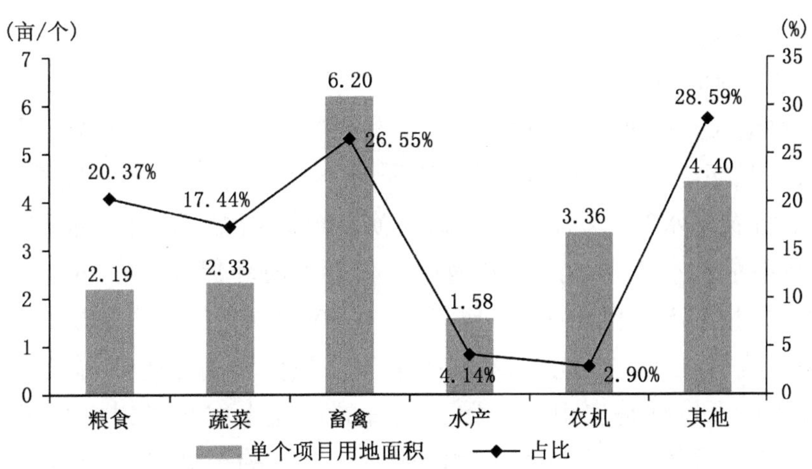

数据来源:根据调研情况整理、绘制。

图 4　2011～2015 年上海市分产业类型设施农用地用地情况

越重视土地的可持续利用,所以农药、化肥、农膜的用量虽然在减少,但在农业用地上的总投入却在持续增加。这从政府近 3 年来逐年增加的财政投入可以看出,涉农的一般性财政转移支付金额由 2015 年的 38.1 亿元上升为 2017 年的 47.1 亿元,特别是在 2017 年专项转移支付中单列“三农”支持类,包含农业生产综合专项补助、农业综合开发专项补助、都市现代农业发展专项补助、农业生态与农产品安全专项补助等 11 项共计 26.1 亿元。在农用地面积小幅变化的情况下,财政投入的持续增加必然带来现代农业发展的土地投入强度的增加。从农业总产值的现行价格看,受到畜禽退养政策的影响,高产出强度的牧业在 2015 年后产量开始持续下降,所以近两年农业产出强度有所下降。但从种植业的土地产出情况看,虽然随着种植业播种面积的不断萎缩,种植业总产值有所下降,但是单位面积的产值却从 2010 年的 3.87 万元/亩逐年增加至 2016 年的 5.01 万元/亩，这意味着种植业土地产出强度在持续增加，如图 5 所示。

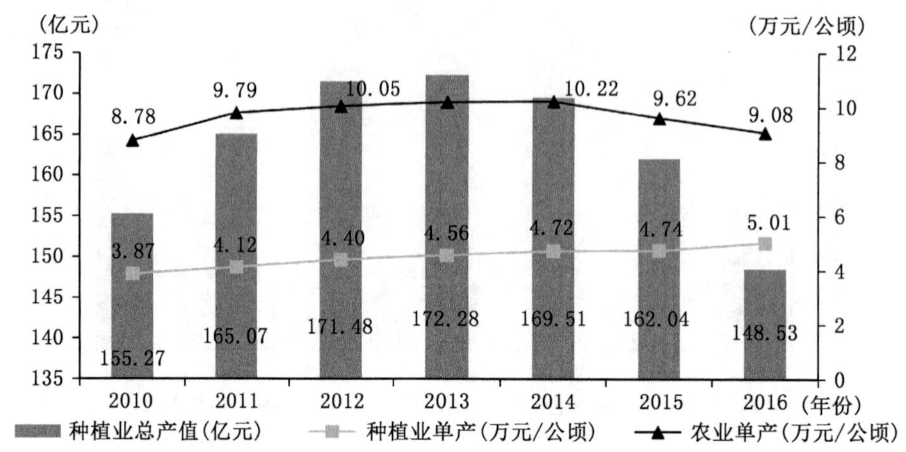

资料来源：2017 年《上海农村统计年鉴》。

图 5　上海市 2010～2016 年农业土地产出情况

（二）面临的问题

1. 耕地质量面临严峻挑战

目前上海耕地质量受到外在环境与自身利用方式的共同作用，导致质量提升面临严峻挑战。从外在环境看，主要是灌溉水质质量不佳和污染排放处理不当的情况。具体来说，当前上海农田水利目标在于灌溉、排涝、降渍、脱盐，而对于水质的监控较为缺乏，耕地的灌溉用水基本依靠小河流和池塘。根据上海环保局公布的上海水质情况，上海没有Ⅰ类水源，Ⅱ类水源也极少，主要是Ⅲ、Ⅳ、Ⅴ类劣水，整体水质的不佳直接影响灌溉水质进而影响耕地质量。此外，农村生活生产垃圾和工业生产源的存在，加之原来工业区的二次土地开发都是农田污染源。上海的耕地土壤污染以有机型为主，无机型次之，复合型污染比重较小。从土地利用情况看，上海的土地利用强度明显高于全国，从 2011～2016 年的复种指数看，上海明显高于同期的全国水平，高于北京市、天津市等直辖市。较高的复种指数会加大耕地的地力损耗，过分用地而没有养地，明显不符合农业绿色发展的要求。

表 6　2011～2016 年全国与上海市复种指数对比

年份	上海复种指数	全国复种指数	北京复种指数	天津复种指数
2011	2.14	1.20	1.36	1.06
2012	2.07	1.21	1.28	1.09
2013	2.01	1.22	1.10	1.08
2014	1.91	1.23	0.89	1.10
2015	1.80	1.23	0.79	1.07
2016	1.55	1.24	0.70	1.10

资料来源：2017 年《中国统计年鉴》、2017 年《中国农村统计年鉴》。

2. 现代农业发展中的融合产业和新兴产业发展缺乏用地空间

有效的土地供给是推进农业结构调整和农村“三产融合”的前提条件，也是建设现代都市农业、增创农业发展优势的关键因素。“三产融合”是未来农村经济发展的方向所在，保障好一二三产业融合发展过程中融合产业和新兴产业的用地需求，就是松开了农业三产融合发展的紧箍咒。推进我国农村一二三产业融合发展的顶层设计虽出台不久，但在上海相关实践早已进行多年。一方面，观光农业、休闲农业、都市农业、信息农业、设施农业等新型业态从上海定位为发展都市现代农业开始就逐步出现，它们对农村经营性用地的需求逐步增加，但没有规范化的用地类型和供地路径满足其发展需求，发展空间受限。另一方面，随着上海农业适度规模化经营的不断推进和新型农业经营主体的大力培育，有越来越多的经营主体有农产品初加工、农产品仓储、运输、展示、直销等的用地需求，这虽然可以促进农业产业链一体化和农业附加价值的提升，但目前这类需求主要通过设施农用地满足，而全市各个区的设施农用地指标均趋紧，难以满足产业发展中日趋增加的需求。

3. 设施农用地指标紧张，满足不了产业发展用地需求

随着上海市现代农业发展的不断推进，设施农用地的数量和规模也在逐步增加。设施农用地在 2011 年开始实施备案制度，当前全市设施农用地现状与规划数据出现倒挂，整体用地指标紧张，新的项目难以进入。在调研过程中普遍反映，基本没有设施农用地到期后复垦的情况，基本都会续期。

同时，历史遗留和新增备案中的由于满足不了产业发展用地需求而导致的违法违规现象难以杜绝。调研资料显示，纳入全市违法用地 3 年整治行动的设施农用地项目共计7 523件，总面积13 080.35亩，占现状设施农用地总量的 1/4，各区具体情况如图 6 所示。违法、违规用地现象主要是迫于发展需求而改变用途、建设永久性建筑和挤占基本农田等。用途改变主要是从事经营性活动和将管理用房用作职工的宿舍等行为；建设永久性建筑主要是作为设施农用地的临时建筑被作为永久建筑固化，而要分清两者的界限，必须从固化面积、建筑结构、建筑用途等方面进行全面综合的分析考量，这给实际操作带来困难。调研发现，看护用房、兽药仓库等必备设施的用地，与二调基本农田图斑范围重合，与当前永久性基本农田范围内不允许有建筑物的管理规定相冲突。

4. 土地流转价格偏高、期限偏短，导致农业生产预期不稳定

部分地区土地流转价格偏高、期限偏短、流转不稳定成为制约土地有序流转的瓶颈，影响现代农业发展的规模经营。

一是部分区土地流转费偏高，每年每亩在1 200元以上，有的地方甚至超过3 000元。过高的流转费将农业生产的市场风险全部转嫁到生产经营者身上，增加了经营主体的土地要素成本投入，提高了违约风险，影响新型农业经营主体的健康发展。还有农户或者村集体为了短期利益，要求收回已经流转的承包地流转给出价更高的散户，影响了规模经营的推进，增加了土地流转的矛盾和纠纷。

二是部分农户委托土地流转期限较短。国家为稳定和完善农村土地承包关系，在第一轮土地承包即将到期之前明确宣布，土地承包期再延长 30 年不变，在这种背景下

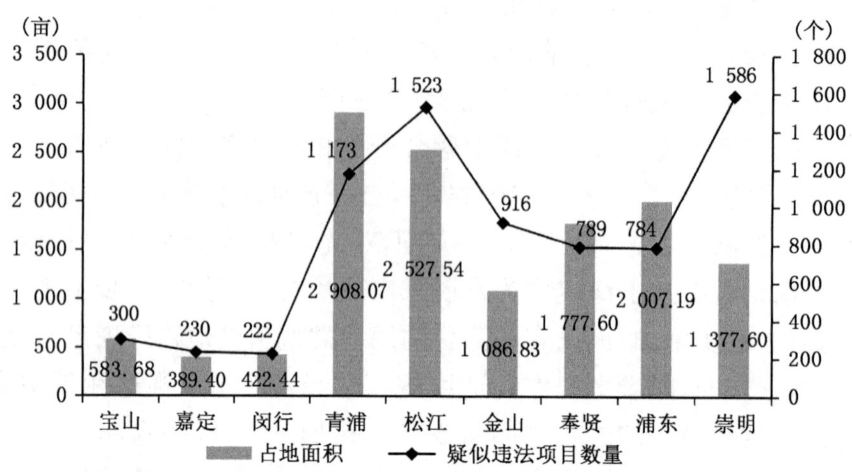

资料来源：根据调研情况整理、绘制。

图 6 全市违法用地 3 年整治行动的设施农用地项目分区情况

看上海的土地流转期限，2016 年流转期限少于 3 年的占比 20.6%，比 2015 年流转期限少于 3 年的比例 19.3%又增加了 1.3%，而 10 年以上的比例，2016 年则比 2015 年减少了 16.8%(见表 7)。根据调研情况，有的乡镇土地流转合同一年一签，与农业生产投资回报期较长形成强烈反差，使经营主体对土地流转的稳定性产生担忧，从而影响对农业生产的长期稳定投入，也不利于生产关系的稳定，而且与土地休耕、农产品有机认证等对土地改良的期限要求有错位。例如，奉贤区的艾妮维合作社主要生产绿色有机南瓜，在调研中其提出一年一签的流转合同没法进行绿色认证，因为绿色有机农产品的生产周期较长，土壤改良至少需要 2～3 年；另外，其承包的土地在完成土壤改良后出现部分土地不与其续租而转租给其他承包经营者的情况，导致前期进行土壤改良和养地而投入的大量资金、劳动力成本无法产生收益，破坏其投入的稳定预期和生产积极性。

表 7 上海市 2015～2016 年土地流转期限分布情况

流转期限	2015 年		2016 年	
	规模(亩)	比例(%)	规模(亩)	比例(%)
3 年以下	25.1	19.3	27	20.6
3～5 年	27.5	21.2	18.5	14.1
5～10 年	20.7	16.0	50.7	38.6
10 年以上	56.4	43.5	35	26.7

资料来源：调研资料。

5. 总量控制下现代农业发展用地与其他用地间的空间矛盾日益凸显

一是农业发展用地与生态保障用地间的空间矛盾与协调问题突出。《上海市城市总体规划(2017—2035 年)》提出要扩大生态空间，严守生态保护红线，扩大生态用地规模；积极调整生态用地结构，增加森林面积，提升生态服务价值；同时保障农业空间，落实耕地保有量目标，合理保障设施农用地。按照规划，全市生态空间总面积不小于5 465平方公里(规划范围内3 739平方公里)，林地要从 2015 年的 467 平方公里增加至

2035年的980平方公里，而耕地则由2015年的1 898平方公里减少到2035年的1 200平方公里。农业生产用地要兼具生产和生态双重保障功能，现代农业发展中用于农业生产的用地规模受到压缩。二是现代农业发展用地与建设用地的矛盾。《上海市城市总体规划(2017—2035年)》提出，至2035年，全市规划建设用地总规模控制在3 200平方公里以内，并作为2050年远景控制目标。预留规划建设用地机动指标约80平方公里，重点保障区域性重要通道和重大基础设施。对照规划用地平衡表可以发现，减量化主要针对农村居民点用地和工业仓储用地，从整体空间看，城市空间还是在继续扩张而现代农业发展空间则面临大幅压缩。

(三)上海现代农业发展用地瓶颈的成因分析

1. 法律层面：当前法律法规下农村土地制度制约了农业农村发展

当前以产业融合发展和农业产业链延伸为引领的现代农业发展趋势推动了现代农业领域新产业、新业态的快速发展，且随着现代农业的专业化和产业分工的相互渗透，现代农业发展用地呈现综合化、功能趋向复合化。目前集中成片的单一的农业用地类型，缺乏对产业渗透趋势和土地复合利用需求的有效应对，部分新兴现代农业产业发展项目找不到合适的土地类型落地。

一是设施农用地要遵守农地农用的原则，但产业融合发展过程中仅靠设施农用地难以满足发展需求。例如，现行管理政策对农产品的存储、分拣包装等仓库用地，作为设施农用地管理，而农产品的工厂化加工用地、中高档展销作为建设用地管理。在实际生产中，一方面由于农产品的保鲜和提高农产品附加值等需求，规模化生产中的农产品的存储、清洗、分拣、包装和加工往往通过流水线完成；另一方面有的大型合作社或者龙头企业让农产品交易和物流也在一个项目区域内连续完成，工业、服务业、农业三大产业高度融合，导致农产品加工、交易物流用地难以分开独立管理，这些情况均难以通过设施农用地来实现项目用地需求。

二是由于没有集体建设用地交易市场，低效、闲置的集体建设用地无法通过市场行为流转到需要用地的新兴现代农业产业发展项目上，新增集体建设用地的指标也有限。通过对信息经营主体的调研发现，其在产生用地需求后都倾向于利用新增集体建设用地而非存量，一方面进行旧厂房的改造要比新建难度大，另一方面集体建设用地交易市场不健全，估价缺乏规范性，交易风险难以自控。目前上海通过建设用地减量换取新增建设指标，这种方式下村集体和集体建设用地原使用人的积极性均不高，致使存量集体建设用地难以有效盘活，新兴的现代农业产业发展项目难以通过土地市场上的要素的自由流动获取集体建设用地。

2. 规划层面：各项规划缺乏统筹协调，对产业发展的统筹作用不足

当前上海现代农业发展用地的相关规划、管理、实施等职能分散在农委、规土局、发改委、环保局等部门，每个部门关注的重点有所不同，职能难以避免被分割，基础资源无法得到有效整合利用，基础资料的差异性必然导致规划和管理的片面性和平面化，无法从整体上统筹安排农业产业发展。

一是现代农业用地的相关规划多而分散，缺乏一个法律效力较高的总体规划作为

引领。目前城乡规划和土地利用总体规划中对现代农业用地均有所涉及，规划的基础空间数据完备、准确性高，所有基础数据和规划数据纳入全市“一张图”管理，但关注的重点在规模的保障和用地模式的优化上，对农业生产的指导较少。而农业领域针对农业生产编制了一些专项规划，如各类农业布局规划，但大部分专项规划的编制成果既不公开，也没有纳入“一张图”管理，其法律效力和影响力、作用均不够。

二是土地综合整治规划的覆盖面不够。土地综合整治规划是土地总体规划的专项规划，是实施土地总体规划的重要环节，是乡村地区的控制性详细规划。当前上海市在郊区试点了部分土地综合整治规划项目，取得了良好的效果，但受限于人、财、物的制约，全域内大部分现代农业发展用地还未进行土地综合整治，现代农业发展用地、生态保障用地、农村建设用地之间缺乏有机整合。

3. 体制层面：多头管理下权责不够明晰，体制机制不畅

当前上海农业用地管理体制机制不畅的问题突出表现在设施农用地方面。根据《设施农用地管理办法》，目前上海设施农用地的审核、管理、监管涉及市区农委、市区规土局、乡镇和区政府等多个机构的多个部门，这些部门由于职能分工、资源壁垒、技术障碍等问题导致在实际操作中各部门并没有形成合力，行政效率的内耗会增加设施农用地审批、管理的难度。具体来说：

一是审核顺序不优，可能导致前置部门的无效工作。目前设施农用地由乡镇政府申报；区农委重点就设施性质（是农业生产设施还是农业附属设施）、设施建设的必要性和可行性进行审核，审核完成后将申请材料和审核意见转送区规土局；规土局重点就设施用地的规划符合度、用地规模和复垦还耕或补充耕地方案的可行性进行审核，区规土局委托乡镇规土所负责进行现场拍照和踏勘。在该过程中往往卡在区规土局的审核上，一方面申请项目可能不符合总体或专项规划要求，或者不满足用途管制的要求而无法落地；另一方面在有限的设施农用地指标下，要优先满足全区重大项目或者收益较高的项目，从而难以通过审核。但不管什么原因，规划审核的后置可能导致农委审核工作的无效率，影响整体行政运行效率。

二是管理体制不畅，工作内容存在一定交叉。项目完成用地核验后进入日常管理，当前上海设施农用地由区农委备案管理，由区规土局做好土地变更调查、登记和台账管理等相关工作，并按有关规定上报市规划国土资源局。这两部分工作内容相当密切，而且工作内容也存在一定交叉。例如，土地变更调查需要由农委认定是否变更，变更为哪种用地类型，而新增备案管理其实是台账管理的一部分，由于机构设置的问题，当前设施农用地的日常管理工作被分割到两个部门，非常不利于设施农用地的统筹管理，也影响机构运行效率。

三是监管责任主体的监管动力不足。一方面，当前上海设施农用地由乡镇政府负责监督用地单位按照有关管理要求具体实施农业设施建设，但设施农用地违法违规一般是用于进行经营性活动，违法设施农用地与乡镇利益挂钩，与乡镇政府发展经济的导向一致，所以乡镇政府监督设施农用地的农地农用动力不足；另一方面，当前设施农用地违法用地督查是由区规土局对设施农用地土地用途进行跟踪巡查，由土地执法监察

大队进行监督、执法，但是违法用地的认定又是由区农委根据用途进行判定的，也即设施农用地日常的跟踪巡查在区规土局，但最终的违法认定在农委，执法在监察大队。这种职能的分割既降低管理效率，又由于各自管理的侧重点不同导致观点的分歧，不利于设施农用地的监管。

4. 政策实施层面：管理水平落后于产业发展速度，部分操作实施细则不适用于产业发展现状

上海市为保障和促进现代农业发展，在符合国家、市相关法律规范的情况下，就上海设施农用地的使用、管理出台了一系列的领先全国的政策规定，但随着现代农业产业发展，在管理过程中发现一些当前政策无法解决的问题，这些不是由于缺乏政策，而是产业发展速度过快，管理水平没有及时跟上，这说明农用地管理仍不够精细化，突出表现在设施农用地方面。具体来说：

一是农产品粗加工的内涵界定不明。《上海市设施农用地管理办法》将设施农用地具体分为生产设施用地和附属设施用地，生产设施用地是指在农业项目区域内，直接用于农产品生产的设施用地，列举了包括粗加工场地在内的几种生产设施用地。但是，粗加工的内涵界定却不够明确，目前我国对农业初加工范围的界定是依据《享受企业所得税优惠政策的农产品初加工范围(试行)》(2008 年版)(财税〔2008〕149 号)，但粗加工与初加工的内涵是否一致未有明确界定，在调研过程中发现设施农用地的管理人员对粗加工的理解也不尽相同，这给设施农用地管理带来了一定障碍。

二是存在不符合设施农用地管理要求和建设标准的用地新增备案为设施农用地或视为存量设施用地。当前有一些休闲农庄在建设之初按照设施农用地进行备案管理。但根据土地使用的具体用途，整个设施农用地中有较大比例的土地是耕地、林地、水面等农业生产用地，而不是设施农用地；还有一些餐饮、培训、展示等不符合设施农用地建设标准和农地农用原则的建筑物和构筑物，也不是设施农用地。这些备案为设施农用地的地块在管理上存在很大问题，一方面对农业用地结构有影响，减少了农业生产用地数量，占用了大量的设施农用地指标；另一方面造成了事实违法用地，违背了农地农用的基本原则。而且根据《上海市设施农用地用地标准(试行)》，设施农用地规模最大不超过 15 亩，但是在新增备案和历史存量设施农用地中，仍有不少规模大于 15 亩的项目，这些项目若仍按照设施农用地管理则显得过于粗放，也容易产生违法行为。

三是设施农业是否应该全部归为设施农用地。《上海市设施农用地管理办法》规定，工厂化作物栽培中有钢架结构的玻璃或 PC 板连栋温室用地等是生产设施用地。事实上，存在大量玻璃或 PC 板连栋温室，在建设过程中，只有少量地面硬化，项目占地中较大比例用地仍是未硬化的地面，用作农业生产。2017 年国土资源部发文提出，“允许在不破坏耕作层的前提下，对农业生产结构进行优化调整，仍按耕地管理”。上海则还没有做出相应的调整。

5. 政策激励层面：农业经营体系中新型经营主体主观能动性受到农村金融环境的制约

新型农业经营主体是现代农业发展的重要载体和主要推动力量，新型农业经营主

体由于规模大、生产周期长、投入高，且其生产规模、专业性都远超小规模的、自给半自给的传统农户，且有继续扩大生产规模的需要，因此产生大量的资产融资需求。由于新主体的集约化、机械化程度较高，对大型农机具购置、大棚和厂房建造、农资及产品仓储、信息化设备、农田水利基础设施建设等领域投入要求增多，而这些资金的回收周期往往较久，资金占用的时间会更长，因此对中长期的融资需求高于短期。上海市政府在合作社的融资方面出台了诸多政策，主要通过政府信用担保的方式融资，政府承担了较大风险，而基于风险控制，贷款的额度也受到一定限制。自 2015 年 2 月 27 日《上海市农村土地经营权抵押贷款试点实施办法》颁布以来，从试点金山区的贷款情况看，2017 年金山区 49 个新型农业经营主体(48 个合作社，1 个家庭农场)通过农地经营权抵押获得贷款共计8 910万元，说明新型经营主体对资金需求量很大，但在与金山区、奉贤区、崇明区的多家新型农业经营主体的访谈中发现，农业经营的脆弱性、高风险性和低收益导致农村金融机构对农地抵押贷款的积极性不高，这对新型农业经营主体主观能动性的发挥有一定的制约作用。具体来说：

一是贷款周期短，无法满足新型经营主体的贷款需求。一方面，金融机构出于风险控制要求，农业贷款周期一般为 1～3 年，多数是 1 年，这样导致同一主体每年需要重新准备贷款材料，降低了机构运行效率；另一方面，上海很多区域的农地流转合同是一年一签，导致合同期限不能覆盖贷款周期，出现贷款审批各环节相互牵制、不匹配的情况。

二是承包经营权的价值评估存在一定障碍。当前上海主要是农技中心负责对抵押经营权进行价值评估，而没有开放第三方专业评估机构进行评估，其评估标准、评估方法还不够成熟、规范，很难判定评估结果是否能有效平衡金融机构/担保机构的风险和贷款主体的需求。

三是农地流转交易市场不够活跃和规范，使农地无法成为市场有效的抵押物。当前上海农地产权交易平台的运行效率不高，数据录入不全、滞后的情况较为普遍，信息公开、竞价交易等环节市场机制不健全，难以有效服务农地经营权交易，使得农地还难以真正意义地成为市场有效的抵押物，农村承包地经营权的交易变现也困难。

三、建立上海现代农业发展用地保障机制的主要思路

(一)上海现代农业发展面临的新形势

1. 乡村振兴战略带来的新机遇

党的十九大报告中首次提出，实施乡村振兴战略，要加快推进农业农村现代化。农业现代化发展的要求从新农村建设时期的“生产发展”到乡村振兴战略时期的“产业兴旺”，反映了新时期现代农业发展方向、发展理念的重要变革。从生产发展到产业兴旺，不仅强调经济发展是乡村振兴美好蓝图的物质基础和首要任务，同时也更明确只有产业兴旺才能带来经济的繁荣。乡村振兴战略中将产业兴旺置于首位，是因为现代农业产业兴旺是乡村振兴的前提、基础和重点。农业现代化是“四化”同步协调发展的一块突出短板，这个问题对经济发展位于全国前列的上海而言更为突出。补齐上海农业现代化短板，是实现上海现代化的关键一环。上海农业的短板问题很突出，表现为农民老

龄化、农业兼业化、农业科技支撑不足、品牌建设不够、市场竞争力不强等。农业供给侧结构性改革作为乡村振兴战略中最为重要的内容，应按照产业兴旺的要求，结合上海现代农业发展的短板，积极调整农业发展方式，构建现代农业产业体系、生产体系、经营体系，并健全各类农业发展保障机制，走出一条产出高效、产品安全、资源节约、环境友好的农业现代化道路。

2. 多规合一带来的新要求

多规合一是指将国民经济和社会发展规划、城乡规划、土地利用规划、生态环境保护规划等多个规划融合到一个区域上，实现一个市县一本规划、一张蓝图，确保多规确定的保护性空间、开发边界、城市规模等重要空间参数一致，并在统一的空间信息平台上建立控制线体系，以实现优化空间布局、有效配置土地资源、提高政府空间管控水平和治理能力的目标，解决现有各类规划自成体系、内容冲突、缺乏衔接等问题。四部委在 2014 年联合下发《关于开展市县“多规合一”试点工作的通知》，提出在全国 28 个市县开展“多规合一”试点。在市县“多规合一”试点工作的基础上，为建立健全统一衔接的空间规划体系，提升国家国土空间治理能力和效率，2016 年 10 月，中央深改组第二十八次会议审议通过《省级空间规划试点方案》，扩大试点范围，划定城镇、农业、生态空间以及生态保护红线、永久基本农田、城镇开发边界“三区三线”，统筹各类空间性规划。

多规合一改变的并不只是空间规划，还有资源管理和配置方式，以及行政职能的调整和行政效能的提升。但是，从目前各地的试点和实践看，多规合一的推进面临各类规划价值取向间的平衡、规划期限和规划目标间的衔接、规划的空间层级和技术标准的差异、不同规划间法定地位不对等等问题，而要解决这些问题，推进多规合一，实现优化资源配置，提高政府空间管控水平和治理能力的目标，对规划管理者提出了诸多新的要求：一是要整合各类规划的目标，统一规划期限，实现各类规划的有效衔接，明确区域发展的阶段性目标和土地利用导向、土地结构、生产力布局等问题；二是要搭建多规合一的基础平台，共享多规合一的数据资源，如统一数据统计口径、统一坐标系统等，协调多规编制的技术标准，统一和衔接各类规划中土地利用分类标准等；三是厘清各类规划的作用，探索如何将目前存在的各种农业专项规划纳入多规合一的空间规划体系中。此外，根据 2018 年 8 月公布的农业农村部“三定”方案，宅基地管理和农村土地综合整治两部分在农业部和国土部间一直存在职能交叉的内容现在由农业农村部统筹管理，这也要求在多规合一中重新匹配新的行政职能调整。

3. 消费结构升级带来的新挑战

党的十九大报告中将核心矛盾升级为“人民日益增长的美好生活需求，与不平衡不充分发展之间的矛盾”，满足美好生活需求的“消费升级”，成为未来 5 年的一个主旋律。我国城乡居民消费结构正在由生存型消费转向发展型消费、由产品消费转向服务消费、由物质消费转向精神消费、由规模化标准化消费转向个性化品质化消费、由忽视资源消耗环境保护的消费转向更加生态、绿色、安全的消费。消费结构升级对现代农业发展带来了一些新挑战：一是从追求食品消费数量向质量的转变，对现代农业发展中的食品安全、营养价值和品牌打造等有了更高要求。近年来，我国从温饱型社会向小康型社会过渡进程加快，食品消费在消费支出中的比重呈下降趋势，但早期的农产品消费增长主要侧重于数量，后期的农产品消费增长更加注重质量、花色、品种、品牌，这就要求农业生产要从单纯满足温饱向追求品质、品牌转型；二是旅游、休闲养生需求的上升带动观光农业、体验农业等第三产业发展，使现代农业发展面临通过融合增加农业附加值的挑战。据统计，2015 年全国休闲农业和乡村旅游接待游客超过 22 亿人次，营业收入超过4 400亿元，从业人员 790 万，其中农民从业人员 630 万，带动 550 万户农民受益。“十二五”时期，游客接待数和营业收入年均增速均超 10%。休闲农业和乡村旅游的快速发展要求现代农业发展中要将农业与加工销售、休闲度假、旅游观光相结合，要深入挖掘地域文化特色，提升农业休闲旅游的文化内涵，提升现代农业发展过程中农业生产环节的附加值。实现这些内容面临两个方面的挑战：一是需要在日益尖锐的人地矛盾和城乡空间竞争环境中保障绿色生产的空间，二是需要在绿色、可持续发展的要求下调整用地的空间布局和结构。

4. 产业融合发展带来的新难题

中央农村工作会议和一号文件都强调，要在稳定粮食生产的基础上，通过一二三产业相互融合，提升农产品附加值，促进农民增收。产业融合是以农业为基础，内生出农产品加工业、农产品直销、餐饮业和休闲农业等，形成集生产、加工、销售、服务一体化的产业链条。拉长的产业链条细分出无限的环节和就业岗位、增收机会，农户能够分享二、三产业增值带来的收益，是实现农业现代化的必然趋势。与农业产业化、贸工农一体化有所不同，产业融合更多的是强调一个经营主体或者一个组织机构内部的融合，比如说以家庭农场、合作社或者联合社等为单位，这样有利于将增值收益更多地留给农业经营者。但产业融合发展也带来了一些难题：一是用地路径不明晰。如果产业融合用地占用设施农用地指标的话，很多类型明显不符合设施农用地“农地农用”的基本原则，如地面硬化、工厂化种植、流水线分拣、包装等；如果产业融合用地占用国有建设用地指标的话，由于涉农产业的比较利益远低于一般的工业产业，所以收益难以支撑土地出让金的成本；如果产业融合用地占用集体建设用地指标的话，集体建设用地入市的相关政策仍不明朗，在拿地方式、地价、土地收益分配等关键问题上的处理方式缺乏统一认识，容易形成日后纠纷的隐患。二是土地融资困难，现有法律规范框架下，农村土地承包经营权、宅基地财产权、农村经营性建设用地使用权的抵押一直受到限制，虽然已经完成农村土地确权工作，但相关权利的价值评估和抵押方式还未配套完善。

(二)保障机制的主要思路

在乡村振兴战略的总体部署下，上海现代农业发展要以农业供给侧结构性改革为主线，促进都市现代农业提质增效。上海现代农业的发展离不开土地要素与土地政策的支撑，而上海现代农业发展用地保障涉及多个方面，需要根据当前上海现代农业发展对土地政策的需求及当前土地利用存在的主要问题和面临的各类障碍进行综合设计。具体而言，需要遵循以下设计原则：一是更新观念。一方面在耕地保护上，要全面树立空间、质量、资源、生态、景观“五位一体”耕地综合保护新理念，确立耕地空间和资源并重的管护方式；另一方面在土地整治方面，发挥农地综合效益以推进低效建设用地减量化和农用地集中连片整治,提高整治的综合效益和整体效果。二是强调规划的重要作用。一方面衔接好各类规划,保障规划的可实施性;另一方面推动规划成果开放共享,通过整合各类基础数据,提高规划的质量,真正实现规划引领建设。三是保障农业空间。一方面稳定粮食和蔬菜等城市主要农产品基本生产面积,坚持主要农产品最低保有量制度,保障城市蔬菜自给率,确保供应安全;另一方面合理保障设施农用地,支持设施农业健康有序发展,促进农业现代化建设、适度规模经营和产业结构调整。四是提高现代农业发展用地的质量与效率。一方面坚持绿色发展,对标国际标准,大力调整减少化肥农药使用量,实施基本农田休耕轮作制度,提高农业生产的可持续性;另一方面稳固都市现代农业的生产功能,加强农业空间复合利用,推广立体种养模式,凸显生态功能、丰富生活文化功能,推进都市现代农业与二三产业融合发展。

一般而言,保障上海现代农业绿色发展有两种思路:一是改善现代农业面临的外部法制环境,加强政策引导,明确各项职能;二是激发现代农业经营主体的内生动力,培育新型农业经营主体。农业发展与其他产业发展相比缺乏比较优势,有先天的弱质性,所以要从用地上保障现代农业发展,政府的引导和外部环境的构建必不可少,同时也需要激活现代农业经营主体发展的内生动力,以其作为政策的落实对象,支撑现代农业的实现。构建上海现代农业发展用地保障机制要坚持“规划先行,资源整合,精准施策,动力激活”的基本思路,即要做到在乡村振兴战略蓝图下,以规划引领上海现代农业发展的空间布局与统筹利用,以现代农业用地的基础数据、规划数据、行政职责的有机整合为重要手段,结合现代农业发展的目标与用地需求,建立农田质量调查监管、设施农用地合理退出、创新土地综合整治模式等政策为主的立体化、精细化管理体系,形成政府政策引导、产业发展需求牵动、市场效益驱动三者有机统一的农业经营主体动力激活机制。

(三)具体路径

根据以上原则和基本思路,本研究认为要构建上海现代农业发展用地保障机制,应该在乡村振兴战略的总框架下,遵循外部环境优化和内部动力激活的思路,在多规合一的趋势下,打破数据壁垒,统筹各类规划,理顺土地规划、审批、利用、监管的体制机制,实现资源的有效整合,以实现精细化、立体化的管理为导向,满足产业发展需求和农业经营主体内在动力激活。具体需要做到以下几个方面:

第一,从用地上保障上海现代农业发展必须要打破数据壁垒,统筹各类规划。2017年5月18日,国务院办公厅印发《政务信息系统整合共享实施方案》,方案指出,推进政务信息化“五位一体”总体布局和协调推进“四个全面”战略布局,有效推进政务信息系统整合共享,切实避免各自为政、自成体系、重复投资、重复建设。当前规土局掌握了现代农业发展用地的总量规模、主要用途管制(耕地、基本农田等)地类的数量、分布等现状及规划数据,基本完成了农村土地的确权登记工作,并通过“一张图”进行资源的整合;农委则是掌握了生产关系数据,如土地流转情况、土地流转价格、补贴情况等。数据是统计数据,没有空间属性,所以难以与一张图进行资源的整合与匹配,部门之间由于职能的差异造成了数据壁垒,而当前的现代农业发展用地的相关数据开放整合不够,用地管理和政策实施中的数据缺乏深度和有机衔接，信息的缺失会在一定程度上影响政策制定的科学性和精准度。要从用地上保障上海现代农业发展必须打破数据壁垒，通过提高规划编制水平、提升农业各类专项规划的可应用性，实现规划的空间和时间统一性和指导性，有效指导农业生产和现代农业绿色可持续发展。

第二，从用地上保障上海现代农业发展要理顺规划、审批、利用、监管的体制机制，实现资源的有效整合。理顺涉农土地管理的体制机制是实现上海现代农业绿色可持续发展的根本保障。上海市历来重视现代农业发展中的土地政策供给，从土地的规划、审批、利用、监管等各环节建立了系统的管理体系。但是，从当前现实看，上海现代农业发展中的一些瓶颈问题仍然得不到解决，究其根源，除了问题本身的复杂性，体制机制层面的羁绊越来越明显地显现出来。体制涉及行政组织的静态权力配置结构，主要明确一件事情由谁去做、谁有权去做等权力与责任的边界；而机制属于主体间的互动与联系方式，重点解决如何做、如何有效做等资源整合问题，也即一套行之有效的方式、方法和程序。体制与机制是确保制度可以有效实施的关键，两者互为支撑，缺一不可。上海现代农业发展用地的分散分块管理体制导致事权配置不合理，制度性内耗严重。都市现代绿色农业用地的生产功能、景观休闲功能和生态功能等是基于土地而存在的一个有机整体，但现行涉农用地的管理职能和生态保护职能分属不同部门，这种分散管理的现状，易导致相关政策措施执行的有效性不足，也难以统筹各方力量形成合力，进行科学的顶层设计和整体部署。这些都将严重影响执行效率，带来政策目标实现成本居高不下。因此，从用地上保障上海现代农业发展要理顺涉农用地规划、审批、利用、监管等的体制机制，提高“事”与“权”的匹配性，做到“以事确权”，提高权力配置效率，实现资源的有效整合。

第三，从用地上保障上海现代农业发展要实现精细化管理，匹配产业发展速度和需求。上海现代农业发展情况存在多样化与不平衡发展、资源分布不均、需求有缓有急。但是根据调研情况，当前存在的诸多政策实施层面的困境与障碍的最根本和最重要的原因是，在上海都市现代绿色农业快速发展的同时，地方政府及相关职能部门的管理水平未能及时跟上，难以完全满足产业发展的需求。现代农业发展内涵和目标的不断变化与升级，对土地管理水平提出了更高的要求。土地管理政策不仅要规范现代农业的发展，还要满足产业发展现状下的用地需求来引导现代农业发展，更要以匹配产业发展趋势下用地需求来促进现代农业的发展。当前上海现代农业快速发展，制定的土地政策可能由于内涵的变化、实施细则的缺失、上位政策的变更等原因导致难以对产业发展起到引导、保障和促进的作用，给管理带来一定的障碍。因此，从用地上保障上海现代农业发展要实现精细化管理，匹配产业发展速度和需求，提高管理水平，通过精细化管理做到在以管理规范产业发展的基础上，更可以引导和促进产业发展。

第四，从用地上保障上海现代农业发展要推进农村金融环境建设，激发新型农业经营主体的内生动力。拥有巨大内在价值的农村土地无法与城市土地一样平等进入要素市场，无法借助金融工具将土地资产转化成资本，阻碍了城乡的平等、均衡发展。要破除城乡二元结构的体制障碍，激发新型农业经营主体的内生动力，从农村金融环境建设看，在政策上需要引导更多的金融资源向现代农业倾斜，在风险可控前提下，稳妥有序推进农村承包土地的经营权和农民住房财产权抵押贷款试点，根据农产品特点创设农产品期货品种，开展农产品期权试点；完善农业保险制度，把农业保险作为支持农业的重要手段，扩大农业保险覆盖面、增加保险品种、提高风险保障水平，针对上海现代农业经营中老龄化特点、绿色有机种植趋势等积极开发适应新型农业经营主体需求的保险品种。要从用地上保障上海现代农业发展要推进农村金融环境建设，将新型农业经营主体手中资源的资产属性体现出来，让有想法的新型农业经营主体有资金去发展现代绿色农业，激发新型农业经营主体的内生动力。

四、对策建议

在"规划先行，资源整合，精准施策，动力激活"的基本思路下，坚持政府政策引导、产业发展需求牵动、市场效益驱动三者有机整合的方式，根据上海现代农业发展的定位和面临的问题，分析上海现代农业发展用地瓶颈及成因，在乡村振兴战略的大框架下，根据上海现代农业发展面临的新形势选择适合上海现代农业发展用地保障的具体路径，从以下5个方面提出保障上海现代农业发展用地的具体举措。

（一）加大现代农业发展各项规划的公开力度，提高规划质量，构建多规合一的基础信息平台

一是通过规划锚固现代农业发展的用地空间和生产布局。结合新一轮城市总体规划和土地利用总体规划编制工作，实现区、镇乡层面城乡规划和土地利用总体规划成果合一，以基本农田保护红线、生态保护红线和"三区划定"作为"多规融合"的空间管控载体予以锁定，优化全市现代农业发展用地结构，锚固现代农业发展的用地空间布局。

二是构建多规合一的基础信息平台。以"两规合一"成果为主体，建立各类规划协调一致的"多规"衔接平台，结合上海现代农业发展用地需求，构建"规土合一"的用地标准体系；将现有的农业用地布局专项规划纳入基础信息平台，实现各类信息在空间上的叠加和协调，在规划上解决空间利用上的矛盾与冲突，提高规划的可实施性。

三是加大现代农业发展各项规划的公开力度，提高规划质量。现代农业发展的专项规划应按照"政府组织、部门合作、专家领衔、公众参与、科学决策"的方针进行。由于现代农业规划比城市规划和土地规划的比例尺小，规划成果也没有纳入统一平台进行管理，所以编制精度和效力均相对要求低，这导致相关规划的编制标准、编制水平不一，规划落实情况、公开情况不透明。但作为指导现代农业发展中生产空间布局的重要依据，现代农业发展相关规划的编制水平对产业发展具有重要影响。在多规合一的规划框架下，现代农业专项规划应该加大公开力度，加强规划落实情况的监督和管理，倒逼规划质量的提升。

（二）加强农田土壤质量调查、管理、监测与修复，完善农田土壤质量监测体系

一是确定农田质量管理的责任主体，明晰权责。目前关于农田质量的全面性普查，有以环保局为主体的土壤调查，有以规土局为主体的耕地质量等级调查与评定，也有以农委为主体的耕地质量管理。要实现农田质量的提升，应明确各个机构在农田土壤质

量保护中的权力和责任：土壤调查的专业性较强，建议以环保局为主体进行农田质量调查与监测；农田的质量变化直接受到农业生产经营者的影响，建议以农委为主体进行农田质量的管理，以便于出台相应的引导政策。

二是定期开展上海土壤质量调查，及时掌握上海市农田质量基本情况。根据耕地质量等别评定成果，对不同等级的农田实行分类管理，探索耕地质量等级折算，推动农田保护由数量保护向数量、质量并重转变。

三是建立农田质量管理与修复体系。完善耕地质量监测网络，优化监测指标，探索土壤修复和治理新方法。建立适合上海市农田质量现状的耕地质量动态监测网络体系，建立长期和短期的监测指标，关注高标准基本农田的设施建设，探测引起农田土壤质量下降的因素。强调农田土壤环境风险应以预防为主，一方面聚焦“四旁”（工业区、大型市政基础设施、骨干河道和交通干道）农田土壤环境风险，另一方面引导农户进行绿色生产，减少农业生产污染。农田质量的治理与修复在技术层面要针对不同的土壤问题提供质量提升的技术方案，在政策法规引导上做到奖惩分明，对污染排放者做到“谁污染谁埋单”，对农业经营者在承包期间提高农田质量的给予奖励、降低农田质量的进行惩罚，如根据农田土壤质量的变化在续租土地时给予一定比例的租金优惠或上浮。

（三）修订设施农用地管理办法，优化审批路线、明晰权责、细化实施细则，实现精细化管理

一是明确设施农用地的用地内涵，减少监管与执法分歧。一方面根据上海现代农业发展现状与产业需求，明确种植业、畜牧业、渔业等不同类别农产品初加工的范围，并根据加工内容和特点制定对应的用地标准和建设标准；另一方面在设施农用地的用地属性上积极对接国家政策，2017 年国土资源部发文提出“允许在不破坏耕作层的前提下，对农业生产结构进行优化调整，仍按耕地管理”。上海市存在大量玻璃或 PC 板连栋温室，其中较大比例用地是用作农业生产的未硬化地面，当前这些温室是按照设施农用地管理，但按照国家政策变化趋势，这类用地可以变更为耕地，进而调整现代农业发展的用地结构，释放设施农用地指标。

二是根据申请备案用途调整设施农用地备案年限，明确低效用地的退出路径。针对不同的设施农用地申请备案用途设置不同的年限，区别对待存在周期较长的提供公共社会服务的设施用地与周期较短的满足农业经营主体生产需求的设施用地，探索将设施农用地申请备案年限与农地经营年限挂钩，对于变更农地经营权的设施农用地，原则上要求原设施农用地申请备案者复垦，对于有继续使用需求的，需要重新进行备案申请。这样一方面防止设施农用地有进无出，减少低效闲置的设施农用地；另一方面可以释放设施农用地指标，给现代农业发展过程中的新业态的用地需求提供保障。

三是优化审批路线，提高管理效率。将设施农用地申请备案中的规划符合度、用地规模和复垦还耕或补充耕地方案的可行性的审核前置，符合规划的再进行其他审核。

四是加强备案后管理，建立日常管理和年审相结合的监管制度，逐步解决历史遗留问题。以规土局执法大队为监管主体，严格按照设施农用地内涵、用地标准、建设标准进行违法用地的判定与处置。对于历史遗留问题按照《关于切实加强和规范本市存量

设施农用地管理的通知》(沪规土资综〔2017〕363号)文严格执行。

(四)拓展新产业、新业态用地供给途径,保障用地需求

一是加快编制村级土地利用规划,在控制农村建设用地总量、不占用永久基本农田前提下,加大盘活农村存量建设用地力度。完善农业用地供给政策,允许通过村庄整治、宅基地整理等节约的建设用地采取入股、联营等方式,重点支持乡村休闲旅游和农村三产融合发展,让农产品冷链、初加工、休闲采摘、仓储设施建设、粮食烘干设施、粮食和农资临时存放场所、大型农机具临时存放场所等用地需求不仅仅通过设施农用地这一单一途径来解决。

二是建立重点发展的新产业、新业态清单,在上海农村产权交易平台上推动农村存量建设用地资源向新产业、新业态流动。针对上海现代农业发展的目标和功能定位,设立现代农业产业发展的正面清单,明确界定现代农业发展的范围、领域等;并在兼顾政府、农民集体、新型农业经营主体和农户个体利益的基础上,在上海农村产权交易平台上推动农村存量建设用地资源向新产业、新业态流动。

(五)在农地经营权延包背景下出台配套引导政策,稳定经营者预期,激发经营者从事农业生产的内生动力

一是完善农村土地产权交易平台的建设,推动农地产权交易合同的电子化、规范化,将网签作为农地产权交易的必要环节。通过制定统一格式的土地流转合同,实现合同条款的标准化,一方面有利于合同的履行,减少由合同内容不明晰引起的纠纷;另一方面土地流转合同的电子化有利于管理机构审查和事后监管,减少由土地流转合同不规范引起的各类纠纷。完善农村土地产权交易平台的建设,有利于农村资产转化为资本,从而进入市场实现资本价值,有利于农业经营者更好地将土地经营权作为有效抵押物来进行融资实现农业生产、经营。

二是扩大农地经营权抵押贷款的试点范围。金山区2015年作为上海农地经营权抵押贷款的试点至今有3年,试点经验表明农业经营主体有农地经营权抵押贷款的需求。虽然在试点过程中存在贷款材料准备复杂、期限较短、缺乏明确价值评估标准、经营权处置变现难、金融机构积极性不高等问题,但就目前的试点情况看,通过经营权抵押贷款的均为具有一定生产规模的新型农业经营主体,他们在履行还款义务时表现出较高的信用水平,并在扩大生产规模、丰富生产品类等方面做出了积极探索。这意味着在做好信用体系建设的基础上,扩大农地经营权抵押贷款的试点范围能满足更多有农地经营权抵押需求的新型农业经营主体,有效激发新型农业经营主体在促进现代农业规模化生产、组织化经营过程中的内生动力。在试点推广过程中,可根据试点经验鼓励农户延长委托土地流转的期限,稳定农业经营主体的生产预期,积极主动增加对土地的投入和改造力度,如调整生产方式、提高土壤质量、提高机械化水平、推进规模化生产等。

参考文献

[1]上海市委:《关于贯彻〈中共中央、国务院关于实施乡村振兴战略的意见〉的实施意见》。

[2]上海市人民政府:《上海市土地资源利用和保护“十三五”规划》。

[3]上海市人民政府:《上海市现代农业“十三五”规划》。

[4]上海市人民政府:《上海市都市现代绿色农业发展三年行动计划(2018—2020年)》。

[5]杨万江:《现代农业发展阶段及中国农业发展的国际比较》,《中国农村经济》2001年第1期。

[6]施晟、卫龙宝、伍骏骞:《中国现代农业发展的阶段定位及区域聚类分析》,《经济学家》2012年第4期。

[7]沈贵银、张雯丽:《新常态、新趋势与我国现代农业发展》,《现代经济探讨》2016年第2期。

[8]张雯丽、沈贵银、曹慧、徐雪高、王慧敏:《“十三五”时期我国重要农产品消费趋势、影响与对策》,《农业经济问题》2016年第3期。

[9]苏毅清、游玉婷、王志刚:《农村一二三产业融合发展:理论探讨、现状分析与对策建议》,《中国软科学》2016年第8期。

[10]黄祖辉、王朋:《农村土地流转:现状、问题及对策——兼论土地流转对现代农业发展的影响》,《浙江大学学报(人文社会科学版)》2008年第2期。

[11]吴康军:《利用“三块地”促进农村一、二、三产业融合发展的思考》,《上海农村经济》2017年第11期。

[12]上海交通大学课题组、顾海英:《深化农村土地管理制度改革研究》,《科学发展》2014年第2期。

[13]上海市规划和国土资源管理局、上海市城市规划设计研究院:《上海郊野单元规划探索和实践》,同济大学出版社2015年版。

课题负责人:张孝宇

课题组成员:马　佳　王丽媛　马　莹　杨晓春　张莉侠　朱哲毅　俞美莲　刘增金　贾　磊

12. 上海建设生态宜居农村研究

摘 要

生态宜居是乡村振兴的基底。农村美、环境好，直接关系到农民生活质量的提高。着力满足广大农民对美好生活的强烈期盼，改善乡村生态环境，建设生态宜居农村，再现乡村生机活力，是新时代需要面对的重大课题，也是上海大都市落实乡村振兴战略，构建"农村发展、农业转型、农民致富"的良性新生态的必由之路。

为进一步了解上海市生态宜居农村的建设进程，破解现实问题，推进建设实效，本课题组展开了深入的调研评估。一是通过部门访谈和资料梳理，了解我市从美丽乡村建设到乡村振兴示范村建设的工作目标，把握立足上海特色，建设生态宜居农村的核心要求。二是解析并构建本研究对上海市"生态宜居农村"的概念界定和评估框架，结合宏观数据采集和实地调研勘察，对我市涉农9区生态宜居建设的面上情况进行了评估分析，通过比较分析把握整体的面上情况。尤其对于基层治理、公共服务配给、村容村貌等主观性评价指标，课题组专门赴奉贤、金山、松江3区的典型村落进行了实地访谈、勘查与定性定量相结合的案例剖析，并归纳当前上海生态宜居农村建设进程中所遇到的共性和个性的现实问题，以期充分把握现实，找准痛点，提出可行的对策建议。

从生态宜居农村建设的理念来看，中央一号文件指出，"良好生态环境是农村最大优势和宝贵财富。必须尊重自然、顺应自然、保护自然，推动乡村自然资本加快增值，实现百姓富、生态美的统一"。一是生态宜居是落实生态文明的生动实践。生态宜居所践行的"把乡村的生态环境治理好和保护好"，是实现生态文明建设总体目标的重要内容，也是"绿水青山就是金山银山"理念在乡村建设中的具体体现。二是生态宜居是实现乡村振兴的关键环节。生态宜居农村建设所倡导的良好生态，使村庄形态、自然环境、人文风情和产业发展相得益彰，让乡村走上高质量发展之路；良好的人居环境成为乡村振兴的重要支撑也是生态宜居和美丽乡村建设的重要抓手。

从生态宜居乡村建设的概念内涵来看，一是"生态宜居乡村"依托"美丽乡村建设"

的基本要求，全面提升上海美丽乡村的建设水平。二是“生态宜居农村”结合“生态”农村和“宜居”农村的主要特征，探索人类的居住环境与自然环境之间的可持续性。三是上海的“生态宜居农村”建设需切实立足上海特色和发展实践，立足“乡村振兴示范村”的标杆意义和示范功能，基于此，本研究将上海“生态宜居农村”的概念进一步界定为：产业能级提升、村落形态合理、生态品质优良、文化内涵深厚、农民收入提升、基层治理高效的乡村振兴精品示范村。

从本市生态宜居农村建设的现状来看，一是随着《乡村振兴示范村建设指南(DB31/T1109—2018)》的发布实施，逐步形成了生态宜居农村建设的顶层设计。二是随着上海市美丽乡村建设试点工作的开展，按照“美在生态、富在产业、根在文化”的建设主线，初步构建生态宜居农村建设的载体基础。三是在乡村振兴的大背景下，以金山区、奉贤区、浦东新区为代表的全市各涉农区不断增强乡村经济活力，积极开展农村人居环境整治的特色实践，为全市生态宜居农村的建设工作形成了良好的开端。

从本市建设生态宜居农村的现实问题来看，一是体制机制不畅，跨部门工作推进受限。生态宜居农村建设工作所涉及的工作归属不清，管理多头致使生态宜居建设在实际推进过程中难免部门之间相互掣肘。二是各区差异较大，缺乏统一标准规范。目前涉农9区的乡村振兴示范村创建工作和生态宜居推进阶段不一、工作重点不同，难以形成有效的评估和指导。市级层面亟待形成统一的生态宜居建设评估标准或指导意见，作为工作依据和建设目标，以有效指导全市生态宜居农村建设工作的有序开展。三是资金效力不强，投入机制尚待健全。市区两级财政支持对生态宜居建设项目普遍未形成对应的引导、认定、考核、奖补政策，管理平台和工作机制不完善。四是偏重硬件建设、轻乡村软环境提升，乡村文化等软环境方面的建设较为薄弱。

从上海生态宜居农村建设情况的评估分析来看，一是本研究对于评估指标体系的构建秉承揭示现实问题、树立发展目标、确立工作依据的原则，确立了上海建设生态宜居农村的六大观测维度，即生态品质优良、产业能级提升、村落形态合理、文化内涵深厚、农民收入提升、基层治理高效，并构建了评价指标体系。二是通过测度可知，当前上海建设生态宜居农村的要素影响力中，社会经济发展和收入水平＞生态产业发展及转型升级能力＞生态环境品质及村庄风貌美化＞文化环境保障及社会氛围＞基层治理及该服务配套水平。当前上海市涉农9区的生态宜居指数排序为：浦东新区综合得分最高，排名第一，其第一主成分也名列首位；而崇明区的综合得分最低，其第一主成分也位列末尾。这说明经济发展水平这一主成分对生态宜居的影响最大。

从进一步推进上海生态宜居农村建设的举措来看，一是加强顶层设计，构建生态宜居农村创建工作体系。体制机制创新，设立生态宜居农村创建领导小组；出台行动计划，明确发展方向和重点任务，确保工作的有序开展；构建评价体系和绩效考核机制，作为乡村开展生态宜居建设的重要依据和目标导向。二是增强造血功能，加速农业融合化、生态化发展。引导生态农业的多样化融合发展，夯实农业基础，加大设计农业、都市农业、绿色有机农业、深加工业和立体循环农业的发展；将农业与休闲旅游业、文化创意产业等相关产业有机结合，推动配套服务业的发展，拓展当地居民创业就业渠道。三是软性化建设，塑造生态宜居农村良性发展生态。注重农村文脉延续与创新传承，形成特色鲜明的地域风貌和民俗特色；注重将文化主题贯穿于乡村改造、建设及旅游项目中，彰显乡村独特的文化韵味。四是做好保障，优化基层治理和公共服务配给。通过加大财政扶持、用地支持、公共服务配给和人才技术支持有效推动生态宜居农村建设进程。

建设生态宜居的现代农村，改善农村人居环境，是实施乡村振兴战略的重大任务。党的十九大提出的“乡村振兴战略”，要求着力实现“产业兴旺、生态宜居、乡风文明、治理有效、生活富裕”的总目标。十九大后，以习近平同志为核心的党中央高度重视美丽乡村建设的推进实效，强调农村人居环境整治。2018 年中央一号文件以及 2018 年 2 月中办、国办《农村人居环境整治三年行动方案》一致强调，“实施农村人居环境整治三年行动计划，以农村垃圾、污水治理和村容村貌提升为主攻方向，整合各种资源，强化各种举措，稳步有序推进农村人居环境突出问题治理，推动形成功能清晰、布局合理、生态宜居的村庄建设格局”。近年来，上海市认真贯彻党中央、国务院决策部署，启动了以村庄改造为载体、以优化农村人居环境为目标的美丽乡村建设工作，村民生产生活条件显著提升，村庄环境大为改善，为美丽乡村建设提供了重要的审美基础。

在此基础上，本课题组展开了深入调研，通过部门访谈和资料梳理，了解工作目标与建设要求；通过概念界定、构建体系、和实地考察，对我市涉农 9 区生态宜居建设情况进行了面上评估，以期深入解析上海建设生态宜居农村的基本进展、现实问题，旨在提出切实可行的操作建议，以助推上海建设一批生态优、环境美、产业兴、人气旺、民风淳的生态宜居美丽乡村，让广大农民在乡村振兴中拥有更多的获得感、幸福感。

一、生态宜居农村的理念与内涵

（一）生态宜居是落实生态文明的生动实践

生态文明是人类文明发展的新阶段和新形态，在物质文明、精神文明和政治文明高度发达的基础上，它以尊重和维护自然为前提，以人与人、人与自然、人与社会和谐共生为宗旨，以建立可持续的文明意识、生活理念、生产方式、消费方式和社会结构为内涵，引导人们走上持续、和谐的科学发展道路。生态宜居所践行的“把乡村的生态环境治理好和保护好”，是实现生态文明建设总体目标的重要内容，是实现农业农村绿色发展、提升农业供给质量的必经之路，也是“绿水青山就是金山银山”理念在乡村建设中的具体体现。

（二）生态宜居是实现乡村振兴的关键环节

乡村振兴，离不开生态宜居的美丽乡村。党的十九大报告提出的“产业兴旺、生态宜居、乡风文明、治理有效、生活富裕”乡村振兴总要求，绘就了未来农村经济社会发展的美好图景。乡村振兴的五个总体要求中，生态宜居农村建设所倡导的良好生态，是建设美丽乡村的前提和基础，也是农民群众过上更加幸福美好生活的新期待。只有保护好乡村的自然环境与人文风貌，才可能“望得见山、看得见水、记得住乡愁”。良好的人居环境成为乡村振兴的重要支撑。

（三）生态宜居是美丽乡村建设的重要抓手

美丽乡村建设是新农村建设的升级版，是美丽中国建设的重要组成部分。党的十八大以来，习近平总书记就建设社会主义新农村、建设美丽乡村，提出了很多新理念、新论断、新举措。2018 年 4 月，习近平总书记作出重要指示强调，“要结合实施农村人居环境整治三年行动计划和乡村振兴战略，进一步推广浙江好的经验做法，建设好生态宜居的美丽乡村”。“生态宜居”所聚焦的对乡村自然环境与人文风貌的保护，使得村庄形态、自然环境、人文风情和产业发展相得益彰，让乡村走上高质量发展之路。因此，建设生态宜居的美丽乡村，成为美丽乡村建设的重要方向和重点抓手。

（四）生态宜居农村的内涵阐释

1. 从美丽乡村到乡村振兴示范村

2018 年 6 月，上海市正式启动了美丽乡村精品村试点建设，并根据市领导意见，将上海市美丽乡村精品村建设指南改为上海市《乡村振兴示范村建设指南（DB31/T1109—2018）》（简称《指南》），于 2018 年 9 月 30 日正式发布，并于 2018 年 11 月 1 日实施。根据《指南》，“乡村振兴示范村”是指经济、政治、文化、社会与生态协调发展，规划科学，产业兴旺、生态宜居、乡风文明、治理有效、生活富裕，宜居、宜业、宜游的可持续发展建制村。[①]

2. 生态宜居的核心要义

“生态”农村是社会主义新农村建设的一种有效模式，生态农村的本质是用生态的方式实现农村的全面发展。可持续发展是生态农村的核心，将我国广大农村建设成为集生态环境、生态人居、生态产业和生态文化为一体的社会主义新农村。

“宜居”农村应当包括以下基本要素：具有良好的居住和空间环境，良好人文社会环境、良好的生态与自然环境和清洁高效的生产环境，即符合“易居、逸居、康居、安居”的 8 字要求。通过推动村庄整治，结合生态环境建设，把原本破旧的村庄打造成适宜农民群众居住、让农民群众喜爱居住，且配备完善的公共服务设施的美丽乡村。

3. 生态宜居农村的概念界定

首先，“生态宜居乡村”依托于“美丽乡村建设”的基本要求，坚持“美”字当头，更加关注农村生态环境、人居环境的持续改善和可持续发展，以生态宜居为方向，全面提升上海美丽乡村的建设水平。

其次，“生态宜居农村”结合“生态”农村和“宜居”农村的主要特征，探索人类的居住环境与自然环境之间的可持续性。

再次，上海的“生态宜居农村”建设需切实立足上海特色和发展实践，立足“乡村振兴示范村”的标杆意义和示范功能，全面考虑农村经济可持续、农村资源节约、农村环境友好、农村公共安全、农村文明氛围、农村社会和谐等要求。

基于此，本研究将上海“生态宜居农村”的概念进一步界定为：产业能级提升、村落形态合理、生态品质优良、文化内涵深厚、农民收入提升、基层治理高效的乡村振兴精品

---

① 建制村是指按有关规定设置的村组织，其物理空间范围包括同一建制范围内居民定居点（自然村落）及所属的山水林田湖草整个空间。

示范村。

二、上海建设生态宜居农村的进展情况

(一)逐步形成生态宜居农村建设的顶层设计

为贯彻落实党中央国务院关于全面实施乡村振兴战略的重大部署,根据中共上海市委、上海市人民政府《关于贯彻〈中共中央国务院关于实施乡村振兴战略的意见〉的实施意见》和市委市政府实施乡村振兴战略推进会议精神等要求,《乡村振兴示范村建设指南(DB31/T1109—2018)》发布实施,作为为高水平、高质量的标准,为规范有序推进美丽乡村精品村建设提供了指导、依据和保障。随着各相关部门共同编制的上海市农村人居环境整治实施方案和全面提升美丽乡村建设水平行动计划的逐步落地实施,以农村人居环境整治工作为抓手的生态宜居农村建设工作将全面铺开。

(二)初步构建生态宜居农村建设的载体基础

上海的美丽乡村于 2014 年启动了以村庄改造为载体、以优化农村人居环境为目标、以"美在生态、富在产业、根在文化"为主线的美丽乡村建设工作。截至 2016 年年底,全市已累计推进 50 万户农户的村庄改造,占全部改造农户数的 2/3,并累计评定出 45 个市级美丽乡村示范村,形成了"7+X"体系下的 7 大类重点整合项目,取得了一定的成效。

随着上海市美丽乡村建设试点工作的开展,按照"美在生态、富在产业、根在文化"的建设主线,各区结合村庄布点规划,以地区经济社会现状和发展要求为基础,统筹兼顾宅基地置换、村庄归并、村庄改造等新农村建设模式开展了 2015～2020 年美丽乡村建设规划,示范村创建工作有序开展。同时,随着《乡村振兴示范村建设指南(DB31/T1109—2018)》的发布实施,聚焦保留(保护)村开展的乡村振兴示范村建设将以点带面,全面升级,为生态宜居农村建设的试点示范提供了较好的载体基础。

(三)积极开展农村人居环境整治的特色实践

在乡村振兴的大背景下,全市各涉农区积极增强乡村经济活力,基于自身条件推出创新举措开展人居环境整治,推进乡村生产、生活、生态深度融合。例如,金山区大力改善生态条件,大力发展生态农业。截至 2017 年年底,一是已改造完成 4.34 万户,总投资 10.36 亿元,全区各镇 2018 年村庄改造项目计划已编制完成;二是通过大力改善水环境,全区 185 条段 198 公里河道全部整治完成,推进造林养林相结合,全区森林覆盖率达 12.33%;三是大力推广绿色生产和防控技术,减少化肥和农药使用量,推动绿色食品生产规模化、规范化、标准化。奉贤区深化"生态村组・和美宅基"创建。以村组为创建单位,对照"清五违、清群租、清垃圾,河道美、绿化美、民风美"目标,整村组全部达标,则每户奖励3 000元,只要一户未达标,该村组就不能获得奖励,整村达标则每户再奖 1 000元,以此让群众教育群众、群众监督群众,激发群众的主体意识,打造生命共同体、利益共同体、发展共同体,成为全国首批农村社区治理实验区。截至 2018 年 6 月,全区共有1 100多个村组创建达标,占全区村组数的 50%以上,2019 年力争实现 100%完成。青浦区坚持以宜居为先,积极彰显江南水乡文明宜居的高品质生活特色。以环境整治

为抓手、以服务配套为保障、以交通通达为基础,全力提升农村人居环境:一是全面推进生态治理,推进河道治理、无违创建、污水纳管、提标改造、垃圾分类、厕所革命、绿化造林等农村生态治理系列工程,全面拆除违法建筑2 300多万平方米,存量基本“归零”,262个村居成功创建“无违村居”,全面完成68条、109公里黑臭河道整治任务,陆域森林覆盖率达到16.2%;二是全面推进服务下沉,用乡村规划引导公共服务合理布局并向农村延伸,全面夯实基本管理单元和村级综合服务功能建设,着力打造城乡高品质生活圈;三是全面推进交通提升,9条省市对接道路和区区对接道路正加快打通,“村村通”公交运营里程达648.3公里。浦东新区大团镇以生态宜居为目标,着力打造宜居新镇。在前一轮村庄改造的基础上,抓农业污染源治理,抓土地减量和产业结构调整,抓中小河道整治,抓农村生活污水治理,抓农村生活垃圾分类,抓生态造林建设。截至2017年年底,大团镇已完成土地减量清拆复垦700多亩,产业结构调整企业96家,全面完成了黑臭河道整治,全面实施农村生活垃圾分类和资源化利用,依托绿色账户推广湿垃圾集中处理站建设。

三、上海建设生态宜居农村的现实问题

(一)体制机制不畅,跨部门工作推进受限

生态宜居农村建设工作所涉及的村容村貌整治、生态环境治理、乡村文化传承、生态产业发展等分属不同的管辖部门,产业门类多元与相关利益冲突导致旅游主管部门行政资源短缺,面临交叉管理乏力;归属不清、管理多头致使生态宜居建设的实际推进过程中难免部门之间相互掣肘,相互排斥与利益冲突多于协调与合作。例如,部分涉农区有些联体建造的农宅和年久失修的农宅翻建受限,由于各管理部门政策存在冲突,村宅更新限制政策已经影响到了村庄风貌和乡村建设的整体成效,需要在政策上调整。

(二)各区差异较大,缺乏统一标准规范

据调研梳理发现,目前涉农9区的乡村振兴示范村创建工作和生态宜居推进阶段不一、工作重点不同,难以形成有效的评估和指导。市级层面亟待形成统一的生态宜居建设评估标准或指导意见,作为工作依据和建设目标,有效指导全市生态宜居农村建设工作的有序开展。在建设工作的起步阶段,尤其对于各个区县来说,指标体系的确立有助于对生态宜居农村的正确解读和定量评测,有助于科学界定自身优势短板,并寻求具体的操作路径。

(三)资金效力不强,投入机制尚待健全

目前,市区两级财政支持对生态宜居建设项目普遍尚未形成对应的引导、认定、考核、奖补政策,管理平台和工作机制尚不完善,村级公益事业建设项目用地需求无法得到保障的现象普遍存在,乡村产业发展用地需求亟待支持。

(四)偏重硬件建设,轻乡村软环境提升

当前,各区的生态宜居建设工作从不同角度逐步铺开,但存在一个共性问题即普遍偏重硬件建设,偏重污水处理、村庄改造、布局形态、环境治理等基础设施建设和生态、硬件环境改善,而对于挖掘并传承乡村文化元素、延续乡村历史文脉、加强乡村文化宣

传、培养农村创业创新人才、营造乡村整体文明氛围和增强农民生活幸福感等方面的软环境建设还较为薄弱。

四、上海建设生态宜居农村的评估分析

(一)指导思想

全面贯彻党的十九大精神,以习近平新时代中国特色社会主义思想为指导,落实乡村振兴战略、中央一号文件精神和高质量发展要求,秉承创新、协调、绿色、开放、共享五大发展理念,紧扣上海美丽乡村建设的基本现实和农村发展实际条件,以建设美丽乡村为抓手、以生态宜居为目标,建立健全体制机制和政策体系,高标准、高水平、高质量推进农村人居环境整治工作,着力解决农村生态、生产、生活中发展不平衡不充分问题,挖掘农村生态经济新价值,丰富农村生态文化新载体,优化农村生产生活新空间,助力农村内生发展,打造生态宜居助力乡村振兴的“上海示范”。

(二)评估思路

一是以评估揭示问题,构建上海生态宜居农村的科学标准体系。通过构建科学、可行的“上海特色”生态宜居农村建设标准,全面确立上海生态宜居建设的门槛条件,并通过归纳问题、剖析短板,明确各区域开展生态宜居农村建设的突破口与工作抓手。

二是以评估树立目标,以生态宜居为抓手提振大都市“新三农”同步振兴。评估立足上海实际,秉承“绿水青山就是金山银山”的发展理念,聚焦城乡居民对美丽乡村、品质生活的美好向往,加强农村突出环境问题综合治理,扎实实施农村人居环境整治三年行动计划,以期通过评估标准,确立开展农村人居环境综合整治和全方位生态宜居建设的目标导向,并结合评估实际提出发展建议,以构建人与自然和谐共生的“农村发展、农业转型、农民致富”的良性新生态和农村发展新格局。

三是以评估明确原则,形成生态宜居农村建设的工作依据。坚持整体统筹原则,注重多规合一、科学设计和系统统筹;坚持绿色人本原则,促进绿色、人本在农村生活、生态环境中回归;坚持分类渐进原则,由千村一面转向灵活性、多样性,确保推进举措的可操作性;坚持农民参与原则,提升生态宜居农村建设中的农民参与度和获得感;坚持人文关怀原则,重视生态宜居农村建设中的乡愁记忆和文化传承;坚持改革创新原则,注重生态宜居农村建设中的互联互通和共建共享。

(三)评估体系

学术界对于生态宜居农村指标体系的研究较为薄弱,在中国知网上以“生态宜居城市指标体系”为主题进行检索仅得到73篇相关文献,而以“生态宜居农村指标体系”为主题进行检索则显示无对应数据。但生态宜居这一概念无论在何种对象上其基本内涵是共通的,生态宜居城市的指标体系对于生态宜居乡村指标体系来说具有借鉴作用。

在前文概念界定和内涵阐释的基础上,本研究结合上海大都市的特色,广泛梳理分析了现有的“生态”“宜居”“生态宜居”的评价体系和研究动态,并根据上海市农村人居环境整治实施方案和全面提升美丽乡村建设水平行动计划的导向,确立了上海建设生态宜居农村的六大观测维度:生态品质优良、产业能级提升、村落形态合理、文化内涵深

厚、农民收入提升、基层治理高效。

(1)生态品质优良,包括生态健康(空间绿化、生态系统)、环境宜人(地理位置、村容村貌,大气环境、水环境、声环境、固体废物治理)等。

(2)产业能级提升,包括产业结构调整,能源资源、水资源、土地资源高效利用,绿色低碳和循环生产理念应用等。

(3)村落形态合理,包括村庄规划科学合理、村容村貌改善、乡村旅游资源品位度高等。

(4)文化内涵深厚,包括生态文明公众参与度、人文生态质量、农村文化传承、科技教育普及、消费理念健康等。

(5)农民收入提升,包括整体经济环境、就业及收入情况等。

(6)基础治理高效,包括基础和生活设施便捷完善、绿色交通通畅、住房舒适节能、公共安全水平高等。

基于以上观测维度,基于指标的可操作性和数据的可得性,选取数据指标,构建指标体系如表1所示。

表1　　上海市农村生态宜居指标体系

目标维度	观测维度	具体指标
生态宜居农村	生态环境品质	空气质量优良率 公园绿地面积 人均公共绿地面积 森林覆盖率 绿地覆盖率 可吸入颗粒物 酸雨率 重点调查一般工业固体废物综合利用率 污水处理量 清运生活垃圾量
	村庄形态优化	村庄规划 村庄房屋改造 生态机理
	产业能级提升	旅游人次 旅游收入 第三产业增加值占GDP的比重 ……
	经济收入环境	邮政服务业业务收入 每万元产值能耗 年末户籍人口 GDP GDP增长率 财政总收入 地方财政支出 居民人均可支配收入 每百户拥有汽车量 年末居民储蓄存款余额
	文化内涵底蕴	影剧院个数 图书馆个数 图书馆藏书

续表

目标维度	观测维度	具体指标
生态宜居农村	文化内涵底蕴	学校数量 学生数 高中平均每个教师负担学生数 中小学在校学生数 中小学教职员人数 平均期望寿命 举办区级运动会
	基层治理水平	环保投入资金 医疗机构数 医疗机构床位数 卫生技术人员数 计划生育率 失业率 敬老院个数 敬老院床位数 发放养老金人 刑事案件破案率 公共厕所数 道路总里程 公交线路条数 公交线网密度 4G 移动电话用户数量 天然气居民用户数

在此基础上，各区可根据自身特色和指标统计口径的数据可得性，灵活增删操作性指标，对本区生态宜居建设工作的推进过程和绩效进行有效评估。

（四）评价分析

结合相关主成分分析法进行主成分提取，并通过因子加权法计算综合总分，以各主成分的方差贡献率分别作为各主成分的权重，选取来源于《2017 年上海统计年鉴》和各区 2016 年的国民经济和社会统计公报的数据进行指标筛选和数据处理。继而，构造综合评价函数为 $y=\sum_{i=1}^{k}a_i y_i$（公式 1），计算上海 9 个涉农区综合得分（见表 2、图 1）。

表 2　　上海市生态宜居农村主成分得分排名

区域	$y1$	排名	$y2$	排名	$y3$	排名	$y4$	排名	$y5$	排名
闵行	0.38	2	−1.30	8	0.55	3	1.98	1	−0.88	8
宝山	0.05	3	−1.39	9	−0.42	8	−0.44	7	1.85	1
嘉定	−0.19	4	0.01	5	0.26	6	−0.26	5	0.01	5
青浦	−0.45	6	−0.41	7	0.72	1	−1.40	9	−1.56	9
松江	−0.27	5	−0.33	6	0.50	4	−1.01	8	0.33	3
金山	−0.71	8	1.14	1	0.68	2	0.99	2	0.85	2
奉贤	−0.56	7	1.04	2	0.36	5	0.21	4	0.10	4
浦东新区	2.48	1	0.88	3	−0.26	7	−0.28	6	−0.07	6
崇明	−0.74	9	0.36	4	−2.39	9	0.22	3	−0.62	7

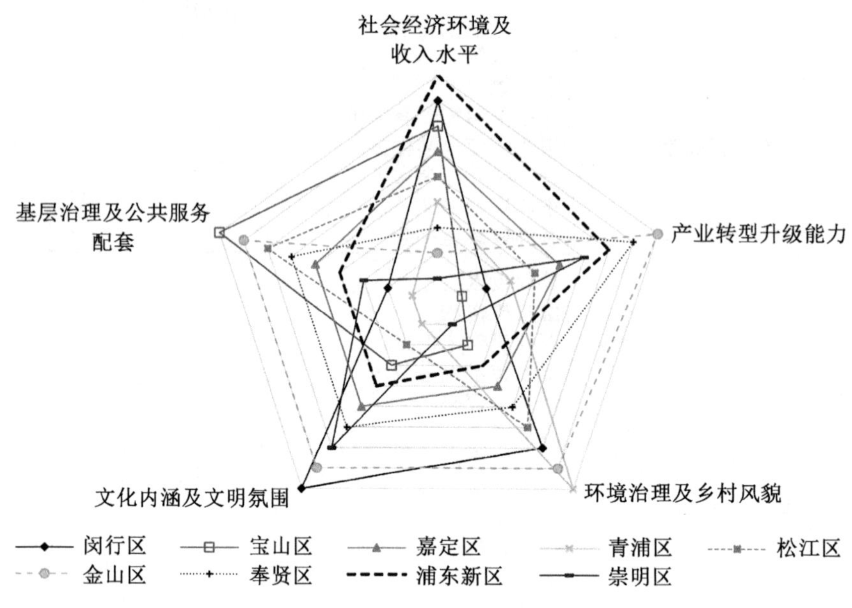

图1　生态宜居农村主成分得分排名雷达图

1. 社会经济发展环境及收入水平

通过主成分分析可知，第一主成分社会经济发展水平的贡献率为50.07%，对生态宜居水平的影响力最大。浦东新区的第一主成分社会发展水平的得分为2.48，排名第一。2017年浦东新区的GDP为9 651.39亿元，常住人口有574.19万人，人均GDP是16.97万元，位于上海16区之首。表明浦东新区的经济发展水平较高，符合农村生态宜居的特征。而崇明区的社会经济发展水平的得分为－0.74，排名第九。2017年崇明区的GDP为332.84亿元，处于上海市的末位。

2. 生态产业发展及转型升级能力

第二主成分生态产业发展水平对生态宜居水平的贡献率为13.94%。其中，金山区的生态产业发展水平得分为1.14，排名第1。近年来，金山区在生态产业上做了许多努力。2017年金山区吕巷镇生态原产地产品保护示范区的创建，为上海乃至长三角地区做出零的突破，使金山区的生态产业发展水平名列前茅。而宝山区的生态产业发展水平的得分仅为－1.39，排名第9。究其原因，宝山区是传统的工业区，工厂较多，导致污染较为严重，使得生态产业发展较为落后。

3. 生态环境品质及村庄风貌美化

第三主成分生态环境发展水平对生态宜居水平的贡献率为10.87%。其中，青浦区的生态环境发展水平得分为0.72，排名第1。青浦区自2016年来积极建设国家级生态区，在水污染、噪声污染、危废污染等方面有了较大改善，在生态农业及生态人居方面开展了一系列建设工程，生态环境发展水平居于郊区前列。而宝山区和崇明区得分较低，排名处于末尾。宝山区有许多重工企业，产生工业污染导致生态环境水平得分较低；崇明区虽定位为生态岛，但长兴岛上有造船、重工等产生污染的产业，同时崇明区整体发展水平较低，在环境整治方面未完全现代化，使得崇明区的生态发展水平落后于其他区。

4. 文化环境保障及社会氛围

第四主成分支撑体系发展水平对生态宜居水平的贡献率为7.91%。其中，闵行区的支撑体系发展水平得分为1.98，排名第1。闵行区紧靠市区，地属近郊，区内含有华东师范大学、上海交通大学等高等学府，GDP与人均收入常年处于第2，仅次于浦东新区，这一系列优势使得闵行区的社会支撑体系发展水平较高。松江区、青浦区的支撑体系排名较为落后，两区的地理位置较为偏远，交通、居民福利等一系列支撑体系发展水平都较低。

5. 基层治理及该服务配套水平

第五主成分基础设施发展水平对生态宜居水平的贡献率为7.18%，影响力较低。《2017上海市智慧城市发展水平评估报告》指出，宝山区的智慧城市发展水平处于郊区第1。同时，宝山区在交通、教育、医疗等方面的基础建设中提升速度较快，基础设施发展水平较高。而闵行区、青浦区的基础设施发展水平得分较低，处于上海市郊区的末尾。

以上述5个主成分的方差贡献率为系数建立上海生态宜居性评价模型：

$$Y=\frac{0.50\times y_1+0.14\times y_2+0.11\times y_3+0.08\times y_4+0.07\times y_5}{0.9}$$

通过综合评价模型计算公式，计算上海市涉农9区的生态宜居农村建设发展指数排序，可得：浦东新区(1.46)＞闵行区(0.18)＞金山区(0.02)＞奉贤区(－0.08)＞嘉定区(－0.09)＞宝山区(－0.13)＞松江区(－0.2)＞青浦区(－0.48)＞崇明区(－0.68)。可见，浦东新区综合得分最高，排名第1，在第一主成分中浦东新区也排在第1名；崇明区的综合得分最低，在第一主成分中得分也是最低。这说明了经济发展水平这一主成分对生态宜居的影响最大，表明要提高区域的生态宜居程度，要着重提高当地的经济发展水平。

五、上海建设生态宜居农村的对策建议

（一）生态宜居农村建设经验借鉴

1. 规划先行，描绘清溪绿色发展蓝图

广东省东莞市清溪镇与深圳、惠州两市接壤，总面积140平方公里，常住人口31.6万人，是一座生态与科技、现代与传统、发展与保护、人与自然交相辉映的宜居小镇，被誉为“珠三角的香格里拉”。在推进生态宜居建设进程中，坚持把绿色发展融入核心战略，以“生态山水小镇、绿色低碳新城”为定位，加快推动绿色发展、循环发展和低碳发展。把绿色理念融入城市规划，以扩大区域融合和提高发展质量、效益为重点，先后高起点、高标准编制了57项各类规划，进一步优化城市空间布局，释放发展空间，为清溪绿色低碳发展打下了坚实基础。把绿色元素融入城市建设，融合“山、水、林、园”等生态元素，统筹实施“城市绿化”等工程，初步形成面线结合的城市绿地系统。

2. 规范宣导，打造垃圾分类“横县样本”

为推进垃圾分类的有效落实，横县村里家家户户门口都摆放着两个垃圾桶，一个放可堆肥的生活垃圾，一个放其他垃圾，村里的保洁员每天定时把垃圾运走。在马岭镇龙山屯，垃圾分类还成为评比星级文明户的重要指标。在莲塘等17个乡镇，垃圾分类也是当地《环境卫生村规民约》的重点内容，并上墙公布，全体村民监督实施。横县以垃圾分类和资源化利用为突破口，探索出“分类为源、建设为基、群众为本、创新为核、循环为魂、管护为要”的垃圾分类处理机制，实现了从源头分类到终端处理全过程环环相扣、紧密衔接。目前，全县垃圾减量率达30％，无害化处理率高达95％，解决了“垃圾围城”难题。

3. 村庄改造，生态滋养水库村焕发生机

水库村位于上海漕泾镇北偏西1.8公里，东依万担港，与沙积村毗邻，东南傍西横塘与营房村相对，南与金光村接壤，西以朱漕路，与阮巷村为界，北与奉贤区胡桥镇兴隆村为界。全村总面积4.16平方公里，耕田面积174.5公顷。境内河网密布纵横，似天然水库，故得名为水库村，全村拥有70多个小岛，有中心港、火车港、万提塘、何家漾、东大漾、金岗漤、横塘港等河流，贯穿全村东西南北。在村庄改造前这里还是一个“垃圾基本靠风刮，污水基本靠雨冲”的村庄。近年来，水库村启动农房改造、道路危桥改造、道路拓宽等工程，通过截污纳管、河道净化、绿化建设等，使得村庄环境焕然一新。如今村内硬化道路连着耕地和宅基，农户庭院干净整洁，菜园、果园栅栏统一有序，村域内河网密布、水质清澈，逐步实现村庄水清、岸绿、景美，一派江南水乡的旖旎风光。2015年，该村获得“上海市美丽示范乡村”称号，并入选2017中国美丽休闲乡村推介名单。2017年10月，正式向市民开放的鹦鹉洲生态湿地，从表面上看是一个风景宜人的休闲公园，实则是一个净化海洋水质的生态绿肺。整个湿地与城市沙滩二期泳区相连，每天从城市沙滩二期引水后，经过湿地生态系统净化，再流回游泳区，以此提高沙滩水质。

（二）推进建议

1. 加强顶层设计，构建生态宜居农村创建工作体系

一是体制机制创新，设立生态宜居农村创建领导小组。针对生态宜居建设的推进工作所涉及的部门广泛、管理多头的问题，由市农委会同市政府分管部门牵头，在各区县内分别设立“生态宜居农村建设领导小组”，即在明确定位、优势互补的原则下，管理权移交“领导小组”，实行“统一规划、统一领导、统一协调、统一管理”；横向上，打破行政区域和部门限制，分工并协力推进生态宜居农村建设工作的有序开展；纵向上，建立上下联动和反馈机制。

二是出台行动计划。对标国际前沿，对接乡村振兴、美丽乡村的工作部署，落实国办《农村人居环境整治三年行动方案》，并结合上海市农村人居环境整治方案和美丽乡村高水平发展方案，依据上海市建设生态宜居农村评估指标体系，形成《上海市建设生态宜居农村三年行动计划》，明确发展方向和重点任务，确保工作的有序开展。

三是构建评价体系和绩效考核机制。这是开展生态宜居建设的重要依据和目标导向。上海生态宜居评价指标体系可作为市、区政府考核和操作性的参照依据，综合评估

各主体的生态宜居认知水平和建设实践能力，并进一步揭示区域经济社会可持续发展中的人文生态问题。在此基础上，将生态宜居建设水平评价指标纳入政府和主管部门的绩效考核系统，监督、促进生态宜居建设的有效推进。为强化宣教工作，生态宜居宣教工作的绩效得分将重点评估“能力建设”“生态文明宣传”“生态文明教育”及“特色创新”4 个方面。

2. 增强造血功能，加速农业融合化、生态化发展

引导生态农业的多样化融合发展，夯实农业基础，加大设计农业、都市农业、绿色有机农业、深加工业和立体循环农业的发展。将农业与休闲旅游业、文化创意产业等相关产业的有机结合，不断拓展产业链，促进乡村旅游业态升级和价值提升，推动配套服务业的发展，拓展当地居民创业就业渠道。围绕乡村振兴战略，大力发展休闲农业和乡村旅游，促进民宿、家庭农场、特色小镇、田园综合体等新业态的培育与发展。以特色产业为基础、以全域景观营造为特色，推进镇景合一和三产融合，培育美丽乡村旅游小镇；提升和完善乡村旅游服务管理水平，补足乡村旅游项目功能短板，不断优化乡村旅游环境，建设一批高品质乡村旅游点，打造一批涵盖文化艺术、民俗工艺、康体健身、亲子娱乐、餐饮美食、生态风光、海洋海岛等内容的休闲好去处。加快促进乡村民宿健康有序发展，形成一批有质量、有特色的乡村民宿，促进农民就业增收，推动乡村旅游转型升级发展。

3. 强化软性建设，塑造生态宜居农村良性发展生态

注重农村文脉延续与创新传承，形成特色鲜明的地域风貌和民俗特色；注重将文化主题贯穿于乡村改造、建设及旅游项目中，彰显乡村独特的文化韵味。广泛运用上海都市的文化创意资源优势，将创新创意的理念与手段注入乡村文化灵魂，从原真性到活态化，塑造乡村独特 IP 体系。挖掘、提炼乡村文化的“地方性”精神内核和表征符号，构建、演绎主题形象和特色品牌，形成人格化、故事化 IP 及其衍生体系；通过构建与消费者的“共创价值”塑造乡土文化情怀和乡村生活魅力。

4. 做好发展保障，优化基层治理水平和公共服务配给

一是加大财政扶持力度。各级财政要加大对生态宜居农村建设工作的支持力度，确保财政投入与相关目标任务、建设标准相适应。探索提高农村村庄改造项目市区两级财政奖补标准。对获评的市区级生态宜居兴示范村给予一定的市级财政奖励，用于支持示范村基础设施建设、环境整治、风貌提升、长效管护等工作；对创建成功的市级生态宜居示范村给予市级专项奖补。

二是加强用地支持。用活、用好农村建设用地资源，加强对区的监督与考核，确保区盘活的建设用地指标按照一定比例重点向保留（保护）村倾斜，用于农业设施建设和休闲农业、乡村旅游等。按照当前农村居民户籍性质变化的现实情况和合理诉求，完善村民住宅更新改造管理制度。深化宅基地所有权、资格权、使用权“三权分置”改革，出台民宿管理办法，支持民宿发展。

三是加强公共服务配给和人才技术支持。促进城乡公共服务均等化，完善乡村的交通、市政基础设施和公共服务配套设施。要增加对生态文明宣传教育培训的投入，统

筹利用专业院校和社会培训机构的教育资源，搭建生态宜居建设项目的“产、学、研”平台和联盟，探索在上海全市范围内启动对“百名乡镇长、千名村官、万名城郊旅游及生态旅游等新业态带头人”的“百千万”培训工程，以 3 年为计划期进行一次全面培训。同时，大力推进乡村企业生产和活动过程中低碳、节能技术的应用与推广。例如，推动以旅游接待与服务设施为代表的绿色建筑、绿色低碳旅游区、度假区建设；发展高效运输方式，积极发展城市公共交通系统，倡导绿色节能驾驶和低碳出行，推广交通领域低碳技术应用；酒店营运过程中亟须推广使用节能、低碳、循环技术；结合都市智慧旅游、都市旅游大数据技术与理念，加快旅游主题功能区战略与环境功能区划衔接和实施，推进绿色交通、生态网络建设，把资源环境作为约束性指标，控制能源、水资源消耗过快增长，合理配置土地资源和强化污染物排放总量指标，促进产业结构和生产力空间布局优化调整，促进生产高效、生活宜居、生态适度，提高发展质量和效率。

课题负责人：于秋阳
课题组成员：冯学钢　王秀治　朱金悦　冯　斐
王　帅　赵　雨　颜　鑫

13. 上海农业农村优先发展制度保障研究

摘　要

为了贯彻落实农村工作会议和2018年中央一号文件精神，推进上海市实施乡村振兴战略，加强乡村振兴理论研究，课题组在上海崇明、嘉定、松江、奉贤、青浦、金山6个远郊区对村民、基层干部进行调研和访谈，结合权威文献和数据分析，参考国内外都市农业农村发展经验，得出了一些有价值的研究结论。针对如何实现上海市农业农村优先发展，本报告从优化资源要素配置、加强制度供给的角度提出了一些具有可操作性的政策建议。

当前，囿于自然资源约束，上海农业投入规模与产出增速不容乐观，上海农业发展模式过于单一、创新活力不足，上海当前农村存在规模日需缩减、空心化趋势明显等问题。

课题组分析了荷兰、新加坡、伦敦、北京、成都和武汉的发展农业农村好的成功经验。科技创新示范带动模式的荷兰同上海一样也是地少人多，但其能充分发挥大中城市资金、技术、市场、信息和人力资本集中的优势，借助高新技术的应用发展现代高效农业，在人均资源短缺的现实下，利用资金代替土地，通过发展设施农业、精细农业，走工厂化、专业化和高投入、高产出的道路。新加坡是土地稀缺的发达地区，其引进培育了高端农业科技企业，大力倡导花园城市运动，有计划地推进城乡绿化和特色园林建设，资助创建兼具观光休闲和出口创汇功能的十大科技农业园区，建成了具有观光旅游特色的都市农业体系。新加坡以建设现代化集约的农业科技园为载体，最大限度地提高农业生产力。对于上海来说，也应在统筹规划、制定政策和资金扶持等方面加大提升力度，着力于优质农业企业和项目的引进和培育。伦敦的现代都市农业是集农产品生产与观光、休闲、度假于一体的新型产业。伦敦的立体生态经营模式给了上海农业农村发展有益启发。上海为了保障资源合理配置，必须注意农村产业结构调整，以实现城乡产业一体化，在招商引资、财政税收支持等方面有所作为，成立基础设施建设引导基金，重点加强农村公共设施、交通通信、食宿设施建设，改善景区运营环境，提高游客在食、宿、行、游、购、娱各方面的整体体验。北京是典型的现代生态农业发展模式，其重点是发展农业产业龙头企业，加强对农产品质量的监督，积极拓展农业的各种功能。采取特色乡村旅游模式的成都借助它独特的地理位置，打造了成都五朵乡村旅游品牌。武汉都市农业产业发展采取产业平台导向型定位，通过发展物流、信息、金融等农业服务业，在为带动农业发展提供相关支持的同时，提升农业发展层次，占据高附加值的农业环节。

在借鉴国内外经验的基础上，我们提出了上海农业农村的四个优先发展目标。在农业农村优先发展的过程中，结合上海农业农村特点，主动融入上海发展的上海服务、上海制造、上海购物、上海文化四大品牌建设的战略中，做好上海农业服务、上海农业制造品牌、上海农副产品购物品牌、上海农业农村文化。在农业服务方面，上海要大力打造以现代服务业为核心的农业科技园区，发展以科技、信息、金融等要素为核心的农业现代服务业，打造卓越上海农业服务名片；在上海农业制造方面，可以大力发展上海农产品的优质和精细加工产业，创建属于上海自己的农业加工业品牌，比如，上海市奉贤区的标志性农产品奉贤黄桃、深受广大市民欢迎的上海马陆葡萄等都是具有上海特色的农业加工业品牌；在农副产品购物方面，可以结合上海最新发布的《全力打响“上海购物”品牌加快国际消费城市建设三年行动计划》，发展特色农业小镇，根据自身农业的特点，打造特色农产品，增强各地居民购物消费的冲动，发展上海农村的优势，提高竞争力，形成特色上海农副产品购物平台；在农业农村文化方面，丰富的红色文化、海派文化、江南文化和上海本土特色文化都市农业观光和旅游都是可以发力的地方。

从当前上海市农业农村发展现状以及存在的问题考虑，依据2018年中央一号文件的精神，报告提出了上海从以下几个方面来促进上海农业农村优先发展的制度保障。

第一，坚持和完善党对上海“三农”工作的领导，完善党的农村工作领导体制机制。各级党委和政府要坚持工业农业一起抓、城市农村一起抓，把农业农村优先发展原则体现到各个方面。把到农村一线工作锻炼作为培养干部的重要途径，注重提拔使用实绩优秀的干部，形成人才向农村基层一线流动的用人导向。

第二，提升上海农业发展质量，培育乡村发展新动力。在农村“四个目标”的发展过程中，包括科技创新园的发展、养老院产业链的发展以及各农副产品的服务品牌的发展等都需要通过标杆管理这样的标准来有效加快发展步伐，找到其自身存在的竞争优势，做好“上海品牌”。要全面发展农业多种功能，促进低收入农户收入持续较快增长。具体而言，要全面落实上海市地区基本农田特殊保护制度，夯实上海地区农业生产能力基础；制定和实施上海地区质量兴农战略规划，推进实施质量兴农战略；大力开发农业多种功能，延长产业链、提升价值链、完善利益链，通过保底分红、股份合作、利润返还等多种形式，构建农村一二三产业融合发展体系和统筹兼顾培育新型农业经营主体及扶持小农户的制度保障等。

第三，推进体制机制创新，强化上海农村振兴制度性供给。要以完善产权制度和要素市场化配置为重点，激活主体、激活要素、激活市场，着力增强改革的系统性、整体性、协同性。同时，深化农村土地制度改革，完善农业支持保护制度，扩大“绿色、科技、环保”农业发展政策的实施范围和规模，加快建立新型农业支持保护政策体系。拓宽农民增收渠道，并建设好基层领导队伍。现代化农业必须通过区域化布局、专业化生产、社会化服务、优化配置农业生产经营要素，开发农业经济生态、旅游观光及休闲等多种功能，转变农业粗放增长方式，提高农业生产率和农业效益。

第四，实施乡村振兴战略，必须解决资金从哪里来的问题。要健全投入保障制度，创新投融资机制，加快形成财政优先保障、金融重点倾斜、社会积极参与的多元投入格局，确保投入力度不断增强、总量持续增加。确保公共财政大力向“三农”工作倾斜，确保财政投入与乡村振兴战略的目标任务相适应。加快建立“三农”资金统筹整合的长效机制，充分发挥财政资金的引导作用，撬动金融、社会资本更多投向乡村振兴战略的项目建设。

第五，推进上海乡村绿色发展，必须从改善“水”的品质、打造“林”的生态、重塑“房”的形态和提升“地”的效能入手，从而打造人与自然和谐共生发展新格局。

第六，加强农村思想道德建设和农村公共文化建设，传承发展提升农村优秀传统文化，要保护好上海地区文物古迹、传统村落、传统建筑、农业遗迹、灌溉工程等遗产，同时支持上海农村地区优秀戏曲曲艺、民间文化等传承发展，加强农村公共文化建设。

第七，加强上海农村的信息网络服务建设，为农业服务咨询平台、线上服务等打下坚实的基础。

第八，加强区域协同制度建设。创新驱动、要素流动、市场机制是三个支点，三者相互影响、相互促进、共同作用，以形成区域发展利益的协同，推进区域经济发展的共同提升。上海各区域的农产品产业链的发展、各信息服务咨询平台的发展、各种文化的宣扬发展等都离不开区域的协同作用，其中包括要素流动、市场机制等都需要相互配合、相互协同、相互合作，才能共同做好上海农业农村的“四大品牌”。

一、上海农业农村发展状况及问题

（一）囿于自然资源约束，上海农业投入规模与产出增速不容乐观

1. 上海都市农业的投入

上海作为我国经济发展最活跃的地区之一，改革开放以来城镇化进程迅速，建设用地的大幅增加导致耕地面积快速减少。横向来看，上海人均耕地不足全国人均水平的1/12。另外，上海目前建设用地总规模已超过全市陆域面积的40%，高于大伦敦、大巴黎、东京圈等国际大都市区。农地资源的减少，在一定程度上制约了上海都市农业的发展。从农业人口情况来看，伴随着城镇化的进程，上海农业人口持续减少，从事农业的劳动力不断下降。另外，当前居住在农村的从业人员中，大部分已不再从事农业，2000～2018年，上海农村从业人员中从事第一产业的占比持续下降。

2. 上海都市农业的产出

近几年来，粮食、猪肉、家禽等农产品产量有所减少，蔬菜基本保持不变；园林水果则增幅较大。各类农产品产量的变动主要受到耕地面积减少、比较收益波动以及政府对农业结构调整政策的影响。总体来看，尽管上海人多地少，大部分农产品需要外部供

给，粮食的自给率仅有20%，但在蔬菜等生鲜农产品的供给方面，上海的本地农业却发挥着主导作用。2015年，上海农业总产值与增加值分别为287.84亿元和109.78亿元，分别比2003年增加了16.40%和35.50%，但相对于2012年的水平，上海农业总产值与增加值却分别下降了10.53%和14.10%。从相对增速来看，上海农业增加值增速一直低于上海GDP的增速。数据显示，近年来上海农业规模呈现萎缩状态，提升上海都市农业效益，显得尤为迫切。

（二）农业发展模式创新活力不足

1. 提高农业综合效益，迫切需要加快转变农业发展方式

近年来，上海农业生产成本处在“上升通道”，人工、农机作业等费用上涨很快，种子、化肥、农药等投入品价格也不便宜，农业生产成本不断提升，农业比较效益下降。上海农业劳动生产率虽居于国内领先水平（2013年上海为30 803元/人，全国平均为4 013元/人），但对照发达国家和地区水平，仍有很大的提升空间。特别是随着农民大量进城务工，农业兼业化、农民老龄化、农村空心化在加快，“谁来种地”“如何种地”的问题日益凸显。

2. 实现农业可持续发展，迫切需要加快转变农业发展方式

从生态环境来看，本市复种指数明显高于全国平均水平，化肥农药单位面积使用量仍然较高；同时，本市小而散的传统畜禽养殖方式仍然存在，不规范养殖户仍有2 000多户，这些都带来较严重的农业面源污染。再加上工业和生活垃圾污染，农村环境问题愈发严峻，危及农业发展和农产品质量安全。从人力资源来看，本市农业劳动力比较匮乏，劳动用工成本明显较高。再从资源条件来看，上海处于快速城镇化过程中，每年占用耕地约10万亩。为了保护农业发展资源，促进城市可持续发展，目前本市已确定永久性基本农田200万亩，要求建设用地总量零增加。因此，农业生态环境、人力资源和资源条件的约束促使上海必须加快转变农业发展方式，走资源集约节约利用、环境友好的都市农业可持续发展之路。

3. 提高农业竞争力，迫切需要加快转变农业发展方式

目前，上海农业发展方式仍然是传统与现代并存。虽然农业技术设施装备条件不断改善，但农业投入利用率仍然不高；虽然农业新型经营主体快速发展，但小规模经营仍占多数，限制了农业劳动生产率的提高。从总体来看，上海农业区域比较优势还未充分发挥，农业产业链条还不完整，农业市场竞争力还不强，只有加快转变发展方式，推进农业科技和经营方式的创新，才能提高农业的产业素质和综合竞争力。

（三）上海农村规模日益缩减、空心化趋势明显

1. 乡村缩减

从世界范围来看，随着工业化和城镇化的发展，乡村缩减是共性规律。随着非农化、城镇化进程加快，导致上海郊区村庄数量持续减少，上海工业的发展和城市的扩张使大量农田变为非农业用地。从2002年开始，上海乡镇数量呈现稳步减少的趋势，同时城镇街道数量稳步增加；同期，上海农村社区居委会数量呈现先降后增的趋势，而村民委员会数量呈现持续下降趋势。耕地面积急剧减少导致上海能围垦的数量有限，土

地后备资源不足。

2. 农村"老龄化""空心化"日益严重

当前上海本地年轻的农业从业人员大量减少，很多农宅只有老人留守，人口"老龄化"严重，农村"空心化"凸显。伴随着人口外流，导致农村劳动力不足。根据上海市统计年鉴，上海市户籍人口数量逐年温和上升(总量增加 90 万余人)；而户籍农业人口逐年递减，2000～2010 年 10 年间减少了 53.09%。过疏化问题的逐渐出现，导致农村土地空心化现象也随之而来。一方面农村住宅空间结构的外向化趋势造成农村内部大量农宅日趋老化甚至被废弃，农村中心地区景观出现衰败；另一方面，在村庄发展过程中，还往往会出现建新不拆旧、新建房空置的现象，造成农村地区有限的土地资源尤其是耕地资源被严重浪费。

二、国内外经验借鉴

(一)国外经验借鉴

1. 荷兰——科技创新示范带动模式

(1) 特色鲜明，实行高度专业化生产、一体化经营。目前，在欧洲最具有现代都市农业国际化、专业化、优质化和高新技术特征的当属"花卉之国"荷兰，该国借助发达的设施农业，集约生产经营花卉、蔬菜及奶类动物食品，使其人均农产品出口创汇居于世界榜首，成为全球现代都市农业的典范。荷兰的现代农业是高投入、高产量、高产值、外向型的，农业的工厂化、专业化、自动化程度均很高。为了摆脱气候对蔬菜生产的影响，荷兰建设了约4 700公顷的玻璃温室，在品种上以种植番茄、甜椒、黄瓜为主，实行高度的专业化生产，通常每个农户只栽培一种蔬菜。这种专业化的生产方式不仅有利于种植者积累经验、提高技能，而且有利于稳定和提高产量与品质，促进专业设施设备的开发利用，实施温室的机械化、自动化控制，提高劳动生产效率和降低成本。值得一提的是，荷兰同上海一样也是地少人多，但其能充分发挥大中城市资金、技术、市场、信息和人力资本集中的优势，借助高新技术的应用发展现代高效农业，在人均资源短缺的现实下，利用资金代替土地，通过发展设施农业、精细农业，走工厂化、专业化和高投入、高产出的道路，以菜篮子为主体重点发展畜牧、花卉、蔬菜等现代化种养业及加工业的高度发达的现代都市农业，进而成为整个国家现代农业发展的龙头，从而使许多农产品的单产处于世界领先水平，人均畜禽、蔬菜、花卉产量居世界之首，农产品出口总值仅次于美国，居世界第二。

(2)加强科技创新，积聚发展潜力。荷兰人重视通过科技创新来获得竞争优势。在育种方面，荷兰人到世界各地搜集种质资源，进行大量的杂交育种工作，从中选择各种性状优良的单株，对其进行少量的繁殖形成一个品系；在栽培方面，对同一品系进行编号，栽培于品种资源圃中，而后根据该品系的表现、市场潜力等方面进行优选，并对选出来的新品种进行命名、申请品种权保护和推广；在种植方面，依托先进农艺技术、温室技术和水肥技术，不断提高生产效率，实现每平方米土地产值成倍增长；在流通方面，采用高效快捷的"荷兰式拍卖"，依靠先进的物联网技术，使完成交易的鲜花在一天以内发送完毕，运到世界各地，以满足鲜花对时间的苛刻要求。

2. 新加坡——都市农业发展模式

(1)土地稀缺的发达地区，农业发展仍然具有战略意义。农业发展从来不是是否要发展的问题，而是如何发展的问题。农业和生物技术等领域的融合往往孕育着重大的产业机会和市场容量，一旦放弃农业就可能意味着在新商业模式、新技术领域竞争的落后。新加坡以“技术输出＋体验休闲”为主，并逐步放弃对农产品产量的追求，因地制宜，探索差异化的都市农业发展模式，对于城市化水平高、经济发展快速的地区大力发展如观光农业、生态农业、休闲农业、体验农业等；对于一般地区以生物农业、创汇农业、设施农业、精品农业为主，提升都市农业的经济功能；而在一些传统的农业重镇，则通过现代农业技术和新物种的应用，大幅提高农业生产的产量和质量。

(2)有效平衡工商资本和家庭农场。与上海一样，新加坡人多地少，如果以农户为单位进行经营，农业的科技含量和农产品质量难以保证。新加坡也有农场，但不是家庭农场，而是有技术含量的高科技农场。新加坡的实践表明，集约化生产是都市现代农业高科技化、高端化、高附加值化的必然条件。当前，我国许多工商资本试图进入农业生产领域，但最大的问题是无法流入土地。家庭农场的发展使得承包地流入农民手中，虽然在增加农民收入方面成效显著，但也使得许多实力强劲的工商资本面对土地流转的困境而望而却步，无形中阻碍了农业科技含量的提升。因此，在发展家庭农场增加农民收入与引入培育高科技农场优化农业产业结构之间，应做好选择和平衡。为保护承包农户权益，上海市对工商资本租赁土地实行分级备案制度和资格审查制度，且土地流转一般不超过3年。新加坡科技园内土地流转10年，对优质企业可再延长10年，激励高科技农场进行持续投资。对高科技、高附加值的农业企业和工商资本，适当延长土地流转期限非常必要。

(3) 引进培育高端农业科技企业。新加坡政府在经济起飞过程中，大力倡导花园城市运动，有计划地推进城乡绿化和特色园林建设，并资助创建兼具观光休闲和出口创汇功能的十大科技农业园区，终于建成具有观光旅游特色的都市农业体系，一举成为享誉世界的东方旅游王国。针对耕地不断减少、农产品依靠进口的现状，新加坡根据相对比较优势的原理，充分利用独特的地理环境优势生产观赏用热带鱼和胡姬花。由于城市化建设发展，耕地不断减少，新加坡现代都市农业的发展以追求高科技和高产值为目标。为达此目标，新加坡以建设现代化集约的农业科技园为载体，最大限度地提高农业生产力。上海应在统筹规划、制定政策和资金扶持等方面加大提升力度，着力于优质农业企业和项目的引进和培育。

3. 伦敦——立体生态经营模式

伦敦的现代都市农业是集农产品生产与观光、休闲、度假于一体的新型产业。目前，伦敦的现代都市农业经营范围和规模越来越大，其将农业由第一产业转向第三产业发展，使农田既是生产的园地，又是休闲游憩的场所，更具有农村公园的风貌，管理初步走向规范化、制度化，特别是观光农园的管理体制已基本健全。伦敦的农业发展经验也给了上海农业农村发展以启发。在上海现有的农村产业结构中，大多数地区农村产业是一个分离的系统，表现在遍布乡村的工业、商业与农业没有直接联系，而与农业联系的农用工业和农产品加工销售业却主要集中在城市，农村自行发展独立的二三产业，这样带来了产业结构的重复，即农村的三、二、一产业结构和国民经济的三、二、一产业结构。因此，为合理配置资源，必须注意农村产业结构调整，以实现城乡产业一体化。农业休闲旅游是一个高度综合的产业，与农业生产、交通住宿、休闲娱乐、文化创意、旅游购物等多个行业密切相关。为此，上海政府应当把开发农业休闲旅游项目纳入新农村建设的整体规划中，丰富上海所具有的红色文化、海派文化、江南文化，使得其农业观光和旅游更具有吸引力。在招商引资、财政税收支持等方面有所作为，成立基础设施建设引导基金，重点加强农村公共设施、交通通信、食宿设施的建设，改善景区的运营环境，提高游客在食宿行游购娱各方面的整体体验。

(二)国内经验借鉴

1. 北京——现代生态农业发展模式

第一产业相对第二、三产业不是很发达，但是随着改革开放和市场经济的不断深化，北京市郊也逐步建立起了适合自身优势的现代生态农业发展模式。

(1)建立新的农业产业体系，实现各个产业之间的相互融合、相互结合、相互补充，发展现代化农业的优势。

(2)培育农业产业龙头企业，发挥其示范带头作用。建立健全以大型批发市场为骨干，农贸市场为基础，农产品直销店、食品超市、连锁超市为补充的农产品市场流通体系，加强对大都市周边区域有机农产品的营销，提高经济效益。

(3)强化对农产品质量的监管，全面推进农业标准化生产。首先，建立健全农业标准体系和检验检测体系；其次，促进标准化示范园区和生产基地建设；再次，大力发展品牌农业，提高农产品的知名度和竞争力。

(4)提高农业生产的集约化和规模化水平，推进多种形式的适度规模经营。

(5)发展循环农业，推广生态农业生产和农牧结合等低碳农业技术，改善农业生态环境。

(6)积极拓展农业多种功能，发展生态、休闲和科技示范农业。将现代农业技术与园林技术、生态学技术和文化创意相结合，进一步发展农业观光园，增进城乡融合，实现城乡互动。

2. 成都——特色乡村旅游模式

成都市是典型的亚热带季风气候，东西海拔高低悬殊，热量随海拔高度急增而锐减，呈现东暖西凉两种气候类型并存的格局。这种热量的垂直变化，为成都市发展都市农业特别是经营多种特色产业创造了有利的条件。成都五朵金花乡村旅游是我国出名的乡村旅游品牌，之所以称之为五朵金花是指成都分别建设的5个乡村旅游品牌：以梅花、梅林、青梅煮酒的“幸福梅林”；以农民体验采摘种植、同时支持城市农业社区合作模式的“江家菜地”；以菊花文化突出幽静闲适的隐士文化的“东篱菊园”；以荷花、月色为主，着重打造优美景观的“荷塘月色”；以及突出各类鲜花，集观赏与休闲农业为一体的“花香农居”。

成都五朵金花品牌是由政府统一规划，并结合地区特色因地制宜地在12平方公里土地上规划的5个特色乡村旅游景点。在成都五朵金花发展之初，地方政府给予大力支持，并加大了对其宣传力度，为其发展提供了保障。从2003年开始筹划，2006年扩大运营以来，成都五朵金花乡村旅游发展极为迅速。从2006年开始的近6年来，成都五朵金花乡村旅游年均接待游客900万人次，年均产值近2亿元，村集体收入达到3 500万元；五朵金花在发展的同时，也带动了小城镇建设地区3 000多户居民就地转为市民，并解决了近10 000个就业岗位，成为我国乡村旅游发展的“奇迹”。

绿色生态农业是生态农业与绿色农业在成都实践的产物，不能简单地等于生态农业加绿色农业，它不仅具备生态农业提倡少用化肥农药、实行高效农业生产，以及绿色农业注重农产品质量和安全性的特点，而且还强调整体农业能耗和碳排放降低的低碳农业发展特点。成都市绿色生态农业以“自然、再生、可循环”为基本原则，强调农、林、牧、副、渔的结构优化，把农村经济发展、农业生产和生态环境治理与保护、资源培育和高效利用融为一体的新型综合农业体系，强调自然环境资源和社会资源的多层次利用，形成稳定高效的复合群体，把尽可能多的资源转化为生物产品，提高生态系统的生产力并改善人们赖以生存的环境。

3. 武汉——都市型可持续发展农业模式

武汉都市农业产业发展应采取产业平台导向型定位，通过发展物流、信息、金融等农业服务业，一方面为带动农业发展提供相关支持，另一方面提升农业发展层次，占据高附加值的农业环节。武汉都市农业集高效、产业化、科技、生态为一体，充分利用和依托中心城市，寻求农业化架构中第一、二、三产业融合，目标是引导和满足多元化和多层次的都市消费，促进经济增长，达到生态环境保护与产业开发的和谐统一，实现社会、经济、生态的可持续发展。

在物流平台构建上，武汉作为中心城市，地理位置绝佳，交通物流及运输业拥有绝对优势，公路、铁路、水运和通信比较发达。依托武汉便利的物流条件，经过20余年发展的武汉种子交易会，目前已成为国内影响力首屈一指的种子交易会，在国际上也享有一定知名度。交易会为种子生产、经营、研发企业以及农业种植大户搭建了一个交流平台，受到业内人士的一致好评，2009年展会成交额已过10亿元，同时交易会也大力推动了武汉种子企业的整体性发展。而作为一个成功的案例，融合武汉的物流、科技条件并成功复制到其他细分行业如农业技术交流、推广等，为提升武汉农业影响力、增强农业竞争力起到良好促进作用。

在信息平台构建上，武汉着重强调要建立健全农业信息服务网络，尽快完善上连国家、省、市，下连乡、村、专业批发市场、龙头企业、专业大户，纵横贯通的农村信息服务网络平台，实现全市农村信息网络联网运行和信息联网发布。切实推进农业信息平台建设，充分利用武汉信息港的优势，整合内部农业资源，加快与中部地区连通的农业信息网络建设、农业信息市场培育，提高农业信息化水平。将武汉建设成服务全省、辐射华中、沟通国内外的农业展示、交流、互动互促平台。

在金融平台建设上，武汉计划根据相关政策，成立股份制农村合作银行，为都市农业发展解决金融服务不足问题。有组织、有计划地重点发展武汉农业的金融服务业，利用金融作用引导武汉及城市圈的农业发展，发挥金融导向作用。

三、上海农业农村的四个优先发展目标

上海要当好全国改革开放排头兵、创新发展先行者，在新时代坐标中坚定追求卓越的发展取向，着力构筑上海发展的四个方面战略优势，全力打响上海服务、上海制造、上海购物、上海文化四大品牌；要充分认识这四个品牌提出的时代背景，深刻了解这四个品牌提出的意义。打响这四个品牌是发展高质量的突破口，是推进驱动创新发展有利条件。在农业农村优先发展的过程中，我们也要牢牢把握住这四大品牌战略，利用各种资源优势，瞄准打响上海品牌的总目标，做好上海农业服务、上海农业制造品牌、上海农副产品购物品牌、上海农业农村文化。

（一）发展农业科技园以及农业服务咨询，打造卓越上海农业服务品牌

“上海服务”内涵丰富，可以是服务国家战略的功能定位，也可以是各行各业服务普通消费者的日常运转。在农业农村上海服务方面，可以发展农业科技园区以及农业服务咨询，成为农业输出的平台，成为与外界发展紧密联系的纽带，可以促进农村的经济发展。即以现代服务业为核心的农业科技园区大力发展以科技、信息、金融等要素为核心的农业现代服务业，以此来促进园区发展。打响“上海服务”品牌，重在提高辐射度，并带动周边地区的农业发展。采用“内搭平台、外建基地，两头在内、中间在外”的发展模式，“内搭”包括科技服务在内的服务平台，为农业科技成果产业化提供最全面的优质服务；“外建”农业科技产业化基地，重视推广园区农业科技成果。如今，上海浦东孙桥国家农业科技园区已经率先开始发展建设该类科技园区。

此外，在人口老龄化的压力下，应聚焦上海农村养老服务。相比市区，农村的老年人照料问题突出，越来越多的土地被征用，使得传统家庭养老功能逐渐弱化，越来越多的老年人需要社会化的服务，所以政府和集体应针对性地为老人提供适合农村的养老服务，发展一些养老服务产业。例如，根据农村的地理环境，建设专业的农村养老院或是农村敬老院，可设有生活起居、文化娱乐、康复训练、医疗保健等服务设施，由专人做饭、专人照料护理，并且可与附近医院签订服务协议书，使医生定期到养老院为老人检查诊病，养老院可实行养老院常住养老与居家养老模式相结合，以满足不同老人的需求。在农村开展养老服务，优势在于农村环境空气好、空间大，农村老人依赖这样的生活环境，所以专业化的农村养老服务不仅是形势所趋，更是满足农村老人的需求。同时，农村的养老还需有一定的规范和管理体系，以及养老院、敬老院身份的合法化和政府及社会各界的支持。

（二）发展上海农产品的优质和精细加工产业，打响上海农业制造品牌

上海制造就是掌握产业链、价值链核心环节的高端制造，满足市场多元化需求的品质制造，融合人工智能和互联网因子的智能制造，体现资源高效集约利用的绿色制造。在农业农村上海制造方面，可以大力发展上海农产品的优质和精细加工产业，可以创建属于上海自己的农业加工业品牌。上海农村应积极着力于农产品的加工，响应上海制

造，做出自己的特色和品牌，使上海农村农业的劣势变强优势更优，全面发展，为打响上海制造品牌做出贡献，并带动农民增收。对于上海制造而言，我们应从消费者的潜在需求出发，关注现在和未来的消费变化，进行创新，努力创造出属于上海自己的农业加工业品牌。创造农业加工业品牌应以创新和需求为基点，注重技术和人才的引进，兼顾品牌的建设，在政策的号召和引导下，建设卓越的制造基地。此外，出色的加工业品牌还应注重高效包括高的产出、高的价值、高的正外部性，高端包括高的技术知识资源和高的创新性，如此才能做出出色的"上海制造"。在农产品加工业的发展过程中，可能会出现劳动力和技术短缺、品牌维护困难、销售渠道等问题，因此应着重培养农业加工业的科学创新体系，构建合理有效的销售渠道，加大政府配套政策的支持和服务，完善相关的工作机制。

比如，上海市奉贤区的标志性农产品奉贤黄桃，优质的黄桃品种在奉贤区大面积推广种植，独具特色；上海浦东新区南汇被命名为"中国水蜜桃之乡"，南汇水蜜桃以一系列优良品种集中大面积种植，具有独特产品价值，也被评为国家名、特、优商品基地；深受广大市民欢迎的上海马陆葡萄，种植规模居全市之首，并且创办了"上海马陆葡萄开发有限公司"，成为上海郊区葡萄产业的龙头企业，马陆镇被农业部命名为中国"葡萄之乡"；除此之外，还有金山蟠桃、崇明金瓜等一些特色农产品。为打响"上海制造"品牌，我们还需更进一步利用丰富的上海农产品资源，不仅要在种植上下功夫，还可以在各种特色农产品身上加工衍生出一些有名的副产品，比如黄桃和水蜜桃可以制作黄桃和水蜜桃罐头、黄桃和水蜜桃酸奶、黄桃和水蜜桃糕点特色甜品等，葡萄可以制作葡萄干。然后，将农产品和一些衍生品加以整合，发展特色的产业链，打造中国的农产品品牌，如此一来，便可提高市场的竞争力，让这些特色农产品真正走进全国人民的视野。

（三）发展特色农业小镇、农副产品，形成特色上海农副产品购物品牌

上海发布《全力打响"上海购物"品牌加快国际消费城市建设三年行动计划》，要求上海打造面向全球的消费市场，形成与卓越的全球城市定位相匹配的商业文明，建成具有全球影响力的国际消费城市。上海购物不仅是指简单的"购物"而已，而是指包括各种新消费新体验的内在的需求和满足。上海的商业历来是全国最发达的，理应抓住和放大其资源优势，不仅限于满足当前需求，更要努力开拓创新模式，扩大多方位的需求，抓住各种机遇和契机，迎合新时代的发展和需求，才能做大做好。

为此，在农业农村上海购物方面，可以根据上海自身农业的特点，打造特色农产品购物环境，增强各地居民购物消费的冲动，发展上海农村的优势，提高竞争力。一是通过大数据，引导相关企业运用、挖掘、分析"上海购物"所隐藏的数据和信息，同时助力政府决策和精准服务。对于特色农产品的种植要进行详细的前期调查和长远的目标规划，更要依据新的消费理念和新的零售业态，创新经营模式，努力做出特色农产品的品牌效应，要运用科技激发农产品品牌的活力。二是应从消费者的消费心理和消费习惯出发，通过多种形式的新媒体渠道，进行推广和宣传，并且内容上要创新、形式上要新颖，使特色农产品能够抓住消费者的眼球，精准吸引不同群体的消费者，争取让一次性客流成为永久客流，让原有客流能够更多地消费，进而响应"上海购物"。三是应结合线

上线下的销售模式,线上要努力打造信息服务平台,整合农产品的信息和购物渠道以及咨询和帮助,由此增进消费者对产品的了解,同时也要加大宣传;线下应根据产品的销售,不定期举行大卖场活动,规模要大、品种要丰富,宣传健康养生轻食的生活理念,吸引不同层次的消费者。同时,还可以借鉴 O2O 新零售的销售模式,为顾客提供精准的服务和消费体验。另外,对于农产品的种植以及销售,还应加大政府制度的供给和支持,在此过程中,不仅要注重市场资源的配置,还要发挥好政府的作用,掌握大量新的商业形态和消费方式,形成自身的竞争力和优势。

（四）发展特色农业文化,打造上海农业农村文化品牌

全力打响“上海文化”品牌是新时代上海实现高质量发展、创造高品质生活的必然要求,是建设卓越的全球城市和社会主义现代化国际大都市的必然要求,是传承城市文脉、弘扬城市精神,建设国际文化大都市的必然要求。

在农业农村上海文化方面,丰富的红色文化、海派文化、江南文化和上海本土特色文化都市农业观光和旅游都是可以发力的地方。我们要利用好上海的宝贵资源,大力发展一些有影响力的文化产业。《全力打响“上海文化”品牌加快建成国际文化大都市三年行动计划(2018—2020 年)》正式发布,上海红色文化品牌、海派文化品牌、江南文化品牌全面打响。全面实施打响“上海文化”品牌系列工程,把上海固有资源利用好、优良传统发扬好、文化基因传承好,使上海城市的文化特质更加凸显,进一步增强城市的软实力和核心竞争力。为此上海农村也应响应上海文化品牌的建设,做出相应的努力。

第一,红色文化,上海作为一座历史文化名城,拥有反帝爱国史资源、抗战文化资源、红色文化资源、近现代工商业文化资源等具有当代价值的历史文化资源。因此,开发红色文化资源,深入发掘宣传农村上海作为党的诞生地的光荣历史,大力弘扬开天辟地、敢为人先等建党精神,打造建党历史资源的高地,传播建党故事,研究建党精神,彰显浓厚的历史底蕴。上海有诸多的名人故居,比如位于浦东川沙新镇的张闻天故居,是一座具有江南农村特色的民宅;川沙新镇的黄炎培故居;还有鲁迅故居等。我们不仅要保护和修缮名人故居,更要保护名人情怀,宣扬保护红色文化。

第二,海派文化。用好用足海派文化资源,大力弘扬海纳百川、追求卓越、开明睿智、大气谦和的城市精神,注重一些国际项目和艺术节、展览会等的举办和开展,扩大国际影响力,全面提升人文历史形象。比如,上海宝山顾村的机器人产业园,区位优势突出,目前园区入驻规模企业 180 家,其中机器人及配套企业 60 多家。如此规模可以成功结合海内外资源,共同促进科技的发展,可以进一步打造宝山机器人小镇,以其独特的优势吸引社会各界人士,增进其对科技以及机器人的了解。此外,浦东的迪士尼乐园已经吸引不少国内外游客的关注和目光,成为有名的游玩胜地,而迪士尼小镇的打造不仅可以增进游客对迪士尼乐园的历史文化的了解,同时也可以带动周边的经济发展。

上海嘉定自 2001 年开始建设“汽车城”。因车而兴、因车而名。由此可以根据其优势进一步打造汽车小镇,以其独特性和规模性吸引大量海内外资源,也可举办一些国际汽车赛事等项目。

第三，江南文化。着力挖掘江南文化资源，切实增强市民的文化归属感，增强对具有江南水乡特色小镇的保护力度，并对一些具有历史文化的传统村落进行保护改造和利用，激活其农村文化的生命力和价值。比如，具有江南水乡特色的朱家角古镇、枫泾古镇、新场古镇等，对这些比较吸引游客的有名古镇，应保留其特色和优势，对其劣势要及时进行弥补和创新。而对于一些规模比较小的古镇应借鉴较为成功的古镇的发展经验和做法，打造出自己的特色和优势，使得江南文化的资源得以充分利用。

第四，上海本土特色文化。根据新加坡和伦敦的农村发展经验，将农产品种植与观光、休闲、旅游相结合，打造出属于上海农村自己的特色名片。对此，我们应保护农村生态，建设绿化，使农村回归最美的自然风光，并种植一些特色农产品包括花卉、蔬菜和观赏性植物，然后进行包装和改造，这样不仅能够发展农作物，还能够发展观光休闲和旅游参观。

四、上海市农业农村优先发展的制度保障建设建议

从当前上海市农业农村发展现状以及出现的问题考虑，依据 2018 年中央一号文件的精神，要从坚持党的领导、促进农村农业产业兴旺、生态环境宜居、农村乡风文明建设、农村治理有效、农民生活富裕六个方面进行上海的农村与农业建设。结合前文提出上海农业农村发展的四个优先发展目标，应当从以下一些方面进行上海农业农村优先发展的制度保障建设。

（一）坚持和完善党对“三农”工作的领导

实施乡村振兴战略是党和国家的重大决策部署，上海市各级党委和政府要提高对实施乡村振兴战略重大意义的认识，真正把实施乡村振兴战略摆在优先位置，把党管农村工作的要求落到实处。

1. 完善党的农村工作领导体制机制

各级党委和政府要坚持工业农业一起抓、城市农村一起抓，把农业农村优先发展原则体现到各个方面。首先，应健全党委统一领导、政府负责、党委农村工作部门统筹协调的农村工作领导体制。还应建立实施乡村振兴战略领导责任制，实行上海市政府统筹、各个农业区抓落实的工作机制。各部门要按照职责，加强工作指导，强化资源要素支持和制度供给，做好协同配合，形成乡村振兴工作合力。切实加强各级区党委农村工作部门建设，建立区党政领导班子和领导干部推进乡村振兴战略的实绩考核制度，将考核结果作为选拔任用领导干部的重要依据。

2. 加强“三农”工作队伍建设

把懂农业、爱农村、爱农民作为基本要求，加强“三农”工作干部队伍培养、配备、管理、使用。各区级党委和政府主要领导干部要懂“三农”工作、会抓“三农”工作，分管领导要真正成为“三农”工作行家里手。制订并实施培训计划，全面提升“三农”干部队伍能力和水平。拓宽“三农”工作部门和乡镇干部来源渠道。把到农村一线工作锻炼作为培养干部的重要途径，注重提拔使用实绩优秀的干部，形成人才向农村基层一线流动的用人导向。

3. 强化乡村振兴规划引领

首先，上海要全面落实"三农"重中之重的战略思想，加大统筹城乡的发展力度，并实施一系列强农惠农政策。其次，制定上海市乡村振兴战略规划，分别明确目标任务，细化实化工作重点和政策措施，部署若干重大工程、重大计划、重大行动。各区各部门要编制乡村振兴地方规划和专项规划或方案。加强各类规划的统筹管理和系统衔接，形成城乡融合、区域一体、多规合一的规划体系。根据发展现状和需要分类有序推进乡村振兴，要加快推进城镇基础设施和公共服务向农村延伸，基础设施的改善，要向一体化方向走，城市向农村延伸，以使水电路桥村村通、户户通。对自然历史文化资源丰富的村庄，要统筹兼顾保护与发展，形成上海特色农村农业文化；对生存条件恶劣、生态环境脆弱的村庄，在保护当地生态环境的前提下，要加大力度实施生态移民搬迁。

4. 强化上海农村振兴法治保障

首先，要抓紧研究制定上海市农村振兴法规的有关工作，把行之有效的乡村振兴政策法定化，充分发挥立法在乡村振兴中的保障和推动作用。其次，应及时修改和废止不适应的行政法律规范。还要加强上海市农村统计工作和数据开发应用，运用科学有效的数据及时了解当前上海地区农村农业发展新情况，及时做出相关的应对措施。

(二)提升上海农业发展质量，培育乡村发展新动力

上海农村要实现全面振兴，农业产业兴旺是重点。必须坚持质量兴农、绿色兴农，以农业供给侧结构性改革为主线，加快构建现代农业产业体系、生产经营体系，努力提高农业创新力、竞争力，统筹优化各个生产要素，优化产业结构。要学习和借鉴"荷兰经验"，将农业搞精致并具有高附加值，使之成为城市的亮点。要依托大都市的综合优势，坚持农业的科技化、集约化发展，大力发展现代、生态、高效、特色农业，全面提升农业的经济功能、生态功能和服务功能。

标杆管理的确认、比较、分析、学习和提高的对标过程，能够帮助企业全面实践先进企业的优势方法和优势经验。它与卓越绩效管理一脉相承，通过标杆管理的学习、运用，可以更加有效地加快赶超步伐，能够更直接地与卓越绩效模式结合起来。因此，在农村"四个目标"的发展过程中，包括科技创新园的发展、养老院产业链的发展以及各农副产品的服务品牌的发展等都需要通过标杆管理来有效加快发展的步伐，找到其自身存在的竞争优势，做好"上海品牌"。要全面发展农业多种功能，拓宽农民增收渠道，促进低收入农户收入持续较快增长。另外，农业发展不求大而求精，在现代农业方面要起到一个试验田、示范区的作用。现代农业，不仅应该体现在设施农业、种源农业、精细农业、高效生态农业上，而且还可以和其他产业融合。具体来说，一是发展农业"四新"经济，挖掘农业内部增收潜力，通过股份合作、利润返还等多种形式，让农民分享全产业链的增值收益，增加经营性收入。二是加强针对性培训，推进一二三产业融合发展，实施吸纳农民就业补贴，鼓励各类企业和农业经营主体吸纳当地农户就业，增加工资性收入。三是深化农村产权制度改革，创新改革模式和增收机制，增加财产性收入。具体体现在：

1. 夯实上海地区农业生产能力基础

全面落实上海市地区基本农田特殊保护制度，加快划定和建设粮食生产功能区、重

要农产品生产保护区，完善支持政策。大规模推进农村土地整治和高标准农田建设，稳步提升耕地质量，强化监督考核和地方政府责任。另外，推进上海地区农业发展、农机装备产业转型升级，加强科研机构投入发展科学绿色农业。优化农业从业者结构，加快建设知识型、技能型、创新型农业经营者队伍。大力发展数字农业，实施智慧农业林业水利工程，推进物联网试验示范和遥感技术应用，全面推进“互联网＋农业”发展模式，真正做到科学、有效地推动上海农业的发展。

2. 推进实施质量兴农战略

制定和实施上海地区质量兴农战略规划，建立健全质量兴农评价体系、政策体系、工作体系和考核体系。深入推进农业绿色化、优质化、特色化、品牌化，调整优化农业生产力布局，推动农业由增产导向转向提质导向。推进特色农产品优势区创建，建设现代农业产业园、农业科技园。推行标准化生产，培育农产品品牌，保护地理标志农产品，打造一村一品、一区一业发展新格局。加强植物病虫害、动物疫病防控体系建设，优化上海地区养殖业空间布局，大力发展绿色生态健康养殖，做大做强上海养殖品牌。统筹海洋渔业资源开发，上海地区邻近海洋，渔业资源丰富，要科学布局近远海养殖和远洋渔业，建设现代化海洋牧场。建立产学研融合的农业科技创新联盟，加强农业绿色生态、提质增效技术研发应用。切实发挥农垦在质量兴农中的带动引领作用。实施食品安全战略，完善农产品质量和食品安全标准体系，加强农业投入和农产品质量安全追溯体系建设，健全农产品质量和食品安全监管体制，重点提高基层监管能力。建设高水平粮田、设施菜田、区域特色农产品生产基地等，加快推进农业标准化示范区、畜禽标准化示范场和水产健康养殖示范场建设，扶持新型农业经营主体，积极开发农业多种功能，大力促进休闲农业发展，推动一二三产业融合发展，延伸农业产业链，努力提升农业附加值，充分发挥都市现代农业生产、生态、生活等功能，不断提高农业质量和效益。

3. 构建上海农村一二三产业融合发展体系

首先，大力开发农业多种功能，延长产业链、提升价值链、完善利益链，通过保底分红、股份合作、利润返还等多种形式，让上海农民合理分享全产业链增值收益。实施农产品加工业提升行动，鼓励企业兼并重组，淘汰落后产能，支持农产品就地加工转化增值。重点解决农产品销售中的突出问题，加强农产品产后分级、包装、营销，建设现代化农产品冷链仓储物流体系，打造农产品销售公共服务平台，支持供销、邮政及各类企业把服务网点延伸到乡村，健全农产品产销稳定衔接机制，大力建设具有广泛性的促进农村电子商务发展的基础设施，鼓励支持各类市场主体创新发展基于互联网的新型农业产业模式，深入实施电子商务进农村综合示范，加快推进农村流通现代化“互联网＋农业”发展方式，提升农业生产、经营、管理和服务水平，实施一批重大项目，比如智慧农业创新项目、农业电子商务提升项目、农业电子政务建设项目等。其次，实施休闲农业和乡村旅游精品工程，建设一批设施完备、功能多样的休闲观光园区、森林人家、康养基地、乡村民宿、特色小镇，坚持遵循乡村发展规律，扎实推进美丽宜居乡村建设。不搞大拆大建，要因地制宜和进行分类指导，尊重村民意愿，发挥农民的主体作用，使村容整治等方面有明显改变。对利用闲置农房发展民宿、养老等项目，研究出台消防、特种行业经营等领域便利市场准入、加强事中事后监管的管理办法。并且要充分调动广大群众特别是农民群众的积极性，让他们有更大的热情参与社会主义新农村建设。发展乡村共享经济、创意农业、特色文化产业，培育新型乡村产业体系。大力发展现代都市农业，坚持农业在乡村产业中的基础地位，坚持农业生产功能和生态功能为主，在此基础上积极拓展多元化服务功能和示范功能，提升经济功能。以规模化、组织化为突破口，鼓励各村因地制宜探索多元化的现代农业生产经营方式，构建新型农业生产经营体系；坚持科技创新驱动农业发展战略，提升农业现代化水平以及竞争力、影响力。

4. 统筹兼顾培育新型农业经营主体和扶持小农户的制度保障

上海市要抓紧培育各类专业化市场化服务组织，推进农业生产全程社会化服务，帮助小农户节本增效。发展多样化的联合与合作，提升小农户组织化程度。注重发挥新型农业经营主体带动作用，打造区域公用品牌，开展农超对接、农社对接，帮助小农户对接市场。

（三）推进体制机制创新，强化上海农村振兴制度性供给

实施乡村振兴战略，必须将制度建设贯穿其中。要以完善产权制度和要素市场化配置为重点，激活主体、激活要素、激活市场，着力增强改革的系统性、整体性、协同性。要不断深化农村综合改革，增强农村发展动力，切实减轻农民负担。在推进改革的过程中，既要稳定好农村基本经营制度，也要保护好农民的利益，这才是解决“三农”问题的治本之策，也是缩小城乡差距的制度创新。深刻阐明深化农业农村改革的出发点和落脚点，为上海农业农村改革明确底线、指明方向。

1. 深化农村土地制度改革

要系统总结农村土地征收、集体经营性建设用地入市、宅基地制度改革试点经验，再逐步扩大试点，加快土地管理法修订，完善农村土地利用管理政策体系。扎实推进房地一体的农村集体建设用地和宅基地使用权确权登记颁证。完善农民闲置宅基地和闲置农房政策，探索宅基地所有权、资格权、使用权“三权分置”，还应落实宅基地集体所有权，保障宅基地农户资格权和农民房屋财产权，适度放活宅基地和农民房屋使用权，不得违规违法买卖宅基地，严格实行土地用途管制，严格禁止下乡利用农村宅基地建设别墅大院和私人会馆。在符合土地利用总体规划前提下，允许上海镇级政府通过村土地利用规划，调整优化村庄用地布局，有效利用农村零星分散的存量建设用地；预留部分规划建设用地指标用于单独选址的农业设施和休闲旅游设施等建设。对利用收储农村闲置建设用地发展农村新产业新业态的，给予新增建设用地指标奖励。进一步完善设施农用地政策。

2. 完善农业支持保护制度

上海应以提升农业质量效益和竞争力为目标，强化绿色生态导向，创新完善政策工具和手段，扩大“绿色、科技、环保”农业发展政策的实施范围和规模，加快建立新型农业支持保护政策体系。加快培育多元市场购销主体，稳定上海地区农业生产经营市场。通过落实和完善对农民直接补贴制度，来提高补贴效能。

3. 上海市农业人才保障制度

随着农业要素的不断投入、农业新技术的推广，农业劳动生产率的要求会不断提高，所需的职业劳动力会不断增加和对劳动力的要求也会不断提高。从农业人口情况看，伴随着城镇化的进程，上海农业人口持续减少，从事农业的劳动力不断下降，且从事第一产业的农村劳动力呈逐年下降趋势，从 2000 年的 32.14%降至 2014 年的 22.46%，如今还将继续。此外，农业对劳动力的吸引力较小，也不能注入外来新鲜血液，2014 年，全市共有从业人员1 365.63万人，而从事第一产业的为 44.81 万人，仅占全市从业人员总数的 3.28%，而 2018 年还将更低。除此之外，由于农民文化素质低，受传统自然经济和计划经济体制的影响大，农民商品意识淡薄，绝大多数农民根本不懂市场经济运作的规律，不能及时捕捉经济信息、预测农业市场走势，根据国内和国际市场上的需求变动来生产适销对路的产品或商品。现代化农业必须通过区域化布局、专业化生产、社会化服务，优化配置农业生产经营要素，开发农业经济生态、旅游观光及休闲等多种功能，转变农业粗放增长方式，提高农业生产率，提高农业效益 。

因此，农业劳动力资源制度是规模化高效农业模式制度保障的基础。规模化高效农业模式离不开劳动力资源，尤其是高素质的劳动力资源的支持。规模化高效农业模式的劳动力固然可来源于非农职业的劳动者，但更主要的无疑是广大农民。加快培育上海高素质的新型职业农民队伍，增加培育新型职业农民人数，制定合理的培训制度和对应课程。可通过创业创新项目比赛、创业孵化扶持等形式，提升新型职业农民的市场竞争“实战”能力。增加人才储备，继续支持培养“三支一扶”大学生，多吸引年纪轻、学历高的大学生从事农业，为农业农村发展提供人才储备。

要想打响上海农村的“四个品牌”，还需明白只有农民的“文化、科技 、管理、文明”素质提高了，才会有“科学化、商品化、集约化、产业化”的现代农业。在合理利用和充分开发农村劳动力资源中，应将农村的基础教育、职业培训、高等教育和文化站、图书馆、信息传播体系建设结合起来，要把基础和后期培训同时抓牢，才是振兴农业最好的保障。

4. 拓宽农民增收渠道

首先，要拓宽渠道增加农民的收入，即促进农民非农就业，挖掘农业增收潜力，完善农村社会保障，建立健全农民增收长效机制，不断提高农民的收入水平。其次，通过农业种植业、农业养殖业让农民增收致富。努力发展扶持一批龙头企业，通过能人带头、政府扶持，把设施、技术、市场结合在一起，以形成联系比较紧密的共同体，并且要求公共财政加大对经济薄弱村的扶持，在此基础上培育集体经济财力，依靠三产等物业，通过增加一些不动产，来提高农民收入。上海要把增加农民收入作为“三农”工作的中心任务来抓，坚持因地制宜、多管齐下，着力创新体制机制，如此一来才能有效促进农民收入持续增长。

5. 开拓投融资渠道，强化乡村振兴投入保障

实施乡村振兴战略，必须解决资金从哪里来的问题。要健全投入保障制度，创新投融资机制，加快形成财政优先保障、金融重点倾斜、社会积极参与的多元投入格局，确保投入力度不断增强、总量持续增加。

一要建立财政保障制度。确保公共财政大力向上海“三农”工作倾斜，确保财政投入与乡村振兴战略的目标任务相适应。加快建立“三农”资金统筹整合的长效机制，充分发挥财政资金的引导作用，撬动金融、社会资本更多投向乡村振兴战略的项目建设。更要注重农村经济发展不平衡的问题，因为上海市经济薄弱的农村面比较广、量比较大，所以推进其经济发展的任务很重。首先，调整完善土地出让收入使用范围，进一步提高农村使用比例，集中力量建设高标准农田。改进耕地占比平衡管理办法。比如近年来，上海市松江区在全国率先培育和发展家庭农场，以农户家庭为经营主体，主要依靠本地家庭劳动力，实现了生产规模化、专业化和集约化，进而提高了农业生产水平，使得粮食生产经营成为农民家庭收入的主要来源，解决了怎样种田的问题。其次，按国家相关规定，建立高标准农田建设新增耕地指标和城乡建设用地增减挂钩结余指标的跨省域调剂机制，所得收益应通过预算全部用于支持实施乡村振兴战略。

二要明确政策导向。相关部门应分门别类梳理好现有的财政支农政策，不断调整完善，使财政支农政策目标更加清晰、导向更加明确。在财政支农资金不影响农民感受度的前提下，把扶持重点聚焦到符合都市消费需求的现代农业产业、保护农业生态资源、提升农产品品牌水平上来，逐步调整完善刺激生产产值和低效落后产能支持政策，将扶持对象聚焦到新型农业经营主体上来。

三要强化政策绩效。进一步明确农业部门和财政部门在项目监管和资金监管方面的责任，修订和完善相关办法措施，同时强化条件管理和绩效考核。

6. 建设好农村基层领导班子

对于上海农村振兴战略的实施，离不开一支好的领导队伍，所以要培养好、建设好农村基层领导班子，特别是要结合村党组织换届选举，切实把那些靠得住、有本事、肯带领农民致富、群众公认的优秀人才充实到基层领导岗位。更要不断拓展农村干部和人才队伍来源。一方面，要加强本土人才培养，吸引更多的本土人才从城市向农村回流；另一方面，区县党委要通过引进输送、机关下派等途径，选优、配齐、配强村干部。要建立机制，可以选拔应届毕业大学生和机关干部充实到农村基层。同时要加强农村基层干部作风建设，教育广大农村干部大力弘扬求真务实精神，切实增强忧患意识、公仆意识和节俭意识，大兴调查研究之风，深入基层、深入实际、深入群众、深入田间地头和农民家中，体察民情、倾听民意、关注民生，到困难多的地方去解决最难解决的问题，如此才能打好兴农的基础。

（四）推进上海乡村绿色发展，打造人与自然和谐共生发展新格局

为促进上海绿色发展，在生态农业发展方面，应加强养殖业污染整治力度，推进中小河道周边畜禽养殖场综合治理计划，探索畜禽养殖废弃物资源化利用新途径，促进种养结合、生态循环，实施农药化肥减量化和农作物秸秆综合利用等。在生态环境方面，除了要避免过度污染，还应从各个方面加以保护和改进。

一是改善上海“水”的品质。贯彻落实河长制度，继续大力实施以“洁水”“畅水”“活水”为重点的河道水系整治工程，畅通河网水系，修复水生态，实现水清、岸绿、河畅、景美。同时，要加强对工业、农业畜禽、小作坊、垃圾等污染源头的整治，将水源保护

区、生态环境敏感区、外来人口集聚区、生活污水治理矛盾突出区作为农村生活污水处理重点区域，巩固水系环境整治成果。垃圾处理要实行村收集、乡镇集中、区县处理，改灶、改厕等都应该全面推开。总的来说，要加强环境保护和生态治理，进一步加大污染控制力度，加强水环境治理，做好生态治理工作；要积极探索建立环境保护补偿机制，立足实际，加快建立与周边省市的协同机制，真正形成湖区治理的长效机制。

二是打造上海“林”的生态。坚持以绿色生态为导向，推动农业农村可持续发展。大力推进植树造林，增加森林资源，提高森林覆盖率。构建“环(环镇、村林)、线(河道、道路防护林)、网(农田林网)、园(郊野公园、乡村公园)”的农村基本生态网络体系以及林地湿地共融发展的生态格局。鼓励和支持村集体和农民植树造林，实现宅旁、路旁、河旁等“四旁”的绿化美化，再现人与自然和谐交融的生态景观。

三是重塑上海“房”的形态。聚焦“三高”沿线(高速公路沿线高速铁路沿线、高压输电路沿线)、生态敏感区域、规划控制区域以及纯农业地区住宅在10幢以下的小型自然村等区域，促进农民向城镇集中居住。对于没有条件开展向城镇集中居住的区域，以村庄布点规划为指导，规划和实施中心村建设，同时结合农民危旧房改造，构建凸显地方自然、人文特色的村居，展现沪韵乡郊魅力。对于有历史风貌的建筑，像江南水乡、小桥流水，那种粉墙黛瓦、徽派建筑，虽然旧了，但还是要尽力修缮，保持它原汁原味的风貌。

四是提升上海“地”的效能。近年来，上海以村庄改造为载体，全面实施农村基础设施建设、村庄环境综合整治等工程，使农村人居环境持续得到改善。未来上海还要构建绿色高效的农业空间，合理保障设施农用地。坚决落实最严格的耕地保护制度，强化耕地和基本农田质量建设，进一步提高土地产出效能，并且要在稳定农村现有体制的前提下，努力探索研究家庭经营、土地流转和农业服务主体结合的问题。继续推进农村地区土地区域减量化工作，复垦后土地利用坚持“宜林则林”“宜农则农”，为改善农村生产、生活和生态环境创造条件。

(五)繁荣兴盛上海农村文化，焕发乡风文明新气象

乡村振兴，乡风文明是保障。在建设物质文明的同时还要加强精神文明建设，必须坚持物质文明和精神文明一起抓，努力提升上海农民精神风貌，培育文明乡风、良好家风、淳朴民风，不断提高乡村社会文明程度。

1. 加强农村思想道德建设

焕发乡风文明应以社会主义核心价值观为引领，坚持教育引导、实践养成、制度保障三管齐下，采取符合上海农村特点的有效方式，深化中国特色社会主义和中国梦的宣传教育，大力弘扬民族精神和时代精神。在上海市农村通过各种渠道包括网络媒体的教育和宣传，以及乡村文化的建设和活动举办，来传播良好的文明精神面貌和风气，逐步提高农民的思想道德和精神文明。最重要的是加强爱国主义、集体主义、社会主义教育，深化民族团结进步教育，加强农村思想文化阵地建设。深入实施公民道德建设工程，挖掘农村传统道德教育资源，推进社会公德、职业道德、家庭美德、个人品德建设。推进诚信建设，强化农民的社会责任意识、规则意识、集体意识、主人翁意识。

2. 传承发展提升农村优秀传统文化

要做好优秀的传统文化，首先应立足乡村文明，并吸取城市文明及外来文化优秀成果，在保护传承的基础上，创造性转化、创新性发展，不断赋予时代内涵、丰富表现形式。其次，要切实保护好优秀农耕文化遗产，推动优秀农耕文化遗产合理适度利用。深入挖掘农耕文化蕴含的优秀思想观念、人文精神、道德规范，充分发挥其在凝聚人心、教化群众、淳化民风中的重要作用。再次，应划定乡村建设的历史文化保护线，保护好上海地区文物古迹、传统村落、传统建筑、农业遗迹、灌溉工程等遗产，保护好符合农村的自然风貌，以及具有江南水乡、古城特点的文化风貌，像枫泾古镇等以及农村的自然村落都是极为宝贵的历史文脉，要倍加保护和珍惜，同时要支持上海农村地区优秀戏曲曲艺、民间文化等传承发展。

3. 加强农村公共文化建设

按照有标准、有网络、有内容、有人才的要求，健全乡村公共文化服务体系。发挥区级公共文化机构辐射作用，推进基层综合性文化服务中心建设，实现镇村两级公共文化服务全覆盖，提升服务效能。深入推进文化惠民，公共文化资源应重点向乡村倾斜，提供更多更好的农村公共文化产品和服务。支持“三农”题材文艺创作生产，鼓励文艺工作者不断推出反映农民生产生活尤其是乡村振兴实践的优秀文艺作品，充分展示新时代农村农民的精神面貌。要培育挖掘乡土文化本土人才，开展文化结对帮扶，引导社会各界人士投身乡村文化建设，活跃繁荣农村文化市场，丰富农村的文化业态，加强农村文化市场监管。

（六）加强上海农村的信息网络服务建设

务必构建好上海农村的信息网络系统，为农业服务咨询平台、线上服务等打下坚实的基础。由于农业生产多呈分散性生产格局，集中化程度较低，加之受到多方面原因的影响，使得计算机及其网络在农业生产领域中的应用水平低下，以上因素阻碍了农业生产的稳定性及持续性发展。应当看到，计算机及其网络技术在农业生产领域中的应用，使得各种各样的通信软件、电子邮件、电子公告板和电子教学视频等出现在农民眼前，农民只需要应用专门的软件，便可以学习到更多的农业生产知识、掌握更多的农业生产技能，以及实现同其他农民间的沟通交流和信息共享，在生产环节遇到问题时，通过咨询在线农业专家即可解决；另外在农产品的销售上，在计算机及其网络技术应用后，单一的销售格局被打破，将会出现网络化、多渠道的销售方式，同时能有效提高农产品的交易量，提高农村的生产力。因此，应要求各郊区政府部门不断加大当地农业规模化建设力度，逐步加大农业生产计算机指导软件的开发力度，为农民提供正确的指导方向，提供给他们“看得见”的效果，以此提升他们应用计算机及其网络技术的积极性，促进整个农业生产的可持续发展。另外，可以利用“互联网＋农业”发展方式，来提升农业生产、经营、管理和服务水平，并实施一批重大项目。如智慧农业创新项目、农业电子商务提升项目、农业电子政务建设项目等。

（七）加强区域协同制度建设

新常态下，对区域协同发展的研究，更应该强调创新协同、市场化协同、协同增长等

“内生性”协同机制与方式，且创新驱动、要素流动、市场机制是三个支点，三者相互影响、相互促进、共同作用，以形成区域发展利益的协同，推进区域经济发展的共同提升。因此，上海各区域的农产品产业链的发展、各信息服务咨询平台的发展、各种文化的宣扬发展等都离不开区域的协同作用，其中包括要素的流动、市场的机制等都需要与上海各个区乃至与江浙区域相互配合、相互协同、相互合作，才能共同作好上海农业农村发展“四大品牌”的大文章。

课题负责人：李含伟

课题组成员：邵　明　田书格　高　凯　于　挺
谢妍曦　史　静　宋佳慧　黄一丹
杨光远　郭　敏

14. 市委农办系统年轻干部思想状况调查及相关培养建议分析

摘　要

党的十八大以来，习近平总书记对大力发现培养选拔优秀年轻干部高度重视，立足全局、着眼长远，提出一系列新思想、新观点、新论断。《关于适应新时代要求大力发现培养选拔优秀年轻干部的意见》指出，我们党团结带领人民进行伟大斗争、建设伟大工程、推进伟大事业、实现伟大梦想，关键在于建设一支高素质专业化干部队伍，归根到底在于培养选拔一批又一批优秀年轻干部接续奋斗，为党和国家事业发展注入新的生机活力。年轻干部作为上海"三农"工作的生力军，各级领导对他们寄予厚望，也迫切希望了解他们的思想现状，进而为他们创造更为良好的成长环境。本课题以市委农办系统35周岁以下青年(含公务员、参公及事业单位青年)为调研对象，通过问卷、访谈等形式，从面上掌握他们的思想状况，找出相关问题，并进一步分析原因，最终为市委农办系统年轻干部的培养提供有价值的参考建议。

一、研究方法

(一)问卷设计

本次调研问卷的设计严格按照问卷设计程序进行，包括若干次草拟、试作、修改的循环过程，问卷基本上采用标准化问题的方式，主要为单选题和多选题。

(二)问卷调查样本与访谈对象分布

本课题以市委农办系统35周岁以下青年(含公务员、参公及事业单位青年)为调研对象，在线填写调查问卷225份。样本呈现以下特点(具体见表1)：

(1)学历层次较高，本科及以上占98.67%。

(2)年龄结构较均衡，31～35周岁占53.78%，26～30周岁占30.67%，25周岁及以下占15.56%。

(3)政治面貌上,中共党员最多,占62.67%。

(4)单位来源上,事业单位最多,其人数占74.22%。

(5)岗位类型中,专业技术人员最多,专业技术类占63.11%。

(6)在职级职称结构上,科员和中级职称最多,科员占80.89%、中级职称占32.89%。

表1 **问卷调查样本分布**

类　别	具体分类	人　数	比　例(%)
性别	男性	110	48.89
	女性	115	51.11
年龄	31～35周岁	121	53.78
	26～30周岁	69	30.67
	25周岁及以下	35	15.56
政治面貌	中共党员(含预备党员)	141	62.67
	共青团员	50	22.22
	民主党派、无党派	5	2.22
	群众	29	12.89
学历	大专及以下	3	1.33
	本科	114	50.67
	硕士	98	43.56
	博士	10	4.44
工作年限	5年及以下(含试用期)	137	60.89
	6～10年	68	30.22
	10年以上	20	8.89
单位类型	机关	16	7.11
	参公事业单位	38	16.89
	事业单位	167	74.22
	企业	4	1.78
职级	科员	182	80.89
	副科级	34	15.11
	正科级	9	4
职称	初级	70	31.11
	中级	74	32.89
	高级	1	0.44
	无	80	35.56

续表

类　别	具体分类	人　数	比　例(%)
岗位类型	专业技术类	142	63.11
	综合管理类	47	20.89
	行政执法类	27	12
	党群工作类	5	2.22
	其他	4	1.78

(三)数据分析

根据实际需要,对矩阵单选结果进行了均值描述性分析和方差描述性分析。在本次数据分析中,方差[①]大于 1,即被认为有差异。同时,按照性别、年龄、单位类型等分类方式,对结果进行了分类统计和交叉分析。

二、现状分析

本次调研主要涉及市委农办系统年轻干部工作现状、对单位的基本评价、个人发展和对干部工作的一些看法四个方面。

(一)工作现状

在对"工作现状"的调查中,主要围绕工作主动性、部门协作、同事关系、决策机制、等级观念、业务能力、身边青年状态、才能发挥 8 个方面进行了调研。从调研结果来看,调查对象基本同意"大家都能积极主动地开展工作""不同部门之间交流充分、彼此协作""同事之间关系融洽""上级决策前注重听取基层意见""大家重视权威,具有强烈的等级观念""本单位大多数干部非常胜任当前承担的工作""自己完全能够胜任当前承担的工作""自己的知识才干在工作中得到了充分发挥"等观点。从均值来看,"自己完全能够胜任当前承担的工作"的得分最高(4.29),说明绝大部分调查对象对本岗位所需求的知识、技术、能力等有信心,给出了较为正面的自我评价。

需要关注的问题是,调查对象对"身边青年状态"调研的 5 个观点,即"喜欢照搬老经验,开拓创新不够""缺少朝气和闯劲,被动应付领导要求""浮于表面,解决问题时缺少有效方法""比较功利,把自身利益放在重要位置""讲究明哲保身,喜欢低调",均存在较大分歧(方差分别达到 1.46、1.66、1.30、1.53、1.35)。应该说,就整个农办系统而言,年轻干部工作状态方面存在一定的问题,在此得到了部分印证。这一点值得领导引起重视。具体见表 2。

表 2　　**对工作现状的基本认识**

	完全不同意	基本不同意	说不清	基本同意	完全同意	均值	方差
在单位里,大家都能积极主动地开展工作	1	2	3	4	5	4.13	0.83

① 方差是统计学的常用概念,用以反映样本在某方面的差异性。方差为 0,则表示样本在该方面没有差异;方差越大,则表示样本在该方面差异性越大。在通常的统计分析中,方差大于 1,则可视作样本在该方面存在较大的差异性。

续表

	完全不同意	基本不同意	说不清	基本同意	完全同意	均值	方差
在单位里，不同部门之间交流充分、彼此协作	1	2	3	4	5	4.00	0.89
在单位里，同事之间关系融洽	1	2	3	4	5	4.21	0.70
在单位里，上级决策前注重听取基层意见	1	2	3	4	5	3.94	1.05
在单位里，大家重视权威，具有强烈的等级观念	1	2	3	4	5	3.66	1.16
本单位大多数干部非常胜任当前承担的工作	1	2	3	4	5	4.03	0.77
身边青年喜欢照搬老经验，开拓创新不够	1	2	3	4	5	2.87	1.46
身边青年缺少朝气和闯劲，被动应付领导要求	1	2	3	4	5	2.76	1.66
身边青年浮于表面，解决问题时缺少有效方法	1	2	3	4	5	2.50	1.30
身边青年比较功利，把自身利益放在重要位置	1	2	3	4	5	2.51	1.53
身边青年讲究明哲保身，喜欢"低调"	1	2	3	4	5	2.93	1.35
我觉得自己完全能够胜任当前承担的工作	1	2	3	4	5	4.29	0.60
我觉得自己的知识才干在工作中得到了充分发挥	1	2	3	4	5	3.69	0.89

同时，因单位类型不同，各单位之间存在差异性。笔者就这 5 个观点中的 3 个，选取单位类型作为自变量进行交叉分析，进一步分析不同类型单位年轻干部的工作状态。针对"身边青年喜欢照搬老经验，开拓创新不够"，机关选择集中在"说不清"和"基本同意"，参公事业单位选择集中在"说不清"和"基本不同意"，事业单位选择集中在"基本同意"和"说不清"。可见，机关和事业单位的年轻干部在勇于改革、勇于创新上有待进一步加强。具体见表 3。

表 3　　身边青年喜欢照搬老经验，开拓创新不够

	完全不同意	基本不同意	说不清	基本同意	完全同意	小　计
机关	1(6.25%)	3(18.75%)	5(31.25%)	5(31.25%)	2(12.5%)	16
参公事业单位	8(21.05%)	10(26.32%)	11(28.95%)	5(13.16%)	4(10.53%)	38
事业单位	27(16.17%)	39(23.35%)	40(23.95%)	49(29.34%)	12(7.19%)	167
企业	0(0%)	2(50%)	1(25%)	1(25%)	0(0%)	4

针对"身边青年缺少朝气和闯劲，被动应付领导要求"，机关选择集中在"基本同意"，参公事业单位选择集中在"基本不同意"，事业单位选择集中在"基本不同意"和"基本同意"。可见，机关年轻干部工作主动性不足，存在一定的职业倦怠现象；参公事业单位年轻干部工作比较主动；事业单位年轻干部则有两极分化态势。具体见表 4。

表 4　　身边青年缺少朝气和闯劲，被动应付领导要求

	完全不同意	基本不同意	说不清	基本同意	完全同意	小　计
机关	3(18.75%)	3(18.75%)	3(18.75%)	6(37.5%)	1(6.25%)	16

续表

	完全不同意	基本不同意	说不清	基本同意	完全同意	小　计
参公事业单位	9(23.68%)	14(36.84%)	3(7.89%)	8(21.05%)	4(10.53%)	38
事业单位	30(17.96%)	49(29.34%)	27(16.17%)	46(27.54%)	15(8.98%)	167
企业	2(50%)	1(25%)	0(0%)	1(25%)	0(0%)	4

针对“身边青年浮于表面，解决问题时缺少有效方法”，机关、参公事业单位、事业单位选择均集中在“基本不同意”。可见，系统大部分年轻干部工作比较踏实，碰到问题时能够找到有效的解决办法，这一点在“自己完全能够胜任当前承担的工作”的统计结果上也得到了印证。具体见表5。

表5　　身边青年浮于表面，解决问题时缺少有效方法

	完全不同意	基本不同意	说不清	基本同意	完全同意	小　计
机关	4(25%)	7(43.75%)	2(12.5%)	3(18.75%)	0(0%)	16
参公事业单位	9(23.68%)	16(42.11%)	6(15.79%)	5(13.16%)	2(5.26%)	38
事业单位	31(18.56%)	61(36.53%)	32(19.16%)	35(20.96%)	8(4.79%)	167
企业	1(25%)	2(50%)	1(25%)	0(0%)	0(0%)	4

（二）对单位的基本评价

本次调研，通过调查对象对“现实与预期”的比较，反映调查对象对单位的基本评价。其中，比较的内容涉及“工作氛围”“工作压力”“职业发展空间”等8个方面。从调查结果来看，调查对象的观点比较接近（方差较小），特别是在“工作氛围”“工作压力”“领导素质”“职业道德”等4个选项上，大部分调查对象倾向于选择“现实与预期基本一致”。具体见表6。

表6　　对单位的基本评价

	远低于期待	略低于期待	基本一致	略高于期待	远高于期待	均值	方差
工作氛围	1	2	3	4	5	3.01	0.84
工作压力	1	2	3	4	5	3.23	0.68
职业发展空间	1	2	3	4	5	2.42	0.96
自身能力的提高	1	2	3	4	5	2.80	0.85
领导素质	1	2	3	4	5	3.29	0.90
职业道德	1	2	3	4	5	3.38	0.66
薪酬水平	1	2	3	4	5	2.01	0.97
福利待遇	1	2	3	4	5	2.07	0.94

需要关注的问题是，在“职业发展空间”“薪酬水平”“福利待遇”（均值分别为2.42、2.01、2.07）3个方面，现实情况均低于预期。再针对“薪酬水平”，选取单位类型作为自变量进行交叉分析可以发现，机关和参公事业单位选择集中于“基本一致”和“略低于期

待”，事业单位选择则集中于“远低于期待”和“略低于期待”。可见，收入问题已经并将长期成为困扰事业单位年轻干部的一个重要问题。

（三）个人发展

个人发展是一个比较宽泛的概念，包括自我认知的提升、专业技能的进步、生活质量的提高等多方面。通常，人们习惯把职务（或职称）晋升看成个人发展的重要标志之一。本次调研，主要从能力提升、职业发展、组织帮助 3 个方面进行了调查。

在对“您觉得自身能力优势有哪些”的调查中，选择集中在“学习能力”“综合协调能力”和“专业技术能力”。具体见表 7。

表 7　　对自身能力优势的认识（多选）

选　项	选择人数	比例(%)	排　序
创新能力	58	25.78	4
政策研究能力	21	9.33	7
学习能力	179	79.56	1
综合协调能力	129	57.33	2
专业技术能力	114	50.67	3
管理能力	38	16.89	5
决策能力	14	6.22	8
应对突发事件和复杂局面的能力	34	15.11	6

在对“您觉得自身最需要提高的能力有哪些”的调查中，选择集中在“创新能力”和“应对突发事件和复杂局面的能力”。此外，选择“管理能力”“政策研究能力”“决策能力”的比例也分别达到了 36.44%、34.67%、34.67%。这也印证了前文“身边青年开拓创新不够”的调查结果。具体见表 8。

表 8　　对自身能力短板的认识（多选）

选　项	选择人数	比例(%)	排　序
创新能力	119	52.89	1
政策研究能力	78	34.67	4
学习能力	23	10.22	7
综合协调能力	55	24.44	5
专业技术能力	50	22.22	6
管理能力	82	36.44	3
决策能力	78	34.67	4
应对突发事件和复杂局面的能力	115	51.11	2

在对“您觉得哪些举措更有利于能力提高”的调查中，选择集中在“参与重点任务、重大项目、重大工程”“专业知识技能培训”和“多岗位交流轮岗锻炼”（具体见表 9）。进

一步选取单位类型作为自变量进行交叉分析可以发现，机关第一位选择是“多岗位交流轮岗锻炼”，事业单位(包括参公)第一位选择是“参与重点任务、重大项目、重大工程”。

表 9　　更有利于提高能力的举措(多选)

选　项	选择人数	比例(%)	排　序
党校(行政学院)培训	50	22.22	6
专业知识技能培训	135	60	2
参与重点任务、重大项目、重大工程	162	72	1
到艰苦岗位、基层一线实践锻炼	78	34.67	4
多岗位交流轮岗锻炼	124	55.11	3
出国境培训、海外实训	64	28.44	5
其他	2	0.89	7

在对“个人职业发展问题”的调查中，调查结果比较分散。30.67%的调查对象认为“天道酬勤，只要个人努力，应该能取得较好的发展”，19.56%的调查对象认为“目前的岗位能发挥自身才能与优势，感到在本部门(单位)发展空间很大”，从这两项来看，有半数的系统年轻干部对个人的职业发展持相对乐观的态度。另外，28.44%的调查对象“希望得到提拔使用，进一步发挥作用”，12.44%的调查对象“希望能交流到更适合自己的岗位”，说明有相当一部分年轻干部希望通过选拔、轮岗交流等方式，获得更好的发展机会。同时，需要注意的是，5.33%的调查对象选择了“如有机会，考虑辞职，谋求更好发展”。在访谈过程中，一些年轻干部也提到了考虑辞职的具体原因，比如遇到职务晋升瓶颈，职业发展停滞不前；收入水平无优势，在上海的高房价下经济压力较大；想从事与自身所学专业更为契合的行业，到更能发挥所学专长的地方去施展才干；等等。具体见表 10。

表 10　　对个人职业发展的想法(单选)

选　项	选择人数	比例(%)	排　序
希望得到提拔使用，进一步发挥作用	64	28.44	2
目前的岗位能发挥自身才能与优势，感到在本部门(单位)发展空间很大	44	19.56	3
希望能交流到更适合自己的岗位	28	12.44	4
天道酬勤，只要个人努力，应该能取得较好的发展	69	30.67	1
没认真考虑过，走一步算一步	8	3.56	6
如有机会，考虑辞职，谋求更好发展	12	5.33	5

在对“您目前最需要组织上提供什么帮助”的调查中，选择集中在“定期提供高质量的培训或教育机会，系统提高素质能力”“多给一些工作平台和实践锻炼的机会”“帮助解决收入、住房、看病、子女教育等具体问题”。这既说明系统年轻干部在个人发展方面

追求务实，希望能有更多的平台和机会来提升自己，同时再次反映出对收入、住房等问题的关注度。具体见表11。

表11　目前最需要组织提供的帮助(多选)

选　项	选择人数	比例(%)	排　序
希望定期提供高质量的培训或教育机会，系统提高素质能力	147	65.33	1
希望定期谈心谈话，帮助化解思想困惑或工作困难	33	14.67	5
希望多给一些工作平台和实践锻炼的机会	142	63.11	2
希望帮助解决收入、住房、看病、子女教育等具体问题	130	57.78	3
希望多开展一些团队活动，增强凝聚力和归属感	66	29.33	4
说不清，没认真考虑过	7	3.11	6

(四)对干部工作的一些看法

年轻干部是干部队伍中的生力军。为进一步做好系统年轻干部队伍建设工作，本次调研希望了解调查对象对干部培养使用的真实看法。

在对“您认为目前最需要从哪些方面帮助年轻干部成长”的调查中，统计结果呈现出四段式分布：第一段为“解放思想，破除论资排辈等观念束缚”，选择率为54.67%；第二段为“坚持适时使用，落实年轻干部常态化配备目标”“坚持递进式培养，加大轮岗交流力度”和“热情关怀、真心爱护，优化年轻干部成长环境”，选择率分别为43.11%、42.67%、42.67%；第三段为“突出基层导向，建立来自基层的培养选拔链”“注重关键岗位的扎实历练”，选择率分别为34.22%和27.11%；第四段为“加强党性教育、理论教育和专业培训”和“从严管理、从严监督，保证年轻干部健康成长”，选择率分别为15.56%和14.67%。由此可见，在调查对象心目中，要尽快成长，首先就是要“打破论资排辈，不唯资历，不拘一格大胆使用”，其次要“加强交流培养和关心关爱”，再次要“注重基层工作经历和关键岗位锻炼”，最后是“加强培训和管理监督”。具体见表12。

表12　年轻干部成长，最需要组织提供的条件(多选)

选　项	选择人数	比例(%)	排　序
解放思想，破除论资排辈等观念束缚	123	54.67	1
加强党性教育、理论教育和专业培训	35	15.56	6
突出基层导向，建立来自基层的培养选拔链	77	34.22	4
坚持递进式培养，加大轮岗交流力度	96	42.67	3
注重关键岗位的扎实历练	61	27.11	5
坚持适时使用，落实年轻干部常态化配备目标	97	43.11	2

续表

选　项	选择人数	比例(%)	排　序
从严管理、从严监督，保证年轻干部健康成长	33	14.67	7
热情关怀、真心爱护，优化年轻干部成长环境	96	42.67	3

在对“您认为一些年轻干部较快得到提拔使用的主要因素”的调查中，选择集中在“组织认可，领导赏识”“工作勤奋，实绩突出，群众基础好”和“德才素质好，工作能力强”。其中，76.44%的调查对象把组织认可和领导赏识作为能够得到提拔使用的主要原因，且排在工作实绩和德才素质之前(区别于“有为才能有位”)。这一点应该引起领导的关注。具体见表13。

表13　　一些年轻干部较快得到提拔使用的主要因素(多选)

选　项	选择人数	比例(%)	排　序
德才素质好，工作能力强	133	59.11	3
工作勤奋，实绩突出，群众基础好	138	61.33	2
组织认可，领导赏识	172	76.44	1
学历高	13	5.78	6
机遇好，一步快，步步快	77	34.22	4
有关系有背景	30	13.33	5
跑官要官	5	2.22	7

在对“您认为影响干部交流到基层工作的最大顾虑”的调查中，调查结果比较分散(具体见表14)。进一步选取单位类型作为自变量进行交叉分析可以发现，机关选择集中在“对后续职业发展和职级晋升心存担忧”和“收入待遇较低”，事业单位(包括参公)选择“不熟悉基层情况，心里没底”的较多。

表14　　影响干部交流到基层工作的最大顾虑(多选)

选　项	选择人数	比例(%)	排　序
不熟悉基层情况，心里没底	111	49.33	1
工作烦琐，任务重，压力大	80	35.56	5
担心人际关系复杂，无法适应	91	40.44	4
担心自己不被组织看好	29	12.89%	6
对后续职业发展和职级晋升心存担忧	97	43.11	2
收入待遇较低	93	41.33	3
其他	2	0.89%	7

在对“您认为当前干部工作需要解决的突出问题”的调查中，有两项选择比较集中，

即53.78%的调查对象选择了"激励保障机制不健全",50.67%的调查对象选择了"优秀年轻干部难以脱颖而出"。可见,更多的系统年轻干部希望能够进一步完善干部激励保障机制,健全干部选拔机制,加大优秀年轻干部选拔力度,让人人有盼头,心中有希望,切实激发年轻干部队伍干事创业的热情。其他内容的选择则呈现出比较分散的态势。具体见表15。

表15　　当前干部工作需要解决的突出问题(多选)

选　项	选择人数	比例(%)	排　序
干部选拔任用不规范、不公开、不透明	55	24.44	6
"一把手"权力过大(一个人或少数人说了算)	60	26.67	5
优秀年轻干部难以脱颖而出	114	50.67	2
干部能上不能下	68	30.22	4
竞争性选拔干部力度不够	69	30.67	3
对干部的考核不准确	43	19.11	7
激励保障机制不健全	121	53.78	1
其他	1	0.44	8

三、若干结论和建议

(一)相关结论

结论主要包括两个方面:一是系统年轻干部的思想现状;二是我委在培养年轻干部方面存在的主要问题。

1. 系统年轻干部的思想现状

毫无疑问,系统广大年轻干部朝气蓬勃有活力,立足岗位作贡献,为干部队伍建设不断注入新鲜血液。他们有着良好的学历背景、全面的综合素质和积极进取的精神风貌,但作为一个年轻的群体,他们也有不足之处。具体来说,系统年轻干部的思想状况有如下具体特征:

(1)追求上进。系统大多数年轻干部能够认真履行岗位职责,且具有强烈的个人发展意愿,希望通过组织的帮助和个人持续不断的努力提高自己的竞争力,争取到更好的发展空间。

(2)实用主义。比较关注收入、住房、户口等与生活息息相关的问题,有个别同志直言"不解决好生存问题,就没有办法好好把心思花在钻研工作业务上";大多数同志愿意学习提升自己,但前提是做这些事情最好能"获得更好的发展"。

(3)缺乏创新。系统大多数年轻干部习惯于按部就班地完成工作,缺少独立的创新性思考,在勇于改革、富于创造上有待进一步加强。

(4)稍显浮躁。总体来看,系统年轻干部对单位(工作氛围、工作强度、领导素质等)是比较认可的,对自己未来的发展也持比较乐观的态度;但部分年轻干部在面对薪酬福利待遇低于预期、职称评定受限、职级晋升机会少、工作压力大等情况时，自身工作积极性、主动性欠缺，不能沉下心来抓学习、心无旁骛干工作，思想没有达到优秀年轻干部应该达到的境界。

2. 我委在培养年轻干部方面存在的主要问题

应该看到，我委对年轻干部的培养历来十分重视，近几年更加大力推进优秀年轻干部培养选拔工作。但不可否认的是，我委在培养年轻干部方面仍然有不少可以提升的空间。以下几点是值得注意的问题：

(1)理想信念教育有待加强。目前存在一定的重工作业务、轻思想教育的倾向，对系统年轻干部缺乏有针对性的理想信念教育，要进一步引导他们增强“四个意识”，强化自我修炼、正心明道。

(2)培养机制尚不健全。对照事业发展对干部队伍建设的要求，以及干部队伍原有的年龄梯次结构和知识文化结构，年轻干部的培养机制尚未健全，培养的方式、方法系统性有待加强，年轻干部使用力度也有待加强，要进一步强化相关制度配套，形成常态化的工作机制。

(3)干部交流力度不够。作为产业部门容易受专业限制，年轻干部内部交流不畅通；同时，由于交通、居住以及薪酬等因素影响，与涉农区农业部门及乡镇政府的干部交流也较难开展。

(4)激励机制尚不完善。年轻干部队伍迫切需要正向激励，满足合理诉求，增强价值认同，激发干事激情。目前干部激励机制不够健全，人本管理意识不够，激励政策比较零散，除职务晋升、提高收入以外，对诸如关爱帮扶、谈心谈话、心理疏导、职业规划等激励手段运用不够。

(5)干部工作的透明度不够。提高干部工作的透明度，事关稳定干部的预期和调动干部的工作积极性。要不断扩大干部工作中的民主，减少神秘性，防止随意性，不断营造公平公正的干部成长环境。

(二)对策建议

习近平总书记强调：“好干部不会自然而然产生。成长为一个好干部，一靠自身努力，二靠组织培养。”这是对干部成长规律的总结，是干部成长进步的必经之途。培养高素质的优秀年轻干部队伍，既要管导向、搭平台、压担子，又要引导和激励干部不断努力提升自己的素质和能力。

1. 面向全体系统年轻干部，贯穿干部培养使用的全过程，始终把提高年轻干部队伍的政治素质放在首位

理想信念是我们党的各级干部最根本的政治素质，也是好干部的首要标准。理想信念动摇是最危险的动摇，理想信念滑坡是最危险的滑坡。“补钙壮骨、立根固本”，是干部教育培养最重要的基础课。

(1)持续抓好干部教育培训工作。发挥市委党校的干部教育培训主阵地作用，把优秀年轻干部参加以党性教育为主课程的党校主体班次，作为提拔使用的前提条件，坚持“不训不提”原则，未经党校主体班次教育培训的优秀年轻干部，原则上不予提拔使用。

在干部教育培训过程中，可以选择重要的实践性课题，通过成立课题小组和课题立项、推进和完成，来实现对年轻干部的培养和锻炼。

(2)围绕中心工作加强党性教育。发挥年轻干部所在单位党组织在提高干部政治素质中的作用，把干部的党性教育与推动本单位的工作结合起来。组织和引导年轻干部深入实际、深入群众，开展调查研究，在了解和正确把握"三农"情况中增强政治意识和群众观念。重视在工作实践中有针对性地解决好部分年轻干部存在的立场模糊、是非不清，心浮气躁、精神不振，爱惜羽毛、不敢担当，不讲规矩、纪律松弛等问题。

(3)严格党内政治生活。干部所在单位党组织要通过严格的党内生活提高年轻干部的政治素质，按照习近平总书记所要求的，使党内政治生活真正起到教育改造提高党员、干部的作用。对于优秀的年轻干部，要有意识地将他们放到党务工作中进行锻炼，比如兼任党支部书记，组织、参与各种党务活动，在党务工作的实践和体验中培养他们增强党的意识、组织意识。

(4)增强年轻干部自身学习的自觉性。"学"是更新认知，"习"是将认知在实践中转化为方法。学习能力是干部重要的基本素质之一，年轻干部要牢固树立终身学习的理念，真正解决不想学、不勤学、不真学、不深学的问题，向书本学习、向实践学习、向群众学习，发扬理论联系实际的优良作风，做爱学习、善思考的有心人，不断提高理论素养和专业素养。

2. 始终抓好优秀年轻干部队伍建设，进一步夯实好中选优、优中选强的基础资源，着力构建培养成长链

年轻干部是高素质干部队伍的重要源头，要积极为他们锻炼成长搭建平台、创造条件；年轻干部则不能把实践锻炼当作"镀金"，更不能去走过场等着提拔。

(1)建立"年轻干部数据库"和"优秀年轻干部人才库"。干部部门要开展干部工作的系统性专题调研，广泛推荐和储备优秀年轻干部(35 周岁以下)，通过查阅档案、面对面谈话、民主测评等形式，全面了解年轻干部，建立"年轻干部数据库"。在此基础上，通过综合研判、评价、比选，遴选出好中更优的重点后备干部，建立"优秀年轻干部人才库"。干部部门根据干部成长情况，适时调整"优秀年轻干部人才库"。

(2)在项目攻坚中锻炼年轻干部。干部部门可以围绕一些重大项目和任务，抽调年轻干部组成项目攻坚小组，通过项目攻坚培养、锻炼、使用干部，并在项目推进过程中考察干部。

(3)注重多种关键岗位磨砺年轻干部。有计划地让年轻干部经历不同岗位、不同职务的锻炼，经过多领域、多层次的历练，让他们到涉及人财物、重大工程、群众矛盾等不同类别的岗位上磨砺。充分利用好干部"能上能下"的工作机制，为年轻干部发展腾挪提供足够的成长空间，要敢于把重要岗位拿出来，使用年轻干部，在工作中考察和培养干部。

(4)坚持严格管理与关心关爱相结合。干部部门要完善年轻干部队伍建设和管理制度，及时把握年轻干部培养成长轨迹，可以会同干部所在单位(部门)有计划地开展调查研究，建立定期反馈机制；可以建立年轻干部导师制，由干部所在单位(部门)领导负

责传帮带，定期与年轻干部交流思想；要综合运用多种激励手段，坚持物质激励、情感激励、机会激励相结合，在政策范围内尽可能改善年轻干部福利待遇，实施良好的情绪疏导，多提供培训学习考察机会，切实改善年轻干部激励成果。

3. 打通年轻干部交流渠道，努力优化岗位交流链

成长链过长、交流链不畅，相互交织的这两个问题，成为当前我委干部工作中的重要瓶颈，是影响年轻干部更快成长、优秀干部脱颖而出，进而影响干部队伍活力的关键因素。

（1）坚持刚性指标管理与阶段性具体指导相结合。既然推进干部交流，就需要全委各单位（部门）增强全局观念，共同着眼于打造年轻干部队伍的基础资源。各单位（部门）既要乐于向外单位（部门）推荐干部，也要乐于接受和培养使用外单位（部门）的干部，唯此，才能使干部交流真正落地。干部部门要制定和完善干部交流的刚性指标管理办法，并结合领导班子换届、选派干部、竞争上岗等阶段性工作，对促进干部交流提出工作指导意见；还要会同人保部门在开展公务员招聘、遴选等工作中，促进科级公务员合理流动，协同抓好优秀科级干部的培养工作。

（2）重视单位（部门）处级干部后备人选的交流任职。干部部门要在建立“优秀年轻干部人才库”后，定期对其中作为单位（部门）处级干部后备人选的情况开展分析研判，有针对性地为每个人设定培养目标和路径；根据该干部的培养方向、任职经历和能力发展需要，以交流任职、选派到基层单位任职、参加全局性重大工作或到上级部门挂职的形式，保证他们在担任部门（单位）领导职务前已有多岗位历练。在同一岗位的时间可以依据实际情况确定，但一般应经历一个完整的周期，让他们对同一岗位的工作有一个全面性、整体性的认知和体验，保证年轻干部扎扎实实地提升综合素质和能力。

（3）注重横向交流轮岗，使干部有机会跳出“三农”看“三农”。作为产业部门容易受专业限制，年轻干部长期耕耘在自己的“一亩三分地”上，一定程度上造成专业单一、视野狭窄，发展空间较小。干部部门要进一步拓宽干部交流工作思路，积极与市级党政机关、企事业单位沟通协调，争取合作支持，有计划地安排年轻干部跨系统交流和挂职锻炼，让他们有机会站在全新的角度感受上海“三农”工作。同时，要扩大视野，大力引进区里优秀的年轻干部，促进年轻干部在系统内外的灵活流动。

提升政治素质、构建培养成长链、优化岗位交流链三个环节相辅相成，既相互独立，又相互交织，统一于建设年轻干部队伍这条主线，最后都要在优秀干部的选拔使用上体现出来。在系统年轻干部队伍建设和管理的日常工作中，既要对这三个环节整体把握、综合施策，又要对干部个体进行具体分析、一人一策，只有将两者结合好，才能取得好的效果。

附件　市委农办系统年轻干部现状及培养措施调查统计结果

第 1 题:您的性别(单选题)

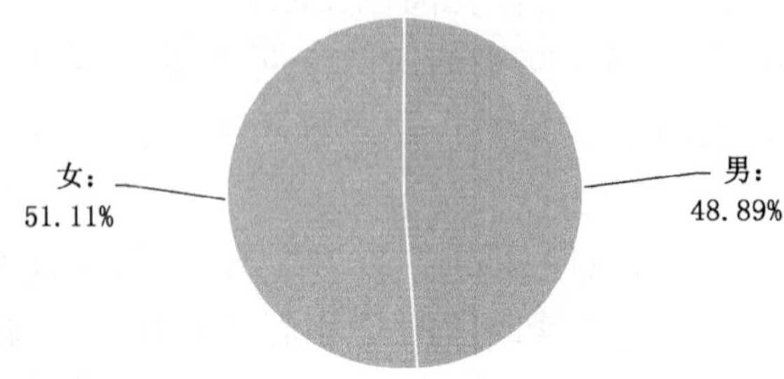

第 2 题:您的年龄(单选题)

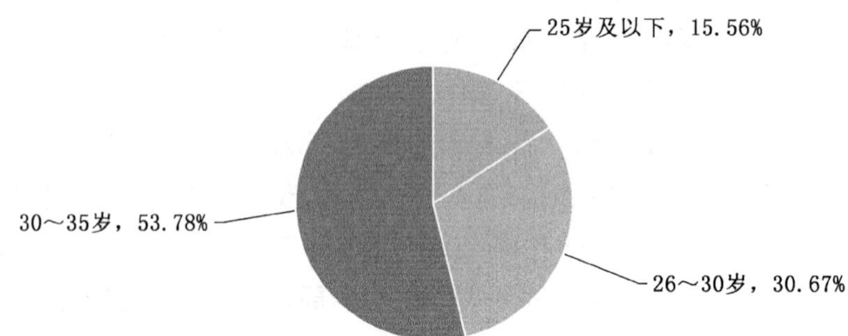

第 3 题:您的政治面貌(单选题)

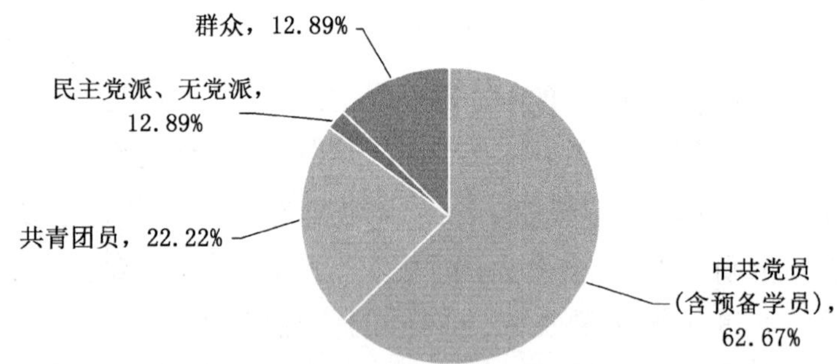

第 4 题:您的最高学历（单选题）

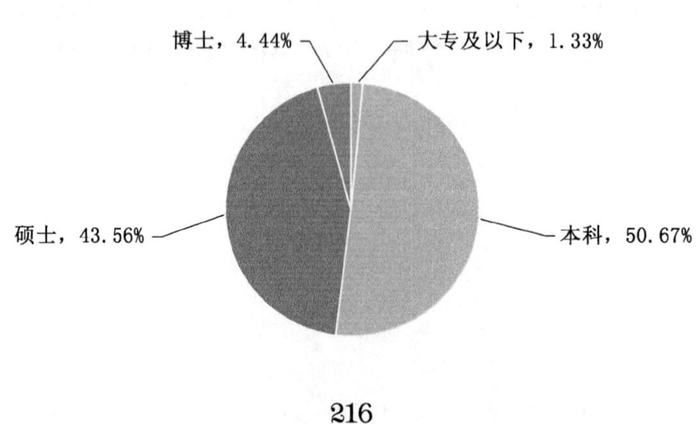

第 5 题:您进入农办系统工作的时间(单选题)

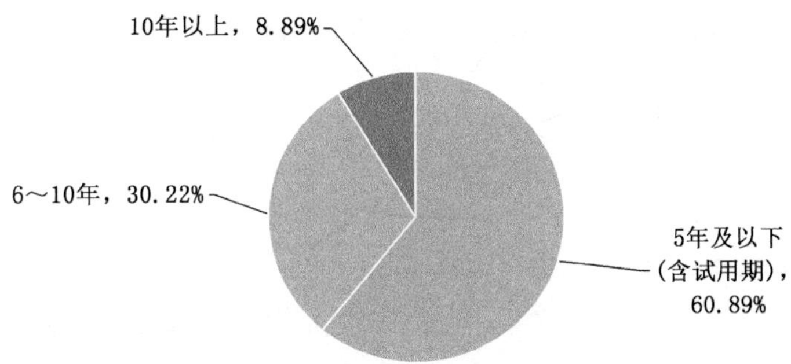

第 6 题:您所属单位类型(单选题)

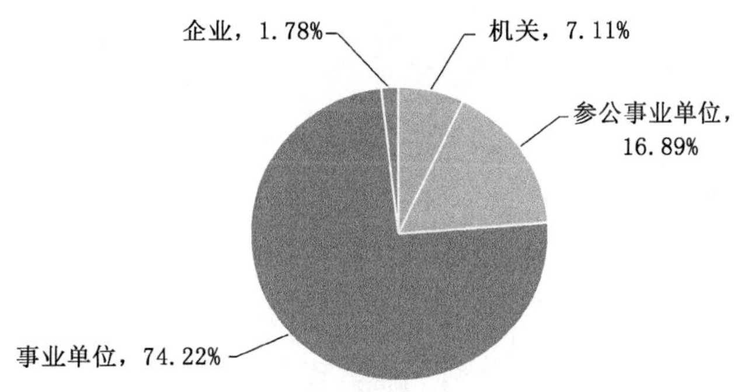

第 7 题:您的职级(或相当于)(单选题)

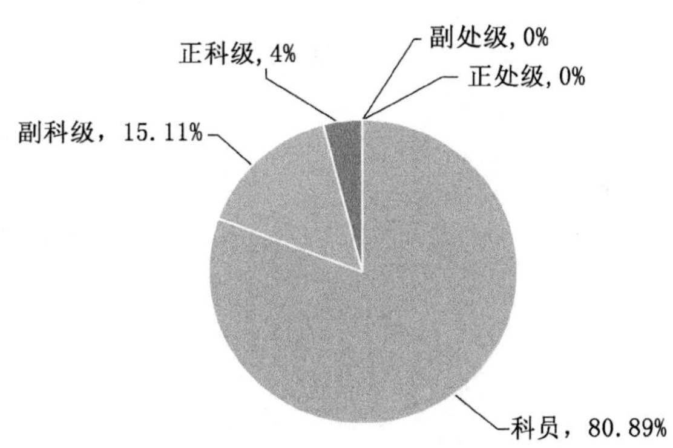

第 8 题:您的职称(单选题)

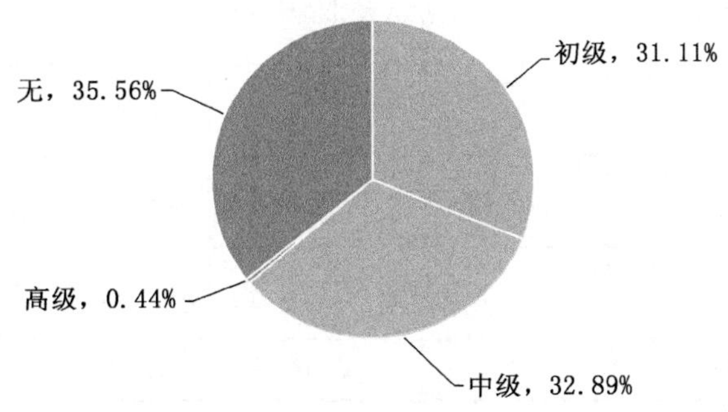

第 9 题:您所在岗位类型(单选题)

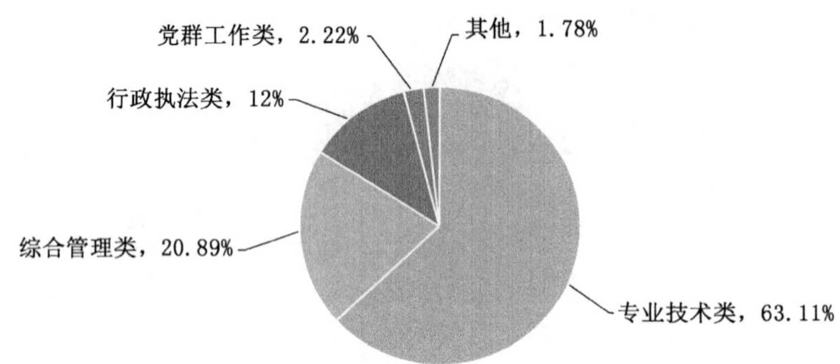

第 10 题:您的户籍情况(单选题)

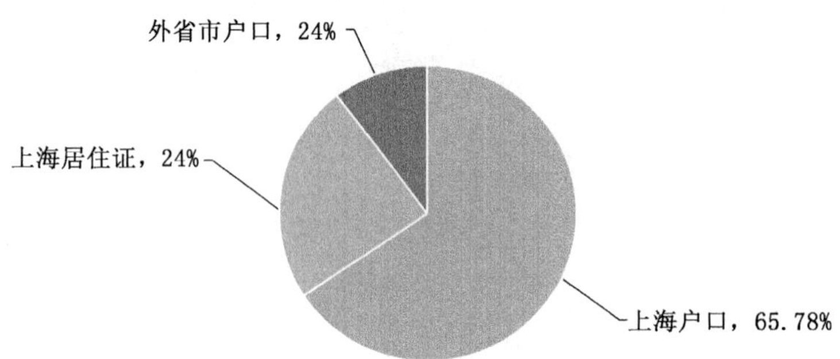

第 11 题:您的居住情况(单选题)

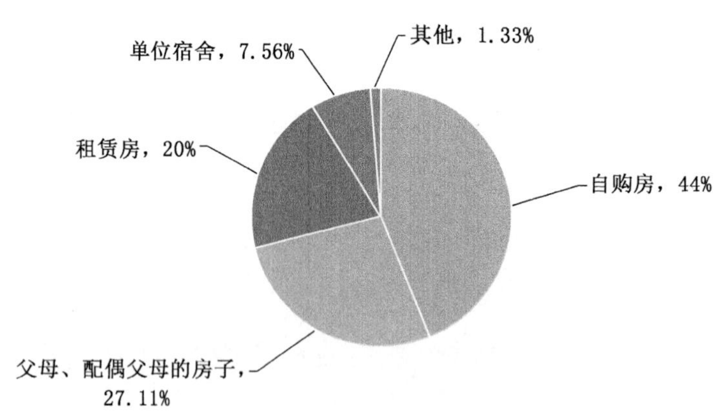

第 12 题:您有多大程度同意以下看法(矩阵单选题)

选项 题目	完全 不同意	基本 不同意	说不清	基本 同意	完全 同意
在单位里,大家都能积极主动地开展工作	5(2.22%)	10(4.44%)	20(8.89%)	106(47.11%)	84(37.33%)
在单位里,不同部门之间交流充分、彼此协作	5(2.22%)	15(6.67%)	25(11.11%)	111(49.33%)	69(30.67%)
在单位里,同事之间关系融洽	4(1.78%)	6(2.67%)	18(8%)	108(48%)	89(39.56%)

续表

选　项 题　目	完全 不同意	基本 不同意	说不清	基本 同意	完全 同意
在单位里，上级决策前注重听取基层意见	8(3.56%)	13(5.78%)	38(16.89%)	92(40.89%)	74(32.89%)
在单位里，大家重视权威，具有强烈的等级观念	10(4.44%)	24(10.67%)	50(22.22%)	90(40%)	51(22.67%)
本单位大多数干部非常胜任当前承担的工作	3(1.33%)	9(4%)	38(16.89%)	104(46.22%)	71(31.56%)
身边青年喜欢照搬老经验，开拓创新不够	36(16%)	54(24%)	57(25.33%)	60(26.67%)	18(8%)
身边青年缺少朝气和闯劲，被动应付领导要求	44(19.56%)	67(29.78%)	33(14.67%)	61(27.11%)	20(8.89%)
身边青年浮于表面，解决问题时缺少有效方法	45(20%)	86(38.22%)	41(18.22%)	43(19.11%)	10(4.44%)
身边青年比较功利，把自身利益放在重要位置	50(22.22%)	84(37.33%)	38(16.89%)	33(14.67%)	20(8.89%)
身边青年讲究明哲保身，喜欢“低调”	32(14.22%)	49(21.78%)	62(27.56%)	67(29.78%)	15(6.67%)
我觉得自己完全能够胜任当前承担的工作	4(1.78%)	2(0.89%)	14(6.22%)	110(48.89%)	95(42.22%)
我觉得自己的知识才干在工作中得到了充分发挥	7(3.11%)	16(7.11%)	55(24.44%)	108(48%)	39(17.33%)

第13题：单位在以下方面的实际情况与您内心的期待相比如何（矩阵单选题）

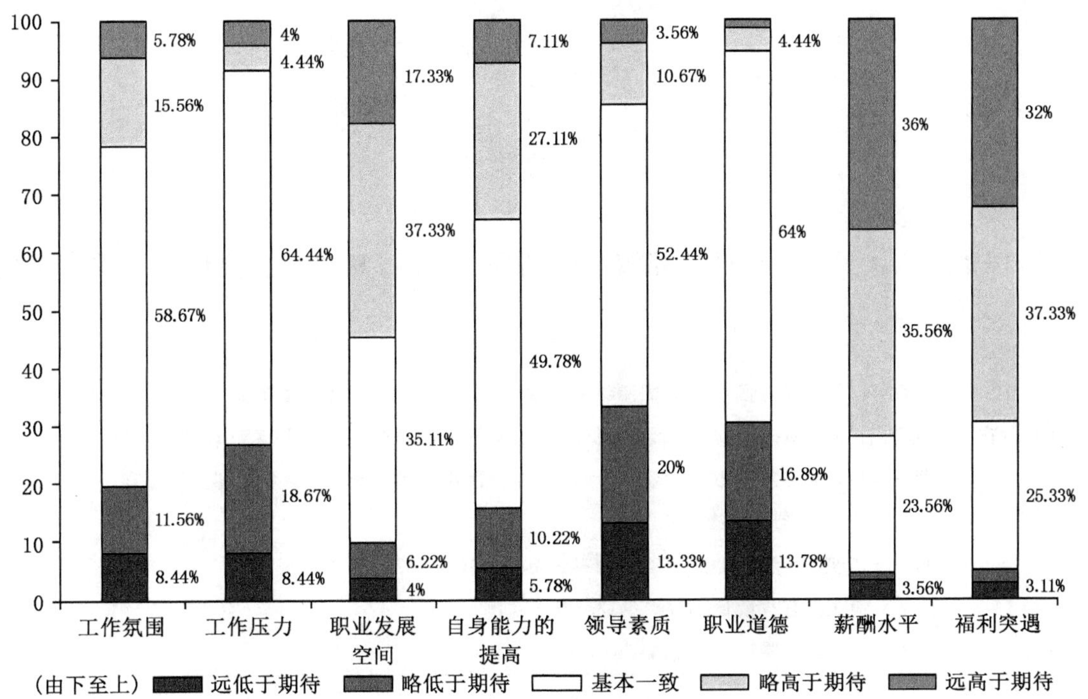

第 14 题:您觉得自身能力优势是(多选题)

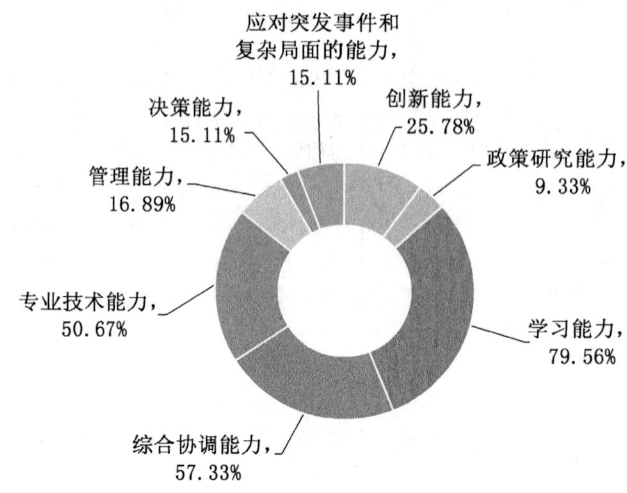

第 15 题:您觉得自身最需要提高的能力是(多选题)

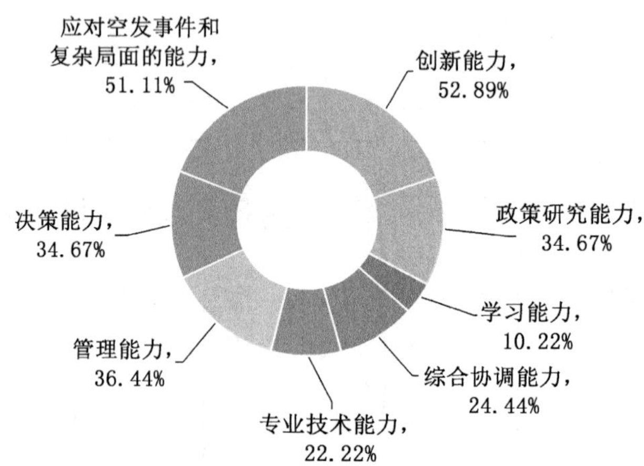

第 16 题: 您认为一些年轻干部较快得到提拔使用,其中起主要作用的因素是(多选题)

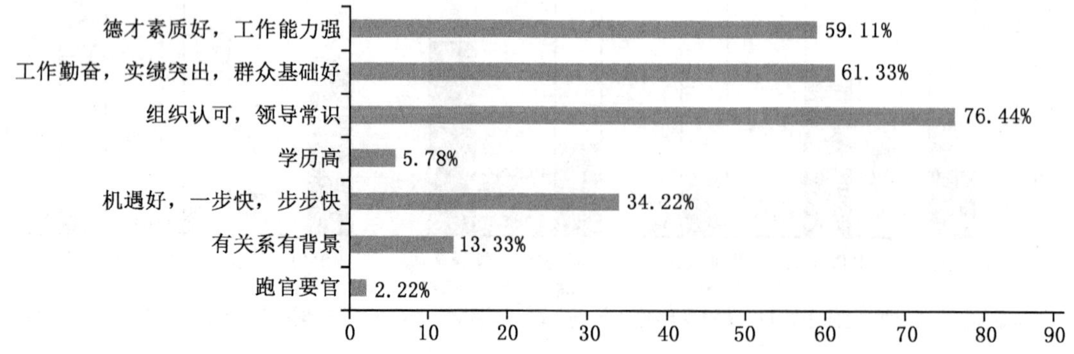

第 17 题:您认为目前最需要从下列哪些方面帮助年轻干部成长（多选题）

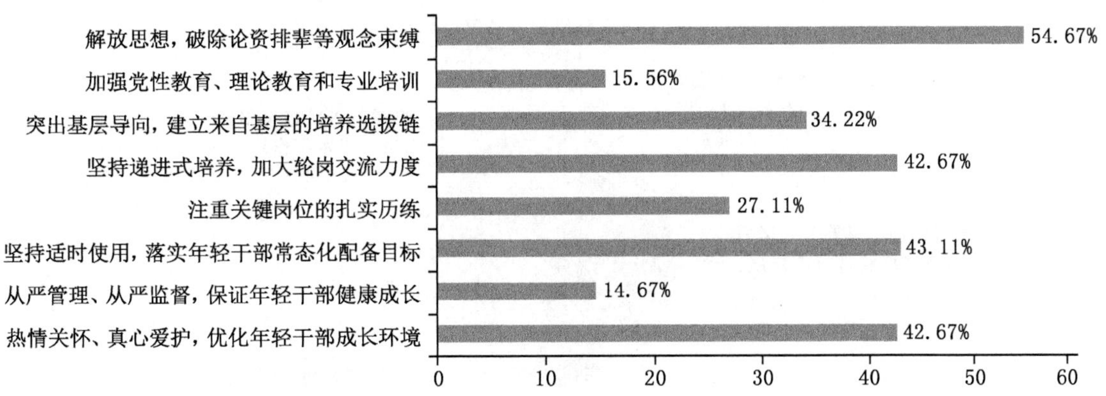

第 18 题:您认为下列哪些举措更有利于年轻干部能力提高(多选题)

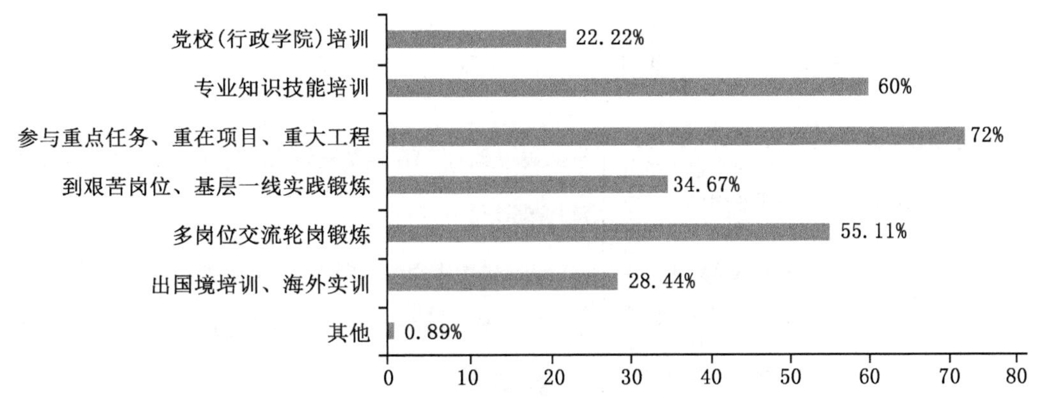

第 19 题:您认为当前干部工作需要解决的突出问题是（多选题）

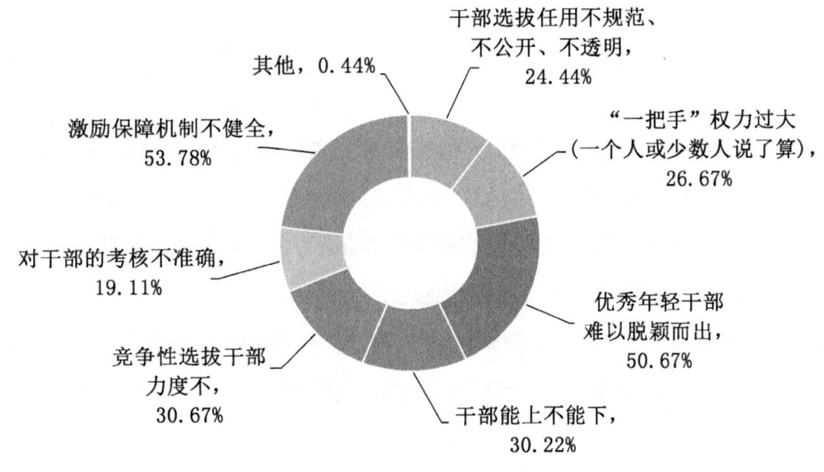

第 20 题：您目前对个人职业发展的考虑是（单选题）

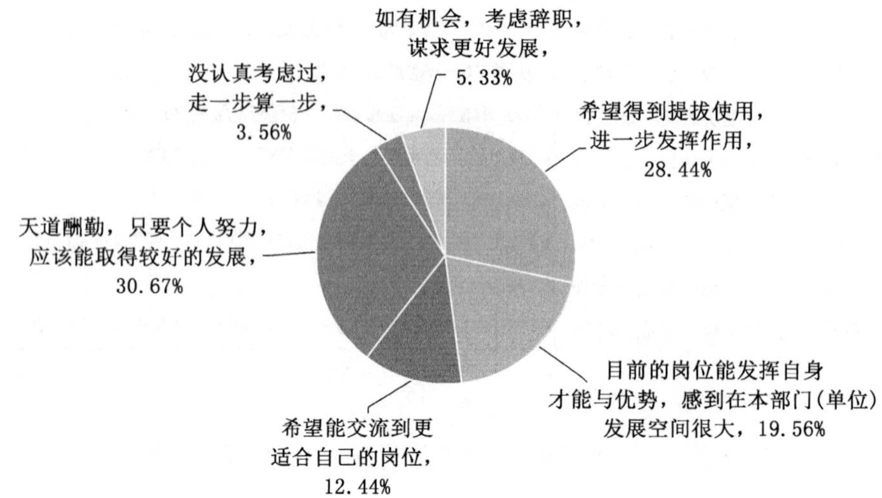

第 21 题：您目前最需要组织上提供什么帮助(多选题)

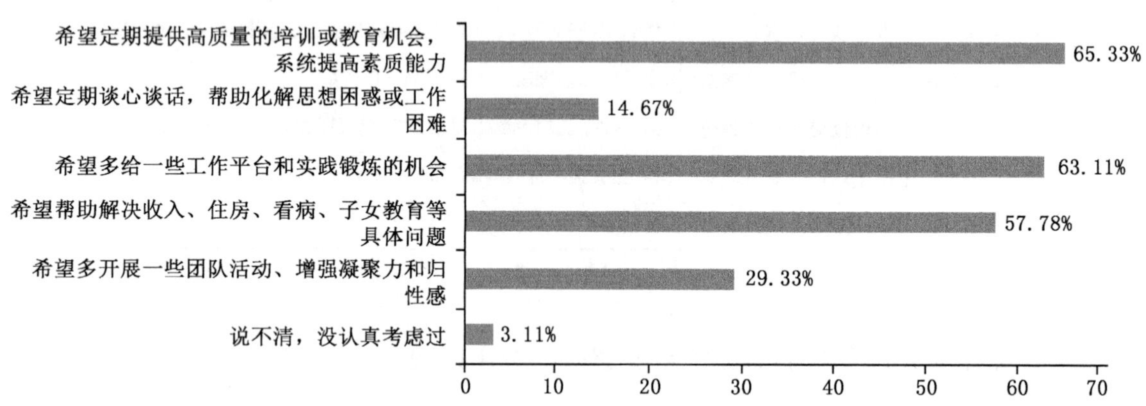

第 22 题：据您了解，目前影响干部交流到基层工作的最大顾虑是(多选题)

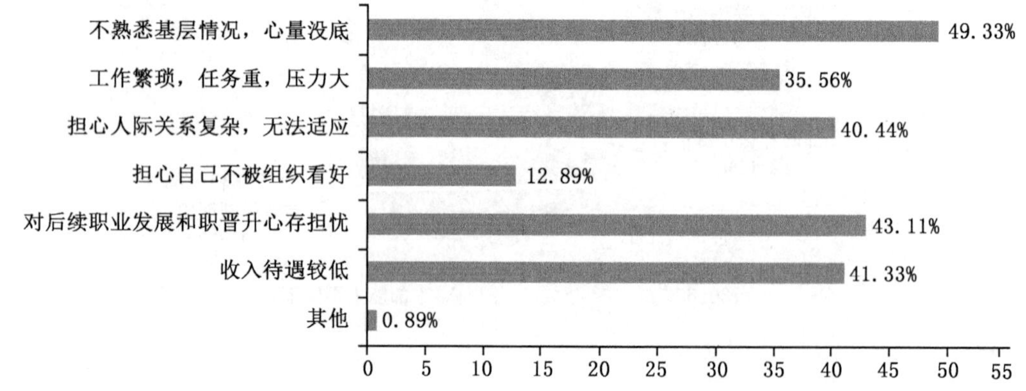

市农委干部人事处：李旺春

15. 上海探索盘活利用农民闲置房屋的调研与思考

摘　要

笔者对上海和国内盘活利用农村闲置房屋的总体情况作了分析。对上海 304 个保留村和保护村进行问卷调查，认为上海盘活利用开发农民闲置房屋使用权具有良好条件，但也存在着形态散、规模小、精品少、诚信低等问题。笔者认为应正确处理农户、集体和投资者三方关系，积极推进闲置农房盘活利用，并提出相关建议：一是充分发挥政府作用，做好规划、搭建平台、创设品牌、强化监督；二是尽快出台扶持政策，支持民宿发展；三是强化配套措施，开展乡村环境整治和基础设施建设；四是重视融合文化元素，挖掘上海乡村文化故事。

一、引言

近年来，随着经济发展和城镇化的推进，以及农民自身观念的转变，发达地区尤其是大城市郊区农民纷纷在城镇购房置业，"空心村""空心户"不断增加，大量农村宅基地和房屋处于闲置或半闲置状态，成为农村地区的沉睡资源。2017 年中央一号文件提出，要探索农村集体组织以出租、合作等方式，盘活利用空闲农房及宅基地；2018 年中央一号文件提出，完善农民闲置农房政策，适度放活农民房屋使用权，是当前和今后一个时期深化农村土地制度改革的一项重要任务。显然，盘活利用空闲农房，既有利于增加农民和村集体收入，又有利于优化农村产业结构、促进城乡统筹发展，对推动农村改革、建设美丽乡村具有重要意义。

上海作为中国经济社会发展水平最高地区之一，也面临农村人口持续减少、农房空置率上升的情况。据初步统计，郊区农村有两成左右农户的房屋基本闲置空关，一半左右农户房屋为半闲置房，这既造成农民房屋资源浪费，也因无人居住或无序出租而给乡村治理、农村人居环境整治等带来一定困难。因此，在实施乡村振兴战略的大背景下，如何挖掘乡村独特价值，激活农民闲置房屋这份沉睡的资本，满足广大农民对持续增收的需求、广大市民对美好生活的需求、国际大都市对生态环境的需求，让上海农村率先实现“产业兴旺”，让上海农民率先实现“生活富裕”，上海必须在盘活利用开发农村闲置房屋方面进行探索实践。鉴于此，课题组围绕上海如何盘活利用农民闲置房屋这一问题，在分析上海已有开发利用闲置农房实践的基础上，对浦东、青浦、奉贤、金山、松江 5 个区所辖的 304 个保留村和保护村进行问卷调查，以期系统分析上海郊区农民房屋闲置状况及其盘活利用的可能性和方式，剖析当前存在的困难，并对未来促进盘活利用闲置农房提出相应政策建议。

二、国内盘活农民闲置房屋概况

(一)国内各地区闲置农房开发利用的做法

为开发利用闲置农房资源，国内多地进行了探索，取得了不少成功经验案例，形成了多种模式，如：以山东省淄博市博山区池上镇中郝峪村为代表的“股份合作”模式；以浙江省湖州市安吉县余村为代表的“能人带户”模式；以浙江省桐庐县合村乡岭源村为代表的“政府引导＋农户”模式；以安徽省巢湖市合巢经开区“三瓜公社”为代表的“招商引资＋农户”模式；等等。纵观全国各地盘活闲置农房的做法，都具有一条清晰的脉络：

第一，摸清存量资源。结合农村宅基地制度创新、危房改造及违建清理等工作进行摸底排查，摸清闲置房屋的建造时间、面积、类型、质量、功能及周边环境，并对这些信息进行登记、分类管理，建立闲置用房“一户一档”数据库。

第二，发展特色产业。立足本地的经济状况、资源特色和产业特点，将盘活利用闲置农房与推进关联产业发展有机结合，形成持续的经济带动效应。

第三，优化设施环境。结合美丽乡村及新农村建设，科学规划、综合整治，着力营造交通便利、设施完善、生态优美的宜居环境。

第四，塑造品牌形象。结合当地资源特色和产业优势，在农村闲置房屋开发利用过程中注重推动关联产业发展，着力打造亮点品牌，不断扩大关联产业的影响力和美誉度，进而形成外来消费者流量稳定、当地居民收入增加和闲置房屋利用效益提升的良性状态。

(二)上海闲置农房开发利用的基本情况

近年来，社会资本对投资农宅进行开发经营具有较高热情，这为上海盘活利用开发农民闲置房屋使用权打下了良好的基础条件。据旅游部门估测，目前上海民宿客栈数量在 300 家左右，主要分布在青浦、崇明、金山、浦东、松江等乡村，形成了青西三镇、金山嘴渔村等为代表的民宿聚落，同时还建设了一些创客空间。上海盘活闲置农房的手段是对房屋的使用权进行流转。现有的运行机制主要有三种：

第一，“农户＋村集体或合作社＋社会资本投资”的方式。由村集体经济组织或村集体领办的合作社，将农户流转出的闲置农房统一组织、统一对外寻求合作，引入社会资本和先进管理经验，社会资本负责经营管理，农民获得租金收入并参与经营收益分配。这种方式具有"统一组织、一体化发展、专业化管理、规模化经营"的特点，可有效解决村民及村集体资金短缺问题，值得推广。该方式的典型有浦东新区川沙新镇连民村、青浦区金泽镇蔡浜村、金山区山阳镇金山嘴渔村等。

第二，"农户＋村集体或合作社"的方式。主要由村集体成立合作社负责建设和经营管理，通过争取项目、村民集资、政策扶持等途径，依托村内自然资源改造农宅，对外统一经营。奉贤区西渡益民村利用该方式，将闲置、半闲置农房等打造众创空间，发展总部经济。

第三，"农户＋社会资本投资"的方式。主要由社会资本直接租赁农民闲置住房，由公司企业统一经营管理，农民可选择一次性收取租金或每年收取固定收益等方式获得财产性收入。金山区枫泾镇新义村利用该方式，已有 9 户农民将闲置房屋交给一家上市公司打造成众创空间。

总体上看，上海部分地区盘活利用闲置农房的做法，有效开拓了农民增收的渠道。一是增加租金收入。农户将闲置、半闲置农宅流转给集体、合作社，或者租赁给企业，获得租金收入。浦东新区川沙新镇连民村农民年房租收入 3.6 万～15 万元，且每年递增 5%；奉贤西渡街道益民村、金山嘴渔村农户出租房屋每年收益 5 万～6 万元。15 年租赁期到期后，改建房屋的经营权将返给农家。二是增加销售农产品收入。各类时令鲜嫩的农副产品深受游客欢迎，农家乐、乡村深度游带动了周边农户发展特色农业、绿色农业，实现增收致富。三是增加收益分红。一些地方集体的养殖场、仓库、厂房等，成为发展乡村民宿和众创空间的物质载体，壮大了集体经济实力，如奉贤西渡五宅村将每年村办公用房、旧厂房出租获得经营利润 600 万元，村民可享受来自集体经济组织的收益分红。四是增加就业收入。通过盘活闲置农宅，改善了农村整体面貌，乡村旅游、民宿产业、文化创意、运动健身、电商物流等业态百花齐放，创造了许多就业机会。

虽然上海在探索盘活利用开发农民闲置房屋方面迈出了可喜步伐，但与江浙地区相比尚存在比较明显的差距。一是形态散，以零散盘活为主，盘活改建的农宅混杂在村居中。二是规模小，以整村盘活的方式至今还未形成。三是精品少，全市只有少数几个精品民宿，形不成气候。四是诚信差，农民对合同契约诚信度不够等现象普遍存在，因反悔而出现的经济纠纷时有发生。

三、上海纯农地区盘活闲置农房的意向分析

鉴于上海郊区农村盘活闲置农房尚处于起步阶段，为摸清其发展趋势及经营空间，课题组对浦东、青浦、奉贤、金山、松江 5 个区所辖的 304 个保留村和保护村进行问卷调查，以了解当地农民开展闲置农房盘活经营的意向，探寻可能的途径方式。课题组以村为单位进行问卷调研，将问题分为两个部分：一是了解样本村的基本信息，包括居住人口情况、城镇拥有房屋情况、农房建造年代和月租金等；二是了解样本村对盘活闲置农房的意愿，盘活闲置农房的期望方式和存在顾虑。

（一）样本情况

样本村分布及人口和房屋基本情况如表 1 所示。整体来看，样本村所在地都具有

浓郁的江南水乡农村风貌，但家庭收入普遍比全市农村居民家庭人均可支配收入低一成左右。样本村平均每村 935 户，总人口3 034人，户均 3 人，总人口中常住人口仅有六成多，这意味着有不少闲置房屋通过个人途径出租给了外来人口，每间房月租金平均为 217 元。样本村房屋建造的时间集中在 20 世纪 80 年代，占房屋总数的 72%；农民在镇区、城区有房户数超过四成，有两成左右农户的房屋已闲置空关，一半农户的房屋为半闲置房（日常由老年人居住，节假日儿女回家居住）。上述数据充分表明，上海郊区存在着大量的农村闲置房屋资源可以利用，而农民也有着开发利用闲置房谋利的强烈需求，即使村集体不统一牵头开发利用，农民自身也有着通过各种途径出租的动机。

表 1　　样本村人口及房屋基本情况

样本村分布及人口情况		样本村镇区、城区有房户数比		
样本村分布				
奉贤	68		样本量	比例
金山	60	10%～20%	45	14.8%
浦东	60	20%～30%	28	9.2%
青浦	66	30%～40%	41	13.5%
松江	50	40%～50%	49	16.1%
总人口情况		50%～60%	39	12.8%
平均户数	935	60%～70%	52	17.1%
平均人口	3 034	70%以上	50	16.4%
常住人口情况		平均		46.9%
平均常住户数	700			
平均常住人口	1 936			

村里房屋主要建造时间			外来人口占常住人口比例		
	样本数量	比例		样本数量	比例
20 世纪 70 年代	26	8.6%	不到一半	197	64.8%
20 世纪 80 年代	219	70.2%	各一半	40	13.2%
20 世纪 90 年代	50	16.4%	超过一半	67	22.0%
2000 年以后	9	2.9%	平均		39.3%

（二）盘活闲置农房的意愿和方式

问卷统计显示，样本村三成左右农民愿意将闲置房屋流转出来，以增加经济收入。基于其他地区的实践可知，由村集体（或合作社）牵头对农民闲置房屋进行统一开发是一种比较成功的模式。与之吻合的是，样本村也同样表现出了对由村集体统一组织这一途径的欢迎。在对“开展盘活农民闲置房屋，采取哪种方式比较适合”问题的回答中，有 78.0%的样本村希望是由村集体组织对接社会投资机构或自行组织实施，只有 19.4%样本村希望个人自行对接社会投资机构（见表 2）。但是，样本村对村集体组织统一开发农民闲置房屋却存在着各种担心，最担心的困难和问题位居前四位的分别是基础设施配套跟不上(78.3%)、农民房屋质量不理想(73.4%)、可用房屋布局分散(64.5%)以及缺乏相关法律、政策、规划支撑(63.2%)。

表 2　　由村集体统一组织开发农民闲置房屋的意愿及困难

1. 样本村盘活农民闲置房屋方式的意愿		2. 村集体统一组织盘活农民闲置房屋存在的困难(多选,前四位答案)	
(1)村集体组织对接社会投资机构来组织实施	72.7%	(1)基础设施配套跟不上	78.3%
(2)村集体组织自行组织实施	5.3%	(2)农民房屋质量不理想	73.4%
(3)个人自行对接社会投资机构来实施	19.4%	(3)可用房屋布局分散	64.5%
(4)其他	2.6%	(4)缺乏相关法律、政策、规划支撑	63.2%

针对村民的担忧,课题组在调研时了解到,其深层次的原因有三点:

第一,项目开发审批难。有近半数的样本村反映,目前农民闲置房屋使用权流转主要用于发展民宿,但因土地不能转性,用农宅开民宿办不了相关证照。工商登记对此没有登记类别,既不是旅馆也不是餐饮,难以获得许可证。同时,乡村民宅建筑多为自建房,九成以上的农村房屋是 20 世纪建设的,房屋的建筑安全难以核准;加之农村房屋通常不具备商业接待设施所需的消防设施和消防条件,在消防审核中遇到很大困难。

第二,配套设施不到位。样本村普遍反映,将农民闲置房屋改造成民宿或者众创空间,需要更多依托村庄的整体环境和周边的旅游资源,规模化发展后还需要旅游设施用地作为保障,包括建设停车场、娱乐活动设施、接待中心等。同时,乡村排污纳管、供水供电、电线电信、燃气等公共服务配套设施也需要增加投入。

第三,发展定位同质化、低端化。从全市面上看,盘活利用闲置农房缺乏顶层战略设计,更缺乏统一规划。目前盘活的房屋大多用于发展民宿,风格样式和发展定位雷同,存在同质化问题,市场定位及产品层次低端,特色不明显,缺乏故事性、遗失乡村性,难以实现可持续性。

四、上海加快探索盘活利用农民闲置房屋的对策建议

上海探索放活农民闲置房屋使用权,让土地利用效率得以提升,让农村房屋的价值得以显现,让富余的劳动力能够就业,从而推动产业发展、农民增收,这是当前和今后一个时期推进乡村振兴的有效抓手,应尽早谋划。

(一)把握好“四个注重”,正确引导闲置农房开发利用

第一,注重增强三个意识。一是聚焦重点意识。切忌遍地开花、“撒胡椒面”。近阶段宜在具备自然人文资源和周边有比较完备的旅游设施的“三边一岛”(迪士尼乐园边、淀山湖边、黄浦江边和崇明生态岛)优先开展这项工作,集中资金投入,逐步形成重点发展集聚地区。二是典型引路意识。切忌搞平衡、搞平均用力。在近年来推行美丽乡村示范村的基础上,遴选一批精品村,通过 2～3 年的建设,实现重点突破,以点带面,为后续开发积累经验、塑造典型、提供样板。三是精品开发意识。切忌贪大求洋、单纯追求数量。要坚持高起点、高品质发展,与上海超大城市相匹配,防止低档次低水平重复建

设，避免不必要的人力、资源、资金浪费。

第二，注重坚守三条底线。一是坚持符合规划为前提，防止无序开发。盘活利用农民闲置房屋应在农民合法宅基地上的房屋进行，强调在规划保留保护的村庄内开展，房屋应符合本市城市总体规划和土地利用总体规划、产权归属清晰、处于闲置状态和可安全使用等要求，并经农村集体经济组织认可。二是不得违规违法买卖宅基地，禁止下乡利用农村宅基地建设别墅大院和私人会馆。三是防止以盘活利用农民闲置房屋的名义进行各类违法建设，禁止采取以租代售的方式经营农民闲置房屋，杜绝变相发展小产权房。

第三，注重处理三方关系。正确处理好农户、集体和投资方三者之间的利益关系，确保各方的合法权益，做到互利共赢。盘活利用开发闲置房屋的方式可以多样化，但倡导由集体统一组织运营。村集体经济组织作为农村宅基地所有权主体代表，应发挥组织和引导作用，减少一家一户与社会资本开展合作经营产生的各类矛盾纠纷。村集体经济组织可以通过统一组织经营管理、提供公共设施和服务等，获取合理的经营收益和管理费用，由此壮大集体经济实力。坚持发挥农民主体作用。按照农民离地不失地、离房不失房的原则，充分尊重当地农民意愿。不能为了集中连片经营搞强迫命令，房屋租赁经营合同期满或中止后，房屋所有权仍归原农户所有。

第四，注重实现三个带动。通过推进农民闲置房屋盘活利用，一是带动美丽乡村整体发展水平，遵循乡村自身发展规律，保留保护村庄肌理，体现江南特色，有风貌更要有韵味，有颜值更要有气质，有入眼的景观更要有走心的文化。二是积极引进各类优质社会资本、专业团队、能工巧匠参与这项工作，增加更多的人气，为乡村发展增强活力。三是坚持发展美丽经济，应结合当地资源禀赋，叠加农村生态和人文资源，把盘活利用闲置房屋促进民宿发展与田园综合体、休闲旅游、体验教育、养生养老等融为一体，融合形成新业态、新模式，发展各类衍生产品，真正实现美在生态、富在产业、根在文化，促进乡村可持续发展。

（二）创新政策办法，为盘活用好闲置农房提供有力政策扶持

盘活农民闲置房屋使用权需要有强有力的创新举措和支持办法。针对存在的具体问题，建议采取如下措施：

第一，发挥政府作用。在明确主管部门的前提下，建立部门协调工作机制，旅游、农业、市场监督、公安、卫生、环保、规划、金融等部门要合力予以推进。市、区两级政府要发挥行业协会和集体经济组织的力量，构建多方参与的开发与管理机制。一是抓规划，由牵头部门做好闲置农宅流转的统一规划，切实加强政策指导。二是建平台，先期以区为单位，由政府统一打造平台，做好协调统筹服务。未来条件成熟后，在全市层面统一建立平台，统一标准，面向海内外招标，提高资源利用率。三是创品牌，统筹加大宣传力度，扩大影响力。四是强监督，要注重审批之后的项目日常监督和长效管理。

第二，出台扶持政策。应尽快制定上海民宿发展的指导意见，明确可操作性标准，研究出台消防、特种行业经营等领域便利市场准入、加强事中事后监管的办法。政策设计要维护好、保护好、实现好农民利益，在消防等方面要在守住安全底线的基础上，根据

农民房屋实际，适当放低准入条件。规土部门应支持新建、改扩建乡村民宿项目与公共服务设施，允许在观赏农业型项目周边配套少量旅游服务功能用地。市应给区一定的自主权，建立容错机制，开展评比活动，实行优秀者后补助奖励。

第三，强化设施配套。应加强多部门协同，整合优惠政策和资金支持，形成支持合力，按照统一规划，分步骤、有重点地抓好适宜民宿发展区域的乡村环境整治和基础设施建设，加快水电设施、排污纳管、内外交通、消防给水等基础设施改造和旅游服务设施建设，完善道路交通指引标识系统等。

第四，融合文化元素。与浙江等周边省市相比，上海发展乡村旅游的自然资源禀赋所面临的不足是缺少青山流泉，而优势和特色则是江南水乡文化。因此，上海盘活利用闲置农房，迫切需要推行差异化竞争和品牌策略，注重促进本地文化和乡村产业与民宿的融合，发展集观赏性、娱乐性、体验性为一体的民宿综合体验产品，塑造乡村整体产业链，进一步促进乡土文化的激活和乡村活力的再生。推行乡村规划培训师制度，培育一批优秀的民宿业主，讲好上海乡村文化故事，以满足人们追求异质文化的个性化需求。

市农委政策法规处：张　晨　等

16. 上海畜禽养殖污染防治情况的调研报告

党的十八大以来，党中央国务院高度重视生态文明建设，提出绿色发展理念，旗帜鲜明地回答了要实现什么样的发展、怎样发展等重大问题，表明党和国家将生态环境保护放在了更加重要的位置。上海作为国际化大都市，人口密集，环境敏感，畜禽养殖污染问题一直受到政府重视、社会关注。随着大城市郊区畜禽养殖规模化程度逐渐提高，给周边环境带来了一定程度的压力，一旦畜禽养殖粪便处理不当，资源就变成了污染源，将会对周围水体、生态环境等造成破坏。虽然经过多年努力，本市的畜禽养殖污染情况已经大幅改善，但与市委市政府要求和群众期盼相比还有一定的差距，养殖废弃物处理不规范、不到位、不及时的隐患依然存在。为此，我们对本市畜禽养殖和粪污处理情况进行了摸底调查，深入研究和分析了本市畜禽养殖污染防治现状及存在的问题，并提出针对性对策，以供参考。

一、基本情况

（一）畜禽养殖基本情况

本市畜禽养殖品种主要为生猪、奶牛、蛋鸡和肉鸡四大类，以规模化畜禽养殖为主。据统计，2017 年年末，全市域内共有 245 家规模化畜禽养殖场，其中：猪场 123 家（含 86 家种养结合家庭农场）、奶牛场 32 家、蛋鸡场 14 家、肉鸡场 26 家、肉牛场 1 家、肉羊场 23 家、其他养殖场 26 家。2017 年，本市域内生猪年出栏 114.48 万头，奶牛存栏 3.73 万头，蛋鸡存栏 183.52 万羽，肉鸡年出栏1 114.73万羽。

近年来，本市畜禽养殖总量逐年下降，但养殖规模化率呈逐年提高趋势。据统计，2013～2017 年，生猪年出栏从 243.81 万头减至 114.48 万头，奶牛年存栏从 5.93 万头减至 3.73 万头，蛋鸡年存栏从 299.08 万羽减至 183.52 万羽，肉鸡年出栏从2 105.76万羽减至1 114.73万羽（见图 1）。

2013～2017 年，本市生猪年出栏千头以上规模饲养比重从 69.6%递增至 84.7%；

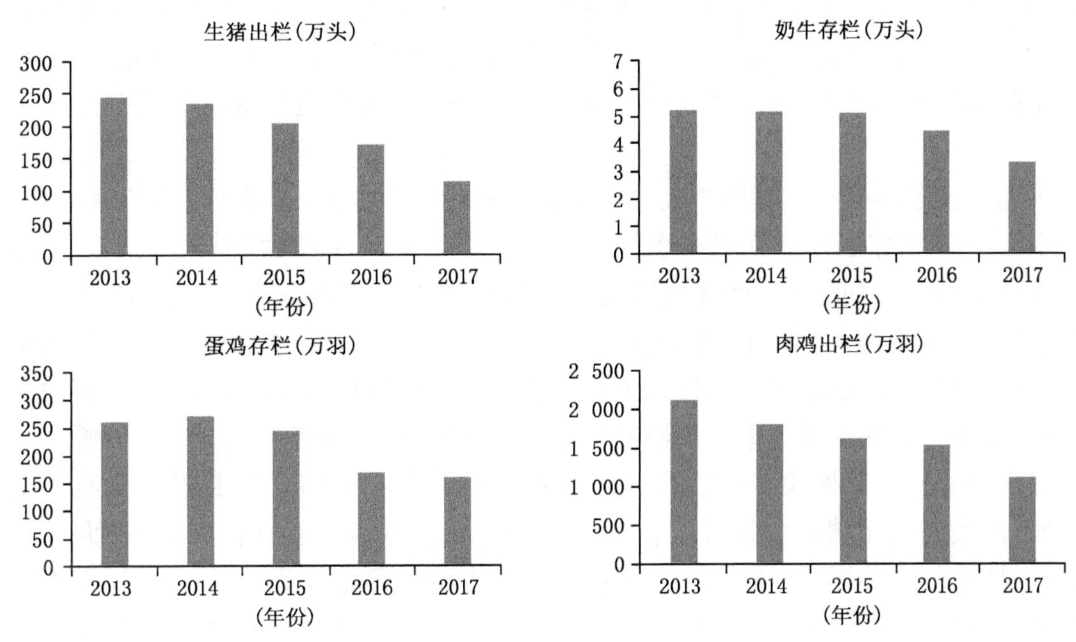

图 1　本市近 5 年畜禽养殖情况

蛋鸡年存栏万羽以上规模饲养比重从 66.9%递增至 92.7%;肉鸡年出栏 5 万羽以上规模饲养比重从 50.5%递增至 73.1%;奶牛均为规模化养殖,存栏均在 100 头以上(见图 2)。

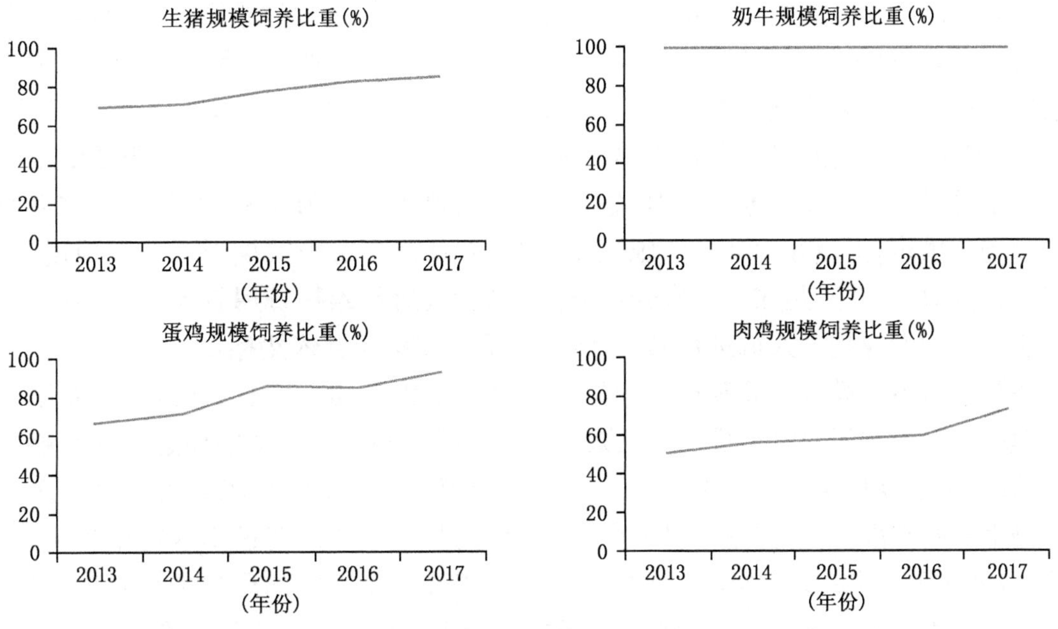

图 2　本市近五年畜禽规模饲养情况

(二)畜禽粪污处理情况

调研组对本市涉农区和光明集团畜禽粪污处理利用主要模式进行了深入调研。据调查，本市规划保留的245家规模化畜禽养殖场中，实施沼气工程的23家，全粪还田的86家，污水纳管的7家，其他场基本采用固粪制成有机肥＋液粪发酵就近还田的模式。根据不同的处理模式，调研组就其处理效率、适用范围、投资运行成本等情况进行了分析。

一是全粪还田模式。养殖产生的畜禽粪污不作干湿分离，全部进入氧化塘，经3～6个月发酵后，根据农作物生长需求喷灌还田。本市松江区猪粮型家庭农场采用的就是全粪还田模式。每个种养结合家庭农场配套1 000m^3 沉淀氧化池一座和100～150亩基本农田，生猪养殖大棚年出栏生猪1 000～1 500头，产生的粪尿由田间发酵池曝氧发酵4～6个月后就近还田。该模式主要优势在于配套设施运行成本低，操作管理相对简单；局限性主要在于适合中小规模养殖场，且养殖就近区域必须配备农田资源。

二是制作有机肥模式。养殖产生的畜禽粪污经干湿分离后，固粪送有机肥厂制作有机肥，液粪在氧化塘充分发酵后作为液态肥还田。本市所有禽场、羊场和大部分猪场、奶牛场采用这种模式。该模式主要优势在于粪污处理配套设施相对简单，固粪直接由有机肥加工企业制作有机肥或自制有机肥，实现资源化利用，液肥直接配套氧化塘发酵后还田；不足之处在于周边农田资源问题，氧化塘液肥还田利用存在一定的局限性。

三是沼气工程模式。养殖产生的畜禽粪污经干湿分离后，固粪送有机肥厂制作有机肥，液粪进入发酵罐，最终生成沼气、沼液、沼渣后分别利用。该模式在本市主要分为单点沼气工程和片区沼气工程两类。本市部分区和光明集团近年新建的中等以上规模化畜禽养殖场多采用单点沼气工程模式，通过在场内单独配套建设沼气工程设备，实现资源化利用。崇明区对生猪养殖户采用片区沼气工程模式，通过第三方公司，开展以行政村为单元，针对小规模养殖户禽粪污集中收集、集中发酵处理、沼气集中供气和沼渣沼液生态还田的片区沼气工程。崇明区14个乡镇建立了近60个沼气工程点，解决了220个生猪养殖户6万多头存栏生猪的粪污处理难题，处理量占整个崇明区中小规模生猪养殖总量的70%。该模式主要优势在于将畜禽粪尿作为原料，发酵沼气供养殖场发电和场区供暖，沼液作为液肥实施还田，沼渣制作成有机肥或烘干成垫料回用，带来一定的经济效益；其不足在于一次性设施投入成本、运行维护费用较高，粪污处理需要由专业公司和专业技术人员进行操作管理，且沼液还田问题依然存在。

四是污水纳管模式。养殖产生固体粪便送有机肥厂加工成有机肥还田，粪尿污水经处理后纳入市政污水管道排放的模式。金山区部分畜禽养殖场因周边没有足够的粪污消纳地，采取委托第三方开展污水纳管排放的模式。调研组现场查看了金山区上海忆南奶牛养殖有限公司，该公司奶牛存栏1 200头，牛奶年单产超过10吨，年产粪便2.8万吨、尿液1.8万吨。该公司污水纳管排放环节以委托第三方的形式进行管理和运行，达到生活污水排放要求后纳入污水厂管道排放处理。该模式主要优势在于污水经预处理后全部纳入城市污水管网，可以彻底解决养殖污水的出路问题，有利于周边水环境的改善；不足之处在于处理设施一次性投资和委托处理运行成本相对较高，上海忆南奶牛养殖有限公司的第三方处理费用达80万元/年；且能否纳管取决于周边城市污水管网铺设情况、污水厂处理规模等条件。

五是其他模式。如光明集团一些养殖场采用了达标排放、垫料回用和中水回用等技术，市农科院猪场采取了生物发酵床模式处理畜禽粪污等。

二、主要做法

（一）强化规划引领

本市制定实施《上海市环境保护和生态建设“十三五”规划》《上海市现代农业“十三五”规划》和《上海市养殖业布局规划（2015－2040 年）》，指导本市农业部门以种养结合为主要途径，将畜牧生产向粮食主产区和环境容量大的地区转移，同时积极开展不规范畜禽养殖场户和规划不保留畜禽养殖场的关闭。截至 2018 年 9 月，本市共关闭不规范养殖场户 2 720家、规划不保留养殖场 797 家。本市一批畜牧业落后产能被坚决淘汰，畜牧业结构布局加快优化。

（二）注重标准提升

根据资源环境承载力和生态保护要求，一方面对标国际先进水平，确定 1 亩地年均承载 3 头出栏标准猪，远高于国内 1 亩地年均承载 10 头出栏标准猪的水平；另一方面，从严确定适合开展种养结合的基本农田，将禁养区内、集建区旁的基本农田和散小田块予以剔除，最终确定本市域内规划管控畜禽的养殖量为年出栏 200 万头标准猪。据统计，2017 年，本市域内生猪、奶牛、蛋鸡和肉鸡 4 大畜禽养殖品种折算成标准猪为 208 万头，已接近 2020 年规划控制数，预估 2018 年 4 个畜禽品种折算成标准猪为 180 万头左右。

（三）推进方案落实

根据国务院和农业农村部、生态环境部有关环境保护和生态文明建设的要求，本市印发了《上海市水污染防治行动计划实施方案》《上海市土壤污染防治行动计划实施方案》和《上海市畜禽养殖废弃物资源化利用实施方案》，成立了上海市畜禽养殖废弃物资源化利用工作领导小组，组织开展畜禽养殖废弃物资源化利用考核工作，全面推进畜禽粪污治理和资源化利用工作。

（四）加强政策扶持

“十二五”期间，本市印发了《上海市“十二五”规模化畜禽养殖场污染减排实施方案》，完成了 88 家规模化畜禽养殖场污染减排工程建设，并通过环保部门的核查验收。2016 年以来，又累计投入财政资金约 2 亿元，开展了 14 个畜牧标准化生态养殖基地建设项目、30 个标准化规模畜禽养殖场环保设施改造项目、3 个规模化畜禽养殖场污染减排工程建设项目。通过各类项目的实施，本市规模化养殖场基本配备了畜禽粪污处理的设施设备，畜禽养殖粪污治理和废弃物资源化利用能力得到进一步加强。

（五）加大查处力度

自 2014 年《畜禽规模养殖污染防治条例》实施以来，本市农业和环保部门密切配合，集中力量开展畜禽养殖场综合整治，通过执法倒逼环境面貌差、污染治理不到位的养殖场加快实施退养调整或完善污染治理设施。调研组对近年来环保部门对规模化畜禽养殖场的执法检查情况进行了梳理。结果显示，2014～2017 年，畜禽养殖业环境违法查处力度和罚款数额呈递增趋势。2014 年,查处规模化畜禽养殖场环境违法行为 33 起,罚款金额近 300 万元;到 2017 年,本市环保部门共查处规模化畜禽养殖场环境违法行为 40 起,罚款金额近1 400万元(见图 3)。

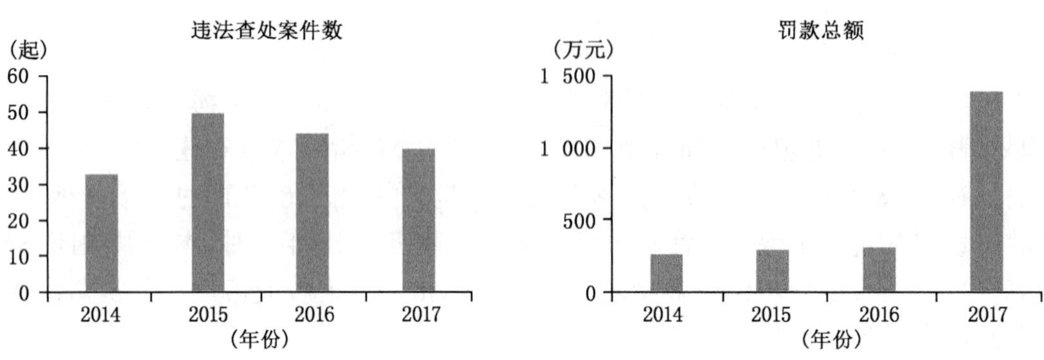

图 3　本市近 4 年环保部门查处畜禽养殖场环境违法案件

三、存在问题

调研发现,近年来本市畜牧业有一些新情况、新发展,但短板和弱项也相当突出。从资源环境看,上海的土地面积即便是在直辖市中也是最小的,又地处南方水网密集区,发展空间很小,环保压力很大。本市畜牧业的发展一直受到资源和环境的硬约束,导致畜禽粪便在一定时间、一定区域内没有做到种养结合妥善利用,产生了一些环境污染问题。

(一)种养分离,农牧循环匹配度差

我国传统农业的精髓是种养结合、农牧循环。相对于粪肥体积大,运输、储存、施用等诸多不便,化肥在种植业的用量和比例大大增加,导致粪肥的利用率降低。随着现代农业的发展、大规模化肥的使用,原来的有机肥变成了被嫌弃的粪污。而专业化分工的发展,搞养殖的不种地,搞种地的不养殖,客观阻断了种养结合、农牧循环的通道。调研发现,本市除松江猪粮型种养结合家庭农场外,大部分畜禽养殖场和周边农田的种植业主是分离的,甚至包括最有条件实现种养结合的光明集团,因其本市域内的畜禽养殖场和农田分属于不同的子公司,同样存在这样的问题。即使养殖场通过租赁、协议还田等方式解决粪便出路,但还存在养殖场周边农田承载量不足、种植业施肥季节性等问题。另外,本市种植业发展缺乏对区域内畜禽粪便统筹利用的考虑,种植业主为增加产量而大量使用化肥,既造成规模养殖场粪便缺少回田渠道,也加大了环境污染的双重风险。

(二)臭气治理水平低,执行新标难度大

畜禽养殖臭气主要来源于畜禽粪便、污水、垫料等发酵产生的氨气、硫化氢、甲硫醇等恶臭物质。本市畜禽养殖规模化程度较高,养殖密度大,畜禽养殖产生过程中产生的废气量大而集中,如不及时妥善处理,臭气容易成倍增长,将污染养殖场及周围空气,并可能导致养殖场与周围群众关系紧张,进而引发社会矛盾。本市将于 2019 年 1

月 1 日实施的《畜禽养殖业污染物排放标准》，明确 2019 年执行恶臭污染物排放限值臭气浓度(无量纲)标准值为 50，自 2020 年 1 月 1 日起，执行恶臭污染物排放限值臭气浓度(无量纲)标准值为 20。根据调研组的排摸，本市大部分养殖场缺乏配套设施，臭气治理水平亟待提高，达到恶臭污染物排放限值臭气浓度(无量纲)标准值 20 存在一定难度。

(三)处理工艺不完善，技术和政策支撑不够

调研组对本市粪污治理的几种模式进行分析，其中污水纳管和达标排放模式是用工业化思路去处理农业问题，成本太高，据了解平均成本每年要 40 多万元。沼气工程能够较好实现畜禽粪污资源化利用，但一次性投资 500 多万元的设备和每年 40 多万元的运维费用，一般养殖企业无法承受。生态还田包括采用全粪还田和制作有机肥＋还田模式，是国内外普遍认可的处理模式，投资和运行成本相对较少，而且操作简便、运行稳定；但还田过程中存在施用不便、污染环境等隐患，且生态还田往往需要配备较大面积的附属设施，如发酵池和储存池等。而本市现行的设施农用地管理文件《关于进一步完善设施农用地管理支持设施农业健康发展的通知》(沪规土资综规〔2016〕227 号)规定："规模化畜禽养殖的附属设施用地规模原则上控制在项目用地规模 7%以内(其中规模化养牛、养羊的附属设施用地规模比例控制在 10%以内)，但最多不超过 15 亩。"这根本无法满足当前环保和畜牧业绿色发展的需求。

(四)粪肥管理体系不健全，有机肥品质存在隐患

据调研，2018 年本市发放肥料许可的商品有机肥供应企业 43 家，实际应用固体粪作为原料的有 36 家。目前本市仅少数养殖场有环评资质可自行开办有机肥加工厂，享受每吨 200 元的补贴。大部分养殖场因无环评资质，无法自行开办有机肥厂。其中：一些养殖场只能将固体粪交由第三方有机肥加工企业，按照有机肥加工行业标准进行处理，但据本市近几年对商品有机肥供应企业的产品质量抽检结果显示，水分、pH 值等不符合商品有机肥推广产品质量要求的情况时有发生；一些养殖场自行建设了有机肥加工设施，自制有机肥后实施还田；还有一些养殖场粪便经发酵后直接施用农田。后两者粪肥加工管理尚未纳入肥料管理体系，有机肥品质不一，一旦处理不当，其成分及潜在的有害物质对农作物品质和土壤环境很有可能产生影响。

四、对策建议

综合当前现状，总的来看，我们要牢固树立"创新、协调、绿色、开放、共享"的发展新理念，切实贯彻落实中央和本市有关生态文明建设的决策部署，以畜牧生产与生态环保协调发展为导向，以强化畜禽养殖污染防治推动种养结合为突破口，调整优化畜牧业布局结构，着力培育畜牧业和种植业可持续发展的新动能，保护和改善本市农业生态环境。具体有以下建议：

(一)源头减量，推行绿色生态生产方式

源头减量是贯彻落实绿色发展理念的重要举措，将大大降低末端污染物的治理难度，同时缓解饲料利用效率不高引发的环境影响问题。一是利用本市都市现代农业发

展、生态环保专项等政策资金，全面推进养殖场基础设施改造和臭气等污染物处理工艺提升，大力推广养殖业节水减排技术和设施，提高畜禽饮水、畜禽养殖场舍冲洗、畜禽降温等养殖业用水效率，从源头上控制和减少畜禽养殖污水总量；鼓励养殖场应用臭气减排、收集处理等新工艺、新技术，避免养殖场臭气影响周边环境。二是积极推广应用低蛋白饲料、生物发酵饲料、无抗环保饲料、绿色饲料添加剂等新型绿色产品和疫病净化技术，降低重金属添加和兽用药物使用，提高饲料转换率和畜禽生产效率，从源头减少畜禽粪尿、臭气产生量和有害物质残留量。

（二）规划管控，推进畜牧业转型升级

绿色发展是畜牧业转型升级、环境友好的客观要求，事关畜产品有效供给、畜牧业可持续发展和生态文明建设。畜禽养殖污染是畜牧业发展中出现的问题，要用发展的办法来解决。本市各区和有关单位要贯彻落实养殖业布局规划，按照布局合理、生态高效、环境可承载的要求，推进畜牧业转型升级，实现绿色发展。要确保规划的严肃性，统筹发展生产与保护环境的关系，避免畜禽养殖污染治理采取一禁了之、一拆了之的简单化方式。要以支持和鼓励养殖场转型升级、可持续发展为主，引导畜禽养殖场发展种养循环、提升粪污资源化利用的能力，实现生产和环境的协调发展。建议各区和有关部门根据基本农田划定情况，统筹和调整已关闭的畜禽养殖场腾出的土地指标，适当布点和新建畜禽养殖场，推动种养结合，促进绿色发展。

（三）问题导向，打通种养“最后一公里”

实现粪污资源化利用，突出问题是打通从养殖场粪污到种植地粪肥使用的“最后一公里”。解决畜禽规模养殖污染问题，关键是要推动商品有机肥产业化发展。市级层面要综合考虑原料来源，以市场需求为导向，精准规划产业布局，进一步完善现有有机肥财政补贴政策，对原料收储运营主体、施用主体给予奖补。国家考核各省市畜禽养殖废弃物资源化利用工作的考核指标中明确提出“落实畜禽规模养殖及畜禽粪污资源化利用用地政策”，并在其考核赋分依据中明确“落实用地政策方面，省级国土部门需印发文件，明确要求将畜禽粪污资源化利用用地在年度用地计划中优先安排”。建议本市规土等部门抓紧修订《关于进一步完善设施农用地管理支持设施农业健康发展的通知》（沪规土资综规〔2016〕227 号），将畜禽粪污资源化利用用地在年度用地计划中优先安排，提高规模养殖场粪污资源化利用和有机肥生产积造设施用地占比及规模上限。

（四）宣传引导，形成工作合力

环境保护是经济社会发展到一定阶段的必然要求，也是产业发展必须遵循的规律。本市要充分发挥市、区畜禽养殖废弃物资源化利用工作领导小组的作用，农委、环保等各成员单位各负其责、相互协同，切实履行指导服务和监督管理等职责。要按照政府引导、市场运作的原则，建立以企业投入为主、政府适当支持、社会资本积极参与的运营机制，统筹粪污收集、贮存、处理、利用各环节，实现畜禽粪污的减量化、资源化、无害化和生态化。要加大生态环保和畜禽养殖污染防治的宣传和培训力度，引导养殖场强化自我约束、自我管理，全面落实规模养殖场主体责任，切实提高养殖从业人员整体素质。要强化公众监督和信访联动机制，发挥社会力量对畜禽养殖场环境违法行为的监督作用,对不规范畜禽养殖实行“零容忍”,坚持以执法为主要手段开展整治。要围绕生猪、奶牛等主要畜种,树立一批粪污综合利用的典型标杆,加强示范引领。

市农委畜牧兽医办公室:孙立彬　等

17. 上海市农民建房和集中居住路径探究

党的十九大提出实施乡村振兴战略，围绕20个字总要求，坚持农业农村优先发展，加快推进新型城镇化和农业农村现代化。当前，解决农民建房问题，改善农民居住条件，成为众多郊区农民和各级政府普遍关注的民生问题，也是实施乡村振兴战略所应当优先考虑的重要议题。结合全市正在开展的"不忘初心、牢记使命，勇当新时代排头兵、先行者"大调研活动，笔者深入乡村一线，实地走访、问询，与郊区部分基层干部和群众开展座谈交流，对农民建房和集中居住工作有关情况作了较为细致的调研，在此基础上，形成了本报告。

一、本市农民建房的现实情况和存在的问题

（一）现实情况

据统计，本市共有103个乡镇、1 577个行政村，宅基地总量419平方公里，占集体建设用地总量的51%，宅基地立基总户数约为64.5万户、户籍总户数约为73.2万户。

1. 管理依据

除以《土地管理法》及其实施条例、《物权法》等为依据外，主要按照《上海市农村村民住房建设管理办法》（上海市人民政府令第71号，简称71号令）进行管理。同时，本市还出台了《关于加强本市宅基地管理的若干意见》（沪府办〔2015〕49号）、《关于促进本市农民向城镇集中居住的若干意见》（沪府〔2017〕39号）等文件，对宅基地和村民住房保障等进行宏观指导。

2. 管理措施

当前本市农民建房管理以集中为导向，实施分类管理，具体措施包括：一是对中心城、新城规划集中建设区范围内的农村村民建房需求，按照征地房屋补偿政策予以安置；对于征地动迁近期不能实施的，要求区政府做好宣传引导，并对危房、住房条件有实际困难的村民提前实施动迁。二是对集中建设区外村民建房实施规划管控，严格控制规划确定为撤并村范围内的个人建房；对规划确定为保留村范围的个人建房，原则上鼓

励农民向城镇集中居住，对确有建房需求的农民，应在符合规划的前提下，按照节地要求和适当集中原则等实施个人建房；对规划确定为保护村范围的个人建房，可在原址上按规划翻建或有条件扩建。集中建设区外村民建房的具体条件由各区规定。

（二）存在的问题

本市农村建房呈现多种特征：一是点多面广、布局分散、无序扩张；二是一户多宅、超占超建、利用粗放；三是质量不高、老旧破败、失养失修；四是形态各异、设计缺失、风貌凌乱。同时，调研中发现，郊区许多地区宅基地闲置（含空置、出租、大部出租）现象较为严重，相当数量的村民已经在郊区新城或周边城镇拥有一套及以上住房，乡村留守老人现象也较为普遍。这些特征和现象，背后折射出农村住房建设管理中的一些突出问题。

1. 镇村规划编制滞后，引领作用缺失

郊区镇村规划较为薄弱，各区普遍存在覆盖率低、欠账较多、规划失效等现象。法律规定区、镇政府应当合理确定本辖区内村民建房的布点、范围和用地规模，统筹安排村民建房的各项管理工作。但在实际操作中，一方面，区、镇政府对于村民建房的布点、范围和用地规模等问题没有进行专门研究，规划编制经费等方面也常得不到保障；另一方面，城乡规划和布局分割，特别是镇、村级规划过于关注宅基地的数量和规模，对村庄空间布局则没有较为明确的指导，造成如居住点规模与分户规模不匹配、村庄布局不明晰、住房布局分散凌乱、功能区分不明等问题。

2. 管控机制不健全，管理方式粗放

一是非农户建房受限，违法翻建屡有发生。现行制度对于历史上已经合法取得宅基地使用权或因继承取得房屋所有权的非农户的翻建行为进行严控，除危房外，一律禁止其翻建，导致违法翻建屡有发生。二是管理粗放、退出不畅。宅基地的无偿取得，加之管理上的粗放，导致"一户多宅"、农宅闲置等现象突出的同时，相当数量的宅基地申请无法获批，信访矛盾尖锐。三是建设过程中，指导管控缺失。对村民建房，未能从乡村整体风貌、建筑结构、材料、色彩等方面给予明确指导，同时，对于建筑规模、质量、内部人口变化等的日常监管缺失。

3. 集中居住导向单一，资金支持力度不足

一方面，近年来农民集中居住相关政策导向主要是向城镇国有建设用地上集中，未能充分考虑农民改善居住环境的多元需求和地区实际情况的显著差异，导致集中居住工作在一些地区推进缓慢。另一方面，现行农民集中居住政策在项目资金支持力度上仍然较弱，加之土地、人工、材料等成本上涨的影响，资金平衡压力较大。以嘉定江桥集中居住项目为例，资金总投入约 22.12 亿元，市级补助资金仅相当于总投入的不足 5%，而捆绑地块出让又受到房地产调控政策影响，导致项目虽已批复，但实际处于停滞状态，难以推进。

二、近年来农村相对集中居住的有关实践

21 世纪初，本市确立了郊区实现"城乡一体化、农村城市化、农业现代化、农民市民

化”的总目标和切实推进“人口向城镇集中、产业向园区集中、土地向规模经营集中”(简称“三个集中”)的总战略。根据这一战略,本市在改善农村居住形态方面,开展了多种方式的农民集中居住探索和实践。

(一)宅基地置换

为提高郊区城镇化水平、节约集约使用建设用地、改善农民生活条件和农村环境,从2004年起,本市在郊区试点推进农民宅基地置换。截至目前,全市共开展了两轮:第一轮从2004年至2009年,嘉定外冈、金山廊下等11家单位参加,涉及置换农户9 400户,建设农民安置住宅223万平方米,节余宅基地近6 000亩;第二轮从2010年至今,嘉定徐行、松江佘山等8家单位参加,涉及置换农户10 300户,建设农民安置住宅247万平方米(已建成217万平方米),预计节余宅基地3 900亩。

(二)土地综合整治

为实施土地利用总体规划和土地整治规划,2011年,本市出台《市级土地整治项目和资金管理办法》,在基本农田保护区和水源地保护区实施市级土地综合整治示范性项目。在整治范围内的存量建设用地拆旧复垦,可同步叠加增减挂钩政策,形成增减挂钩项目区。目前已组织实施了奉贤区奉城镇、松江区新浜镇等多个土地综合整治项目,运用增减挂钩政策,激发郊区土地价值和潜力,促进农民集中居住。

(三)宅基地归并

宅基地归并是拆除自然村落中布局散乱的旧房,复垦为耕地,在行政村范围内统一规划和集中建设农民中心村,而归并后节余的建设用地和占补平衡指标由区政府按分类指导价格收购,用于平衡建设成本。奉贤区庄行镇新叶村在宅基地归并过程中,结合土地综合整治项目,统一规划建造了422栋2～3层联体农民洋房,节余166亩建设用地指标和705亩占补平衡指标。除新叶村外,本市部分区和乡镇也开展过规模不等的宅基地归并集中工作,如金山廊下镇勇敢村。

(四)小城镇改革试点

根据国家第二批全国小城镇发展改革试点工作要求,2009年8月,市政府印发《本市开展小城镇发展改革试点的政策意见》(沪府发〔2009〕41号),支持试点镇开展增减挂钩改革试点,推进宅基地归并,明确土地出让金收益扶持政策,以项目支出的形式由区县政府审批有关项目,将项目区内取得的市和区县土地出让收入主要用于试点镇的基础设施建设。本市第二批全国发展改革试点镇共计12个,其中松江区小昆山镇根据市政府的试点政策积极推进宅基地归并工作,取得明显成效。

(五)农民向城镇集中居住

为进一步扩大宅基地置换试点工作成果,2016年4月,市政府出台了《关于促进本市农民向城镇集中居住的若干意见》(沪府〔2016〕39号),启动了农民集中居住工作。据住建部门统计,“十三五”期间,全市计划推进农民集中居住5.2万户。目前,各区已提出21个项目,涉及1.2万户农户;市推进办实际批复5个项目,涉及农户2 609户,已搬迁入住农户800户。

三、农民向城镇集中居住面临的主要问题及原因

(一)主要问题

从实际情况来看,本市农民集中居住工作相比预期目标存在一定差距,主要表现在几个方面:

1. 数量规模显著缩减

启动之初,各区上报集中居住计划涉及农户约 5.2 万户,实际落实项目 21 个、约1.2 万户,总数缩减 3/4 以上。

2. 项目进展较为缓慢

大部分区农民集中居住项目尚处于前期准备阶段,已启动的项目大多没有现有房源,农民实际入住还需 2～3 年时间,预计至"十三五"期末,已启动项目中也仅有部分农户可实现集中居住,整体进展滞后。

3. 实际覆盖范围较小

当前已实施的项目主要集中于"三高"沿线、生态敏感区和环境整治区中矛盾相当突出、居民搬迁需求最为迫切的区域,实际覆盖范围和对象明显小于预期目标。9 个涉农区中,仅 2/3 的区计划采取 39 号文进城进镇集中居住的方式。

(二)主要原因

1. 乡村规划滞后

农民集中居住涉及新市镇总体规划、村庄布点规划、村庄规划等各层级规划,同时与用地指标、土地权属、经济发展、人口控制等因素密切相关。当前各区村庄布点规划虽已完成,但许多仍处于调整完善中,全市1 577个行政村仅有 217 个村完成实质性村庄规划编制,使得农民集中居住缺乏了最重要的前置条件。

2. 资金压力较大

根据市住建委调研,目前本市在国有建设用地上的农民集中居住项目平均安置成本约 300 万元/户,在集体建设用地上的易地集中安置平均成本约 100 万元/户。然而,按照 39 号文的规定,市级土地出让金返还和市级补贴资金仅占项目总投入的 5%～10%,区镇承担比例较高。以闵行区浦江镇为例,集建区外需撤并农户约8 000户,集中居住资金总投入量约 64 亿元,除去市级投入,区镇需承担 270 万元/户,其中镇承担 30%,约 80 万元/户。在国家防范地方债务风险等政策要求下,镇级平台较难通过银行融资贷款。同时,受楼市调控政策影响,节余指标捆绑地块上市速度明显减慢,加大了地方财政压力。

3. 安置空间不足

在建设用地指标极为稀缺的大背景下,受永久基本农田等多种开发边界线控制,本市郊区许多地区较难确定农民安置区选址空间;同时,除金山新城等部分地区存量房源较多外,许多地区集中居住需要重新建设安置区,对空间需求愈加迫切。虽然,当前部分地区已开始探索跨村组或跨镇的易地安置模式,但由于沟通协调机制、权益界定和补偿机制等的缺失,项目实施仍较为困难。

4. 农民意愿不强

充分尊重农民意愿是农民集中居住最重要的前提条件。39号文政策重点聚焦那些没有动迁机会、但迫切需要改善居住环境的农户的居住问题，因此，在安置房面积和补偿标准等方面与动迁等其他政策进行了差别化、梯度化设计，导致对农民的吸引力不强。同时，受传统居住习惯和方式影响，许多农民对于中小户型为主的安置房接受程度有限，而当前政策规定保障性住房用地中小套型住房的供应比例，郊区不低于80%。另外，受故土难离和农宅租金收益等因素影响，部分农民即使已在城镇购房，也不愿舍弃农村宅基地。

四、农民建房和集中居住相关政策建议

2018年4月，李强书记在全市乡村振兴推进大会上明确指出，要重新认识和发现乡村价值，认清郊区乡村对超大城市发展的特殊意义；上海的乡村，有风貌更要有韵味，有颜值更要有气质，有入眼的景观更要有走心的文化。解决好农民建房和集中居住问题，将为上海实现更加长远、更高质量发展提供宝贵的战略空间和发展动能，也是改善乡村风貌、留住水乡韵味、焕发多彩颜值、彰显江南气质、构建魅力景观、记载传统文化，最终实现乡村全面振兴和建设具有世界影响力超大城市的应有之义。2018年以来，市委、市政府及相关部门相继出台各领域支持乡村振兴的文件，多次提出有关农民建房和集中居住的目标要求。近期，《乡村振兴实施方案(2018—2022年)》发布，提出建设“美丽家园”，开展农居相对集中行动计划，计划到2022年基本完成“三高”沿线、生态敏感区、环境整治地区和纯农地区10户以下自然村落归并。在此基础上，围绕当前农民建房和集中居住过程中存在的突出问题，结合2035上海城市总规的要求，主要从以下几个方面提出有关建议：

(一)深入开展宅基地摸底调查，又好又快编制镇村规划

针对城市发展对于建设用地的紧迫需求，以及农村社会结构的深刻变化，建议对本市宅基地情况开展深入调查，涵盖宅基地规模，房屋面积和质量，人口构成、就业、身份和户籍状况，以及房屋使用情况(自用、出租或空置)等方面内容，同时，积极运用信息科技等管理手段，建立动态管理和更新机制，为相关政策研究和制定提供基础数据保障。

规划是统筹推进农民建房和集中居住的前置条件，2018年以来，市规土、住建等相继出台有关实施意见和导则，督促和指导各区加快乡村规划编制进度。结合农民建房和集中工作的特殊性，建议进一步优化郊区总体规划和新市镇总体规划，完善和落实好村庄布局规划和郊野单元(村庄)规划；培育高水平、专业化、接地气的乡村规划师、设计师队伍，指导有关村庄规划和农民建房工作。

(二)因地制宜，多种渠道和方式推进农民建房和集中居住

本市未来农民建房的基本形态主要包含三种类型：保留村就地翻建、进城镇集中居住和宅基地平移归并。建议按照“城镇集中居住为主、农村集中归并为辅”的总体导向，采取“一次规划，分步实施”的工作路径(即2022年前重点推进纯农地区10户以下自然村和“三高两区”等受环境影响严重区域内的农民进城进镇集中居住或平移归并)。

严格实施村庄规划分类管控。一是撤并村严格控制建房行为,规划撤并村安置方式原则上向城镇集中居住,撤并村庄不再纳入相关基础设施改造计划。二是保留村鼓励集中归并,对于规划保留(保护)村,按照"节约集约和适当集中"的原则,因地制宜地引导农民集中归并或原址翻建,同时通过政策引导,鼓励农民退出宅基地向城镇集中居住。

(三)加强资金、土地等要素支持,更加有效保障农民建房和集中居住

在资金方面,想方设法增加市级财政的支持力度。一是充分整合土地综合整治、区域环境综合整治、土地出让金等项目资金。二是在深入调研和细致测算基础上,适度提高有关集中居住项目市级补贴标准,缓解区、镇建设资金压力。三是加快启动资金的拨付速度,加大拨付比例,破解项目启动有关资金瓶颈。四是拓展投融资渠道,积极引入有关政策性银行和商业银行提供低息贷款,号召市属或区属国有企业、民营企业等参与农民相对集中居住项目,鼓励宅基地资格权人或使用人参与建房出资。

在土地方面,加强已出台的乡村振兴规划土地等支持政策的落地工作,指导各地解决农民集中居住推进中有关规划空间、用地规模、基本农田调整等问题。建议进一步深化集体建设用地、宅基地等的改革,扩展安置用地统筹使用范围,增强增减挂钩周转指标使用灵活度,鼓励利用撤并镇存量建设用地和配套设施。

(四)积极探索宅基地有偿使用、退出和使用权流转机制

一是建立宅基地退出机制。对宅基地上的房屋,可参照动迁政策进行残值评估予以一次性补偿,对地方政府和农户个人给予适当补贴;对合法取得宅基地使用权的,可以采取货币补偿、指标交易、换购物业等方式实现有偿退出。二是试点探索宅基地有偿使用。对一户多宅、超标占用宅基地、非法占地建房但因客观原因无法强制拆除的、因继承等原因实际取得宅基地等特定情形,可采取收取使用费的方式,实现宅基地有偿使用。三是稳妥开展宅基地使用权流转。支持保留村内的农户将自家闲置宅基地的使用权流转给村集体经济组织,由村集体经济组织统一改造、统一经营、统一管理,再保持农宅特色和传统风貌的前提下,用于发展休闲农业和乡村旅游、互联网、创客经济等新产业、新业态,促进农民长效增收和村集体发展壮大。

市农委城镇规划处:王霄慨

18. 关于上海市农业统计工作的相关情况调研

摘　要

农业属于国民经济基础产业,农业统计是一项重要的基础性工作,是对农业农村经济社会活动结果的客观反映,也是服务农民群众和市场主体的重要载体,农村经济和农业生产发展宏观决策微观指导等都离不开它。农业统计是认识和了解我国农村经济社会发展情况的重要依据,也是制定和完善农村政策的重要手段。农业统计质量的好坏直接关系着农产品安全预警预测和农业政策的制定、实施、监测与评估工作的质量。然而,就本市现阶段的农业统计情况而言,在工作中依然存在一些问题,导致统计结果不完善,无法充分发挥作用。本文围绕农业统计,重点分析了当前在农业统计中存在的问题和不足,并就如何提高农业统计质量提出了建议措施。

一、本市农业统计工作基本情况

本市现行的农业统计管理体制具有集中管理与双轨制运行并存的特点。集中管理表现在各部门开展统计业务均需向国家统计局审批、备案,数据发布由国家统计局进行;双轨制表现为多个部门同时参与农业统计工作。目前参与农业数据统计的部门有国家统计局上海调查总队、市统计局、农委、林业局、水务局、气象局等机构,仅市农委内部,就有 5 个专业办和 3 个业务处室同时开展监测统计工作。

(一)农业统计内容

农业统计工作主要统计内容:一是包括播种产量和播种面积在内的粮食、蔬菜、水果等主要农作物生产;二是包括猪、牛、羊、禽类等在内的存栏和出栏的畜牧业生产;三是农村地区劳动力、人口、户数以及行政村个数等;四是包括种植业、畜牧业、渔业、林业、副业在内的农业总产值。现行的农业统计指标包含农业气象、农村基层组织、农村户数、农业从业人员、农业生产、农产品价格、农业机械化、农业产业化组织化、乡镇经济等12大类指标体系。

（二）农业统计方法

农业统计方法主要是逐级上报汇总，采取抽样调查和普查交叉的统计方法。其中农业主管部门统计方法是依赖村级、镇级、区级的基层农业管理部门人员层层上报。统计局因为在乡镇和村不设统计点，故主要依靠区级统计部门人员进行统计汇总上报。

（三）农业统计主体

本市农业统计工作主要由国家统计局上海调查总队和市农委部分业务处室两个主体开展，不同的统计主体衍生出两类数据：由国家统计局上海调查总队统计的农业数据为法定统计数据；由市农委业务部门统计的数据为业务数据，不具备法定效力。另外，由于国家统计局上海调查总队属于专业统计部门，其统计范围涵盖农业、农村以及农民三个方面，市农业主管部门主要调查关于农业生产产量以及价格等方面的数据。

二、农业统计工作面临的形势

农业统计工作重要性不言而喻，是帮助摸清农业发展“家底”，有的放矢地出台政策、补齐短板的重要手段。但另一个不争的事实是，农业统计工作的受重视程度在下降、支持力度在减弱，农业作为国民经济第一产业的基础地位在下降，农业对于GDP的贡献作用在萎缩，因此农业统计调查面临的形势在变化，面对的矛盾在恶化，推进工作的难度在增加。这样的困难形势又变相加剧了农业统计的难度。尤其是当前，本市处于传统农业向现代农业加速转型期，伴随着农业的转型升级，农业经营主体发展转变、农产品市场的频繁变化、网络技术的广泛应用，作为对农村社会经济发展情况进行综合反映、对农村社会经济运行具体情况进行实时统计和监测的农业统计工作也受到了很大冲击，传统的统计体制的滞后性与不适应性逐渐暴露出来。这客观上要求我们认真分析在当前统计工作中所存在的问题和困难，采取对症下药的措施，多渠道、全方位地做好农业统计工作。只有这样，才能发挥农业统计工作“指导生产、引导市场、服务决策”的重要作用。

三、目前农业统计工作存在的不足

虽然现行的农业统计调查制度在本市农业生产发展方面做了很多工作，但是随着现代农业新产业、新业态、新商业模式的发展，对统计数据的需求呈多样性和全面性趋势，尤其是都市现代绿色农业与“十三五”农业发展对统计工作提出新要求，现行农业统计制度和指标对反映上海现代农业发展存有一定局限性。

（一）农业统计工作重视不足

从整个社会层面来看，对农业统计工作的重视程度还不够，主要体现在以下方面：一是从统计部门来看，统计人员呈“倒三角”形，越是基层统计力量越薄弱，不能满足目前各项统计调查工作的需求。随着农业新形势新业态发展，统计调查单位数量大幅增加，同时各类一次性、专项统计调查逐年增加，但目前上海郊区只有区调查队，在乡镇、村没有“腿”，各项调查均由区调查队完成，绝大多数调查人员同时负责多项工作，当前统计力量与任务不匹配矛盾较为突出。二是从农业部门来看，对现有统计数据的挖掘应用不足，数据统计有余，分析不足。对农业统计数据缺少必要的思考和分析，看不到农业统计背后所隐含的社会问题、人口问题以及经济问题等，在工作中普遍存在“等靠要”数据的问题，被动接收数据，缺乏主动挖掘。比如，政府部门过多关注几个宏观数据，如农业总产值，农民收入等，其他数据则石沉大海，没有发挥数据价值，基层大量统计数据没有对农业发展起到应有的指导和警示作用。三是从基层调查单位来看，农户统计法制意识相对薄弱，责任感不足。农业数据可以说是取之于民，用之于民，但目前农业统计调查单位对统计工作重视不够、责任意识不强，认为是“形式主义”，填报数据采取“应付”态度，部分乡镇领导认为农业统计仅仅就是填报几个农业生产数据，不能为当地政府带来 GDP，加之农业经营主体普遍年龄偏大，文化水平不高，对统计知识和统计法一知半解，与调查单位配合度减弱的问题也日益突出。

（二）农业统计制度稍显固化

随着传统农业加速向现代农业转型，农业统计信息的内容更趋复杂。现行的农业统计制度是按照国家统计局 2007 年规定的要求和指标制定的标准体系，其体制及其运行机制不能适应形势变化。这主要反映在两个方面：一是现有的样本、方法制度、取数方式未能及时更新，已跟不上新的要求。以农民收入统计为例，按照目前国家统计局的统计口径，农民收入统计范围是居住在农村地区的居民，统计方法采取抽样统计。但目前在农村地区居住的“农民”以老年人居多，其务农收入增长空间有限，以居住地为依据确定统计样本人群已不能充分反映上海农村居民真实收入。另外，由于本市新型职业农业不断涌现，农民收入尤其是新型农业经营主体的务农收入缺少相关的统计数据调查方法。二是现有统计指标创新不足，难以准确反映都市现代绿色农业发展。现行农业统计调查指标中，为政府决策服务指标多，为市场服务指标少；产后成果统计多，产前、产中统计少；大宗产品统计多，新特优产品统计少；反映生产指标多，反映民生指标少；反映产出指标多，反映效益和质量指标少。随着农业新业态的发展，这一套指标体系沿袭多年，相对市场调节、指导农产品生产者生产经营有用的信息比较少，相对服务政府决策信息完整性也不足。例如，按照国家统计局的指标统计要求，对农业统计主要是以产量衡量的产出为主，而都市现代农业具有经济、休闲、生态三大功能，现有的农业统计内容缺少农业绿色、生态环保、高产高效、农业与二三产业融合发展等方面的系统性统计，而且农产品产前服务、产后加工、储藏、运输、营销及进出口贸易技术等均无统计，难以反映现代农业发展的成果。

（三）农业统计部门效能不足

由于目前农业统计采用“双轨制”，多部门开展统计工作，加之中央与地方之间没有进行有效协调，地方统计部门行政和业务没有进行合理区分，造成国家统计局无法有效对地方进行管理，地方统计部门也不只简单在做地方统计工作，还要按照国家要求开展统计。这种机制造成了：一是数据重复统计，资源浪费。由于目前农业部门和统计部门存在职能交叉的现象，导致农业统计中部分指标与其他部门重复填报，例如农产品产量、价格等指标，农业部门和统计部门都对上述指标进行调查统计，而调查方法和口径又不尽相同,最终落脚点都是调查单位,不仅增加了基层负担,还造成了重复工作。二是信息共享不充分。农业数据资源本质上属于公共产品,除极少数涉及国家秘密或商业秘密的信息外,理应全部共享公开。但在实际工作中,由于体制机制束缚、技术约束和现实障碍等使得信息资源对上不对下、"以邻为壑"、条块分割,产生了信息"孤岛"和数据"沉睡"现象。各个部门,各取所需、各为其政,造成数出多门、相互矛盾的情况,阻碍了数据的开放共享。三是交叉标准不一。目前各个主管部门对部分农业统计数据口径要求不一致,给基层统计工作带来很大的不便。以规模化养殖场为例,农业部门、统计部门、环保部门等对于不同种类的畜禽的规模化定义不一。基层统计人员在操作时,往往一个统计指标要做 3 套表格,给实际操作带来了困难。

(四)农业统计方式手段落后

由于农业统计面广、区域大,涉及单位和人员多,有些区仍然采用层级汇报的方法进行调查。面对统计对象的复杂化,这种层级汇报的方法显得力不从心。美国农业统计早在 20 世纪 90 年代就实现了直报系统,抽查的调查农户都是用计算机和电话点对点长传,而我们目前农业统计手段还停留在传统层层统计上报阶段,统计方式比较落后和单一。对大数据、云计算等信息化手段应用不够,在工作中依旧是手工登记、手工汇总的方式很容易导致统计数据的质量难以保障,尤其是在当前信息化潮流越来越强烈的背景下,统计数据的信息量呈现出几何级数的增长,不依靠信息化手段来进行统计工作很难保证工作质量。例如,农作物播种面积如采用无人机遥感实地测量,其准确性将大大高于基层上报数据。

四、相关工作建议

(一)自上而下重视农业统计工作,深刻意识到农业统计工作对分析目前农业发展中的短板的意义

一是加强基层统计人员配置。在乡镇、存级配置专职统计人员,加大对农业统计工作的指导和检查,加强统计人员业务培训,提高统计人员素质和水平。

二是建议农业主管部门加强对统计数据的分析和应用。政府部门在掌握丰富农业统计信息数据的基础上,要开展全面系统的分析,把"死数据"变成"活信息",从而充分发挥统计信息功能,切实为领导决策及农民生产提供"精、新、快、准"的统计资料信息,同时通过有线电视、各种报刊、网络等媒体向农民传递和提供,把"农业统计产品"应用起来,充分发挥农业统计工作的服务职能,为农业政策决策及农民发展生产服务。

三是加强农业统计业务培训,建立考核工作机制。注重考核表彰,实行适当给予调查单位奖励机制,以此鼓励先进带动后进,做到工作补助经费分配、基层绩效考核、工作奖励等与工作考核结果密切相关,提高基层统计人员积极性。

(二)围绕乡村振兴战略,加强农业统计指标的顶层设计,积极推进统计方式和指标的创新

一是精简统计内容。建议把统计工作的重心转移到提高统计调查质量上来,国家层面加强顶层设计,适当给予地方部分统计权限。进一步精简指标统计,有些对于基层

农业分析意义不大的指标可隔年或者几年统计一次。

二是完善统计方式。建议地方采用简洁、灵活的非全面调查方法或利用现有经常性统计调查和部门统计资料等多种统计方式，针对农业组织化程度的不断提高，可加强抽样调查力度，监测新型农业经营主体销售、收入、成本等数据，同时对于农业产业发展中新情况和特殊问题，采取重点调查方式，加强分析。

三是创新地方指标。建议国家统计局建立农业统计核心指标体系，各省、市、县区则围绕核心指标体系，建立各自的地方农业经济、特色农业专项、现代绿色农业统计指标体系等，通过因地制宜地建立科学的、具有特色的地方农村统计指标体系，全面反映乡村振兴中的短板以及现代绿色农业发展新业态，为政府部门决策所需，指导农业生产。

（三）健全农业调查统计信息系统，提升统计调查手段

现代农业生产方式、周期都发生了变化，提高统计数据的精准性和及时性越来越重要。

一是要完善农业数据库建设。实现各部门的农业统计数据汇总和共享，对数据进行系统集成，对不同来源的数据进行比对分析和交叉审核，把零散数据原料变成集成化的数据资料，提高对农业经济运行的监测、预测和预警能力。

二是建立农业统计业务应用平台。运用先进的统计调查手段，尽快建立以现代信息技术为基础的农业统计调查制度，充分利用现代信息手段和空间信息技术，实现"三化"，即调查手段信息化、统计数据电子化、统计方式网络化，探索利用遥感和定位系统对农作物进行面积遥感测量等。

三是建立质量控制体系，逐步培育第三方市场。借助购买第三方服务手段，发挥科研院所、高校、权威咨询机构等社会组织作用，培育一批责任心强、业务水平高的第三方调查机构，提高农业统计效率，更加客观全面反映现代农业发展情况。

（四）加强顶层设计，合理分工，建立部门间农业统计数据共享机制

针对农业主管部门与统计部门各自为政、农业统计数出多门的难题，农业主管部门与统计部门应合理分工，建立充分的数据信息共享机制，形成职责明确、相互支持、相互补充、相互协调、信息共享的有机整体。

一是加强部门间的沟通合作。在部分数据的指标、口径、数值等方面进行对比协商，在年报、分区卡片上可相互对比、补充，保证数据精确性。

二是加强部门内部业务协同。实现内部数据信息资源充分共享、公开，适应服务型政府转型的需要。

三是建立农业信息统一发布平台。在加强内部协调基础上，按照"统一名称、统一平台"的原则，按职责发布信息，确保数据一致性。

市农委综合发展处：刘慧颖

19. 基层农产品质量安全监管工作现状及对策
——以闵行区为例

摘　要

农产品质量安全是食品安全链的重要基础一环，事关民生，事关社会稳定，农产品质量安全监管责任重大。文章以闵行区农产品质量安全监管工作为研究对象，基于政府规制理论基础，从完善体系建设、强化监管能力、加强制度建设等方面探讨新形势下抓好基层农产品质量安全监管工作的相关对策。

一、引言

农产品质量安全食品安全链的重要一环，是食品安全的基础，它事关民生、事关“三农”、事关政府形象和社会稳定。对农产品的质量安全监管，主要是指在政府相关部门和机构的主导下，根据农产品质量安全标准和法律法规、制度等，对农产品的生产、加工、经营等一系列活动进行监督，督促主体落实安全责任，确保农产品质量符合保障人的健康、安全的要求。在农产品质量安全监管体系中，县域既处于贯彻落实农产品质量安全监管决策部署的第一线，又是直接面对广大生产经营主体、实施农产品源头把关的最前沿。

上海作为人口超过2 400万的超大城市，农产品质量安全监管工作也因依然严峻的形势和越来越高的社会关注而面临更高的要求。闵行区位于上海的地域腹部，是中心城区的辅城。虽然近些年随着城市化进程深入推进，农业产业规模在不断萎缩，但是作为近郊农业，农产品的供应仍然是基础功能。同时，虽然闵行区的农业在GDP中占比极小，可谓“盆栽农业”，但农业的辐射面与影响力却不容小觑，以上海正义园艺有限公司为代表的闵行农企（合作社）不仅将农产品送至各大卖场、中小学、酒店，甚至通过开发电商平台，进一步拓展了农产品销售渠道；并且在APEC会议、上海合作组织峰会、奥运会、世博会等重大活动（赛事）期间，闵行农企多次作为特供基地提供农产品供应保障。所以，近郊农产品质量安全更加是农业管理部门必须坚守的前沿阵地。本文以闵行区为研究对象，从完善体系建设、加强制度建设、强化监管能力等方面探讨保障上海地产农产品质量安全的基层监管方案。

二、闵行区农产品质量安全监管工作现状

(一)农业基本情况

闵行区现有 7 个街镇，基本农田 4.5 万亩，主要分布于浦江、华漕、浦锦等街镇，农业结构主要以水稻和蔬菜种植为主，常年种植面积约 3 万亩。

1. 种植业

全区共有 58 家蔬菜合作社，蔬菜生产面积 1.06 万亩，播种 4.48 万亩次，蔬菜上市量 6.27 万吨；粮食合作社 18 家，家庭农场 54 户，粮食播种面积 1.96 万亩；经济作物合作社 12 家，生产面积 1227 亩，以果树(葡萄、桃、梨)为主(种植面积 815 亩)。

2. 畜牧业

根据闵行区畜禽退养政策，闵行区现已无规模畜禽养殖场，现有家禽养殖散户 6 468户，全区家禽存栏 3.71 万羽，其中肉用禽 0.17 万羽、蛋禽 3.54 万羽。

3. 水产业

全区水产养殖面积 763 亩，主要以休闲垂钓为主，30 亩以上的养殖合作社 14 家，全年水产品上市量 250 吨。

(二)农产品质量安全监管体系

1. 监管队伍

区级层面，区农业委员会农业管理科负责辖区农产品质量安全监管工作。乡镇层面，闵行区通过整建制创建农产品质量安全示范镇，各乡镇均按照“一图二书三员四定”原则建立了农产品质量安全监管站，确定了工作职责和人员队伍。村级层面，建立了村级综合服务队，确保农产品安全监管、动物防疫、散户农业档案记录等工作的有效落实。企业层面，建立农业企业(合作社)农产品质量安全信息员队伍。目前，全区共有镇级监管员 72 名、村级协管员 287 名、企业信息员 141 名，做到责任到人、监管到户，形成了上下联动的网格化监管体系。

2. 检测队伍

区动植物检验检测中心(区农委下属全额拨款事业单位)负责全区农产品检测及农产品认证技术指导工作，现有职工 42 名，实验室面积 730 平方米，可开展包括农田环境地力、环境质量、农田灌溉水和水产养殖水域监测，农业生产种子、肥料质量监测，畜禽、水产品的药物残留及植物产品的农药残留分析，动物及动物重大疾病监测等定量检测工作。同时，全区建立了 7 个镇级农产品检测室开展残留速测工作，监测范围覆盖辖区所有生产主体。此外，30 多家蔬菜企业全部建设了蔬菜农残检测实验室，开展自检自律。

3. 执法队伍

区农委执法大队在编 57 人，负责全区农业投入品、农产品质量安全的监督执法，动

植物检疫监管以及生产环节监督执法和渔业资源保护等工作。

(三)农产品质量安全监管主要措施

1. 切实落实主体责任

区农委以制度管人、管物，落实农产品监管责任。建立监管大名单制度，根据规模企业实际情况，分6大类实施大名单管理制度；层层签订食用农产品安全监管责任书、承诺书，发放告知书，明确目标和责任；印发《闵行区农业生产经营主体责任追究实施细则》，建立黑名单制度，实施重点监管，对违法违规企业开展追责。

2. 全面推进农业标准化

区农委制定了《闵行区地产农产品标准化生产考核方案》，编写了《闵行区地产农产品标准化生产操作规范》《无公害农产品标准化生产技术操作规程》等并发放到生产企业以指导生产。在农药化肥减量使用、水肥一体化、绿色防控等新技术的应用上，也提出了新的规范要求，提升了标准化水平。同时，推进各类标准化生产基地建设带动标准的推广应用。全区已建成蔬菜标准园24家、标准化水产养殖场3家。此外，通过稳步推进“三品”认证促进标准化生产，全区农产品“三品”获证企业73家，其中无公害农产品62家、绿色食品9家、有机食品2家，“三品”认证率达81%。在上海都市现代绿色农业发展的大背景下，2018年闵行区全面加快发展绿色食品、有机农产品，认证率已达3.44%，增幅达65%。

3. 实施农产品质量监测

对推荐农药实现全覆盖补贴和统供统配、强化源头监管的基础上，在市、区两级财政的保障下，逐步形成了以区级定量检测和镇级快速检测相结合，行政管理部门例行监测、监督抽查、专项检查与企业自检相结合，多形式、全方位的农产品质量安全监测制度，对农产品产地环境、农业投入品及农产品的质量安全严格把关。2016年至今，地产农产品监测合格率保持在99%以上。

表1　　2016～2018年闵行区农产品质量安全定量检测明细表

监测年份、产品			项目类型	监测指标	数量(批次)	监测对象
种植业产品	2016年	蔬菜水果稻米	监督抽查	29项	331	辖区内各合作社
	2017年		监督抽查	29项	314	辖区内各合作社
	2018年		监督抽查	29项	500	辖区内各合作社
畜禽产品	2016年	尿样	例行监测 监督抽查	动物疫病10项 兽药残留3项	9 144	养殖场和散户
	2017年		例行监测	动物疫病10项	5 545	散户
	2018年		例行监测	动物疫病10项	4 000	散户
产地环境	2016年	土壤灌溉水	专项检查	土壤21项 水质9项	258	辖区内各合作社
	2017年		专项检查	土壤21项 水质9项	247	辖区内各合作社
	2018年		专项检查	土壤21项 水质9项	200	辖区内各合作社

续表

监测年份、产品			项目类型	监测指标	数量(批次)	监测对象
农业投入品	2016年	种子肥料	监督抽查	肥料11项 种子4项	111	农资经营商店
	2017年		监督抽查	肥料11项 种子4项	41	农资经营商店
	2018年		监督抽查	肥料11项 种子4项	50	农资经营商店

4. 深入开展执法检查

一是日常执法检查。组织执法人员对全区种植基地(种植户)农药、肥料等农业投入品规范使用和来源渠道、田间档案记载、包装盒规范使用等内容依法开展执法检查,并做好检查情况记录及抽样工作。二是农产品专项整治。明确重点品种、环节和农时,每年组织开展禁限用农药、兽用抗菌药、水产品禁用药物和有毒有害物、农资打假等多方面的专项整治。近两年各类专项整治检查农业企业1 597家次,出动执法人员 966 人次,查处农业行政违法案件37起,罚没款25.03万元,责令整改23起。通过执法检查和案件查处,加大了对非法经营行为的打击力度,有效净化全区农资市场,落实生产经营者主体责任。

5. 建设农产品追溯体系

根据《上海市地产农产品质量安全追溯体系建设实施方案》要求,区农委在纸质农业档案管理实现生产主体全覆盖的基础上,稳步推进农产品电子追溯平台建设,现已有24家蔬菜标准园实现农业档案电子化管理。此外,制定了《闵行区农业信息化发展“十三五”规划》,从2016年开始,闵行区农业信息中心搭建闵行区农产品电子追溯平台,通过视频监控、手机实时跟踪等手段,加强对农药、肥料等农业投入品的库存监控、用量信息化管理、农药残留检测数据电子化分析,平台系统推广应用至全区各蔬菜园艺场,并逐步向粮食、经济作物等农业企业(合作社)推广,逐步实现农产品生产过程的信息追溯。

6. 广泛开展宣传培训

一方面,定期组织对各级农产品安全监管人员、农产品检测人员、生产技术人员开展专业知识培训,提高专业水平和知法守法意识;另一方面,举办农产品质量安全宣传剧进社区、进学校,“3.15”农资打假大型宣传咨询,食品安全宣传周等活动,多方位、多层次广泛普及农产品安全法律法规及食品安全知识,营造良好社会氛围。

三、基层农产品质量安全监管工作存在的问题

对于基层来说,影响农产品质量安全、制约农产品质量提升的因素很多;从生产角度来说,产业结构要优化、生产方式和规模要调整、主体素质要提升等状况客观存在;从监管角度来说,队伍、监测、经费等方面的问题亟待解决。

(一)基层监管力量较弱

一是监督检查能力。由于缺少正式编制,区级监管人员人数少,且为兼职、外借,影

响农产品监管工作的统筹协调和领导；镇级监管队伍中仅47%专职，年龄50岁以上的人数占36.7%，大学学历人员仅38.6%，对应执法条线的人员大部分身兼数职甚至空缺断层，影响农产品前端管控和应急处置能力，降低了行政执法效能；村级监管人员287人，全部为兼职，年龄50岁以上人员占62.4%，高中（中专）及以上学历人员仅占26%。学历普遍不高、年龄结构老化，加上专业结构不合理、系统培训力度不足，基层农产品质量安全监管能力整体不高。二是检测能力。闵行区农产品的定量检测任务基本由区动植物检测检验中心承担，但从中心的检测技术力量分析，已通过参数涉及环境（30项）、投入品（13项）、动物疫病（10项）、兽药残留（3项）、农药残留（49项）等，而目前部级、市级农产品风险监测任务中仅农残指标为58种，且2018年增加到了68种，区级农产品定量检测能力已经落后。加上专业技术人员不足和实验室建设滞后，基层检测技术能力提升难度大，制约了监管工作的科学开展。

（二）农产品监测滞后于监管要求

受检测机构能力的限制，区级农产品定量检测主要以种植业产品为主，检测农残参数29项，而畜禽产品以疫病监测（速测）为主，水产品抽检更是空白。同时，镇级速测仍主要检测蔬菜和水果中有机磷和氨基甲酸酯农药残留，与生产用药实际脱节。在监测数量上，区级农产品定量检测量比市级任务还少（2017年区级314件、市级339件），且在规模化主体数量基本稳定的情况下，区级定量检测量呈下降趋势。区级农产品监测面不全、监测项目少、设置不科学的现状不仅与农产品监管工作要求不匹配，也限制了对农产品质量安全的风险预警和应急处置。

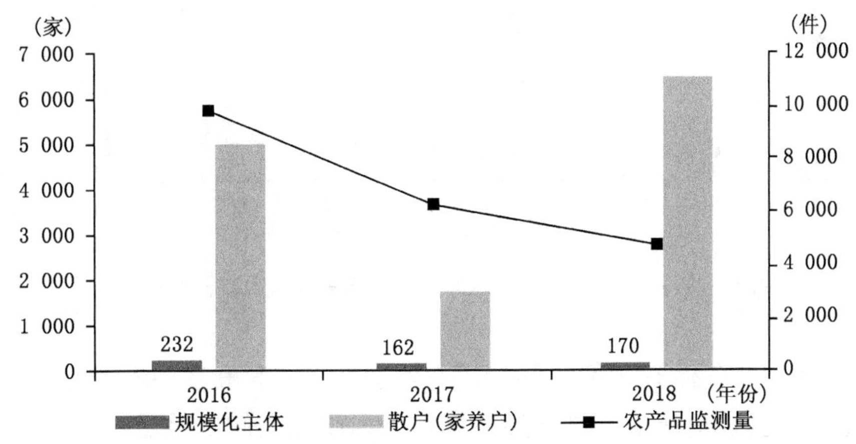

图1 2016～2018年闵行区农业生产主体与农产品监测量对照

（三）监测工作经费保障严重不足

根据近年各级政府推出的农产品质量安全相关法律和规章制度要求，应该将农产品质量安全监管、检测、执法等相关的工作经费纳入各级财政预算，并且要求地方政府加大财政投入力度，加强农产品质量安全检测体系建设。但就调研情况看，闵行区2017年GDP排名全市第二，但区级财政在农产品监测方面的投入始终最少，且大部分乡镇在农产品质量安全监管方面的预算也不足，只有少部分相关的农产品检测经费可

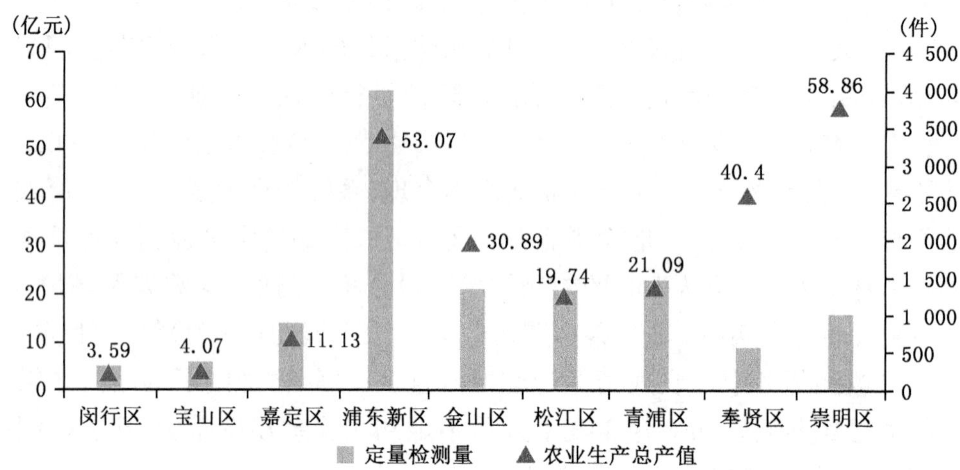

图 2　2017 年各区农业生产总值与农产品定量检测任务对照

以解决。

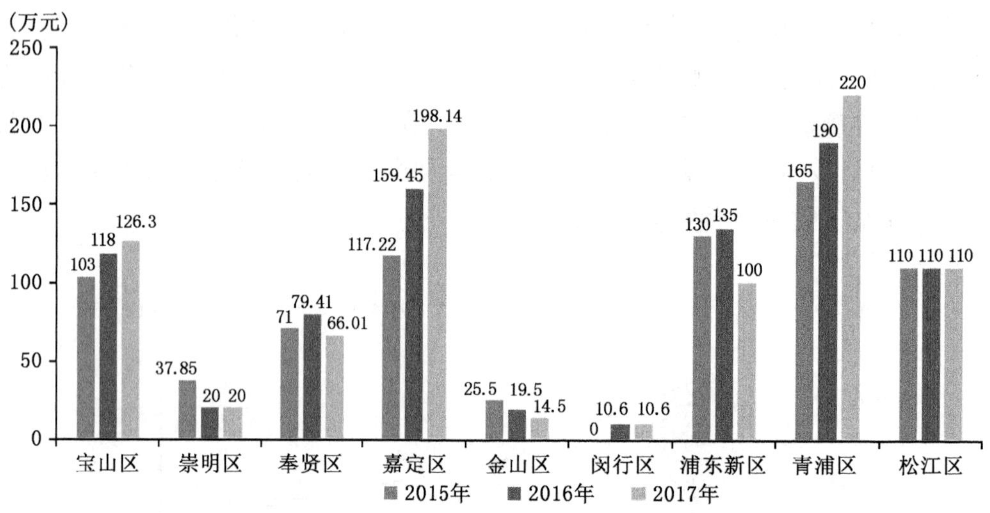

图 3　2015～2017 年各涉农区农产品质量安全监测资金投入情况

闵行区的问题在各涉农区都不同程度存在，已成为本市基层农产品质量安全监管工作的共性问题，也是实现地产农产品质量提升而亟须破解的难题。

四、对策措施

(一)切实落实农产品监管工作经费保障

农产品质量安全监管点多、面广、量大，需要有足够的经费来保障。要依托政府的主导地位和优势，将农产品质量安全监管工作经费、监测经费及办公经费全部纳入财政预算，建立基层监管工作经费保障机制，配以合理预算支持。同时，对区、镇检测、监管机构基础设施的建设要进行统筹规划，确保发挥其效能，在农产品质量安全监管中起到重要作用。要拓宽经费来源，利用农业项目、政府经费补贴和社会资本等投入，解决人员补助、设备购置和检测耗材等经费支出,确保基层农产品质量安全监管工作顺利开展。

(二)全面提升基层监管能力

1. 切实加强基层监管队伍建设

镇级农产品质量安全监管站均已成立,监管职能也已明确。为了更好地发挥其作用,增强属地化监管意识对监管人员的管理权力,乡镇应在工作经费的保障下,加强协调整顿,按照机构职能对人员编制予以核定落实,切实解决机构有设备没人干、队伍不稳定等问题。在稳定队伍的基础上,要强化监管能力建设,对区、镇、村三级监管人员制订专门的培训计划,坚持按照国家农产品质量安全县创建要求,每人每年接受农产品质量安全方面的集中培训不少于 40 学时。以考核倒逼主动监管的长效机制建立,要与镇、村级监管人员层层签订责任书,将工作任务细化、量化,年终进行考核,以调动监管人员的积极性,落实监管责任。

2. 以信息化手段提升监管水平

一方面,在基层监管人员中全面应用农产品质量安全监管平台,实现对农产品生产日常监管工作的信息化管理,提高监管效能;另一方面,继续推进农产品追溯体系建设,争取更多的主体纳入电子化追溯体系,提高生产者的质量管控能力;同时,要加强与市场监管部门的有效衔接,切实落实准入准出制度,真正实现对农产品的全程监管。

(三)系统开展农产品质量安全监测

1. 科学制定农产品监测方案

要结合辖区产业现状和投入品使用实际,对应部、市监管要求,制订本区统一的农产品质量安全监测计划,调整完善监测重点、指标、对象和频次,提高资源利用效率。针对规模化主体开展的定量检测量每年不能少于 600 个,对散户的定性检测样品数不能少于8 000个。风险监测的种类要广、检测项目要全,可及时、准确发现问题作为监督抽查的依据,对尚无评判标准的结果可提供给市级监管部门作风险评估参考。

2. 着力提升基层农产品检测能力

一是区级层面,要加强农产品质量安全检测机构的建设,加强协调沟通落实经费,或通过申请部、市项目,实现设备升级;多渠道、多层次引进专业检测技术人员,充实检测队伍力量;提升检测能力,扩大检测参数范围,适应监管工作需要。定位于监督抽查,重点承担所辖区域范围内的农产品质量安全日常性检测工作,并面向生产基地、企业和农业专业合作社开展相关的技术培训和标准宣传服务。二是镇级层面,乡镇速测室定位于产地准出检查和速测筛查,以服务农户、加强产地监测为目的,要做到机构、人员、职责、经费和条件装备“五个”落实。针对农产品质量安全快速检测员缺乏的现状,可参照大学生村官形式,给镇级配备农产品检测专业技术人员,同时加强药残速测技能培训力度,严格执行资格考核制度和持证上岗制度,确保农产品质量检测结果的准确性、科学性、公平性。

(四)推动完善社会共管共治

鉴于县域农产品质量安全监管工作刚刚起步,基础条件有限,建议充分调动各方力量，推进形成政府监管责任和企业主体责任共同落实，行业自律和社会他律共同生效、市场机制和利益导向共同激活社会共管共治的氛围。一是发挥生产经营主体作用，倡导诚信从业风气，扶优扶强诚信生产经营主体，充分发挥其标准化生产和质量安全自控的辐射带动作用，推进农产品生产标准化、组织化和规模化。二是调动技术推广部门、行业协会等主体力量，引导其开展农产品质量安全技术指导、培训服务等相关工作。三是及时向公众公开例行监测、监督抽查的结果和依法处罚违规者的信息，以信息公开作为督促地方政府和生产经营者重视质量安全工作的重要切入点，发挥公众监督作用，利用手机、网络等现代传播技术手段，畅通公众投诉渠道，搭建社会共治的平台和桥梁。

贯彻农业供给侧结构性改革，上海农业实施都市现代绿色发展，不仅能适时、便捷地为城市居民提供新鲜、卫生、安全的农产品，还将拓展休闲旅游和传承文化与教育等功能，这就意味着更多的市民会流向农村。地产农产品不仅要安全，更需要提升质量，体现绿色化、精品化、特色化。基层农业部门应从解决农产品质量安全监管工作的问题出发，着力完善体制机制，体现上海水平，保障地产农产品质量安全，促进质量兴农。

市农委质量监管处：肖　嘉

20. 关于上海市化肥农药使用情况的调查报告

化肥、农药是重要的农业生产资料，化肥是粮食的“粮食”，农药则对防治病虫害、确保稳产高产至关重要。在促进粮食和农业生产发展中，两者都起到了不可替代的作用。但随着农业生产中投入品的不断增加，化肥农药也出现了过量使用、盲目使用的问题，导致农业成本上升、农产品品质下降，甚至带来农产品安全和生态环境问题。为此，农业部印发了《到 2020 年化肥使用量零增长行动方案》《到 2020 年农药使用量零增长行动方案》（简称《方案》），方案紧紧围绕“稳粮增收调结构，提质增效转方式”的工作主线，大力推进化肥减量提效、农药减量控害，为积极探索产出高效、产品安全、资源节约、环境友好的现代农业发展模式提出了总体要求。

上海结合自身农业发展实际，制定了《上海市化肥和化学农药减量工作方案》，提出了本市的减量目标，即到 2020 年，化肥农药使用总量比 2015 年减少 20%。围绕《方案》的实施，本市提出了多项化肥农药减量措施。为了解 3 年减量工作的实施情况，特别是减量工作的实效情况，遂开展此次调研活动，以期为今后的化肥农药减量措施提供参考。

一、化肥农药投入情况

（一）化肥农药使用总量情况

上海市化肥和农药使用总量在 21 世纪初一直处于高位徘徊的态势，化肥年使用量（折纯量，以下同）在 14 万吨以上，农药年均使用量在 0.8 万吨以上。但是从 2009 年起，化肥农药使用总量开始逐年下降。“十二五”末比“十一五”末，化肥和农药使用量分别减少 16.2%、37%，其中，在“十二五”期间，化肥每年减少 3 800 吨，农药每年减少 520 吨，年均降幅分别为 3.2%、7.4%。在《方案》实施后，化肥农药投入量呈继续下降态势。截至 2017 年年底，全市化肥使用量为 8.9 万吨，农药使用量为 0.35 万吨，比 2014 年分别减少 12.3%、25.5%，年均降幅分别为 4.1%、8.5%。

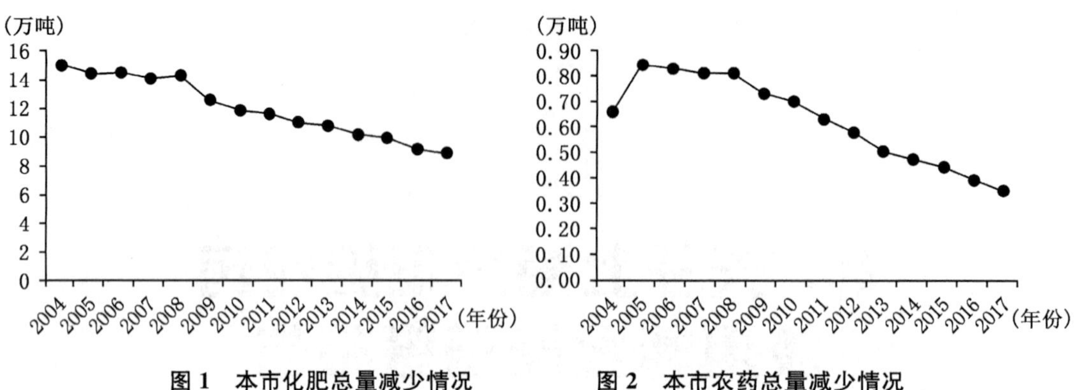

图1　本市化肥总量减少情况　　图2　本市农药总量减少情况

(二)化肥农药使用强度情况

在目前的农业生产过程中，化肥和农药仍是必需的农业投入品，尚不能实现完全替代。但为实现农业生产提质增效，满足市民对安全、绿色、优质农产品的需求，降低农业生产中化肥和农药的使用强度，也是势在必行。

为此，课题专门调查了单位面积的化肥和农药投入情况。如果按耕地面积测算，2017年，全市耕地亩均化肥和农药使用量分别为31千克/亩、1.22千克/亩，比“十一五”末，减少26.2%、50.8%，年均降幅分别为3.7%、7.3%，数据表明，单位耕地面积上，本市化肥农药使用强度呈现逐年下降的趋势。如果按照种植面积测算，2017年全市种植亩均化肥和农药投入分别为18.99千克/亩、0.75千克/亩，2010年分别为18.61千克/亩、1.1千克/亩，化肥投入与“十一五”末基本持平，而农药投入出现31.8%的降幅，年均下降4.5%。数据表明，种植面积上，本市化肥投入强度今年来变化不大，而农药亩均使用水平呈现明显的下降趋势。

同时，为了更清楚地确定上海的化肥和农药投入强度在全国中的情况，将本市的化肥农药投入强度与全国平均水平以及长三角城市进行了比较分析。

以2016年为例，按耕地面积测算，全国亩均化肥农药使用水平为29.7千克/亩、0.87千克/亩，而上海为32千克/亩、1.36千克/亩，分别比全国高2.3千克/亩、0.49千克/亩(见图3、图4)；按农作物播种面积测算，上海的亩均化肥用量则低于全国平均水平，而亩均农药用量仍高于全国平均水平(见图5、图6)。数据表明，上海与全国亩均使用水平的差距在逐年缩小，但仍高于全国平均水平。分析发现，上海耕地复种指数高于全国平均水平是主要原因，目前全国耕地复种指数为1.23，上海为1.55；此外，在农作物主要生长期，上海多为温度高、湿度大的天气，对农作物病虫害的发生比较有利，易导致农药使用水平也相对高于全国。

上海仅化肥农药使用在长三角城市中处于较低水平。以2016年为例，上海市亩均化肥农药使用量分别为32千克/亩、1.36千克/亩，均比长三角大部分城市要低。化肥亩均用量水平，除个别城市外，无锡、常州、南通、嘉兴、宁波等城市都高于上海；农药亩均使用水平，除苏州以外，周边城市也均高于上海。

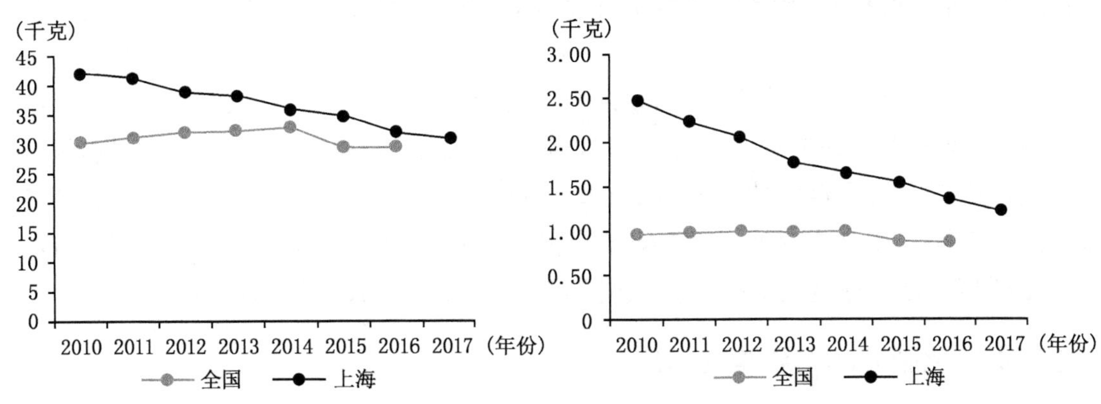

图 3　亩均化肥用量对比(耕地面积)

图 4　亩均农药用量对比(耕地面积)

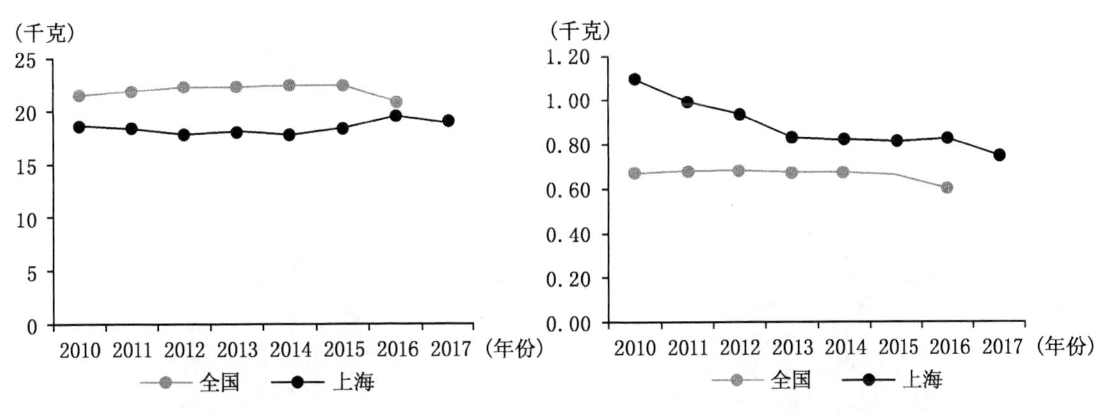

图 5　亩均化肥用量对比(播种面积)

图 6　亩均农药用量对比(播种面积)

表 1　　长三角城市化肥农药亩均用量对比　　单位:千克/亩

城市	上海	无锡	常州	苏州	南通	杭州	宁波	嘉兴	湖州
化肥	32.00	36.87	35.18	24.37	38.88	29.88	32.40	32.36	18.89
农药	1.36	1.78	1.81	1.27	1.70	2.15	1.89	1.96	1.85

(三)本市化肥农药用量下降的原因分析

一是农作物种植面积下降。本市农作物播种面积基本呈现逐年下降的趋势,“十二五”期间年均减少 3%左右,2017 年比“十二五”末又减少 12.7%。同时,“十二五”期间,本市积极推广“三三”制茬口模式,麦子、绿肥茬口比例不断优化,特别是近年来,麦子、油菜等夏熟面积进一步压缩,并逐步被绿肥、深翻等茬口所替代,这为化肥农药使用量的减少奠定了基础。

二是种植业结构调整优化。随着种植业结构调整的推进,水稻品种结构也在逐步优化,早中熟水稻品种和优质稻比例逐步增加,据技术部门调查,2017 年全市水稻早中熟品种与晚熟品种结构比例已由“十二五”末的 40∶60,提高到 46∶54,国庆稻等早熟品种面积较“十二五”末增加近 1 倍。由于早熟品种种植期间化肥农药投入偏少,优质稻品种出于对米质要求，肥水管理也更加合理，这在一定程度上减少了化肥农药的使用量。

三是绿色生产技术不断进步。近年来，通过种植绿肥，推广有机肥替代化肥、测土配方施肥以及缓释肥等技术，本市主要农作物的施肥结构逐步优化，化肥使用总量逐年下降；通过推广高效低毒低残留农药，逐步取消了高中毒农药的使用，并在病虫害防治关键时期，积极实施统防统治，提高农作物病虫害防治效率。通过开展示范点建设，大力推广应用杀虫灯、性诱剂、黄板等绿色防控技术，减少了农药使用量。

二、本市化肥农药主要构成情况

根据市统计局年报，以及市农业技术部门抽样调查结果，对本市 2017 年化肥和农药总量的构成分析发现，本市化肥和农药投入使用，主要以谷物、蔬菜、水果、林业为主，四项合计占全市化肥总投入的 97%左右，占全市农药总投入的 87%。在所有的作物中，水稻、麦子等谷物的化肥农药投入占比最大，其后为蔬菜、水果、林木。这与农作物占地面积多少紧密有关。

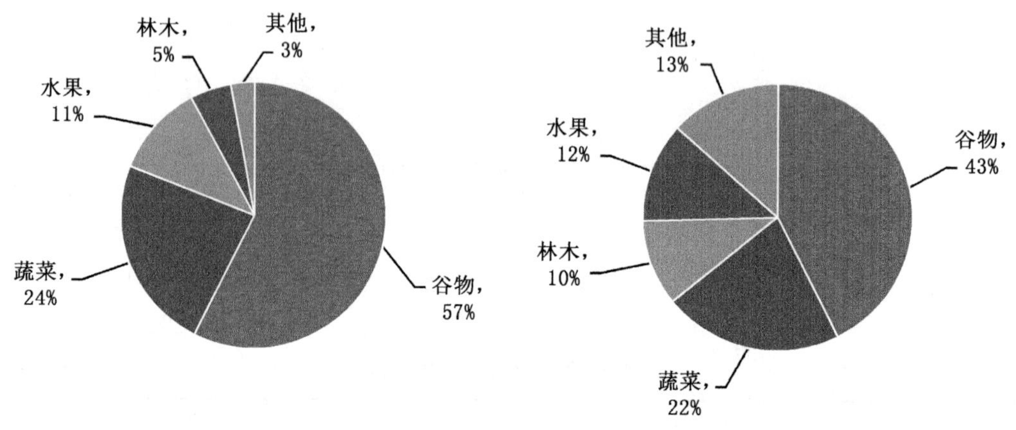

图 7　2017 年化肥总量构成　　图 8　2017 年农药总量构成

对不同作物亩均化肥农药投入水平分析显示，蔬菜和水果等经济作物的亩均化肥农药投入水平相对较高，其次是水稻为主的谷物。

表 2　2017 年不同作物化肥农药亩均使用水平对比　单位：千克/亩

农作物	水稻	蔬菜	果树	林木
化肥	30.3	25.5	43	2.6
农药	0.86	1.1	1.8	0.2

根据对 130 家农户调查数据分析，在本市农药使用种类中，主要为杀虫剂、杀菌剂和除草剂，其中杀虫剂和杀菌剂用量均呈现逐年下降趋势，除草剂用量在“十二五”期间保持稳定，但在近几年却呈现上升趋势，并由占比最小成为农药中占比最大的种类（见图 9）。

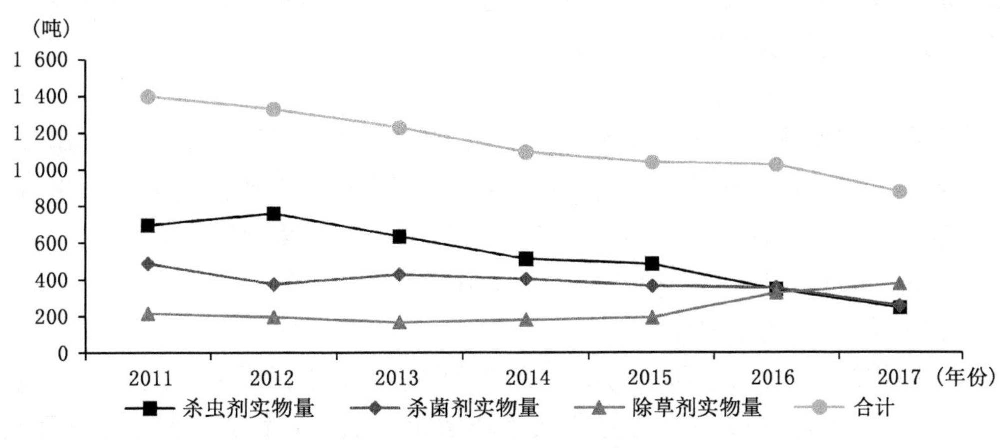

图 9　不同种类农药使用量变化

三、本市化肥农药使用现状的评价

经过调查分析发现，本市化肥农药的使用总量正在逐年下降，各项减量工作措施取得一定成效。农业生产中，化肥农药的使用强度也在逐步减弱，特别是农药亩均使用水平下降的趋势明显，说明农业生产中农药的投入强度在逐步减小，这为实现农业绿色发展奠定了坚实的基础。

但是，化肥的单位种植面积使用量仍维持在同一水平上，下降趋势不明显，说明农业生产中对产量的重视程度仍然较高，投入水平仍然没有减少。农药的使用强度虽然下降，但农药中除草剂的使用量却在近几年出现增加，这与生产方式的改变有较大关系。

四、关于化肥农药减量工作的相关建议

“十三五”期间，本市化肥农药使用总量将完成20%的减量目标，即至2020年，全市化肥和化学农药使用总量比2015年减少20%。为此，结合本市农业发展规划和农业生产实际，提出如下建议。

(一)实施农田轮作休耕

鉴于上海的气候因素，在麦子的主要生育期多为高温、高湿天气，极易发生小麦赤霉病，对麦子的食用安全性影响很大，因此建议全面退出麦子种植，实施粮田轮作休耕，推广种植绿肥和实施冬季深耕晒垡。在果园推广生草种植，提升果园土壤有机质含量。有序推进设施菜田土壤保育与改良，进一步优化水稻和蔬菜品种，从源头上减少化肥农药使用量。

(二)推广绿色生产技术

重点在蔬菜等作物上开展有机肥替代化肥行动，推广配方肥料和缓释肥料应用，集成生物防治、理化诱控、生态调控、科学用药相结合的绿色防控模式，应用非化防手段及生物农药、高效低毒低残留农药控制病虫害，实现有效控制病虫害、减少化学农药用量。

巩固已建成的绿色防控示范区，开展水稻绿色生产基地和蔬菜绿色生产示范基地建设，以点带面，扩大绿色技术的推广应用面积。

（三）提高病虫害测报预警水平

完善上海市农作物有害生物预警系统功能，提高预警系统利用效率和数据准确性；充分发挥各级监测系统的作用，对农作物主要病虫害进行动态监测与准确预报，提高防治工作的准确性和针对性。进一步提高农作物病虫害专业化统防统治水平，大力培育专业化统防统治植保队伍，提高植保防治作业效率。

（四）完善农业环境监测体系

开展农田排污、耕地质量和作物田间肥效监测。建立农田排污监测点，跟踪监测农田化肥流失动态；做好本市耕地地力和土壤环境定点监测，及时掌握耕地质量变化情况；做好作物田间肥效监测，了解施肥农学效率和有效利用率情况。以家庭农场、蔬菜园艺场、合作社等不同类型主体为主，开展化肥、农药使用监测，为化肥农药减量工作提供支撑。

（五）提升设施装备水平

推广新型植保机械，进一步提高病虫害防治装备水平，在蔬菜作物上重点推广静电喷雾器、热烟雾机等新型植保机械；推进设施农业建设，进一步提高经济作物和水果生产节水、节肥和节药的装备能力；加强深耕机械和秸秆还田装备配套，提高秸秆还田质量和农田耕作水平。

市农委种植业办公室：秦晓东

21. 市委农办系统单位党员思想状况调研

为进一步摸清市委农办系统单位党员思想状况变化情况，检验近年来推进“两学一做”学习教育常态化制度化和“不忘初心、牢记使命”主题教育的成果，在工作中进一步突出问题导向，带着问题学，针对问题改，2018 年市委农办组织处在 2016 年开展党员思想状况调研的基础上，进行新一轮的调研。此次调研主要面向市委农办系统归口和直属单位党组织所属党员，实施路径主要采取问卷调查和日常工作调研相结合的方式：一是针对党员学习教育、工作、生活等方面的内容有针对性地设计调查问卷，通过微信平台组织系统单位党员填写。系统基层党组织共发动 813 名党员参与，初步摸清存在的问题。二是结合处室日常工作调研，重点关注基层党员在思想作风方面存在的问题及其产生原因，理清工作思路。

一、市委农办系统单位党员思想基本情况

除市委农办机关党委和机关离退休党委外，农办系统共有归口、直属党组织 175 个，设 8 个党委、17 个党总支(其中 6 个为归口、直属党总支，11 个为归口、直属党委所属党总支)、150 个党支部(其中 12 个为直属党支部，118 个为归口或直属党委、党总支所属党支部)，共产党员2 309名。

总的来看，农办系统单位党员思想状况良好，表现出积极、稳定、健康、向上的精神面貌，能够牢固树立政治意识、大局意识、核心意识、看齐意识。随着“两学一做”学习教育常态化、制度化和“不忘初心、牢记使命”主题教育的持续推进，党员思想觉悟和精神面貌有了较大程度的提升，党员队伍整体素质不断提高。

(一)理想信念更加坚定

农办系统单位党员大多数能够自觉做到遵守党章、党规，用习近平新时代中国特色社会主义思想武装头脑，贯彻中央、市委“三农”政策推动工作，坚定理想信念，在重大政治原则问题上与党中央保持一致。问卷显示，农办系统单位党员对理想信念的认同度

较2016年调研提高了6个百分点。

（二）对“三农”工作认同度高

问卷显示，农办系统单位党员对自身所从事的“三农”工作的认同程度较高，超过95.8%的被调研者认为自己所做的工作非常有意义，超过97%的被调查者认为自己有干好本职工作各项事情的能力，有79.5%的被调查者认为在工作中有机会发挥主观能动性。

（三）组织性纪律性有所提高

农办系统单位大多数党员能够自觉遵守党的纪律和工作纪律，能够按照党的纪律约束和规范自己的言行，参加党组织活动，完成党组织交给的任务，努力在各自工作岗位上履行工作职责，推动全市“三农”工作稳步向前。问卷显示，能够安排好其他事务准时参加党组织活动的党员比2016年提高了4.2个百分点，达到95.2%，能够按时完成组织交办任务的党员比2016年提高了2.38个百分点，达到了99.38%。

（四）党员先锋模范作用更加明显

农办系统单位大部分党员在深化农业农村改革，实施乡村振兴战略、全面推进上海都市现代绿色农业建设过程中能够发挥党员先锋模范作用和带头作用。问卷对比显示，针对党员发挥先锋模范作用的评价中负面评价由2016年的27%降低到了6.3%，在遇到重大工作任务时党员发挥明显作用的认同度由45%上升到了73.8%。

（五）党员服务意识有所增强

农办系统单位大多数党员能够自觉践行全心全意为人民服务宗旨，广泛深入郊区镇村开展“三农”工作调研，反映农民群众现实需求，制定并落实符合上海农村特点的“三农”工作措施，积极为“三农”事业献计献策。问卷显示，对党员践行宗旨意识认同度由2016年的48%上升到了74.6%。

（六）更加注重生活作风和个人道德修养

农办系统单位大多数党员能够做到在工作单位和生活社区爱岗敬业、尊老爱幼、邻里和睦相处、社会交往友善诚信、日常办事依法依规，保持积极健康的生活方式。问卷显示，在对党员道德素养的评价中，认为“党员整体素质较高，注重个人品德修养”的被调查者由2016年的76%上升到了87.8%。

二、存在的突出问题

尽管这几年农办系统单位党员思想工作取得一定成效，但在调研中我们也感到农办系统党员思想状况还存在着一些不容忽视的问题。

（一）党性意识有待进一步加强

一是农办系统单位少数党员对党员身份的认同还不够。有近20%的被调查者表示，党员在日常工作生活中不会主动亮出自己的党员身份。二是少数党员还没有真正做到“在党言党、在党护党”。问卷调查结果显示，32%的被调查者表示个别党员存在“背地里经常在职工面前发牢骚”，25%的被调查者认为个别党员存在“随意议论党的政策”的现象。三是少数党员仍然没有做到积极主动缴纳党费。问卷显示仍有超过10%

的党员没有树立起主动缴纳党费的意识，离“主动”“按时”“足额”缴纳党费的要求还有一定差距。四是有的党员缺乏坚定的原则立场，有时遇到违背党的原则的言行，态度暧昧。问卷显示，31.6％的党员认为存在“原则性不够，缺乏坚定的立场”的问题。

（二）党员先锋模范作用的发挥还没有完全融入日常生活中

调研显示，系统单位部分党员不能自觉地用优秀共产党员的标准来严格要求自己，没有做到“平常时候看得出来，关键时刻站得出来，危急关头豁得出来”。主要表现在：一是少数党员在工作和学习上得过且过，把自己混同于普通老百姓，想问题办事情首先考虑的是自己的“一亩三分地”，以自我为中心，过多地考虑金钱、物质利益，甚至有的党员对上阿谀奉承，对下趾高气扬，有利就争，与群众斤斤计较。二是少数党员不注重个人整体素质、品德修养的提高，不注重社会公德，日常生活奢侈浪费，不遵守生活纪律，存在酒驾等行为。根据问卷结果显示，在对所在单位党员先锋模范作用的评价中，有19.9％的调查者认为“大部分党员发挥作用一般”，有 3.8％的调查者认为“部分党员基本不发挥作用”，有 2.3％的调查者认为“少数党员不如普通群众”“个别党员经常起反作用”。

（三）工作干劲和精神状态需要进一步提振

系统单位部分党员存在工作干劲减退和精神状态不佳的问题。问卷显示，有近30％的人认为所在单位党员“精神状态还不能很好地适应形势的需要”。部分党员缺乏工作热情，工作不推不动，有时推了也不动。问卷调查中，有 21％的人认为所在单位党员办事不用心，满足于上传下达，有 23.6％的人认为所在单位党员不肯担责，不想把事情做得更好。部分党员认为“三农”部门工作地位和工作资源相对较弱，思想不够稳定，缺乏提振激情的动力。问卷调查中，面对实施乡村振兴战略新态势，18.4 ％的人感到农委好多工作都受到职能限制，10.3％的人感到涉农单位是弱势部门，24.35％的人觉得车改和绩效工资改革后动力明显不足。

（四）奉献精神和服务“三农”的意识有待进一步加强

调研显示，系统单位少数党员淡化了全心全意为人民服务的宗旨意识，缺乏奉献精神，缺乏为“三农”服务的意识。有的党员想问题办事情不能从整个“三农”发展的大局来谋划工作，对一些创新发展的问题，习惯于用原有的方式方法处理，缺少系统、有针对性的调研，在广泛听取职工群众的意见方面还不够充分。部分党员在为基层、为农民服务方面不够深入，服务态度和服务质量均有待进一步提高。问卷调查中，13.2％的人认为所在单位党员为基层、为农民服务一般，缺乏耐心，有个别单位的党员仍存在中午休息时间有空也不办，让郊区同志等待的情况。

三、存在问题的原因分析

导致上述问题产生的因素是多方面的，其中既有党员自身主观方面的原因，也有党组织教育管理以及社会环境等客观方面的因素。具体来看，主要有以下几个方面：

（一）从党员自身来看

一是部分党员放松了政治理论学习，浅尝辄止多，深入学习少，零散学习多、系统学习少，应付学习多、自觉学习少，没有做到理论联系实际，制约了理论水平和政治素养的提高，从而影响了党员先进性的发挥。二是部分党员主观认识不到位，思想上产生了懈怠情绪，放松了对主观世界的改造，从而导致了观念的错位。三是部分党员放松了自我要求，思想观念没有做到与时俱进，辨别是非能力退化，抵御腐蚀能力弱化，对社会上一些负面现象不能正确认识。四是部分党员思想观念出现偏差，认为市场经济环境下，党员与群众差别不大，导致部分党员对自身要求不严。

（二）从党组织建设看

一是党员教育没有达到应有的效果，党员学习依然以大而全的普遍教育，台上讲台下听的灌输式教育，讲课、自学、讨论的三段式教育为主，一些与工作、生活息息相关的内容以及思想上的疑惑得不到及时有效的解决，从而降低了学习的积极性。二是基层分类教育培训存在不足。目前对党员干部的教育培训采取分层次负责，市级负责局级干部，系统负责处以上干部，科级以下干部和科技干部党员由基层单位负责。后者在培训质量、培训时数、培训形式等与处级以上干部有较大差距，基层党员教育缺乏长效机制，学习教育没有达到预期的效果。三是党员监督管理不够严格。部分单位党组织党员“入口”时思想政治教育抓得不够深，没有认真做好从入党积极分子到预备党员期间的基础性教育，客观上造成部分党员信仰基础不够扎实，党性原则和理想信念不够强。

（三）从社会环境来看

当前，我国正处于社会转型期，这种转型不仅对人们的社会生活带来巨大而深刻的冲击，而且也给人们的思想观念带来剧烈震荡。这种情况下，很容易导致一些人理想信念动摇、价值取向异化、社会行为失范。部分党员干部由于觉悟不高、识别能力不强，致使原来一直所崇尚的思想信念和价值体系发生了坍塌。从本市“三农”工作小环境来看，由于本市农业比重较低，在推进乡村振兴战略工作过程中，往往遇到诸多瓶颈问题且较难突破，同时随着公车改革、事业单位分类改革、绩效工资等不断深入，体制内的一些新的矛盾日益显现，影响了部分党员工作士气。

四、对策建议

第一，要加强系统单位党组织党建基础管理工作。进一步做实基层党支部三会一课和民主评议党员制度，开展主题党日活动，进一步规范党员发展工作，为进一步提高系统单位党员思想建设提供组织基础和保障。

第二，要创新党员教育方式。与时俱进地创新和拓展党员教育的形式与内容，凡是有利于调动党员积极性的做法都要予以鼓励，凡是有利于提升学习教育效果的措施都要予以倡导，并充分利用网上学习、异地学习等切合实际的形式，形成有效的教育机制，更新教育理念，找准与实施乡村振兴战略的结合点，不断提升教育质量。

第三，要规范党员管理与监督。要立足当前，着眼长远，梳理研究党员队伍管理中存在的难点和热点问题，特别是基层党员的管理问题，切实贯彻落实从严治党的方针，本着对党负责、对党员负责的精神，坚持对党员严格教育、严格管理、严格监督，用严格的党内生活制度约束党员，使所有党员都能发挥先锋模范作用。

第四，要加强典型宣传。以正面宣传为主，将大力宣传先进典型事迹和开展反面典型警示教育相结合，挖掘系统党员干部身边的“闪光点”，树立一批典型，以身边事教育身边人，帮助党员干部坚定理想信念。开展党员岗位行动，引导系统党员从本职工作做起、从日常做起，履职尽责，发挥党员先锋模范作用。

第五，要把解决党员思想问题与解决实际问题紧密结合起来。系统各单位党组织要加强调查和研究，随时掌握党员干部思想动态，抓住热点、难点问题，认真做好沟通、教育工作，做到正面疏导和有效帮扶相结合，把解决党员关注的、与切身利益相关的问题作为解决党员思想问题的切入点，通过解决实际困难有效疏通思想、鼓舞干劲，增强党的凝聚力与吸引力。

市农委组织处：付兴慧

22. 上海蔬菜生产信息追溯系统的调研报告

蔬菜质量安全，既是“产”出来的，也是“管”出来的。为迎接“互联网＋”时代的挑战和机遇，发挥信息技术在现代农业发展进程中的支撑作用，本市蔬菜产业大力推进互联网技术应用，加强蔬菜生产与信息技术融合，积极推进蔬菜质量安全追溯和信息化管理，建立健全规模化园艺场电子档案信息，力图打造蔬菜产业发展升级版，加快实现从传统农业向现代农业的转型发展。近期，通过现场调查、座谈和查阅资料等方式，围绕上海蔬菜生产信息追溯工作进行了深入调研，现将有关情况报告如下。

一、上海蔬菜生产信息追溯基本概况

（一）历经三大发展阶段

一是逐步推进纸质档案建设的摸索性阶段。上海市蔬菜质量安全追溯建设在全国起步较早，2002 年先期在无公害蔬菜基地开始推进，其后不断摸索、逐步完善明确信息采集的内容和范围。2002～2008 年，上海蔬菜生产信息追溯基本以纸质档案记录为准，逐步树立了菜农档案信息管理的意识，实现了档案农业从无到有的发展。

二是以纸质档案为主、以电子化档案为辅的数字化阶段。在基本明确蔬菜生产信息采集内容的基础上，形成了蔬菜园艺场纸质档案模板，由全市统一印发管理。为保障上海世博期间的供菜安全，2007～2008 年市级开始筹划设计上海蔬菜质量安全追溯平台，2009～2010 年将 158 家迎世博蔬菜基地纳入平台管理范畴，其后纳入电子化管理的基地不断增多。

三是以纸质档案为辅、以电子化档案为主的智能化阶段。随着电子档案应用范围的扩大，2014 年全市 248 家合作社生产信息纳入上海蔬菜质量安全追溯平台，也凸显已有平台在数据分析和查询等功能上的缺失。为适应现代农业发展管理的要求，2015 年起市农委蔬菜办联合技术部门研究开发“上海蔬菜生产管理信息系统”，经过 3 年的迭代完善，蔬菜生产信息追溯正式进入以电子化档案为主的信息化时代。

（二）三大层面政策支撑

一是从国家层面而言，李克强总理在2015年政府工作报告中首次提出“互联网＋”行动计划，将其上升为国家战略；其后，农业部等8部门联合印发《“互联网＋”现代农业三年行动实施方案》，大力推进农业与信息技术融合，引领驱动农业现代化加快发展。2016年，农业部发文要求建立国家农产品质量安全追溯管理信息平台，加快构建统一权威、职责明确、协调联动、运转高效的农产品质量安全追溯体系。

二是从市级层面而言，2015年上海市政府颁布《上海市食品安全信息追溯管理办法》，将5种蔬菜品种纳入全程追溯范畴。2016年年初制定《上海市推进“互联网＋”行动实施意见》，明确提出“建立地产蔬菜电子化档案管理，实现绿叶菜生产、加工、流通等环节质量安全可追溯”；2017年发布的《上海市食品安全条例》，进一步明确了食品特别是农产品生产管理的有关规定。

三是从农业主管部门而言，上海市农委高度重视地产农产品质量安全追溯体系建设。市农委印发的《2017年上海市地产农产品质量安全追溯体系建设实施方案》和《2018年上海市农产品质量安全工作要点》均围绕追溯建设提出了具体要求。其中，蔬菜生产信息追溯主要是将规模化园艺场（基地）纳入信息追溯范围。

二、上海蔬菜生产信息追溯取得的成果

（一）三大数据库得以建立

一是建立生产主体数据库。生产主体数据库作为蔬菜生产管理信息系统的基础组成部分，纳入323家蔬菜合作社和生产企业，涵盖了生产主体的地址、人员、蔬菜面积以及“三品一标”认证等情况，还囊括了基地地图、地块以及对应的管理者。通过建立生产主体数据库，对8.4万亩蔬菜面积、8.7万个种植地块实行精细化管理，2017年覆盖全市16.5万亩次蔬菜播种面积，强化了对产地位置和环境的管控。

二是建立农业投入品数据库。农业投入品管理作为蔬菜生产管理信息系统的重要组成部分，对蔬菜品种、肥料和农药等主要农业投入品入库和出库情况实施电子化管理，涵盖本市13大类175种蔬菜、27种肥料、50种补贴类农药、7种绿色防控推荐产品、55种非补贴农药以及前两年的补贴农药，强化了对全市主要规模化基地农资仓库特别是农药仓库的管理。

三是建立生产信息数据库。生产信息数据库作为蔬菜生产管理信息系统的核心组成部分，囊括种植、施肥、用药、灌溉、采收、销售、检测和投入品出入库等各种生产信息。2016年系统收集各类蔬菜生产信息226.02万条，2017年达到342.85万条。实现对全市主要规模化基地的生产信息采集，在建立基础性生产信息数据库的同时，强化了对数据的校验和比对、对基地蔬菜生产环节的监管。

（二）三大追溯功能得以实现

一是全面实现批次追溯。即每个地块每茬每批次蔬菜采收后都可以形成唯一性的二维码，通过扫描二维码可以追溯蔬菜从种植到销售环节的所有农事记录。目前全市主要规模基地8万多个地块配备了统一的标牌标识，每个地块均做了唯一的二维码

绑定。

二是试点运行产品追溯。在青浦区世鑫合作社等多家园艺场试点运行二维码产品追溯，即对配送到超市的蔬菜，消费者可以通过扫描二维码，查询到合作社基本情况、地址、场容场貌图片，以及对应的蔬菜产品图片和简要介绍，丰富了产品追溯形式。

三是逐步推进主体追溯。主体追溯主要是通过追溯了解到蔬菜生产主体，明确蔬菜产品的生产单位，一家蔬菜基地只需要印制一种通用型的追溯码即可实现。在三大追溯中，主体追溯更为经济，相对简单易行，今后将进一步在有意愿的合作社推广。

（三）三大智能优势得以凸显

一是分析优势凸显。在数据库信息采集和传输的基础上，利用数据挖掘分析技术和可视化的数据展示，对数据进行处理分析，从海量的数据中快速获得有价值的信息变得意义重大。具体体现在：首先，校验数据准确性有了抓手。信息系统的建成改变了过去仅能做到的点对点的数据查询，现在可以实现横向和纵向的系统性数据分析和比对。其次，指导面上生产有了依据。应用大数据思维、研究和分析，可以为蔬菜管理部门了解面上生产，协助政府决策提供数据支撑。

二是管理优势凸显。首先，从政府管理来说，市、区、镇三级蔬菜管理部门以及农业执法部门、认证部门和农技推广部门可以通过信息系统，足不出户即可直观、便捷且实时了解蔬菜在田情况。同时，也可通过手机 APP，现场比对网上信息和生产实际的吻合度，校验填报数据的真实性、准确性和及时性，管理更为便捷、智能。其次，从企业管理来说，蔬菜合作社负责人可以实时掌握基地生产、销售和经营状况，加大对农资仓库的把控和管理，蔬菜合作社信息员可以将田间农事操作信息实时上传，且不会出现数据重复录入错误。

三是服务优势凸显。首先服务于生产。电子化管理作为基础性工作，应用于蔬菜生产业务管理方面，诸如与设施菜田土壤保育相结合、与绿色防控技术相结合，实现业务工作与信息技术的融合，为生产提供数据支撑和监管依据。其次，服务于销售。以生产信息系统为纽带，连接了盒马生鲜、上蔬永辉、大润发等知名销售企业和本市重点蔬菜龙头企业和基地，充分利用生产信息系统对过程信息的管理把控，畅通重点蔬菜基地销售渠道，确保知名企业蔬菜来源安全可控。

三、上海蔬菜生产信息追溯面临的困难和挑战

（一）基础数据难以形成统一的规范标准

数据库信息量大、种类繁多，且不能通过互联网自然形成，需要在生产经营过程中获取，要求信息员通过网站或手机 APP 进行人工录入，且数据来源及表现形式多样，缺乏系统性，数据收集和存储格式难以形成一套统一规范的标准，不同合作社接受程度和信息录入模式不尽相同，不同信息员数据采集方式和理解方式也千差万别，数据的获取具有一定的难度。举个例子，不同合作社播种同一蔬菜品种，计算和录入方法分别有“克”“袋”“粒”“斤”，“克”和 “斤”尚可换算，但是“袋”和“粒”就无法进行统一测算。且由于数据采集和分析技术手段滞后，在获取和挖掘数据上面临技术和管理的难题，现阶

段缺乏深厚的数据分析手段以支撑应用需求。

（二）从业人员难以接受现代的信息理念

目前大多数农业从业人员受教育程度普遍偏低，科技意识较为淡薄，接受和应用农业新技术、新成果的能力较低，导致先进的农业生产技术和管理方法无法被更大范围接受和应用。且本市从事蔬菜生产的青壮年劳力严重不足，菜农老龄化现象普遍，从事蔬菜生产的主要以 60 岁以上的老年农民为主，给信息采集和录入带来了实际困难，进一步影响系统的推广应用。举个例子，调研不同合作社信息员对数据录入和分析的熟练程度，只有约 50％的信息员可以较为迅速反应数据录入方法，仅有 15％的信息员不定期开展数据分析以校验录入的准确性。农民素质的高低直接影响了互联网与农业结合的进程，改变过去传统的耕作模式需要长期潜移默化的影响。

（三）电子信息难以实现良好的经济效益

近年来，以劳动力、地租和农业投入品为主的蔬菜生产成本逐年上涨，蔬菜生产经营效益下降。生产成本的增加对规模化生产基地和合作社的生存和发展形成较大压力，而人工信息采集成本无形中又增加了园艺场的经济负担。从目前来看，生产经营主体对信息系统数据的求知欲还不够，且未能从系统中获取有效的、应用于面上生产的数据分析和指导，市区两级财政对追溯投入的补贴远不能满足生产主体投入的人力、物力和精力的成本。举个例子，蔬菜生产信息电子化财政补贴平均 1 万元/家，最高不超过 3 万元/家，而专门配备一名信息员的工资远不止这个成本，兼职又难以保障工作的质量。因此，蔬菜生产信息电子化对合作社而言不但不能实现良好的经济效益，反而加重了经营负担。

四、上海蔬菜生产信息追溯建议和发展方向

（一）向规模基地多倾斜

鼓励蔬菜龙头企业、农民专业合作社、家庭农场、种植大户等规模化生产经营主体开展生产信息追溯，遴选基础条件好、人员配备齐、具备上网条件的规模化蔬菜基地，重点依托部、市、区三级蔬菜标准园，充分利用规模化蔬菜基地的人员和技术优势，结合绿叶菜核心基地建设和上海农产品价格监测平台，集中力量，聚焦资金，打通绿叶菜的生产管理、投入品监管、质量安全追溯、价格行情、补贴发放等业务数据资源，建设绿叶菜生产经营管理地图。

（二）向宣传培训求突破

互联网＋农业向纵深方向发展离不开从业人员素质的提高。蔬菜管理部门和技术部门要坚持不懈培育新型职业农民，开展农业科技下乡，深入田间地头。在充分发挥区级信息员作用的同时，积极利用现有的镇级农技服务队伍，对口园艺场开展指导服务，充分利用技术培训、上机操作、现场演示和发放资料等形式，加强信息上网的宣传引导，不定期开展技术培训，逐步提高农民的专业素质。围绕追溯体系建设工作，及时总结好的经验做法，充分利用多种形式积极宣传追溯体系建设的意义、目的、措施和效果，让生产者牢固树立质量安全追溯的责任意识，努力实现追溯工作的常态化、规范化、制度化。

(三)向实际需求紧贴近

信息系统的建设,“互联网+”的应用最终还是要为农业和农民服务,为实际生产服务。要构建一个基于大数据和互联网的现代农技推广服务的平台,在这个大数据共享的平台上,合作社和菜农不但可以实时掌握自身生产动态,还可以了解到全区乃至全市的生产和市场信息,可以随时将生产过程中遇到的技术问题上传到平台,获取专家和数据库的系统支持,甚至可以通过系统来“开处方”,让农民能够从大数据平台中汲取到切合自身利益需求的营养。

未来,我们希望通过对互联网技术的应用,使蔬菜生产、销售效益得以提高,让越来越多的菜农享受到“互联网+农业科技”带来的便利,切实享受到信息化带来的丰厚回报,早日走上科技致富的道路。

市农委蔬菜办公室:李珍珍　等

23. 关于探索农村宜居家园建设的新模式的思考

为认真贯彻落实党的十九大精神，积极推进实施乡村振兴战略，按照机关党委和研究室开展非定向课题调研的要求，结合本市农村地区实际，坚持问题导向和目标导向，就农村地区党建机制、环境优化、自治共治等方面情况深入调研，针对现状，分析梳理，提出问题，寻求对策，着力探索农村宜居家园建设的新模式。

一、当前农村地区党建、环境、自治共治等基本现状和主要做法

(一)农村地区的党建引领工作情况

一是以“党建联建”形成农村建设合力。各农村党组织以地缘相近、资源互补为原则，与社区、企业事业单位党组织结对共建，每年开展文化体育、公益服务、环境治理等共建活动，共同推动农村管理及文明建设。二是以“组团式服务”凝聚民心民情。各农村党组织以划分块区、组建团队、普遍走访的方式，了解民生需求，解决村民所困，形成块区组团式联系服务群众的重要形式。三是以“亮灯行动”推动问题整改。在党的群众路线教育实践、“两学一做”学习教育等活动中，各村党组织将查找出的短板问题，以网络“亮灯”的形式进行公示，接受群众监督，直到问题整改完毕，切实把问题解决在基层，把服务送向群众。

(二)农村地区的环境优化推进情况

一是村容村貌逐步改善中。通过农村“五违”整治和生态建设，结合农村地区的问题“靶点”整治，修复修整了大量硬件设施，改善了农村“脏、乱、差”的环境状况。二是水清岸绿逐渐形成中。建立了河长制，以农村河道治理为重点，综合整治农村水环境，环境改善明显，水安全保障有力，正向着“河畅、水清、堤固、岸绿、景美”努力。三是垃圾分类逐步培育中。试点推行农村生活垃圾分类工作，逐步迈向农村生活垃圾减量化、无害化的目标。

(三)农村地区的民主自治共治情况

一是民主管理逐步规范。各村成立了村务监督委员会,并制定村民自治章程及村规民约,加强村级事务的民主管理。落实了重大事项民主决策机制。年终召开村民会议对村干部履职情况进行民主评议。二是村民自治逐渐推进。涉及村民切身利益和村级重大事项的内容,通过村民会议、村民代表会议、村民代表联系户制度广泛征求村民的意见。村务监督委员会通过开展民主理财活动,保障了村级集体经济的公开透明。三是共建联建有效推动。通过“村村联建”“村企联建”“村居联建”等多种形式,达到互相交流、学习、借鉴,优势互补,在管理与服务上形成有效衔接。

二、推进农村宜居家园建设面临的短板和难点

启动农村地区的“宜居家园”建设,将是统筹城乡区域发展、提升新农村建设水平的重要抓手,是优化农村居住环境、提高农民幸福指数的重要途径,是建设生态文明、改善生态环境的重要载体。但就农村地区宜居家园建设工作的推进而言,还存在着很多困难和不足。

(一)农村宜居家园建设的总体瓶颈问题

(1)农村地区的村情村况各异,农村建设发展不均衡。一是各村村级财力差异悬殊,高的可达数千万元,而低的百万元不到;二是各村性质属性不同,有的完全动迁属于空壳村、有的自然村宅属于混合型村;三是各村村民居住数差异大,多的千人,少的仅几百人。如按地域特点和人口组成,可分为嵌入式的集镇村、紧密型的城中村、集聚型的租赁村、边缘型的纯农村、社区型的新农村 5 类。其建设和发展情况各不相同,对于不同且差异巨大的村情村况,使用一套平均化的方案和标准来建设农村宜居家园,显然是不可取的。

(2)人口结构失衡,宜居建设主体不可控。一方面,农村来沪人口比例与本地实住人口比例倒挂,外来人口多,流动性大,对居住地没有归属感,缺乏作为主人翁的责任意识,村里对来沪人员没有制约和管理的有效抓手,导致各项工作开展缺乏配合基础。另一方面,农村实住人口中,60 岁以上老人比例较高,这些村民大多文化水平不高,农村的一些不文明习惯根深蒂固,对一些新理念、新举措接受度低。

(3)管理条线繁杂,监督考评牵头不明确。农村管理涉及方方面面,面广量大,却没有一个专门的部门牵头整合,可复制可推广的好经验无法及时提炼和传播;一些工作中的典型缺失和教训无法被总结警示;一些需要多部门牵头解决的问题无法有效统筹,形成迅速有效的合力。同时,农村宜居家园建设推进中,还缺乏有针对性的考核制度。目前,各条线部门对村的考核太多太杂,比如中央有美丽乡村建设指导意见、市里有文明村考评,其中有些重复考核,有些不贴近村民需求,更浪费了村委不少人力精力,亟须精简、贴切实际,提高考核效率。

(二)党建引领农村建设存在的问题

(1)主观上:部分农村党组织对在农村社会治理工作中的定位还不够准确,对新形势下党建引领农村建设的理念认识不到位,没有很好地将党建引领、党建资源、党员作

用渗透到农村治理和服务中。

(2)客观上:随着城市化进程的加快,本市农村地区普遍呈现社会结构多元、居民构成复杂、人口流动快速、利益诉求多样等特征,农村党组织在面临以上问题时,缺少能应对新形势、新挑战的全新的管理模式。

(3)年龄上:当前农村党员存在年龄偏大、文化程度不高的问题,导致党员引领群众参与农村各项事务时呈现心有余而力不足的问题。

(4)参与上:由于近几年的农村动迁、房屋市场化买卖等原因,有相当大一部分农村党员并不居住在本村。这部分党员对农村事务关心少,参与治理和服务村民的意识不强、积极性不高。

(三)环境美化推进上存在的问题

(1)观念滞后,对农村环境美化工作的认识不足。一是“不想”美化环境。存在户籍人员本位主义,认为在农村居住的主要都是来沪人员,环境改造是花自己的钱为来沪人员服务不值得。二是“不愿”美化环境。农村环境改造投入大,但效益不明显,村民普遍渴望通过动拆迁搬到镇上住,不想住在村里,因此改造积极性不高。三是“不会”美化环境。农村一直以来都是以满足百姓基本的生活需要为目标来美化环境,对如何打造“宜居家园”没有充分的认识。

(2)硬件落后,对农村环境美化工作的改造不足。一是公共设施不足。村域道路狭窄且破损,公共空间利用率低,缺少停车位;多数河道无岸驳和护栏;下水道(排污管)以及天然气管道缺失;存在乱设供电、通信线路等问题。二是环卫设施落后。垃圾桶和垃圾箱房不规范、保洁不到位;缺少装修垃圾和暴露垃圾的集中堆放点和清运短驳措施;农村公厕保洁管理不到位。三是绿化程度较低。农村道路两侧和公共场地基本无绿化,且缺乏统一布置和养护管理;荒地和拆违后地块杂草丛生。

(3)软件缺陷,对农村环境美化工作的推进不足。一是管理模式不统一。各村依据村规民约开展的自治标准不一、效果不一。二是管理政策僵化。农村地区的房屋大多建造于20世纪七八十年代,建筑工艺相对落后,由于不鼓励、不提倡农宅翻修,数十年下来,较多老宅已成危房;此外,由于当时缺乏整体规划,消防车无法深入老宅,农村存在很大的消防和安全隐患。三是管理水平不高。村干部身兼多职,村民组长后继乏人且年事已高,人员文化低、老龄化、不专业,导致农村地区管理流于应付。作业人员短缺,农村治保队员、环卫工人普遍没有按照实有人口的比例配备。

(四)自治共治推行中存在的问题

(1)自治共治程度较低。在农村社区的管理与服务、民主决策等方面,自治共治活动应由村民会议、村民代表会议讨论、协商决定并实施,但在实际工作中,村民参与自治共治的热情不高。

(2)民主法治意识不强。一些村对自治共治重视度不高,民主法治意识还不够强,在实际工作中个别村还存在“一言堂”和家长式作风,没有真正做到村级事务由村民讨论协商决定。

(3)自治章程和村规民约空有形式。村民自治章程和村规民约各村都有制定,但有些村没有因地制宜、没有结合本村的实际情况制定,而是照搬照抄,在具体实施方面还没有很好的执行抓手。

三、关于推进农村宜居家园建设的对策建议

(一)坚持党建引领——着力探索提升基层党建的战斗堡垒作用和党员干部的先锋模范作用,构筑宜居家园建设的"中流砥柱"

(1)构建"网格化"农村党建格局,将组织作用发挥到农村治理的"神经末梢"。一是推进基层党组织网络与联勤和城市网格"两网融合"。以区块网格为单位,建立网格党建联盟,形成"党建联盟—基层党组织—党小组"为基本框架的"网格化"党建体系。二是推行"三联动"工作模式。通过区级机关部门与村党组织的纵向"城乡联动";网格内社区、企业党组织与村党组织的横向"网格联动";村宅党小组、党员志愿者队伍、党员议事会的内部"小组联动",实现各类资源向农村倾斜。三是实施"党建联民情"建设。建立"区块长—网格长—党小组长—党员志愿者"管理服务队伍和"机关干部挂钩服务片区—村两委班子、党员骨干包干重点区域—农村党员对点联系群众"等制度,推进资源整合、民情收集、困难帮扶、经济发展、社会治理等机制有效融合。

(2)构建"服务型"党建平台,实现党组织在功能性服务中参与农村建设。一是打造农村党员素质提升的课堂。统筹区域资源,运用党课、讲座、身边典型等形式,借助远程教育、微信等平台,进行理论武装、党性教育和能力培养,提升农村党员整体素质。二是打造农村建设协商联动的平台。发挥党建服务站枢纽作用,以党员议事会为载体,畅通党组织与群众之间的诉求表达和协商互动,实现党组织、党员群众聚焦重点工作,共推农村建设的良好局面。三是打造农村群众生活满意的窗口。建立"三个一"服务内容,即一个党员志愿者资源库、一份服务清单、一批党员微实事项目,进一步扩大党员参与农村建设的覆盖面。完善自下而上民情民意收集机制。

(3)构建"参与式"治理模式,实现党员在农村宜居家园建设中的带头示范作用。一是实施"向党组织报到"制度。进一步推进党员"双报到"工作,引导组织农村党员参与居住地党员议事会、群众活动团队等活动;开展"党员回家行动",鼓励出生在本村、组织关系在单位的党员回到农村参与各类活动。二是实施"党员全亮化"管理。以推进党员先锋岗、党员责任区建设为抓手,引导农村党员围绕社会治理、基层建设,在本职岗位、在生活区域、在群众团队中"亮身份、亮职责、亮承诺、亮业绩、亮作风、亮典型"。三是实施"党员先锋指数"测评。将党员带头拆除违建、带头美化环境、带头服务民生、带头明礼守信、带头遵纪守法纳入"党员先锋指数"测评标准,并将测评结果作为评优表彰及不合格党员评判依据。

(二)推进环境美化——着力探索打造绿色优美、整洁有序的村容村貌,并形成长效机制,确保宜居家园的"颜值担当"

(1)聚焦"有序",完善公共设施改造。对村落进出道路进行维修;在主要进口边增设集中停车点;在部分有条件的宅边河道建设景观护岸岸坡,并且在岸边设置部分景观栏杆以及沿河步道;市政公共管道的布局,纳入市政排污管网,如无法纳入,则增设污水

池;整理归并乱设置的电线线路;根据自愿原则,进行村民私房翻修。

(2)聚焦"整洁",完善环卫设施改造。在每个村落的主要出入口设置一组垃圾分类桶,含干垃圾、湿垃圾、有毒有害垃圾、可回收物;按收集半径 70 米左右设置垃圾收集点位,每个点位配置干、湿垃圾桶;按照村落的实际情况,设置一定数量的垃圾箱房,用于生活垃圾收集容器的集中、清洗、维护;每个村至少设置一个装修垃圾、暴露垃圾的临时堆场;结合村庄公共设施布局,合理配置公共厕所,每1 000人至少有一座水冲式的公厕。

(3)聚焦"绿色",落实公共绿化养护。在道路两侧、公共场地、拆违地块和农村周边地块补种绿化,由所在村征询镇规土所意见,通过后,办理相关手续,进行统一绿化设计。村委负责绿化建设及养护管理,资金由各村自行承担。

(4)聚焦"优美",丰富庭院绿化设计。委托设计公司,制作庭院绿化建设方案供农民选择,资金由镇政府和所在村委各承担 45%,剩余 10%由该户农民所承担,并负责日常养护。每年开展绿化评比,优胜者给予资金奖励。

(三)倡导自治共治——着力探索发挥基层民主协商的力量,规范村民自治章程和村规民约,集结基层群众智慧,搭建宜居家园的"议事平台"

(1)健全民主协商机制。严格按照村民委员会组织法的要求,形成完整的议事机制和参与平台,确保村民在日常生活中有广泛持续、深入参与农村社区自治共治的权利。充分发挥党组织在农村社区工作中的领导核心作用,构建村级事务民主协商议事决策机制,增强村民主人翁意识,调动村民参与农村社区建设的积极性和创造性。

(2)创设民主管理平台。以村民小组为单位设立村民议事室或村民议事点,重点商议村级重大事项、村民关心的事,提高村民参与自治共治的积极性。村委干部可以与村民通过民情恳谈会等形式制定"协商议事目录"。对于"协商议事目录"中的村务事项,村民开展广泛的协商讨论,根据与会村民的意见,经审议签字形成决议,进行公示后组织实施,形成村民自治共治的良好局面,促进农村社区各项事业的健康发展。

(3)规范村民自治章程和村规民约。各村要因地制宜结合实际,规范完善村民自治章程和村规民约。要将村民自治章程和村规民约落实到日常的农村社区管理与服务工作中,将"社区治理、违法搭建、邻里关系、外来人员管理,房屋租赁、环境卫生、帮困济贫、医疗救助、扶残助学"等事项纳入村民自治章程。可以采取一定的奖惩措施,让村民自治章程和村规民约更好地为农村社区的自治共治、宜居家园建设服务。

(四)落实工作保障——坚持问题导向和目标导向,全面把握"新时代、新形势、新挑战"下的工作重心,以"四大保障"为农村宜居家园建设"筑牢根基"

(1)组织保障。农村宜居家园建设涉及面广、工作量大,是一项系统工程。为此,在领导机制和工作机制方面,建议在镇层面成立"农村宜居家园建设推进工作领导小组",由镇党委、政府主要领导担任组长,各条线分管领导任副组长,相关职能部门负责人作为领导小组成员;领导小组下设"农村管理办公室",配备专职工作人员,具体负责各项工作的协调和推进。

(2)措施保障。按照"因地制宜、量力而行、试点先行、分步实施"的原则,科学合理地做好规划布局。一是选好样板,示范带动。选择各方面基础比较好、外来人员较少的村(或村民组),作为“宜居家园试点村组”,先行先试,以点带面,逐步推开;注重抓好重点特色“美丽乡村示范村”建设。二是拆违先行,规划保障。结合无违村创建,在拆违的前提下做到合理规划空间布局,对区域的消防、排污、道路、河道、停车、休闲等功能做“有空间、可发展、惠民生”的科学性、整体性和长远性规划。三是明确内容,确定标准。统合不同类型的农村情况,做好基本配置的宜居家园建设任务清单,鼓励“一村一品一特色”的打造。实行农村宜居家园建设“星级”考评机制,由各村每年进行自主申报,镇按照星级评选情况通过以奖代补方式进行奖励。

(3)队伍保障。要选优配强基层干部,结合换届工作,选优配强村书记和村干部;加强对后备干部全方位的培训,开拓村干部的工作思路,提升村干部的工作能力。

(4)经费保障。加大政策扶持力度,将“农村宜居家园建设专项经费”纳入财政预算,建立健全长效投入机制。探索建立多元化投入机制,多渠道筹集建设资金,推动和保障农村工作顺利开展。

市农委信访办:李　俊

24. 上海市对外农业投资合作分析研究

一、总量特征

2017 年，上海对外农业投资总额（简称流量）为33 864.06万美元；截至 2017 年年底，上海累计对外农业投资总额（简称存量）为361 368.67万美元。在境外设立企业 33 家，投资范围覆盖大洋洲、南美洲、亚洲、欧洲、非洲、北美洲的 18 个国家（地区），其中亚洲是上海对外农业投资的重点区域。

（一）上海对外农业投资流量分布

2017 年，上海对外直接投资流量为33 864.06万美元。从流量的区域分布来看，由高至低分别为南美洲 25 300 万美元，占比 74.71%；大洋洲 8 476.06 万美元，占比 25.03%；非洲 50 万美元，占比 0.15%；欧洲 38 万美元，占比 0.11%。

从国家（地区）来看，2017 年上海农业对外投资流量主要目标国为巴西、澳大利亚、新西兰。其中，对巴西投资25 300万美元，占比 74.71%；对澳大利亚投资5 006.06万美元，占比 14.78%；对新西兰投资3 470万美元，占比 10.25%。

（二）上海对外农业投资存量分布

截至 2017 年年底，上海对外农业投资存量为361 368.67万美元，与上年同期相比增长 36.62%。

从流量的区域分布来看，上海对外农业投资存量分布在 6 大洲的 18 个国家（地区），亚洲和大洋洲是农业对外累计投资最为集中的地区。其中，在亚洲的投资存量为149 378.23万美元，占比 41.34%；大洋洲为120 922.66万美元，占比 33.46%；南美洲为48 396.09万美元，占比 13.39%；欧洲为40 534万美元，占比 11.22%；非洲为1 217.69万美元，占比 0.34%；北美洲为 920 万美元，占比 0.25%。

从国家（地区）来看，以色列、澳大利亚、新西兰是上海对外农业累计投资额排名前 3 位的国家，投向这 3 个国家的累计额达254 721.53万美元，占全部投资存量的 70.49%

(见表 1)。

表 1　2017 年上海对外农业投资存量国家(地区)分布

序　号	国家(地区)	投资存量(万美元)	比　重
1	以色列	135 635.23	37.53%
2	澳大利亚	72 853.3	20.16%
3	新西兰	46 233	12.79%
4	巴西	45 300	12.54%
5	意大利	21 000	5.81%
6	西班牙	17 634	4.88%
7	中国香港	13 333	3.69%
8	阿根廷	2 466.09	0.68%
9	法国	1 900	0.53%
10	马绍尔群岛	1 068.5	0.30%
11	美国	920	0.25%
12	摩洛哥	793.69	0.22%
13	玻利维亚	630	0.17%
14	斐济	470.02	0.13%
15	柬埔寨	410	0.11%
16	毛里塔尼亚	324	0.09%
17	基里巴斯	297.84	0.08%
18	坦桑尼亚	100	0.03%

(三)上海对外农业投资企业数量

截至 2017 年年底,上海共有 20 家境内企业在境外投资设立了 33 家企业(其中 2 家筹备设立中),较上年同期增加了 22.22%。其中,20 家境内投资主体类别按数量降序排列依次是有限责任公司 8 家,占比 40%;国有企业 7 家,占比 35%;私营企业 3 家,占比 15%;股份有限公司以及其他企业(专业合作社)各 1 家,分别占比 5%。

(四)上海对外农业投资模式

上海对外农业投资企业在总量特征上逐渐呈现以下三种主要类型:

(1) 以光明集团为代表的大型国有企业,旨在打造全球食品集成分销平台,其投资产业主要为食品及农副产品加工业,投资国集中在欧亚以及澳洲的发达国家,如以色列、澳大利亚、新西兰、西欧国家等,历年累计投资总额占比最大(见图 1)。

(2) 以鹏欣集团、中房集团为代表的大型房地产企业,近年来深耕全球优质农业食品资源,其投资产业主要为畜牧业和粮食资源,投资国集中在澳新地区及南美洲(鹏欣大康国际农业),投资额近年来增长迅猛,并于 2016 年底首次超过食品加工业(见图 2)。

(3) 以水产集团为代表的大型渔业企业,其投资产业为远洋渔业,投资国集中在南美、澳洲、非洲等区域,投资企业数量始终保持稳中有升(见图 3)。

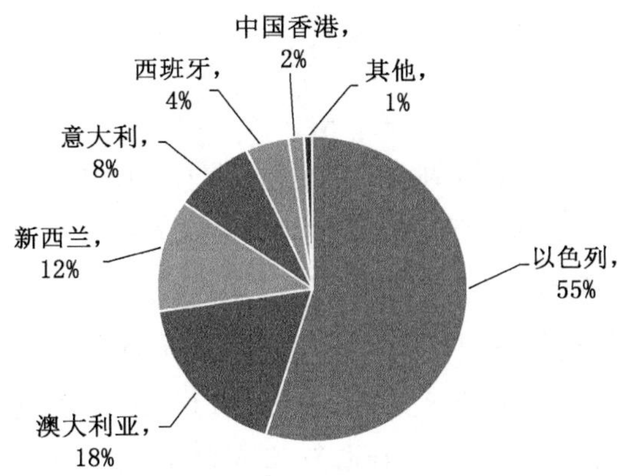

图 1　2017 年光明集团投资存量地区分布

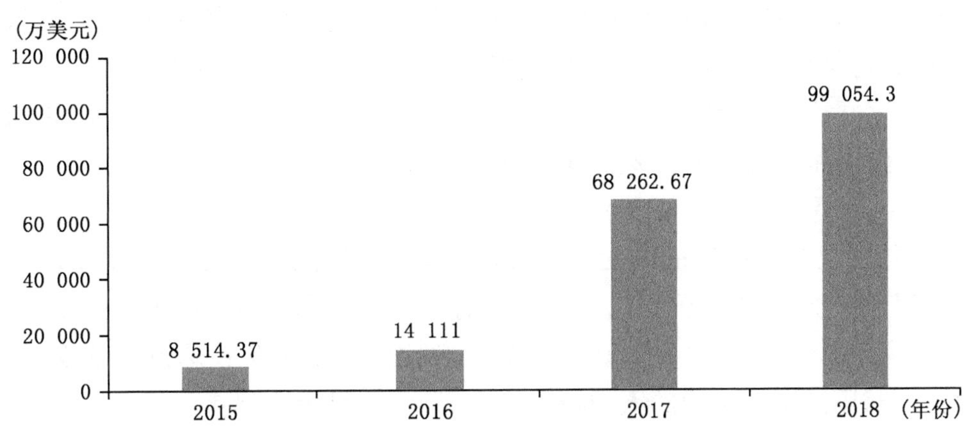

图 2　近 4 年房地产企业投资存量

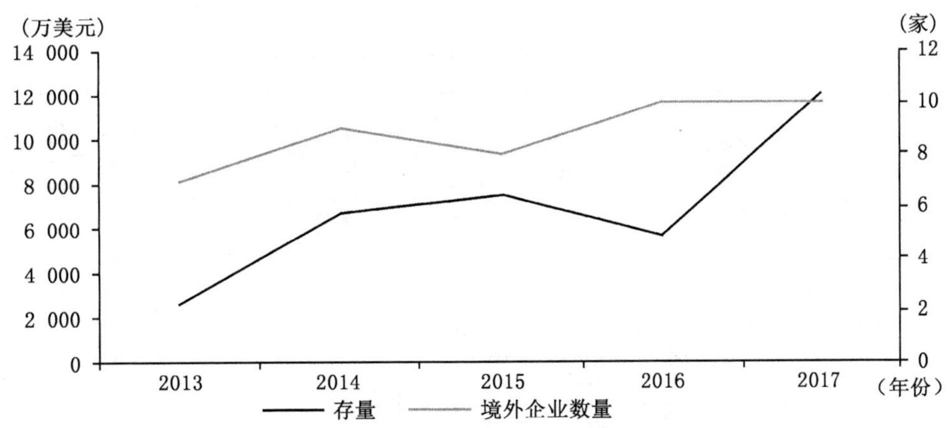

图 3　上海渔业企业对外投资存量和境外企业数量

(4)以布鲁威尔为代表的农业科技企业，通过海外并购和种源技术的迭代研发，创建了纯种奶绵羊的独家基因库，全面掌握核心种质资源和产业化核心技术体系，在全球奶绵羊产业化两大瓶颈上取得了根本性突破。

二、企业经营状况

(一)资产状况及投资情况

在有效填写2017年对外投资额的33家企业中,投资额在5 000万美元以上的有1家(3.03%),1 001万~5 000万美元的有3家(9.09%),500万美元以下的有4家(12.12%),当年未投资的企业有25家(75.76%)。

在有效填写累计投资额的33家境外企业中,200万美元以下的有4家(12.12%),200万~500万美元的有10家(30.3%),501万~1 000万美元的各有4家(12.12%),1 001万~5 000万美元及5 001万~10 000万美元的各有5家(15.15%),1亿美元以上的有9家(27.27%)。

(二)企业投资类型及现状

上海在境外设立的33家企业中,从企业类别来看,独资企业有16家,占比48.48%;合资企业有15家,占比45.45%;其他企业有2家,占比6.06%。

从企业设立方式来看,子公司有26家,占比78.78%;联营公司有3家,占比9.09%;分支机构和其他类别各2家,占比6.06%。

(三)从业人员数量

上海境外农业企业员工的本土化程度较高。2017年,在有效填写的24家境外农业企业中,雇用外方人员百分比为100%的有11家,85%~99.9%的有8家,70%~85%的有3家,30%以下有2家。从业人员一定比例的本土化策略既能避免管理上的文化冲突,有时还能降低企业的人力资源成本,近年来呈上升趋势。

(四)社会效益和经营情况

据不完全统计,2017年上海境外涉农企业在东道国销售收入最高的前三位分别是乳制品148 808万美元,大豆51 505万美元,其他油料20 500美元(见表2)。

表2　2017年上海境外涉农企业在东道国销售情况

	2017年产量/捕捞量(吨)	东道国收购量(吨)	2017年直接销售东道国销售数量(吨)	2017年直接销售东道国销售金额(美元)	直接销售回运数量(吨)直接销售	回运金额(美元)	直接销售其他国家销售量(吨)	直接销售其他国家销售额(美元)
水稻	2 007.86							
玉米	4 757.29		991 547.493	7 030				
大豆	26 016.017		1 960 043.063	51 505				
牛(牛肉)			50	200	24 315	17 700		
羊(羊肉)					24 007	14 280		
乳及乳制品	980 945	800 000	800 000	120 875				
乳及乳制品加工			60 954	27 933				
其他油料	85 280	26 000	56 560	20 500	1 020.05	800	27 700	

续表

	2017 年产量/捕捞量（吨）	东道国收购量（吨）	2017 年直接销售东道国销售数量（吨）	2017 年直接销售东道国销售金额（美元）	直接销售回运数量（吨）直接销售	回运金额（美元）	直接销售其他国家销售量（吨）	直接销售其他国家销售额（美元）
禽(禽肉)	6 000		6 000	400				
淡水养殖	118	100	100	20	18	20		
淡水养殖加工			18	20				
海水捕捞、养殖	42 406.05	410	6 704.26	4 267.52	29 934.79	8 480.88	5 767	754

三、政策诉求及建议

据不完全统计，2018 年上海农业“走出去”企业中有 14 家自评在东道国有“一般”程度的风险，其中风险种类由高至低排列分别为商业环境、政治、自然、市场；11 家企业自评有“较高”程度的风险，其风险种类均为政治风险；有 6 家企业在自然、法律、市场等方面自评有“较低”程度的风险。

在政策诉求方面，企业在境内的诉求排名前 3 的分别为资金、通关和检验检疫，企业在境外的诉求排名前 3 的分别为公共服务、金融和税收。

结合上海“走出去”企业在风险评估和政策诉求方面的反馈及企业调研情况，现提出以下建议：

（一）创新金融税收体制，构建风险防控体系

针对企业融资难、融资模式传统、银行贷款利率高、大部分境内补贴难以延伸到境外的问题，建议有关部门：

(1)协调农发行、国开行、进出口银行等政策性银行，加大对农业“走出去”企业的金融支持，并给予充分的融资利率优惠。

(2)协调国家主权基金、政府引导基金、私募股权发展基金、风险投资基金等，和企业一同进入并购，互利共赢。

(3)加大农业对外投资项目的扶持资金，促进境内农业补贴全面延伸到境外政策尽快实施，积极与相关国家签订税收协定，避免双重课税，并针对农业企业，制定更特殊的税收优惠政策。

针对国际汇率变动、投资国经济发展和信贷等政策发生变动、所在行业市场及价格波动、仓储成本波动等风险，建议有关部门对企业就风险防控方面提供政策指引，并构建相应的风险防控体系。

（二）促进科技交流合作，推动两区建设

针对一些发展中国家在基础设施、农业技术水平方面都比较落后的现状，建议大力推进境外农业合作示范区与境内农业对外开放合作试验区建设，加强科技交流合作，分享农业技术、经验和农业发展模式，共同规划实施区域粮食综合生产能力提升、农业科

技合作示范、农产品产业一体化建设、农业研发促进培训综合平台等合作项目，为促进和带动更多的企业“走出去”提供平台，并支持相关企业建立海外农产品储备基地。

（三）简化政府审批和检验检疫流程，便利“走出去”和“运回来”

针对企业海外并购过程中政府审批时间过长，农产品回运时遇到的贸易限制、配额限制、海关商品编码不一致、某些检验检疫规定完全不适合农产品（如澳洲活牛入境后14天内必须屠宰完毕）以及农产品走私猖獗缺乏法律监控等问题，建议有关部门：

(1)简化政府审批环节，不要让企业在国际资本市场上痛失最佳投资时机。

(2)鼓励农产品回运，适当放宽农产品进口配额，并根据企业实际需要给予配额指标。

(3)协调海关、检验检疫等相关部门针对农产品制定更加切实可行的检验检疫政策，对于保质期短的产品（如巴氏消毒奶等）给予通关、检验检疫便利化服务。

(4)制定相关法律，严厉打击农产品走私，保护合法经营的企业和消费者的利益。

（四）完善公共信息服务，布局国际人才培养

针对“走出去”企业缺乏成熟的境外投资分析团队以及复合型境外投资人才的问题，建议有关部门：

(1)梳理、完善“各国农业投资指引”，为企业提供各国（至少是目前重点投资国）政策、法律、农地、汇率、税务、农业科技、检验检疫等方面的权威信息，以及各种关于投资目标国的研究报告，并将相关信息通过政府网站、研讨会、微信公众平台、APP等多种形式提供给相关企业。

(2)联合企业、各相关院校、科研机构，通过企业培训、院系课程优化、协议培养等方式，培育一批既有实践经验，又在农业技术、管理、贸易、语言方面融会贯通的复合型人才，为提高中国农业在国际资本市场上的竞争力谋篇布局。

（五）加强政府间合作，优化投资环境

此外，为保证海外企业的权益，确保最惠国待遇以及促进与缔约国的资金、技术交流，建议加强政府间双边合作，与更多相关目标国签订农产品贸易协议，建立稳定贸易伙伴关系和紧密的信息交换机制，积极协调因政策和法律制度不同而产生的分歧，从外交层面上为“走出去”农业企业提供切实有力的政治保障。

市农委经济商务处：凌春华